Philip Caroli / Christian Caroli
ARDUINO™ HANDBUCH

Philip Caroli studiert Informatik am KIT in Karlsruhe und beschäftigt sich schon seit vielen Jahren mit Elektronik und 3-D-Druck. Angefangen bei kleinen elektronischen Schaltungen über Reparaturen von Haushaltsgeräten bis hin zur Entwicklung von kleinen Robotern, hat Philip Caroli alles repariert, erweitert und programmiert, was ihm in die Hände fiel. Als Autodidakt hat er einen sehr praxisbezogenen Zugang zur Materie und kann seine Freude am Thema gut vermitteln. In seiner Freizeit ist er im FabLab Karlsruhe e.V. engagiert und hat dort unter anderem einen Lasercutter mit aufgebaut.

Christian Caroli ist bereits seit seiner Jugend begeisterter Elektronik-Bastler. Was zunächst mit dem Auseinanderschrauben und Wiederzusammenbauen seines Computers begann, setzte er in späteren Jahren mit Zusatzmodulen für seinen PC, diversen Mikrocontroller-Schaltungen und Kleingeräten bis zum heutigen Bau von 3-D-Druckern fort. Vor zwei Jahren hat der Bastler aus Leidenschaft den Verein FabLab Karlsruhe e.V. mitgegründet und mitaufgebaut, dessen Ziel es ist, den Umgang mit modernen Produktionsmitteln wie 3-D-Druckern und Lasercuttern zu lehren und zu ermöglichen. Hauptberuflich entwickelt Christian Caroli Soft- und Hardware in seiner eigenen Firma.

FRUIT UP
YOUR
FANTASY

PHILIP CAROLI
CHRISTIAN CAROLI

ARDUINO™

HANDBUCH

Platinen, Shields, Elektronik und Programmieren: Roboter, SMS-Alarmanlage, Wetterstation, automatische Gießanlage und mehr als Treibstoff für eigene Projekte

ANZIS

Bibliografische Information der Deutschen Bibliothek

Die Deutsche Bibliothek verzeichnet diese Publikation in der Deutschen Nationalbibliografie;
detaillierte Daten sind im Internet über http://dnb.ddb.de abrufbar.

Alle Angaben in diesem Buch wurden vom Autor mit größter Sorgfalt erarbeitet bzw. zusammengestellt und unter Einschaltung wirksamer Kontrollmaßnahmen reproduziert. Trotzdem sind Fehler nicht ganz auszuschließen. Der Verlag und der Autor sehen sich deshalb gezwungen, darauf hinzuweisen, dass sie weder eine Garantie noch die juristische Verantwortung oder irgendeine Haftung für Folgen, die auf fehlerhafte Angaben zurückgehen, übernehmen können. Für die Mitteilung etwaiger Fehler sind Verlag und Autor jederzeit dankbar. Internetadressen oder Versionsnummern stellen den bei Redaktionsschluss verfügbaren Informationsstand dar. Verlag und Autor übernehmen keinerlei Verantwortung oder Haftung für Veränderungen, die sich aus nicht von ihnen zu vertretenden Umständen ergeben. Evtl. beigefügte oder zum Download angebotene Dateien und Informationen dienen ausschließlich der nicht gewerblichen Nutzung. Eine gewerbliche Nutzung ist nur mit Zustimmung des Lizenzinhabers möglich.

© 2015 Franzis Verlag GmbH, 85540 Haar bei München

Alle Rechte vorbehalten, auch die der fotomechanischen Wiedergabe und der Speicherung in elektronischen Medien. Das Erstellen und Verbreiten von Kopien auf Papier, auf Datenträgern oder im Internet, insbesondere als PDF, ist nur mit ausdrücklicher Genehmigung des Verlags gestattet und wird widrigenfalls strafrechtlich verfolgt.

Die meisten Produktbezeichnungen von Hard- und Software sowie Firmennamen und Firmenlogos, die in diesem Werk genannt werden, sind in der Regel gleichzeitig auch eingetragene Warenzeichen und sollten als solche betrachtet werden. Der Verlag folgt bei den Produktbezeichnungen im Wesentlichen den Schreibweisen der Hersteller.

Arduino™ ist ein eingetragenes Markenzeichen der Arduino S.r.l.

Programmleitung: Dr. Markus Stäuble
Lektorat: Ulrich Dorn
art & design: www.ideehoch2.de
Satz: DTP-Satz A. Kugge, München
Druck: C.H. Beck, Nördlingen
Printed in Germany

ISBN 978-3-645-60316-4

Vorwort

Sie haben sich also entschieden, in die wunderbare Welt der Arduino-Entwicklungsplattform einzutauchen – dazu kann man Ihnen nur gratulieren! Wir sind der festen Überzeugung, dass Sie es nicht bereuen werden, denn Arduino bietet mittlerweile eine fast unüberschaubare Menge an Möglichkeiten, die Sie ganz individuell und kreativ einsetzen können, egal ob Sie einfach nur den Umgang mit einem Mikrocontroller erlernen möchten, Elektronik mit Digitaltechnik verbinden wollen oder ein ganz konkretes Projekt im Kopf haben, für das Sie einen Arduino nur als Mittel zum Zweck verwenden – mit der Arduino-Entwicklungsplattform können Sie fast alles machen.

Mehr als nur eine Erfolgsgeschichte

Im Jahr 2002 hatte der außerordentliche Professor Massimo Banzi ein Problem. Er war als gelernter Softwarearchitekt eingestellt worden, den Studenten neue Wege des interaktiven Designs beizubringen – manchmal auch Physical Computing genannt. Seine Studenten sollten eigentlich anhand kleiner Einplatinenrechner ihre Ideen verwirklichen, aber die damals verfügbaren Geräte waren zu klein dimensioniert, veraltet und durch die Bank weg zu teuer. Die von ihm zunächst verwendete und damals verbreitete BASIC Stamp kam aus dem Silicon Valley, hatte aber zu wenig Speicherplatz und kostete stolze 100 Dollar. Außerdem arbeitete sie nicht mit den Macintoshs zusammen, die in seinem Institut verwendet wurden. So kam die Idee auf, eine eigene Lösung zu bauen.

Von einem Kollegen am MIT hatte er von der Programmiersprache Processing gehört, die es auch unerfahrenen Personen erlaubte, komplexere Programme zu schreiben. Die Programmiersprache war recht erfolgreich, was Banzis Meinung nach auch an der gelungenen und sehr einfach zu bedienenden Benutzeroberfläche lag – etwas Ähnliches wollte er für sein Projekt ebenfalls einsetzen.

Einer seiner Studenten, Hernando Barragán, entwickelte dann 2005 für ihn den ersten Prototyp, der eine einfache Platine und eine benutzerfreundliche Oberfläche beinhaltete. Ein schönes Projekt, doch Banzi dachte schon weiter, wollte eine Plattform, die noch günstiger und noch einfacher zu bedienen war.

Zu diesem Zeitpunkt war bereits abzusehen, dass die finanziellen Mittel des Projekts, an dem Banzi und seine Kollegen arbeiteten, ausliefen. Sie befürchteten, dass ihre Arbeit untergehen oder missbraucht würde. Da sie allesamt Anhänger der Open-Source-Bewegung waren, lag der Gedanke natürlich nahe, auch ihre Arbeit unter eine derartige Lizenz zu stellen. Allerdings war damals die Open-Source-Bewegung hauptsächlich auf Software beschränkt, kaum hingegen wurde Hardware auf dieser Basis entwickelt.

Damit das Ganze funktionieren konnte, benötigte man eine geeignete Open-Source-Lizenz, diese waren jedoch alle entweder auf Software oder aber auf Kulturgüter wie Musik und Prosatext ausgelegt. Nach einigen Recherchen stellten sie aber fest, dass sie nur ihren Blickwinkel, den sie bislang auf ihr Projekt hatten, abändern mussten, um die Creative Commons, eine weitverbreitete, offene Lizenz, verwenden zu können. Fortan wurde also die Hardware als ein Stück Kultur gesehen, die man mit anderen Menschen teilen möchte.

Natürlich war für die Entwicklungsgruppe auch wichtig, dass ihr Produkt für ihre studentische Zielgruppe attraktiv war. Sie peilten einen Preis unter 30 Dollar an - ein Äquivalent zu einem Pizzeria-Abendessen. Außerdem wollten sie die Hardwareplatine schrullig machen, wollten sie cool und herausstechend gestalten. Während andere Platinen meistens grün waren, wurde ihre blau, während andere Hersteller an Ein- und Ausgängen sparten, brachten sie so viele wie möglich unter. Als letzten Schliff platzierten sie noch die Karte von Italien auf die Rückseite der Platine.

Da die meisten Mitglieder des Teams keine Ingenieure waren, sind einige Designentscheidungen, die bei den verschiedenen Arduinos getroffen wurden, eher merkwürdig und von echten Ingenieuren nicht immer leicht zu verstehen, da sie aus einem Do-it-yourself-Ansatz heraus entstanden sind. Vielleicht sollte man daher die Arduino-Plattform auch immer mit einem leichten Augenzwinkern betrachten und nicht alles so ernst nehmen. Wenn es funktioniert, ist es gut (genug).

Wichtig war dem Team ebenso, dass das endgültige Produkt ganz einfach zu bedienen ist: Die Platine wird aus der Kiste genommen, an den Computer angeschlossen, und es kann losgehen - ganz ohne zusätzliche Hardware, Werkzeuge, Stromversorgung oder Ähnliches. Man sollte in der Lage sein, Elektronik zu lernen, ohne sich vorher mit Algebra beschäftigen zu müssen.

Nachdem das Projekt fertiggestellt war, wurden 300 unbestückte Leiterplatten hergestellt und an die Studenten verteilt. Sie sollten die Aufbauanleitung im Internet lesen, die Platine bestücken und dann für ihre Projekte einsetzen. So testete das Team seine eigene Philosophie und konnte Fehler in Dokumentation, Software und Hardware korrigieren.

Ein erstes Projekt war ein Wecker, der an der Decke an einem Kabel aufgehängt war. Drückte man die Snooze-Taste, zog er sich spöttisch ein Stück höher, bis nichts anderes mehr übrig bliebt, als sich komplett zu erheben, um ihn auszuschalten.

Nachdem die 300 Platinen verteilt waren, wurde das Projekt langsam bekannter. Immer mehr Leute wollten auch so ein Gerät haben. Aber es fehlte noch immer ein Name für das Kind. Mit geneigten Köpfen über ihren Getränken, das Problem überdenkend, kam die Lösung zu ihnen: Sie saßen in ihrer Lieblingsbar, die nach einem König benannt war: Arduino von Ivrea.

Der Name schoss schnell um die Welt. Marketing und Werbung waren nicht notwendig, schon früh zog er die Aufmerksamkeit von interessierten Professoren auf sich. Vor allem der Preis von 30 Dollar war eine Sensation, aber auch die einfach zu bedienende Oberfläche und die leichte Handhabung trugen ein Übriges dazu bei. Schon nach kurzer Zeit wurde das Projekt nicht nur an Universitäten verwendet, sondern fand auch Einzug in Fach- und allgemeine Schulen, Künstler beschäftigten sich damit, und auch mancher Hobbykeller wurde bald von ihnen bevölkert.

Das Team um Massimo Banzi stand nun vor der Herausforderung, zum einen die Arduinos in ausreichender Stückzahl zu produzieren und zum anderen den wachsenden Anforderungen der Benutzer gerecht zu werden. Da sie nicht in der Lage waren, Tausende von Platinen zu lagern, ließen sie sie bedarfsgerecht in einer Firma in der Nähe von Ivrea produzieren – pro Tag zwischen 100 und 3.000 Stück.

Zudem entwickelten sie die Arduino-Reihe immer weiter. Der Ur-Arduino wurde nach unserer Zählung 13-mal überarbeitet. Die derzeitige Version ist der Arduino Uno, der selbst schon wieder drei Revisionen erfahren hat – Tendenz steigend.

Eben dieser Uno ist es auch, der als Referenzdesign für die anderen Arduinos der Familie dient. Neben dem Uno gibt es den Leonardo, den Due, den Yún, den Tre, den Micro sowie Mega, Robot, Esplora, Mini, Nano, Pro, Fio, LilyPad und bis zum Erscheinen dieses Buchs sicherlich einige weitere mehr.

Jeder Arduino dieser Familie lässt sich mit der gleichen Entwicklungsumgebung auf PC oder Mac bedienen, arbeitet nach ähnlichen Prinzipien, hat aber jeweils die eine oder andere Fähigkeit, die andere Arduinos nicht haben. Leider ist es nicht möglich, alle Arduinos in diesem Buch zu besprechen, aber die wichtigsten davon werden wir in den nächsten Kapiteln behandeln.

Doch nicht nur die Arduinos wurden von Banzis Team entwickelt, es gibt auch Erweiterungen für Arduinos. Diese sogenannten Shields lassen sich ganz einfach auf ein passendes Arduino-Board stecken und bieten dann neue Möglichkeiten. So gibt es beispielsweise Shields, die einen Arduino in ein bestehendes Computernetzwerk einbinden (Ethernet-Shield, Wi-Fi-Shield), andere bauen ein eigenes Funknetzwerk auf (Wireless-SD-Shield), steuern Motoren an (Motor-Shield) oder kommunizieren sogar mit dem Handynetzwerk (GSM-Shield). Auch diese werden wir im übernächsten Kapitel ansprechen.

Doch nicht nur das Team von Banzi ist in Sachen Arduino tätig, auch zahllose andere Hobbybastler, Universitäten und Firmen bieten mittlerweile Arduino-Platinen und Shields an. Gerade bei eBay, Alibaba und anderen Onlinehandelsplattformen kann man sich unzählig viele Arduino-Nachbauten und Shields besorgen, die preislich meist unter den Originalen liegen, aber längst nicht so cool aussehen. Auch Eigenentwicklungen, die es nicht beim Original-Arduino-Anbieter gibt, kann man hier kaufen, beispielsweise Relais-Shields, mit denen man hohe Ströme schalten kann, Display-Shields, die kleine Monitore beinhalten, oder Sensoren-Shields, die die

Schwerkraft, das Magnetfeld der Erde, Luftdruck, Temperatur, Lichteinfall oder andere Dinge messen können.

Dieses große Angebot an Shields ist auch großen Firmen nicht verborgen geblieben. So bietet beispielsweise Intel mit der Galileo-Plattform ein Arduino-kompatibles Entwicklungsboard an, das Arduino-Shields aufnehmen und ansprechen kann, dabei aber auf einem wesentlich leistungsfähigeren Prozessor (natürlich von Intel) aufsetzt, der dann auch Linux oder Windows RT als Betriebssystem benutzen kann.

Sie sehen also: Das Spielfeld der Arduino-Welt ist unüberschaubar groß, und man kann viele Hundert Stunden des Bastelns darin verbringen, ohne auch nur ansatzweise an Grenzen zu stoßen. Aus dem relativ kleinen Projekt des außerordentlichen Professors Massimo Banzi ist mittlerweile ein millionenschwerer Markt geworden, der aber immer noch auf Open Source basiert und viele Leute glücklich macht – hoffentlich auch bald Sie. (Quelle: *http://spectrum.ieee.org/geek-life/hands-on/the-making-of-arduino/0*)

Für den unbeschwerten Arduino™-Genuss

Um Ihnen einen unbeschwerten Arduino-Genuss zu ermöglichen, versuchen wir in diesem Buch, Ihnen die Welt des Arduino so schmackhaft zu machen, dass Sie sich voll und ganz darauf einlassen und Spaß daran haben, die Möglichkeiten der Arduinos auszunutzen und selbst Ideen für eigene Projekte zu entwickeln. Dazu stellen wir Ihnen einige Projekte aus ganz unterschiedlichen Bereichen vor, die zeigen, was überhaupt alles möglich ist. Die meisten davon können Sie selbst auf einfache Art und Weise nachbauen – Bauplan und Source Code sind Teil des Buchs. Keines der Projekte ist bis zum Endstadium ausgebaut, alle lassen sich problemlos nach Ihren Vorstellungen erweitern, nur bei den ersten und oftmals schwierigen Schritten nehmen wir Sie ein bisschen an die Hand und erklären, warum was wie aufgebaut wurde, ohne dass wir Sie mit allzu viel Theorie überfrachten.

Dabei ist uns wichtig, dass wir Ihnen den Einstieg in die Welt der Arduinos und der Elektronik so einfach wie nur irgend möglich gestalten. Vermutlich sind Sie wie wir auch kein Fan von endlosen Theoriekapiteln, die mit wissenschaftlicher Genauigkeit jeden noch so unwichtigen Aspekt des jeweiligen Themas auseinandernehmen und mit möglichst langen und komplizierten Sätzen zu beschreiben versuchen. Wir haben daher versucht, uns bei der – leider eben doch an der einen oder anderen Stelle notwendigen – Theorie nach Möglichkeit kurzzufassen und ansonsten möglichst viel durch praktische Übungen zu erklären. Gerade am Anfang ist es wichtig, dass man das große Ganze versteht – Details lassen sich dann immer noch nachschlagen, sei es im Internet oder im Elektronikfachbuch.

Ressourcen zum Buch als Download

In diesem Buch finden Sie etliche Programme, die Bestandteil der beschriebenen Projekte sind. Natürlich sollen Sie in Zeiten des Internets nicht gezwungen werden, die Programme umständlich abzutippen, wir stellen sie Ihnen daher unter der Internetadresse

www.buch.cd

und

arduino-handbuch.visual-design.com

vollständig zur Verfügung. Leider fördert das bequeme Herunterladen nicht allzu sehr das Verständnis des jeweiligen Source Code, daher möchten wir Sie ermutigen, die Programme eigenständig zu erweitern und zu verbessern – Möglichkeiten dazu gibt es reichlich.

Bezugsquellen für passende Bauteile

Das Besorgen passender Bauteile für die Projekte kann umständlich und verwirrend sein, denn oft gibt es unzählige Varianten eines Bauteils, und die Wahl des richtigen ist manchmal schwierig.

Wenn Sie in der glücklichen Lage sind, ein Elektronikfachgeschäft in Ihrer Nähe zu haben, können Ihnen die geschulten Angestellten sicherlich durch den Dschungel der Abkürzungen und Bezeichnungen helfen. Auch nicht vorrätige Bauteile lassen sich dort bestellen. Wenn Sie das Buch mitnehmen, lassen sich auch leicht alternative Bauteile finden, denn nicht immer müssen die Schaltungen eins zu eins nachgebaut werden.

Leider aber werden diese Geschäfte immer seltener, und so ist man häufig gezwungen, sich die Bauteile im Internet zu bestellen. Hier ist man leider auf sich selbst gestellt und muss sich durch endlose Bauteilelisten klicken.

Um Ihnen den Aufwand etwas zu erleichtern, haben wir ebenso auf der Webseite *arduino-handbuch.visual-design.com* Bezugsquellen für die Bauteile zusammengetragen.

Gestatten, Philip und Christian Caroli

Bevor es losgeht, noch ein kurzes Wort zu den Autoren. Wir sind Philip und Christian Caroli, Brüder und leidenschaftliche Bastler, die viel in der Maker-Szene aktiv sind. Als Mitglieder des FabLab Karlsruhe e. V. – einer offenen Werkstatt, in der Interessierte vor allem mit computergestützten Fertigungsmethoden wie 3-D-Druckern oder CNC-Fräsen experimentieren, aber auch mit Elektronik, Textilien oder Software – sind wir sehr daran interessiert, unsere Begeisterung für alles, was man selbst machen kann, zu teilen und jeden, der sich dafür interessiert, mit diesem Virus anzustecken.

Da wir beide aus der Informatik kommen, sind wir selbst Laien auf dem Gebiet der Elektronik und keine hundertprozentigen Elektroingenieure. Wir erheben ebenso wenig Anspruch darauf, perfekte Schaltungen oder Programme zu schreiben, wie es auch das Arduino-Team in seiner Anfangszeit praktiziert hat. Statt bleischwerer Überkorrektheit vertreten wir eher einen pragmatischen Ansatz: Wenn es funktioniert und dabei nicht brennt, ist es schon mal ganz gut.

Dass wir nicht alles so bierernst nehmen, werden Sie vielleicht im einen oder anderen Absatz des Buchs feststellen. Wir hoffen, dass wir damit auch Ihren Geschmack treffen, und wünschen Ihnen viel Spaß beim Lesen und Ausprobieren mit der großartigen Arduino-Plattform!

Philip und Christian Caroli, Karlsruhe im Mai 2015

Inhaltsverzeichnis

I	Hardware	17
1	Ausgesuchte Arduino™-Platinen	19
	1.1 Arduino™ Uno	19
	1.2 Arduino™ Leonardo	22
	1.3 Arduino™ Mega 2560	23
	1.4 Arduino™ Esplora	25
	1.5 Arduino™ Due	27
	1.6 Arduino™ Robot	29
	1.7 Arduino™ LilyPad	31
	1.8 Intel Galileo	33
	1.9 Arduino™ Yún	35
	1.10 Arduino™ Micro	37
	1.11 Arduino™ Fio	38
	1.12 Arduino™ Zero	39
	1.13 Weitere Platinen	41
	1.13.1 Arduino™ Mega ADK	41
	1.13.2 Arduino™ Ethernet	41
	1.13.3 Arduino™ Mini	41
	1.13.4 Arduino™ Nano	41
	1.13.5 LilyPad Arduino™ Simple	42
	1.13.6 LilyPad Arduino™ SimpleSnap	42
	1.13.7 LilyPad Arduino™ USB	42
	1.13.8 Arduino™ Pro	42
	1.13.9 Arduino™ Pro Mini	43
	1.14 Arduino™-Platinen auf einen Blick	44
2	Mit Arduino™-Shields erweitern	45
	2.1 Proto-Shield	45
	2.2 Ethernet-Shield	47
	2.3 Motor-Shield	48
	2.4 Wi-Fi-Shield	50
	2.5 USB-Serial-Light-Adapter	52
	2.6 Arduino™ ISP	53
II	Programmierung	55
3	Arduino™-Software entwickeln	57
	3.1 Installation der Entwicklungsumgebung	59
	3.1.1 Installation auf einem Windows-PC	59
	3.1.2 Installation auf einem Apple Mac	63
	3.2 Einrichten der Entwicklungsumgebung	64
	3.3 Erste Schritte in der C-Programmierung	67
	3.3.1 Befehle und Kommentare einsetzen	68

	3.3.2	In den Initialisierungsprozess einklinken	70
	3.3.3	Ein Programm schreiben und installieren	71
	3.3.4	Variablen als Platzhalter für Befehle nutzen	74
	3.3.5	Schleifen als Kontrollinstrument einsetzen	78
	3.3.6	Mit der if-Abfrage Bedingungen festlegen	81
	3.3.7	Mit Funktionsaufruf Redundanzen vermeiden	85
	3.3.8	String-Variablen für die Textausgabe nutzen	89
	3.3.9	Felder definieren die Länge des Textfelds	91
	3.3.10	Fehlerteufel mit serieller Ausgabe aufspüren	92
	3.3.11	Präprozessoreinsatz vor dem Kompilieren	96
	3.3.12	Weiterführende Hilfen für Entwickler	98

III Elektronik 99

4 Volt, Watt, Ampere und Ohm 101

- 4.1 Elektrischer Strom und Spannung 101
  - 4.1.1 Gefährliche Potenzialunterschiede 103
  - 4.1.2 Stromstärke elektrischer Leiter 104
- 4.2 Widerstand im Stromkreis 105
  - 4.2.1 Farbcodes für Widerstände 106
  - 4.2.2 Rechnen mit Volt, Watt, Ampere, Ohm 108
- 4.3 Dioden geben die Richtung an 110
- 4.4 Kondensatoren speichern Energie 111
  - 4.4.1 Experiment mit Elektrolytkondensatoren 112
  - 4.4.2 Ausführungen und Bauformen 113
- 4.5 Transistoren verstärken und schalten 114
- 4.6 Integrierte Schaltkreise ändern alles 115
- 4.7 Revolution im Kleinen 118
- 4.8 Reihen- und Parallelschaltungen 120
  - 4.8.1 Reihenschaltung von Widerständen 120
  - 4.8.2 Reihenschaltung von Kondensatoren 120
  - 4.8.3 Parallelschaltung von Kondensatoren 121
  - 4.8.4 Parallelschaltung von Widerständen 122
- 4.9 Spannung gezielt reduzieren 123
- 4.10 Breadboard-Schaltungen ohne Lötarbeit 124
  - 4.10.1 Breadboard – Tipps und Tricks 125
- 4.11 Löten wie die Profis 125
  - 4.11.1 Werkzeug zum Löten 126
  - 4.11.2 Vorsichtsmaßnahmen 133
  - 4.11.3 Erste Schritte: Verbinden zweier Kabel 134
  - 4.11.4 Zweite Schritte: Lochrasterplatinen 136
  - 4.11.5 Entlöten von Bauteilen 143
  - 4.11.6 Tipps und Tricks 145
- 4.12 3-D-Drucker 146
- 4.13 Gebrauch eines Multimeters 148
  - 4.13.1 Durchgangsmessung 148
  - 4.13.2 Widerstandsmessung 149
  - 4.13.3 Spannungsmessung 150
  - 4.13.4 Strommessung 151

		4.13.5	Tipps und Tricks	152
	4.14		FabLabs und Hackerspaces	154
	4.15		Schaltpläne lesen und begreifen	156
	4.16		Datenblätter richtig lesen	157
IV	22 Projekte			159
5	Arduino™ im Praxiseinsatz			161
	5.1		Leonardo, der Kollegenschreck	161
		5.1.1	Motivation	162
		5.1.2	Aufgabenstellung	162
		5.1.3	Hintergrundwissen	163
		5.1.4	Schaltplan	166
		5.1.5	Source Code	166
		5.1.6	Tipps und Tricks	168
	5.2		Analoger Temperatursensor	169
		5.2.1	Perfektionismus	170
		5.2.2	Aufgabenstellung	170
		5.2.3	Hintergrundwissen	171
		5.2.4	Schaltplan	174
		5.2.5	Source Code	175
		5.2.6	Tipps und Tricks	177
	5.3		Infrarotfernbedienung	178
		5.3.1	TVZapPro™	179
		5.3.2	Aufgabenstellung	180
		5.3.3	Hintergrundwissen	180
		5.3.4	Schaltplan	182
		5.3.5	Source Code	184
		5.3.6	Tipps und Tricks	188
	5.4		Lichtschranke	189
		5.4.1	Gruben graben	190
		5.4.2	Aufgabenstellung	191
		5.4.3	Hintergrundwissen	191
		5.4.4	Schaltplan	192
		5.4.5	Source Code	194
		5.4.6	Tipps und Tricks	195
	5.5		SMS-Alarmanlage	196
		5.5.1	Handys im Wandel der Zeit	197
		5.5.2	Aufgabenstellung	197
		5.5.3	Hintergrundwissen	197
		5.5.4	Schaltplan	200
		5.5.5	Source Code	202
		5.5.6	Tipps und Tricks	205
	5.6		Wedelstab	205
		5.6.1	WedelText Maxx	206
		5.6.2	Aufgabenstellung	206
		5.6.3	Hintergrundwissen	207
		5.6.4	Schaltplan	210

	5.6.5	Source Code	213
	5.6.6	Tipps und Tricks	218
5.7	Kameraauslöser	219
	5.7.1	Die Wurzel des Übels	219
	5.7.2	Aufgabenstellung	220
	5.7.3	Hintergrundwissen	220
	5.7.4	Schaltplan	222
	5.7.5	Source Code	225
	5.7.6	Tipps und Tricks	226
5.8	LED-Lichterkette	227
	5.8.1	Variable Wandfarbe	228
	5.8.2	Aufgabenstellung	229
	5.8.3	Hintergrundwissen	229
	5.8.4	Schaltplan	232
	5.8.5	Source Code	234
	5.8.6	Tipps und Tricks	235
5.9	Stoppuhr mit Sieben-Segment-Anzeige	236
	5.9.1	Fehlende Bedarfsanalyse	236
	5.9.2	Aufgabenstellung	237
	5.9.3	Hintergrundwissen	237
	5.9.4	Schaltplan	239
	5.9.5	Source Code	241
	5.9.6	Tipps und Tricks	244
5.10	Serielle LED-Lichterkette	246
	5.10.1	Kaufen Sie die neue RitterReiter™	247
	5.10.2	Aufgabenstellung	247
	5.10.3	Hintergrundwissen	248
	5.10.4	Schaltplan	250
	5.10.5	Source Code	251
5.11	Rotationsmonitor	253
	5.11.1	Dinge, die die Welt nicht braucht	253
	5.11.2	Aufgabenstellung	254
	5.11.3	Hintergrundwissen	254
	5.11.4	Schaltplan	257
	5.11.5	Source Code	260
	5.11.6	Tipps und Tricks	263
5.12	LCD-Textdisplay	264
	5.12.1	Das Henne-Ei-Problem	264
	5.12.2	Aufgabenstellung	265
	5.12.3	Hintergrundwissen	265
	5.12.4	Schaltplan	268
	5.12.5	Source Code	270
	5.12.6	Tipps und Tricks	273
5.13	Breakout auf TFT-Display	273
	5.13.1	Notfallspiel aus dem Nichts	273
	5.13.2	Aufgabenstellung	274
	5.13.3	Hintergrundwissen	274
	5.13.4	Schaltplan	276

	5.13.5	Source Code	278
	5.13.6	Tipps und Tricks	286
5.14	Wetterstation		287
	5.14.1	Augen auf!	287
	5.14.2	Aufgabenstellung	288
	5.14.3	Hintergrundwissen	288
	5.14.4	Schaltplan	290
	5.14.5	Source Code	292
	5.14.6	Tipps und Tricks	296
5.15	Automatische Gießanlage		296
	5.15.1	Karlsruher Student konserviert Zimmerpflanzen!	297
	5.15.2	Aufgabenstellung	298
	5.15.3	Hintergrundwissen	299
	5.15.4	Schaltplan	301
	5.15.5	Source Code	303
	5.15.6	Tipps und Tricks	304
5.16	Der Arduino™ Robot		305
	5.16.1	Kaufen Sie die Virtual Robo-Leash™	305
	5.16.2	Aufgabenstellung	306
	5.16.3	Hintergrundwissen	306
	5.16.4	Source Code	309
	5.16.5	Tipps und Tricks	311
5.17	Analoge Uhr		312
	5.17.1	Steampunk	313
	5.17.2	Aufgabenstellung	313
	5.17.3	Hintergrundwissen	314
	5.17.4	Schaltplan	320
	5.17.5	Source Code	324
	5.17.6	Tipps und Tricks	329
5.18	Der Arduino™ Yún		330
	5.18.1	Der Kollege im Nachbarabteil	330
	5.18.2	Aufgabenstellung	331
	5.18.3	Hintergrundwissen	331
	5.18.4	Inbetriebnahme des Arduino™ Yún	331
	5.18.5	Source Code	342
	5.18.6	Tipps und Tricks	344
5.19	Blauer Herzschlag		345
	5.19.1	Schöne neue Welt	345
	5.19.2	Aufgabenstellung	345
	5.19.3	Hintergrundwissen	346
	5.19.4	Schaltplan	347
	5.19.5	Source Code	348
	5.19.6	Tipps und Tricks	353
5.20	Mobiler Temperaturlogger		355
	5.20.1	Klobige Allzweckwaffe	355
	5.20.2	Aufgabenstellung	355

Inhaltsverzeichnis

       5.20.3 Hintergrundwissen 356
       5.20.4 Schaltplan 365
       5.20.5 Source Code 366
  5.21 Breadboard-Arduino™ 370
       5.21.1 Meister Suns weise Worte 370
       5.21.2 Aufgabenstellung 371
       5.21.3 Hintergrundwissen 371
       5.21.4 Schaltplan 375
       5.21.5 Tipps und Tricks 378
  5.22 Arduino™ und Windows 378
       5.22.1 Schwarz-Weiß 379
       5.22.2 Aufgabenstellung 379
       5.22.3 Installation des Windows-PCs 379

Stichwortverzeichnis 397

Teil I
Hardware

Teil I Hardware

1 **Ausgesuchte Arduino-Platinen** 19
   1.1   Arduino Uno 19
   1.2   Arduino Leonardo 22
   1.3   Arduino Mega 2560 23
   1.4   Arduino Esplora 25
   1.5   Arduino Due 27
   1.6   Arduino Robot 29
   1.7   Arduino LilyPad 31
   1.8   Intel Galileo 33
   1.9   Arduino Yún 35
   1.10 Arduino Micro 37
   1.11 Arduino Fio 38
   1.12 Arduino Zero 40
   1.13 Weitere Platinen 41
   1.14 Arduino-Platinen auf einen Blick 44

2 **Mit Arduino-Shields erweitern** 45
   2.1   Proto-Shield 45
   2.2   Ethernet-Shield 47
   2.3   Motor-Shield 48
   2.4   Wi-Fi-Shield 50
   2.5   USB-Serial-Light-Adapter 52
   2.6   Arduino ISP 53

Ausgesuchte Arduino™-Platinen

Da Sie sich nun entschieden haben, in die wunderbare Welt der Arduino-Entwicklungsumgebung einzutauchen, beginnen wir in diesem Kapitel mit dem Stoff, aus dem unsere Träume sind, den Arduino-Platinen. Es gibt mittlerweile eine ganze Menge an Mitgliedern der Großfamilie Arduino. So viele, dass wir Ihnen gar nicht alle vorstellen können. Es gibt ein paar Dinge, die alle Arduinos gemeinsam haben: Alle besitzen einen USB-Anschluss, alle haben eine LED, die an Pin 13 angeschlossen ist, alle haben einen Reset-Schalter, alle lassen sich über die Arduino-Entwicklungsumgebung programmieren – und alle sind blau. Damit enden aber auch schon die Gemeinsamkeiten, und es folgen Dinge, die fast alle Geräte haben (Anschlüsse für Shields, Programmierport), Dinge, die einige Geräte haben (Tastatur- und Mausemulation), und Dinge, die Sie nur auf einem Arduino-Board finden (Motoren beim Robot).

Auf den folgenden Seiten werden wir uns einige ausgesuchte Arduinos ansehen, ihre technischen Daten auflisten und auf die Besonderheiten hinweisen, die die jeweiligen Geräte besitzen.

1.1 Arduino™ Uno

Der Arduino Uno ist als Nachfahre in direkter Linie des ursprünglichen Ur-Arduino entstanden. Er wurde über die Jahre stets weiterentwickelt und verbessert und ist in der Revision 3 der jüngste Spross der längsten Arduino-Entwicklungsreihe. Er ist gleichzeitig auch das am besten getestete Board und dient als Referenz für fast alle Software-Bibliotheken. Da er so häufig produziert wird, ist er auch eines der günstigsten Arduino-Boards auf dem Markt.

Bild 1.1: Der Arduino Uno in der SMD-Ausführung – klein, günstig, universell.

Auf dem Uno sitzt ein ATmega328-Mikrocontroller, der mit 16 MHz (Megahertz) betrieben wird. Er hat 20 digitale Anschlüsse, die wahlweise als Eingang (Input) oder Ausgang (Output) verwendet werden können, bei sechs von ihnen kann eine Pulsweitenmodulation hinzugeschaltet werden, bei sechs anderen können auch analoge Signale ausgelesen werden.

Über einen USB-Stecker kann man den Uno an den Computer anschließen. Da ein USB-Anschluss praktischerweise auch eine Stromquelle mit maximal 500 mA (Milliampere) bereitstellt, kann das Board darüber mit Strom versorgt werden, was für einfache Schaltungen oft ausreichend ist. Bei umfangreicheren oder stromhungrigeren Projekten kann der Uno über den separaten Stromanschluss an eine variable Spannung von 7 bis 12 V (Volt) angeschlossen werden – die notwendigen 5 V für den Mikrocontroller werden über den integrierten Spannungswandler erzeugt. Sollten Sie einmal aus Versehen zu viel Strom aus dem USB-Anschluss ziehen, müssen Sie sich um Ihren Computer keine Sorgen machen, denn der Arduino trennt die Stromversorgung bei Kurzschlüssen und Überstrom automatisch, bis der Fehler behoben wurde.

Natürlich hat ein Arduino auch einen Reset-Knopf und verfügt über einen ICSP-Anschluss, über den ein Programm auf den Mikrocontroller übertragen werden kann. Da aber jeder Arduino von Haus aus auch mit einem Bootloader versehen ist, wird der ICSP-Anschluss selten benötigt, weil man seine Programme mithilfe des Bootloaders über den USB-Anschluss übertragen kann, was wesentlich komfortabler ist.

Kommunizieren kann der Uno mit der Außenwelt zum einen über USB, aber auch über eine serielle Schnittstelle UART TTL (5 V), die in den Pins 0 und 1 untergebracht ist. Der Mikrocontroller unterstützt auch I^{2}C- und SPI-Kommunikation, die z. B. den Anschluss digitaler Sensoren ermöglichen.

1.1 Arduino™ Uno

Als Besonderheit der neueren Generationen ist der separate ATmega16U2-Mikrocontroller zu erwähnen, der die recht komplexe USB-Kommunikation mit dem Computer übernimmt und die bisherigen FTDI-Treiber ersetzt, die manchmal Probleme bereiteten und vor allem nicht so schnell waren.

Den Arduino Uno Revision 3 gibt es in zwei verschiedenen Varianten. Bei der SMD-Edition steckt der Prozessor in einem SMD-Gehäuse und ist fest mit der Platine verbunden. Geht er einmal kaputt, können Sie ihn nicht austauschen und müssen die gesamte Platine ersetzen. Besser geeignet ist da die normale Version, bei der der Prozessor in einem DIL-Gehäuse auf einem Sockel sitzt. Hier kann der Prozessor einfach ausgetauscht werden, allerdings müssen Sie dann einmalig den Bootloader über den ICSP-Anschluss auf den jungfräulichen Mikrocontroller aufspielen.

Technische Daten: Arduino Uno	
Mikrocontroller	ATmega328
Flash-Speicher	32 KByte, 0,5 KByte werden für den Bootloader verwendet
SRAM	2 KByte
EEPROM	1 KByte
Prozessortakt	16 MHz
Betriebsspannung	5 V
Eingangsspannung	7-12 V
Eingangsspannung (max.)	6-20 V
Digitale I/O-Pins	20
Davon PWM	6
Davon analoger Eingang	6 (10 Bit, 1.024 Abstufungen)
Maximaler Strom pro I/O-Pin	40 mA
Maximaler Strom am 3,3-V-Pin	50 mA
Anschlüsse	USB, Stromanschluss, ICSP
Kommunikation	USB (seriell), 1 x UART TTL (5 V) seriell, I^2C, SPI
Besonderheiten	Hat separaten Mikrocontroller für USB-Kommunikation.

1.2 Arduino™ Leonardo

Der Arduino Leonardo ist ähnlich groß wie der Arduino Uno, arbeitet aber mit einem ATmega32U4. Dieser läuft mit 16 MHz und bietet wie der Uno 14 digitale Input/Output-Pins, wobei sieben davon eine Pulsweitenmodulation unterstützen. Ganze zwölf analoge Eingänge stehen zur Verfügung, die mit 10 Bit insgesamt 1.024 Abstufungen erreichen können.

Bild 1.2: Der Leonardo kann sich als Tastatur und Maus ausgeben.

Man kann den Leonardo über den USB-Anschluss an den Computer anschließen, der ihn auch mit Strom versorgen kann. Ebenso wie der Uno ist der Computer dabei vor Überspannung und Kurzschlüssen geschützt. Über die separate Buchse kann man den Leonardo mit 6 bis 20 V versorgen, empfohlen sind aber 7 bis 12 V, da bei niedrigeren Spannungen das Board instabil werden kann und bei höheren die Einzelteile sich zu stark erwärmen können.

Wie der Uno verfügt der Leonardo über eine Reset-Taste und einen ICSP-Anschluss, der aber aufgrund des von Haus aus installierten Bootloaders selten benötigt wird.

Die USB-Kommunikation mit dem Computer übernimmt im Leonardo der ATmega-32U4 selbst, denn er kann im Gegensatz zum Uno nicht nur über USB programmiert werden, sondern sich auch als sogenanntes HID-Gerät (Human Interface Device) am angeschlossenen Computer ausgeben. Damit ist der Leonardo in der Lage, wie eine Tastatur oder eine Maus zu agieren. Der PC erkennt das Gerät vollautomatisch, die notwendigen Treiber sind der Entwicklungsumgebung von Arduino beigelegt.

Diese Besonderheit hat einige kleinere Folgen: So ist der Bootloader im Leonardo im Vergleich zum Uno deutlich größer, weil hier die serielle Kommunikation nicht mehr auf Hardware, sondern auf Software basiert. Daher reagiert die serielle Kommunikation mit dem Computer bei einem Reset des Leonardo und beim Aufrufen des seriellen Monitors leicht unterschiedlich.

Ansonsten halten sich die Unterschiede zwischen Uno und Leonardo in starken Grenzen, sodass alle Erweiterungsplatinen (Shields), die für den Uno gebaut wurden, auch am Leonardo betrieben werden können.

Technische Daten: Arduino Leonardo	
Mikrocontroller	ATmega32U4
Flash-Speicher	32 KByte, 4 KByte werden für den Bootloader verwendet
SRAM	2,5 KByte
EEPROM	1 KByte
Prozessortakt	16 MHz
Betriebsspannung	5 V
Eingangsspannung	7-12 V
Eingangsspannung (max.)	6-20 V
Digitale I/O-Pins	20
Davon PWM	7
Davon analoger Eingang	12 (10 Bit, 1.024 Abstufungen)
Maximaler Strom pro I/O-Pin	40 mA
Maximaler Strom am 3,3-V-Pin	50 mA
Anschlüsse	USB, Stromanschluss, ICSP
Kommunikation	USB (seriell und HID-Gerät), 1 x UART TTL (5 V) seriell, I²C, SPI
Besonderheiten	Kann als HID-Gerät Computertastaturen und Mäuse simulieren.

1.3 Arduino™ Mega 2560

Wenn Sie einmal ein Projekt haben, bei dem Ihnen die Pins am Arduino-Board ausgehen, können Sie auf den Mega 2560 umsteigen. Dieses Board bietet satte 54 digitale Input/Output-Pins, von denen ganze 15 die Pulsweitenmodulation unterstützen. Zusätzlich stehen noch 16 Analogeingänge zur Verfügung, die mit 10 Bit abgetastet werden und damit 1.024 Abstufungen erreichen. Wenn Ihnen das noch nicht genug ist, können Sie über insgesamt vier serielle Schnittstellen (UART TTL 5 V) mit der Außenwelt kommunizieren. Natürlich werden auch I²C- und SPI-Kommunikation unterstützt, sodass Sie mehrere Sensoren an einen Port des Mega 2560 anschließen können.

1 Ausgesuchte Arduino™-Platinen

Bild 1.3: Der Arduino Mega 2560 – der Kommunikationsoffizier unter den Arduinos.

Sie merken schon, dieses Board ist ein Kommunikationsmonster, das nach Kontakt zur Außenwelt schreit. So können Sie annähernd jedes Gerät anschließen: Sensoren, Schalter, Displays, SD-Kartenleser, Lautsprecher – und das alles gleichzeitig! Es gibt gar nicht so viele Projekte, die den Mega 2560 komplett ausnutzen können, denn selbst als Herz und Gehirn eines komplexeren 3-D-Druckers sind immer noch ein paar Pins für Erweiterungen frei.

Der Prozessor ist mit seinen 16 MHz nicht schneller als der eines Uno, bietet aber mit 256 KByte deutlich mehr Flash-Memory, und auch die 8 KByte SRAM und 4 KByte EEPROM-Speicher sind deutlich größer dimensioniert.

Ansonsten bietet der Mega alle Eigenschaften, die der Uno bietet. In der Revision 3 wird auch seine USB-Kommunikation durch einen separaten ATmega16U2 gesteuert, ebenso hat er einen ICSP-Programmierport, die Stromversorgung kann wiederum über USB oder über den Stromanschluss erfolgen – mit den gleichen Spannungen und USB-Schutzmechanismen wie beim Uno. Und obwohl der Arduino Mega 2560 deutlich mehr Anschlüsse anbietet als der Uno, ist er immer noch pinkompatibel und kann die Shields des Uno problemlos ansteuern.

Den Arduino Mega 2560 gibt es auch in einer ADK-Version (Accessory Development Kit). Diese Variante besitzt einen USB-Host-Chip, der theoretisch den Anschluss aller Arten von USB-Geräten (Webcam, Tastatur, Maus, Drucker, Scanner etc.) an den Mega 2560 ADK ermöglicht – die Kommunikation mit den Geräten ist aber nicht einfach und sollte nicht unterschätzt werden. Geplant wurde das Board für den Einsatz an Android-Telefonen, für die es auch eine Softwareunterstützung gibt.

Technische Daten: Arduino Mega 2560	
Mikrocontroller	ATmega2560
Flash-Speicher	256 KByte, 8 KByte werden für den Bootloader verwendet
SRAM	8 KByte
EEPROM	4 KByte
Prozessortakt	16 MHz
Betriebsspannung	5 V
Eingangsspannung (vorgeschlagen)	7-12 V
Eingangsspannung (Grenzen)	6-20 V
Digitale I/O-Pins	70
Davon PWM	15
Davon analoger Eingang	16 (10 Bit, 1.024 Abstufungen)
Maximaler Strom pro I/O-Pin	40 mA
Maximaler Strom am 3,3-V-Pin	50 mA
Anschlüsse	USB, Stromanschluss, ICSP
Kommunikation	USB (seriell), 4 x UART TTL (5 V) seriell, I²C, SPI
Besonderheiten	Stellt besonders viele Pins zur Kommunikation zur Verfügung.
Besonderheiten ADK-Version	Besitzt einen USB-Host-Chip (MAX3421E), der den Anschluss an ein Android-Gerät ermöglicht.

1.4 Arduino™ Esplora

Ein Arduino der ganz besonderen Art ist der Esplora. Seine Ähnlichkeit mit einem Game-Controller ist unübersehbar. Er verspricht damit jede Menge Action - und kann auch sein Versprechen halten.

Vier kreuzförmig angeordnete Schalter auf der rechten Seite und ein analoger Joystick auf der linken ermöglichen die Steuerung in Spielen; ein lineares Potenziometer ermöglicht weiche Übergänge; mit dem Mikrofon können Sie Geräusche oder Ihre Stimme aufnehmen; der Lichtsensor erfasst die Helligkeit, der Temperatursensor die Umgebungswärme und ein 3-Achsen-Acceralometer die Lage im Raum.

1 Ausgesuchte Arduino™-Platinen

Bild 1.4: Der Arduino Esplora hat viele Schalter und Sensoren und kann mit PC und Mac kommunizieren.

Damit nicht genug, kann man über den eingebauten Lautsprecher Töne ausgeben, die RGB-LED in allen Farben leuchten lassen, über die vier TinkerKit-Schnittstellen weitere Geräte anschließen und sogar ein TFT-Display-Shield direkt auf das Board aufstecken. Zu guter Letzt ist der Esplora wie der Leonardo in der Lage, als HID-Gerät am Computer angeschlossen zu werden und so als Tastatur oder Maus aufzutreten.

Sie sehen also, hier haben Sie einen Tausendsassa in der Hand, der jede Menge Eingabemöglichkeiten und Sensoren bietet, ohne dass Sie auch nur ein einziges Mal ein zusätzliches Bauteil in die Hände nehmen müssen. Der Esplora wendet sich damit an Arduino-Einsteiger, die viel erreichen möchten, ohne sich mit Elektronik auseinandersetzen zu müssen.

Technische Daten: Arduino Esplora	
Mikrocontroller	ATmega32U4
Flash-Speicher	32 KByte, 4 KByte werden für den Bootloader verwendet
SRAM	2,5 KByte
EEPROM	1 KByte
Prozessortakt	16 MHz
Betriebsspannung	5 V (nur über USB)
Digitale I/O-Pins	0
Analoge Eingänge	0
Anschlüsse	USB, ICSP, TFT-Shield, 2 x TinkerKit-Eingang, 2 x TinkerKit-Ausgang
Kommunikation	USB (seriell und HID-Gerät)
Schalter und Sensoren	Analoger Joystick, 4 Taster, lineares Potenziometer, Lichtsensor, Reset-Schalter, Mikrofon, 3-Achsen-Accelerator, Temperatursensor

Technische Daten: Arduino Esplora	
Ausgabe	Lautsprecher, RGB-LED
Besonderheiten	Kann als HID-Gerät Computertastaturen und Mäuse simulieren, hat viele Eingabemöglichkeiten und Sensoren, ist nicht so leicht zu erweitern wie andere Arduinos.

1.5 Arduino™ Due

Es gibt einen Punkt, für den die Arduino-Familie bis jetzt nicht bekannt war: Geschwindigkeit. Während andere Mikrocontroller ungeahnte Megahertz-Höhenflüge hinlegen, werkeln die Arduinos bislang noch auf mickrigen 16 MHz herum. Um dieses Manko zu umgehen, wurde der Arduino Due entwickelt, der mit seinen 84 MHz, seinen 512 KByte Flash-Speicher und 96 KByte SRAM mindestens eine Leistungsklasse über sämtlichen anderen Arduinos liegt. Wann immer Sie also ein Projekt haben, bei dem Sie Rechenpower und Speicherplatz benötigen, ist der Arduino Due Ihr optimaler Partner.

Bild 1.5: Der Arduino Due – schneller als alle anderen.

Er hat aber auch noch einige andere Vorzüge. Zum einen arbeitet er mit nur 3,3 V, was den Anschluss mancher Geräte wie zum Beispiel TFT-Displays erleichtert, die selbst mit nur 3,3 V arbeiten. Das hat aber leider auch zur Folge, dass die üblichen Arduino-Shields nicht ohne Weiteres mit dem Due zusammenarbeiten. Seien Sie also vorsichtig, Sie können damit das Gerät beschädigen!

Um dieses Manko wettzumachen, bietet der Due aber einige andere Funktionen, die sonst kein anderer Arduino hat: Beispielsweise verfügt er über zwei USB-Ports, wobei der eine für die Kommunikation mit dem PC vorgesehen ist und der andere als USB-

Host fungieren kann. Damit ist es möglich, andere Geräte, wie zum Beispiel eine Tastatur, eine Maus oder ein Smartphone, an den Due anzuschließen und dessen Eingaben entgegenzunehmen. Denkbar ist auch der Anschluss anderer USB-Geräte, wie zum Beispiel einer Webcam oder einer Festplatte, nur muss dann der Arduino diese mit einer passenden – vermutlich noch zu schreibenden – Software ansteuern können.

Die Kommunikation funktioniert aber auch in die Gegenrichtung, ganz wie bei den Arduinos Leonardo und Esplora: Der Due kann einem über USB angeschlossenen Computer eine Tastatur oder eine Maus als HID-Gerät vorgaukeln.

Damit aber noch nicht genug: Der Arduino Due verfügt über einen CAN-Bus, der beispielsweise viel in der Autoindustrie verwendet wird, und einen I^2C-Bus, den man bei Atmel zwar aus lizenztechnischen Gründen TWI nennt, der aber ansonsten vollkommen kompatibel dazu ist. Beide Bussysteme sind besonders gut dafür geeignet, Sensoren und andere komplexere elektronische Bauteile an das Gerät anzubinden, ohne dafür viele Kabel und I/O-Ausgänge opfern zu müssen.

Mit der passenden Hardware kann man das Gerät sowohl über ICSP als auch über den JTAG-Anschluss programmieren, wobei Letzterer auch Möglichkeiten zur Fehlerauffindung (Debugging) bietet. In den meisten Fällen aber werden Sie als Arduino-Anwender eher die gewohnte und komfortable Programmierung über den USB-Port und die gewohnte Arduino-Entwicklungsumgebung vornehmen.

Auf der Platine befindet sich sogar noch ein mysteriöser ETH-Anschluss, der aber auf der Arduino-Homepage keinerlei Erwähnung findet. Vermutlich steckt ein Ethernet-Anschluss dahinter, der aber wohl technisch nicht ganz ausgereift ist und daher sicherheitshalber keinen Einzug in die Entwicklungsplattform gefunden hat. Man kann gespannt sein, ob das irgendwann einmal nachgeholt wird.

Ein auf der Platine vorhandener Erase-Schalter sticht ebenfalls etwas hervor. Mit ihm ist es möglich, den Inhalt des Flash-Speichers manuell zu löschen.

Zum Abschluss sollten unbedingt noch die beiden analogen Ausgänge des Due erwähnt werden. Über sie kann man analoge Spannungen in 4.096 Abstufungen (12 Bit) abgeben, geeignet für die Audioausgabe in Stereoqualität.

Technische Daten: Arduino Due	
Mikrocontroller	ATmega AT91SAM3X8E
Flash-Speicher	512 KByte (Kilobyte, KB)
SRAM	96 KByte
Prozessortakt	84 MHz
Betriebsspannung	3,3 V
Digitale I/O-Pins	66
Davon PWM	12

Technische Daten: Arduino Due	
Davon analoger Eingang	12 (12 Bit, 4.096 Abstufungen)
Analoge Ausgänge	2 (12 Bit, 4.096 Abstufungen)
Anschlüsse	USB für Programmierung, USB-Host, CAN-Bus, SPI, I²C, ICSP, JTAG, (ETH)
Kommunikation	USB (seriell und HID-Gerät), USB-Host
Besonderheiten	Kann als HID-Gerät Computertastaturen und Mäuse simulieren, kann als USB-Hub agieren, sodass andere Geräte (z. B. eine Webcam) daran angeschlossen werden können, hat einen Erase-Schalter, mit dem der Flash-Speicher gelöscht werden kann.

1.6 Arduino™ Robot

Wenn Sie schon immer mal einen Roboter haben wollten, aber bis jetzt noch keine Zeit gefunden haben, einen selbst zu konstruieren, ist der Arduino Robot für Sie genau das Richtige. Sie öffnen die Schachtel, ziehen das Gerät heraus, stecken das beigelegte TFT-Display auf den Roboter, und schon ist das Gerät einsatzbereit. Einfacher geht es kaum.

Bild 1.6: Der Arduino Robot ist der größte Arduino überhaupt – und der mobilste.

Der Robot ist in mehrfacher Hinsicht eine Besonderheit, denn Sie bekommen mit dem Arduino Robot nicht nur eine Arduino-Platine, sondern gleich zwei – und beide sind vollwertige Arduinos, haben ihren eigenen USB-Port und lassen sich auch getrennt voneinander programmieren. Verbunden sind diese beiden Platinen über einen sogenannten Interboard-Connector, über den sich beide Mikroprozessoren miteinander unterhalten können.

Die untere Platine beherbergt zwei Motoren, die samt Getriebe fest mit der Platine verbunden sind und über jeweils ein Rad verfügen. Damit ist auch klar, welche Aufgabe die untere Platine erfüllt, nämlich das Bewegen des gesamten Konstrukts. Für die notwendige Stromversorgung abseits jeglicher Kabel sorgen vier Mignonzellen (auch bekannt als AA-Batterien), die auch die obere Platine mit Strom versorgen. Fünf Infrarotsensoren sind so angebracht, dass sie den Boden vor dem Gerät abtasten und so ihren Weg finden können, sofern eine entsprechende Markierung vorhanden ist.

Um beide Motoren miteinander abstimmen zu können, gibt es zudem noch ein Potenziometer, das die Stromzufuhr zu den beiden Motoren regelt. Über einen separaten Stromanschluss kann die Platine mit Strom versorgt werden, und sie verfügt auch über einen Akkulader. So können die Batterien geladen werden, während sie im Gerät verbleiben. Dieser Batterielader läuft aber nur dann, wenn mindestens 9 V angeschlossen werden, die Stromversorgung über USB reicht hierfür nicht aus.

Die obere Platine des Arduino-Boards ist vornehmlich dazu gedacht, die Steuerung des Gefährts zu übernehmen. Auffällig ist hier vor allem das farbige TFT-Display, über das der Arduino Robot Textmeldungen und auch Grafiken ausgeben kann. Der Lautsprecher dient der Ausgabe von Tönen und ganzen Musikstücken, die aber schon das eine oder andere Mal kräftig an den Trommelfellen zerren können. Fünf Schalter sowie ein Drehknopf dienen der Eingabe durch den Benutzer, und ein digitaler Kompass sorgt für Orientierung.

Beide Platinen verfügen über digitale und analoge Ein- und Ausgänge, die jeweils in dreipoligen Buchsen ausgeführt sind, sodass sich relativ leicht Sensoren und andere Geräte an den Roboter anschließen lassen. Die obere Platine verwendet dafür vier Pins des Prozessors, wobei einer davon achtfach gemultiplext wird, sodass man insgesamt über 14 Gelegenheiten verfügt, an die Sensoren angeschlossen werden können.

Anders als bei den anderen Arduinos sind aber einige der Anschlussmöglichkeiten nicht über Steckverbindungen ausgeführt, sondern lediglich als Lötpunkte, die man folglich nur dann nutzen kann, wenn man bereit ist, auf dem teuren Gerät mit dem Lötkolben zu hantieren. Dafür bietet die obere Platine auch noch vier Bereiche, in die man eigene Bauteile einlöten kann, sowie drei I^{2}C-Busse, über die man Sensoren und ähnliche Geräte anschließen kann – ebenso wieder nur als Lötpunkt ausgeführt.

Technische Daten: Arduino Robot Motor (untere Platine)	
Mikrocontroller	ATmega32U4
Flash-Speicher	32 KByte, 4 KByte werden für den Bootloader verwendet
SRAM	2,5 KByte
EEPROM	1 KByte

Technische Daten: Arduino Robot Motor (untere Platine)	
Prozessortakt	16 MHz
Betriebsspannung	5 V
Digitale I/O-Pins	4
Davon analoger Eingang	4 (10 Bit, 1.024 Abstufungen)
Anschlüsse	USB, SPI, I²C, ICSP, Interboard-Connector
Kommunikation	USB
Sensoren	5 Infrarotsensoren
Besonderheiten	Besitzt vier Mignonzellen als Stromversorgung, zwei Motoren mit Getriebe sowie ein Einstellrad zum Abgleich beider Motoren untereinander.

Technische Daten: Arduino Robot Control (obere Platine)	
Mikrocontroller	ATmega32U4
Flash-Speicher	32 KByte, 4 KByte werden für den Bootloader verwendet
SRAM	2,5 KByte
EEPROM	1 KByte
Prozessortakt	16 MHz
Betriebsspannung	5 V
Digitale I/O-Pins	14, davon 6 ohne Stiftleiste
Davon analoger Eingang	8 (10 Bit, 1.024 Abstufungen) 8 (über Multiplex auf einen Eingang geschaltet)
Anschlüsse	USB, SPI, 3 x I²C, ICSP, Interboard-Connector
Kommunikation	USB
Besonderheiten	TFT-Display, SD-Kartenleser, Potenziometer, 5 Schalter, Lautsprecher (8 Ω), digitaler Kompass.

1.7 Arduino™ LilyPad

Sie finden Ihre Alltagskleidung ist zu langweilig? Sie wünschen sich mehr als Strickpulli-Charme und Blauhemd-Einheitstracht? Dann sollten Sie sich den Arduino LilyPad genauer ansehen, denn er wurde speziell dafür entworfen, Kleidung mit Zusatzfunktionen zu entwickeln. Diese Art von Kleidung nennt sich E-Textilien oder

1 Ausgesuchte Arduino™-Platinen

Wearables – und umfasst alles, was sich der kreative Bastler vorstellen kann und an seine Kleidung anbringen möchte. Informationen sammeln, Töne ausgeben, Lichtreize setzen – alles ist denkbar, und oft ermöglichen die E-Textilien, sich aus der Masse der Menschen abzusetzen und Aufmerksamkeit zu erzeugen.

Der LilyPad ist ein Arduino, der auf das Notwendigste reduziert ist. Sein Herz ist ein ATmega168P oder ATmega328P, er hat einen Reset-Schalter, etliche Anschlüsse – und das war es auch schon. Kein Strom verbrauchender USB-Anschluss, keine fehlertolerante Stromversorgungsschaltung, dafür ein im Vergleich zum Uno halb so schneller Prozessor – wie ein Automotor ohne Karosserie, Räder und Tank.

Dafür ist das kleine Platinchen sehr sparsam im Stromverbrauch und kann mit Batterien von 2,7 bis 5,5 V betrieben werden – mehr als 5,5 V grillen den Prozessor aber mit annähernd absoluter Sicherheit. Die Entwickler raten zwar offiziell davon ab, waschen angeblich aber den LilyPad mit der Kleidung sogar gleich mit. Die Empfehlung lautet: Handwäsche, 30 Grad, Feinwaschmittel, Batterie vorher trennen, gut trocknen lassen. Worte, die man in Elektronikfachbüchern doch recht selten findet.

Die Platine ist kreisrund, hat einen Durchmesser von ca. 50 mm, besitzt 20 Anschlüsse und ist mit maximal 3 mm sehr dünn. Mit einem Gewicht von 5 g ist sie federleicht und bietet verschiedene Öffnungen, sodass die Platine gut in Kleidung eingenäht werden kann.

Die Programmierung des LilyPad ist dafür umständlicher, da hier der USB-Anschluss fehlt. Immerhin gibt es zwei Möglichkeiten: Zum einen ist da der ISP-Port, der allerdings auf dem LilyPad nur als Lötpunkt ausgeführt ist, sodass man hier erst noch ein paar Buchsenleisten anlöten muss. Einfacher ist die Programmierung über den seriellen Port, der bereits als flacher Stecker angebracht ist und an den ein USB-Serial-Adapter angeschlossen werden kann. Wem das zu kompliziert ist, der kann sich aber auch das LilyPad in der USB-Variante kaufen, hier ist bereits ein Mikro-USB-Port verbaut, der die direkte Programmierung des Geräts erlaubt.

Technische Daten: Arduino LilyPad	
Mikrocontroller	ATmega168P oder ATmega328P
Flash-Speicher	16 KByte, 2 KByte werden für den Bootloader verwendet
SRAM	1 KByte
EEPROM	0,5 KByte
Prozessortakt	8 MHz
Betriebsspannung	2,7–5,5 V
Eingangsspannung	2,7–5,5 V

Technische Daten: Arduino LilyPad	
Digitale I/O-Pins	20
Davon PWM	6
Davon analoger Eingang	6 (10 Bit, 1.024 Abstufungen)
Maximaler Strom pro I/O-Pin	40 mA
Anschlüsse	ICSP (nur als Lötpunkte)
Kommunikation	1 x UART TTL seriell, ICSP

1.8 Intel Galileo

Ein Arduino der ganz anderen Art ist der Intel Galileo. Ganz genau genommen ist der Galileo noch nicht einmal ein waschechter Arduino, sondern eine Platine von Intel, die so konstruiert wurde, dass sie Arduino-Shields verwenden kann und sich auch so programmieren lässt, als würde man auf einem der üblichen Atmel-Prozessoren arbeiten.

Das Herz der Galileo-Platine ist allerdings ein Intel Quark SoC X1000-Mikrocontroller, ein Pentium-basiertes System, das der x86-Systemreihe von Intel entspringt. Dieser Prozessor hat nur noch sehr wenig mit den üblichen Arduino-Prozessoren zu tun, was teilweise Komplikationen, aber auch neue Möglichkeiten eröffnet - beispielsweise das Verwenden von Windows statt des von Intel vorinstallierten Yocto-Linux als Betriebssystem.

Der Prozessor arbeitet mit 32 Bit bei 400 MHz und bietet 512 KByte schnelles SRAM sowie 256 MByte DRAM - allein an diesen Werten sieht man, dass man hier schon einem kleinen Computer gegenübersteht, der in puncto Leistung nicht mehr viel mit einem Arduino Uno zu tun hat.

Bild 1.7: Intels Verneigung vor dem Arduino-Projekt - der Intel Galileo.

Auch an Anschlussmöglichkeiten hat Intel nicht gespart – neben der üblichen USB-Client-Schnittstelle bietet der Galileo auch einen USB-Host (ausgeführt in einer seltenen Micro-Typ-A-Buchse), einen microSD-Kartenleser, eine separate RS232-Schnittstelle und einen Ethernet-Anschluss, der mit 10 oder 100 MBit arbeitet. Eine Besonderheit ist der PCI-Express-Anschluss, über den PC-Hardware verwendet werden kann – eine sehr interessante Option, will man beispielsweise eine Festplatte, schnelles WLAN oder sogar eine SSD anschließen.

Ein kleines, aber für manche Anwendungen sehr interessantes Detail ist die Echtzeituhr (Real Time Clock, RTC), die auf dem Galileo verbaut ist. Sie ist, verglichen mit den anderen Arduinos, sehr genau und lässt sich durch eine extern angebrachte 3-V-Knopfzelle auch dann mit Strom versorgen, wenn das Gerät ausgeschaltet ist.

Insgesamt ist der Intel Galileo ein sehr interessantes Gerät für Aufgaben, die viel Rechenkapazität benötigen oder Standardhardware erfordern. So ist es beispielsweise denkbar, an einen Galileo eine oder mehrere Webcams anzuschließen, eine Bildverarbeitung durchzuführen und die Ergebnisse anschließend auf SD-Karte oder sogar auf einer Festplatte abzuspeichern. Da man hier auch auf ein vollwertiges Betriebssystem zurückgreifen kann, das viele der Aufgaben bereits übernimmt, lassen sich selbst solch hochkomplexe Projekte mit vertretbarem Aufwand durchführen.

Technische Daten: Intel Galileo	
Mikrocontroller	Intel Quark SoC X1000
Flash-Speicher	8 MByte
SRAM	512 KByte
EEPROM	11 KByte
DRAM	256 MByte
Prozessortakt	400 MHz
Betriebsspannung	5 V
Digitale I/O-Pins	14
Davon analoger Eingang	6 (12 Bit, 4.096 Abstufungen)
Anschlüsse	USB-Client, USB-Host, PCI Express, JTAG, microSD-Karte, RS232, ICSP, SPI, I^{2}C
Kommunikation	100 MBit Ethernet
Sensoren	Reboot und Reset-Taster
Besonderheiten	Echtzeituhr (RTC)

1.9 Arduino™ Yún

Das technische Gegenstück zu Intels Galileo ist Arduinos Yún. Fast zeitgleich mit dem Galileo veröffentlicht, enthält auch er einen sehr starken Prozessor, der ebenso mit 400 MHz und einem Linux-Betriebssystem arbeitet. Der Yún bietet 10/100 MBit Ethernet, einen microSD-Kartenleser, sowohl einen USB-Client als auch einen USB-Host-Anschluss, und – wie könnte es bei Arduino anders sein – es können darauf Arduino-Shields installiert werden.

Bild 1.8: Der Arduino Yún ist der derzeit leistungsstärkste Arduino.

Besonders praktisch ist auch die Wi-Fi-Funktion, mit der sich der Yún drahtlos in das eigene WLAN einklinken kann oder mal eben sein eigenes Netzwerk einrichtet. Versorgt mit einer portablen Stromquelle – Zusatzakkus (Power Banks) für Handys eignen sich hier wunderbar –, kann er kabellos und unabhängig agieren.

Auf dem Yún arbeiten zwei Mikroprozessoren nebeneinander: zum einen ein Atheros AR9331 mit MIPS-Architektur, zum anderen der wohlbekannte ATmega32U4, der auch schon auf dem Arduino Leonardo sein Unwesen treibt. Beide sind über eine serielle Schnittstelle miteinander verbunden und können über die sogenannte Bridge-Bibliothek kommunizieren. So ist es problemlos möglich, bereits bestehende Programme für Arduino auf den Yún zu übernehmen und lediglich die Ausgabe zum Linux-Teil des Geräts zu schicken. Dort kann sie dann umfangreich aufbereitet und beispielsweise als Webseite den umliegenden Geräten zur Verfügung gestellt werden.

Gleichzeitig besitzt der Yún aber auch die Funktionen des Leonardo und kann so als Tastatur- oder Mausersatz für einen angeschlossenen Computer dienen. Dieser ist übrigens durch eine Schutzschaltung gegen Überspannungen, die über den USB-Anschluss geleitet werden könnten, gesichert – Sie brauchen also keine Sorge zu haben, dass Sie Ihren Computer durch eines Ihrer Bastelprojekte beschädigen.

Die Stromversorgung des Yún sollte möglichst über den Micro-USB-Anschluss erfolgen und genau 5 V betragen, denn es existiert keine separate Spannungsregelung.

Technische Daten: Arduino Yún	
AVR-Arduino-Mikrocontroller	
Mikrocontroller	ATmega32U4
Flash-Speicher	32 KByte, 4 KByte werden für den Bootloader verwendet
SRAM	2,5 KByte
EEPROM	1 KByte
Prozessortakt	16 MHz
Betriebsspannung	5 V
Eingangsspannung	5 V
Digitale I/O-Pins	20
Davon PWM	7
Davon analoger Eingang	12 (10 Bit, 1.024 Abstufungen)
Maximaler Strom pro I/O-Pin	40 mA
Maximaler Strom am 3,3-V-Pin	50 mA
Anschlüsse	USB, Stromanschluss, ICSP
Kommunikation	USB (seriell und HID-Gerät), 1 x UART TTL (5 V) seriell, I²C, SPI
Besonderheiten	Kann als HID-Gerät Computertastaturen und Mäuse simulieren.

Technische Daten: Arduino Yún	
Linux-Mikroprozessor	
Prozessor	Atheros AR9331
Architektur	MIPS 400 MHz
Betriebsspannung	3,3 V
RAM	64 MByte DDR2
Flash Memory	16 MByte
Anschlüsse	Ethernet (IEEE 802.3 10/100 MBit/s, PoE), Wi-Fi (IEEE 802.11b/g/n), USB (Version 2.0 Host), Kartenleser (microSD)

1.10 Arduino™ Micro

Ein richtig süßes Gerät ist der Arduino Micro. Er ist gerade einmal 48 × 18 mm groß, wiegt lächerliche 13 g und eignet sich so besonders gut, um in kleinen Geräten zum Einsatz zu kommen.

Bild 1.9: Der Arduino Micro lässt sich auch für kleine Projekte gut verwenden.

Im Prinzip kann man den Micro als besonders kleinen Arduino Leonardo sehen, die technischen Daten unterscheiden sich nur marginal voneinander. Er verfügt über einen USB-Port, über den nicht nur die Programmierung erfolgt, sondern mit dem es auch möglich ist, Tastatur- und Mauskommandos an den Computer zu schicken.

Aufgrund seiner geringen Abmessungen lassen sich natürlich keine Arduino-Shields auf die Platine stecken, und auch eine Stromanschlussbuchse sucht man vergebens. Ansonsten aber bietet er alles, was auch ein Leonardo zu bieten hat: automatische Spannungsregulierung, 20 digitale I/O-Pins, 7 davon mit PWM ausgestattet, 12 davon als analoger 10-Bit-Eingang verwendbar, 32 KByte Flash-Speicher – alles, was das Herz begehrt, auf der Fläche einer größeren Briefmarke.

Der Arduino Micro eignet sich also besonders gut, um alternative Eingabewerkzeuge für PC und Macintosh aufzubauen, beispielsweise eine Einhandtastatur oder eine programmierbare Computermaus.

Technische Daten: Arduino Micro	
Mikrocontroller	ATmega32U4
Flash-Speicher	32 KByte, 4 KByte werden für den Bootloader verwendet
SRAM	2,5 KByte

Technische Daten: Arduino Micro	
EEPROM	1 KByte
Prozessortakt	16 MHz
Betriebsspannung	5 V
Eingangsspannung	7-12 V
Eingangsspannung (max.)	6-20 V
Digitale I/O-Pins	20
Davon PWM	7
Davon analoger Eingang	12 (10 Bit, 1.024 Abstufungen)
Maximaler Strom pro I/O-Pin	40 mA
Maximaler Strom am 3,3-V-Pin	50 mA
Anschlüsse	USB, ICSP
Kommunikation	USB (seriell und HID-Gerät), 1 x UART TTL (5 V) seriell, I^{2}C, SPI
Besonderheiten	Kann als HID-Gerät Computertastaturen und Mäuse simulieren.

1.11 Arduino™ Fio

Wer kleine Geräte bauen will, die drahtlos mit anderen kommunizieren können, sollte sich den Arduino Fio einmal näher ansehen. Das kleine Gerät besitzt mit dem ATmega328P einen Chip, der besonders stromsparend ist, mit nur 8 MHz arbeitet und daher lange mit einer angeschlossenen Batterie durchhalten kann. Einen Anschluss für eine Lithium-Polymer-Batterie bringt er gleich mit, und auch das Laden des Akkus über USB übernimmt das Gerät. Da sich auf der Rückseite des Fio der Anschluss für ein XBee-Modul befindet, über das man besonders leicht eine drahtlose Kommunikation zwischen Arduinos aufbauen kann, hat man mit der Platine die besten Voraussetzungen, um ohne viel Aufwand ein schnurloses, stromsparendes und dabei auch noch kleines Bastelprojekt aufzubauen.

Natürlich hat man auf der 28 x 66 mm großen Platine nicht die Möglichkeit, die wesentlich größeren Arduino-Shields aufzustecken. Auch der USB-Port eignet sich leider nicht zur Programmierung des Geräts, sondern dient lediglich der Stromversorgung und dem Aufladen des eventuell angeschlossenen Akkus. Die Programmierung erfolgt üblicherweise über einen USB-Serial-Adapter, es ist aber auch möglich, die Programmierung drahtlos über einen leicht modifizierten USB-XBee-Adapter vorzunehmen.

Abgesehen davon bietet der Arduino Fio 14 digitale I/O-Pins, von denen 6 mit PWM versehen und 8 als analoge Eingänge verwendet werden können. Auch bei der Spannungsversorgung ist er nicht allzu wählerisch, solange Gleichspannungen zwischen 3,3 und 12 V angelegt werden – zum Laden der Batterie werden 3,7 bis 7 V benötigt. Mit 32 KB Flash-Speicher, 2 KB SRAM und 1 KB EEPROM bietet er ähnlich viel wie ein Uno – bei allerdings halber Geschwindigkeit.

Technische Daten: Arduino Fio	
Mikrocontroller	ATmega328P
Flash-Speicher	32 KByte, 2 KByte werden für den Bootloader verwendet
SRAM	2 KByte
EEPROM	1 KByte
Prozessortakt	8 MHz
Betriebsspannung	3,3 V
Eingangsspannung	3,35–12 V
Eingangsspannung (Batterie)	3,7–7 V
Digitale I/O-Pins	14
Davon PWM	6
Davon analoger Eingang	8 (10 Bit, 1.024 Abstufungen)
Maximaler Strom pro I/O-Pin	40 mA
Kommunikation	1 x UART TTL seriell, I^{2}C, SPI, ICSP

1.12 Arduino™ Zero

Nun kommt der Arduino Uno so langsam ja in die Jahre, und so verwundert es nicht, dass auch Arduino mit der Zeit geht und seiner treuen Gefolgschaft ein neues Standardgerät präsentieren möchte.

Herausgekommen ist der Arduino Zero, der auf lange Sicht den Uno ersetzen soll, dabei aber die Messlatte ein gutes Stück höher legt: Das Herz des Arduino Zero ist ein 32-Bit-Mikroprozessor, der mit 48 MHz arbeitet und damit um ein Vielfaches schneller als der Uno ist. Besonders auffällig auf der Platine ist neben diesem Prozessor ein Chip, der Debugging erlaubt – eine Methode, mit der man dem Prozessor bei der Arbeit zusehen und ihn zu jedem Zeitpunkt dabei unterbrechen kann. Debugging erleichtert das Programmieren enorm und wurde tatsächlich auch lange

Zeit in der Arduino-Entwicklungsumgebung schmerzlich vermisst – umso schöner, dass man in Zukunft darauf nicht mehr verzichten muss.

Eine größere Umstellung bedeutet der Umstand, dass das Board jetzt mit 3,3 V arbeitet und auch die Shields mit dieser Spannung betrieben werden müssen. Der neuen Betriebsspannung ist ebenfalls geschuldet, dass der maximale Strom pro I/O-Pin jetzt auf 7 mA reduziert ist.

Alles in allem ist der neue Zero ein mehr als würdiger Nachfolger, der die Entwicklung von Arduino-Programmen deutlich erleichtern wird.

Technische Daten: Arduino Zero	
Mikrocontroller	ATSAMD21G18
Flash-Speicher	256 KByte
SRAM	32 KByte
EEPROM	16 KByte (emuliert)
Prozessortakt	48 MHz
Betriebsspannung	3,3 V
Eingangsspannung	7-12 V
Eingangsspannung (max.)	Voltage Regulator und Kondensator vertragen 20 V (http://www.onsemi.com/pub_link/Collateral/NCV4299A-D.PDF), 6-20 V scheinen eine gute Richtlinie zu sein.
Digitale I/O-Pins	20
Davon PWM	12
Davon analoger Eingang	6 (12 Bit, 4.096 Abstufungen)
Maximaler Strom pro I/O-Pin	7 mA
Anschlüsse	2 x Micro-USB, Stromanschluss, SPI, JTAG
Kommunikation	USB (seriell), 1 x UART TTL (5 V) seriell, I^2C, SPI
Besonderheiten	Debugging

1.13 Weitere Platinen

Das Sortiment von Arduino ist mittlerweile auf eine ganz ansehnliche Größe angewachsen – zu viel, um auf jedes einzelne Gerät ausführlich einzugehen. Viele der Arduinos sind sich aber sehr ähnlich und unterscheiden sich nur in einigen Details.

1.13.1 Arduino™ Mega ADK

Der Arduino Mega ADK basiert auf einem Arduino Mega 2560, besitzt aber im Gegensatz zu diesem ein USB-Host-Interface, das über einen MAX3421e-Chip arbeitet, der es erlaubt, das Gerät auch an Android-Smartphones anzuschließen. Dadurch ist der Arduino Mega ADK kompatibel zum Accessory Development Kit, das Google für das Android-Betriebssystem entwickelt hat.

1.13.2 Arduino™ Ethernet

Der Arduino Ethernet ist im Prinzip ein Arduino Uno, bei dem ein Ethernet-Shield gleich mit auf der Platine verbaut wurde. Allerdings wurde bei diesem Arduino der USB-Chip entfernt, sodass das Gerät entweder über den ICSP-Stecker programmiert werden muss oder über den ebenfalls vorhandenen seriellen Anschluss, an den ein USB-Serial-Adapter passt. Zusätzlich bietet der Arduino Ethernet eine microSD-Kartenbuchse.

1.13.3 Arduino™ Mini

Der Arduino Mini ist am besten vergleichbar mit einem Arduino Uno, dem allerdings der USB-Port fehlt. Außerdem ist die Platine mit gerade einmal 18 × 30 mm ausgesprochen klein und kann so leicht in besonders kleinen Projekten verarbeitet werden. Durch den fehlenden USB-Port muss der Arduino Mini entweder über einen angeschlossenen USB-Serial-Adapter oder über den ICSP-Stecker programmiert werden.

1.13.4 Arduino™ Nano

Der Arduino Nano ist vergleichbar mit einem Arduino Uno, basiert aber auf dessen Vorgänger Duemilanove. Durch seine Größe von gerade einmal 45 × 18 mm ist die Platine sehr eng gepackt, bietet aber dennoch einen Micro-USB-Anschluss und einen Reset-Schalter. Da der für die USB-Kommunikation verwendete FP232RL-Chip nur dann unter Strom gesetzt wird, wenn der Nano an einen Computer angeschlossen ist, kann er sehr stromsparend betrieben werden.

1.13.5 LilyPad Arduino™ Simple

Die kleine, kreisrunde Platine ist die kleine Version eines Arduino LilyPad und verfügt nur über neun Ein-/Ausgänge. Dafür wurde aber ein JST-Stecker auf der Platine angebracht sowie eine Ladevorrichtung für Lithium-Polymer-Batterien, sodass der Batteriebetrieb dieses Arduino besonders einfach ist. Außerdem verfügt er über einen An-/Ausschalter.

1.13.6 LilyPad Arduino™ SimpleSnap

Der Arduino LilyPad SimpleSnap ist technisch gesehen ein LilyPad Arduino Simple, bei dem aber ein Lithium-Polymer-Akku fest verbaut ist und der statt der Lötpunkte am Rand Schnappverschlüsse verwendet, wie sie bei Kleidung eingesetzt werden. Demzufolge ist dieser LilyPad besonders leicht in Kleidungsstücke einzubauen.

1.13.7 LilyPad Arduino™ USB

Der LilyPad Arduino USB ist im Prinzip ein LilyPad Arduino Simple, der statt der eingebauten Lithium-Polymer-Batterie einen USB-Port mitbringt. Dennoch kann man auf relativ einfache Weise einen Akkumulator anschließen und über die Schaltung laden lassen – beispielsweise während er über USB an einen Computer angeschlossen ist. Die Programmierung erfolgt bei diesem LilyPad über die sonst bei anderen Arduinos übliche USB-Schnittstelle, also besonders einfach.

1.13.8 Arduino™ Pro

Der Name des Arduino Pro impliziert ein bisschen, dass er besonders viele Funktionen hat, die nur ein Profi einsetzen kann. Dem ist aber leider nicht so, ganz im Gegenteil – der Arduino Pro hat so wenige Funktionen, dass nur ein Profi ihn bedienen kann. Er ist aufs Nötigste beschränkt und besitzt neben dem Prozessor eigentlich nur eine Spannungsregelung, sodass man das Gerät entweder über USB, einen noch nachrüstbaren Stromanschluss oder über eine anschließbare Batterie betreiben kann. Programmiert werden muss er über einen USB-Seriell-Adapter oder über die ICSP-Schnittstelle. Ein großer Pluspunkt des Boards ist allerdings, dass man – nach etwas Lötarbeit – Arduino-Shields auf die Platine stecken kann.

Den Arduino Pro gibt es in zwei Versionen, zum einen mit ATmega168, 8 MHz und 3,3 V und zum anderen mit ATmega328, 16 MHz und 5 V.

1.13.9 Arduino™ Pro Mini

Auch der Arduino Pro Mini folgt dem Prinzip des Arduino Pro und stellt nur das absolut Notwendigste zur Verfügung. Er ist mit 13 × 33 mm so klein wie eine Briefmarke und hat einen ATmega168 auf der Platine sowie eine Spannungsregelung, sodass er an bis zu 12 V angeschlossen werden kann. Auch ihn gibt es in zwei Ausführungen, einmal mit 8 MHz, wo er schon ab 3,3 V arbeitet, und einmal mit 16 MHz, wo man mindestens 5 V benötigt.

1.14 Arduino™-Platinen auf einen Blick

Arduino	Prozessor	Tolerante Eingangsspannung	Betriebsspannung	CPU-Geschwindigkeit	Digitale Ausgänge	Davon analoge Ausgänge	Davon PWM-Ausgänge	Analoge Ausgänge	EEPROM (KByte)	SRAM (KByte)	Flash (KByte)	USB	UART
Uno	ATmega328	7-12 V	5 V	16 MHz	20	6	6	0	1	2	32	Typ B	1
Due	AT91SAM3X8E	7-12 V	3,3 V	84 MHz	66	12	12	2	-	96	512	2 Micro B	4
Leonardo	ATmega32U4	7-12 V	5 V	16 MHz	32	12	7	0	1	2,5	32	Micro B	1
Mega 2560	ATmega2560	7-12 V	5 V	16 MHz	70	16	15	0	4	8	256	Typ B	4
Mega ADK	ATmega2560	7-12 V	5 V	16 MHz	70	16	15	0	4	8	256	Typ B	4
Micro	ATmega32U4	7-12 V	5 V	16 MHz	32	12	7	0	1	2,5	32	Micro B	1
Mini	ATmega328	7-9 V	5 V	16 MHz	22	8	6	0	1	2	32	-	-
Nano	ATmega168	7-9 V	5 V	16 MHz	22	8	6	0	0,512	1	16	Mini B	1
	ATmega328			16 MHz					1	2	32		
Ethernet	ATmega328	7-12 V	5 V	16 MHz	20	6	4	0	1	2	32	Typ B	-
Esplora	ATmega32U4	7-12 V	5 V	16 MHz		-		0	1	2,5	32	Micro B	-
ArduinoBT	ATmega328	2,5-12 V	5 V	16 MHz		6	6	0	1	2	32	-	1
Fio	ATmega328P	3,7-7 V	3,3 V	8 MHz	14	8	6	0	1	2	32	Mini B	1
Pro (168)	ATmega168	3,35-12 V	3,3 V	8 MHz	20	6	6	0	0,512	1	16	-	1
Pro (328)	ATmega328	5-12 V	5 V	16 MHz	20	6	6	0	1	2	16	-	1
Pro Mini	ATmega168	3,35-12 V	3,3 V	8 MHz	20	6	6	0	0,512	1	16	-	1
		5-12 V	5 V	16 MHz									
LilyPad	ATmega168V	2,7-5,5 V	2,7-5,5 V	8 MHz	20	6	6	0	0,512	1	16	-	-
	ATmega328V												
LilyPad USB	ATmega32U4	3,8-5 V	3,3 V	8 MHz	9	4	4	0	1	2,5	32	Micro B	-
LilyPad Simple	ATmega328	2,7-5,5 V	2,7-5,5 V	8 MHz	9	4	5	0	1	2	32	-	-
LilyPad SimpleSnap	ATmega328	2,7-5,5 V	2,7-5,5 V	8 MHz	9	4	5	0	1	2	32	-	-
Yún	ATmega32U4	5 V	5 V	16 MHz	32	12	7	0	1	2,5	32	Micro B	1
Robot (Control, oben)	ATmega32U4	5 V	5 V	16 MHz	*	*	*	0	1	2,5	32	Typ B	
Robot (Motor, unten)	ATmega32U4	9 V	5 V	16 MHz	4	1	1	0	1	2,5	32	Typ B	
Intel Galileo V1	Intel Quark SoC X1000	5 V (Gen 1) 7-15 V (Gen 2)	5 V	400 MHz	20	6	6	0	8	512	8192	Micro B Micro A	1
Zero	ATSAMD21G18		3,3 V	48 MHz	20	6	12	0	16	32	256	2 x Micro B	1

Mit Arduino™-Shields erweitern

Nichts ist so gut, als dass man es nicht noch verbessern könnte. Ebenso bei der Arduino-Familie: Wie praktisch wäre der Leonardo, wenn er doch noch einen Ethernet-Anschluss hätte! Was gäbe ich für einen Arduino Mega, der einen Schrittmotor ansteuern könnte! Und wie praktisch wäre ein Uno, der auch seine Daten ins WLAN funken könnte!

Um solchen Anforderungen gerecht zu werden, hat das Arduino-Team im Laufe der Zeit verschiedene Erweiterungsplatinen herausgegeben, die die Eigenschaften von fast jedem beliebigen Arduino erweitern können. Man hat solchen Platinen den Namen Shield gegeben, um sie so von den eigentlichen Arduinos abzugrenzen. Einige dieser Shields stellen wir jetzt auf den folgenden Seiten vor.

2.1 Proto-Shield

Das sicherlich einfachste Shield aus der Arduino-Reihe ist das Proto-Shield. Es ist dazu gedacht, selbst gelötete Experimente auf möglichst einfache Art und Weise durchführen zu können.

Die Platine ist ganz im üblichen Arduino-Design gehalten und bietet auf Vorder- und Rückseite Hunderte von Lötpunkten, auf denen Sie Ihre Experimente gestalten können. Natürlich bietet eine Lochrasterplatine so etwas auch, und mit ein wenig Aufwand lässt sich ein einfaches Proto-Shield sogar selbst aufbauen (siehe zum

Beispiel im Kapitel 4.11 »Löten wie die Profis«). Dennoch hat das Original-Proto-Shield von Arduino einige Vorteile, die eine Lochrasterplatine nicht hat:

Zum einen passen die Anschlüsse des Shields perfekt auf die des Arduino, und man ist nicht gezwungen, eine Stiftleiste umständlich um einen halben Rasterpunkt zu verschieben, was gar nicht so einfach ist. Alle Anschlüsse des Arduino lassen sich bequem über Lötpunkte erreichen, die mit den Stiftleisten verbunden sind – Sie müssen also Ihre Kabel nicht umständlich direkt an die Stiftleisten anlöten. Dann bietet das Shield auch noch einen bereits korrekt verbundenen Reset-Schalter an, der die Arbeit mit dem Proto-Shield deutlich erleichtert.

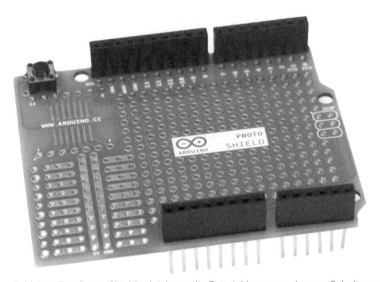

Bild 2.1: Das Proto-Shield erleichtert die Entwicklung von eigenen Schaltungen.

Wenn Sie einen SMD-Chip verwenden möchten, finden Sie auf der Oberseite des Proto-Shields ebenso bereits vorgefertigte Lötflächen sowie einen Bereich, in dem je drei Löcher miteinander verbunden sind. Auch die Lötpunkte selbst sind besonders, denn sie sind durchkontaktiert, was bedeutet, dass die Punkte der Oberseite mit denen der Unterseite elektrisch verbunden sind. Das kann die Anzahl der möglichen Fehler beim Aufbau Ihrer Experimente reduzieren. Ebenso praktisch ist es, dass die Lötpunkte allesamt bereits vorverzinnt sind, was das Auflöten der Bauteile deutlich erleichtert.

Alles im allem ist das Proto-Shield ein nicht unbedingt notwendiges, aber doch recht praktisches Utensil zum Aufbauen neuer Schaltungen.

2.2 Ethernet-Shield

Gerade wenn ein Arduino für die Erfassung von Sensordaten verwendet wird, ist es oft wichtig, diese Daten schnell und unkompliziert an andere Systeme weiterzuleiten. Doch leider gibt es keine USB-Kabel, die länger als 10 m sind, da die USB-Kommunikation nicht für längere Strecken ausgelegt ist. Wenn Sie also Ihren Arduino an einen Computer anschließen möchten, der weiter als 10 m entfernt ist, müssen Sie auf ein anderes System umsteigen – eine Möglichkeit hierzu bietet die Verwendung von Ethernet.

Bild 2.2: Das Ethernet-Shield kann sich in ein kabelgebundenes Netzwerk einklinken und mit SD-Karten umgehen.

Der Ethernet-Standard wird immer dann verwendet, wenn ein Computer über ein Kabel mit anderen Computern verbunden werden soll. Die Datenübertragungsrate liegt dabei entweder bei 10 Mbit/s oder 100 Mbit/s, wobei die Kabel üblicherweise bis zu 100 m lang sein dürfen – das reicht sicherlich aus, um vom Dachboden in den Keller zu gelangen.

Damit sich die Computer untereinander richtig verstehen, müssen die Daten noch in einer geordneten Art und Weise über das Kabel übermittelt werden. Hierfür sorgen sogenannte Protokolle, die mehrschichtig angelegt sind – die wichtigsten sind die Protokolle TCP, UDP und IP, die auch im Internet Anwendung finden.

Um nun einen vergleichsweise schwachen Arduino-Mikroprozessor in die Lage zu versetzen, die komplexen Protokolle zu verarbeiten, wird auf dem Arduino-Ethernet-Shield ein Wiznet-W5100-Chip verbaut, der die anspruchsvolle Kommunikation größtenteils übernimmt. Dieser wird über den SPI-Port mit dem Arduino verbunden, sodass sich die beiden Prozessoren unterhalten können, ohne die I/O-Ports des Arduino in Beschlag zu nehmen. Die Steckleisten, die der Arduino zur Verfügung stellt, werden durch das Shield geleitet, sodass es möglich ist, diese Pins vollständig für andere Shields oder eigene Erweiterungen zu nutzen.

Der Anschluss an das Ethernet-Netzwerk erfolgt über die üblichen RJ-45-Stecker, wobei das Shield auch die Stromversorgung über dieses Kabel erlaubt (Power over Ethernet, POE).

Auf die Funktionen des Ethernet-Shields kann seitens der Arduino-Entwicklungsumgebung bequem über die Ethernet-Library zugegriffen werden, die all jene Protokolle beinhaltet, die noch nicht durch den Chip des Shields abgedeckt sind.

Das Ethernet-Shield verfügt weiterhin über einen SD-Kartenleser, der es ermöglicht, auf die Daten einer handelsüblichen microSD-Karte zuzugreifen. So können beispielsweise Messwerte abgespeichert werden, falls die Ethernet-Verbindung einmal nicht zur Verfügung steht.

Technische Daten: Ethernet-Shield	
Chip	Wiznet W5100
	16 KByte Puffer
Geschwindigkeit	10/100 Mbit/s
Verwendeter Anschluss	Ausschließlich SPI
Anschlüsse	RJ-45-Netzwerkanschluss
	SD-Kartenleser
Besonderheiten	Bis auf SPI sind alle anderen Anschlüsse durchgeschleift, sodass ein weiteres Shield aufgesteckt werden kann.

2.3 Motor-Shield

Wenn Ihnen die bloße Elektronik zu langweilig ist und Sie etwas Action in Ihrem Leben haben möchten, ist das Motor-Shield vielleicht für Sie das Richtige. Es ermöglicht Ihnen, diverse Elektromotoren oder Servomotoren an Ihren Arduino anzuschließen und zu betreiben. Verwendet wird dabei ein L298-Chip, der in der Lage ist, zwei Gleichstrommotoren oder einen Schrittmotor anzusteuern.

Gleichstrommotoren sind Ihnen bestimmt schon einmal in Ihrem Leben begegnet, sei es als Antrieb der Modelleisenbahnlokomotiven oder als Milchaufschäumer für Ihren Cappuccino. Sie verhalten sich relativ einfach; legt man eine Spannung an, beginnen sie, sich zu drehen, dreht man die Polarität der Spannung um, drehen sie sich in die andere Richtung.

Bild 2.3: Motoren und Servos kann man mit dem Motor-Shield problemlos ansteuern.

Auch mit Schrittmotoren hatten Sie sicherlich schon mal zu tun, häufig sind sie in Druckern oder Scannern anzutreffen. Die Ansteuerung ist jedoch um ein Vielfaches komplizierter, und die Motoren drehen sich auch nicht einfach nur um die eigene Achse, sondern bewegen sich immer schrittweise. Glücklicherweise haben Sie sich ja dieses Buch gekauft und können so im Kapitel 5.17 »Analoge Uhr« nachlesen, wie ein Schrittmotor funktioniert.

Die Motoren können über Schraubanschlüsse direkt auf dem Board angeschlossen werden. Ebenso befinden sich vier dreipolige Anschlüsse auf der Platine, die neben Versorgungsspannung und Masse auch jeweils einen Pin des Arduino zur Verfügung stellen. Zwei davon (weiß) sind für analoge Eingänge reserviert und sind mit dem A2- und dem A3-Pin des Arduino verbunden. Die zwei roten Anschlüsse sind verbunden mit den Pins 5 und 6 des Arduino und sind damit auch in der Lage, PWM-Signale abzugeben. Damit ist es möglich, über diese beiden Anschlüsse auch Servomotoren anzusteuern.

Außerdem hat das Motor-Shield noch zwei vierpolige Anschlüsse, die als TWI bezeichnet werden. Aus lizenzrechtlichen Gründen verwendet Atmel diese Bezeichnung für einen Bus, der kompatibel zum I²C-Bus ist und über den man zahlreiche Sensoren und andere elektronische Bauteile anschließen kann. Einer dieser beiden Anschlüsse ist für Eingänge gedacht, der andere für Ausgänge.

Der Anschluss für die externe Stromversorgung erlaubt es, die angeschlossenen Motoren mit bis zu 2 A pro Kanal anzusteuern. Dabei sollte eine Spannung von 7 bis 12 V verwendet werden, damit der angeschlossene Arduino nicht überlastet wird.

Technische Daten: Motor-Shield	
Chip	L298P
Verwendete Anschlüsse	A0, A1, A2, A3, D3, D5, D6, D8, D9, D11, D12, D13, SCL, SDA
Anschlüsse	2 Gleichstrommotoren (2 A) oder 1 Schrittmotor (4 A)
	2 I²C-Ports
	2 analoge Eingänge (weiß)
	2 digitale Ausgänge mit PWM
	Stromanschluss (7-12 V)

2.4 Wi-Fi-Shield

Eine schöne Eigenschaft der Arduinos mit ihren kleinen Mikroprozessoren ist es, dass sie relativ wenig Strom verbrauchen. Schon mit einer einfachen 9-V-Batterie ausgestattet, können sie unabhängig von Computern und Steckdosen herumgetragen werden und so beispielsweise Messdaten aufnehmen. Will man solche Daten dann aber an den stationären Computer oder das Internet schicken, hat man wieder das Problem, dass man dafür eine Übertragungsmöglichkeit benötigt, die meist kabelgebunden ist.

Das Wi-Fi-Shield kann diese Lücke schließen, denn es ermöglicht dem angeschlossenen Arduino, über WLAN zu kommunizieren. So können Daten aus dem Garten in Echtzeit per Funk übertragen werden, ohne dass das Gerät an der langen Leine angebunden ist.

Nun ist die Kommunikation über WLAN alles andere als einfach, ähnlich wie beim Ethernet-Shield muss zur Kommunikation ein mehrschichtiges, komplexes Protokoll eingehalten werden, das derart viele Ressourcen des Arduino-Prozessors belegen würde, dass man kaum noch sinnvoll damit arbeiten könnte. Aus diesem Grund haben die Macher der Arduino-Baureihe auf dem Wi-Fi-Shield einen eigenen Prozessor verbaut, der den Löwenanteil der Arbeit übernimmt. Ihm zur Seite steht ein

2.4 Wi-Fi-Shield

HD G 104-Prozessor, der speziell für die Wi-Fi-Kommunikation entworfen wurde. Beide zusammen kommunizieren über den SPI-Bus mit dem Arduino, sodass viele der Pins des Arduino noch für andere Zwecke verwendet werden können.

Bild 2.4: Das Wi-Fi-Shield kommuniziert drahtlos über WLAN.

Da der SPI-Bus bei Arduino Uno und Mega allerdings einige der digitalen Pins verwendet, muss man beim Uno neben der ICSP-Schnittstelle auf fünf, beim Mega auf sechs digitale Pins verzichten. Dennoch bleiben etliche Pins übrig, unter anderem sämtliche analogen Eingänge, die sich vortrefflich für das Auslesen von Sensordaten eignen.

Neben der Wi-Fi-Funktionalität des Shields gibt es auch noch die Möglichkeit, eine SD-Karte einzustecken und dort die Daten auszulesen oder abzulegen. Da beide Geräte denselben SPI-Port verwenden, kann jeweils nur eines davon genutzt werden, der parallele Betrieb ist so nicht möglich.

Programmiert wird das Shield sehr komfortabel über die Wi-Fi-Library. Sie können damit eine nach WEP oder WPA2 verschlüsselte oder eine unverschlüsselte Netzwerkverbindung aufbauen, als Client Daten aus dem Netz abfragen oder als Server ebensolche zur Verfügung stellen. Der Mikroprozessor des Shields leistet dabei die meiste Arbeit, sodass der Arduino für Ihre Funktionen zum Großteil noch zur Verfügung steht.

Wir setzen dieses Shield auch im Projekt 5.14 »Wetterstation« ein, sodass Sie dort einen praktischen Einstieg in die Thematik von Wi-Fi bekommen.

Technische Daten: Wi-Fi-Shield	
Chip	HDG104
	ATmega32UC3
Verwendete Anschlüsse	ICSP, Uno: 7, 10, 11, 12, 13, Mega: 7, 10, 50, 51, 52, 53
Funktion	802.11b/g-Netzwerk
	WEP/WPA2-Verschlüsselung
Anschlüsse	SD-Karten
	Mini-USB (Update der Firmware)
	Jumper (Setzen für Update der Firmware)
	FTDI, serielle Schnittstelle zum Debugging

2.5 USB-Serial-Light-Adapter

Obwohl man den USB-Serial-Light-Adapter nicht unbedingt zu den Shields zählen kann, sollte er in dieser Aufzählung nicht unerwähnt bleiben. Er wird hauptsächlich für Arduinos benötigt, die keinen eignen USB-Anschluss bieten, wie beispielsweise die Arduinos LilyPad, Pro und Mini.

Bild 2.5: Der USB-Serial-Light-Adapter rüstet USB für einfache Arduinos nach.

Über eine einfache Stiftleiste wird der USB-Serial-Light-Adapter an den betreffenden Arduino angeschlossen, wobei man auf die richtige Polung achten muss. Anschließend kann man den Arduino dann ganz normal über die Arduino-IDE programmieren.

Da zudem an der Stiftleiste auch die Stromversorgung ausgeführt wird, kann der Arduino über den Adapter auch über USB mit Strom versorgt werden.

Der USB-Serial-Light-Adapter bietet auf seiner Platine auch noch drei LEDs, die den seriellen Datenverkehr zwischen dem Adapter und dem angeschlossenen Arduino anzeigen können.

Technisch arbeitet der USB-Serial-Light-Adapter übrigens mit einem eigenen ATmega8U2-Prozessor, der auch schon auf dem Arduino Uno eingesetzt wird. Außerdem auf der Platine enthalten ist eine Schutzfunktion, sodass nicht mehr als 500 mA vom angeschlossenen Computer über USB abgezweigt werden.

2.6 Arduino™ ISP

Man kann Arduinos nicht nur über USB programmieren, sondern auch über die ISP-Schnittstelle. ISP steht dabei für »In-System-Programmer«, was ausdrücken soll, dass ein Chip, der bereits in einem Gerät verbaut ist, nachträglich über diese Schnittstelle programmiert werden kann. ISP ist ein Standard, der so gar nichts mit Arduino zu tun hat, sondern eigentlich Teil des ATmega-Chips ist, der das Herz eines Arduino bildet.

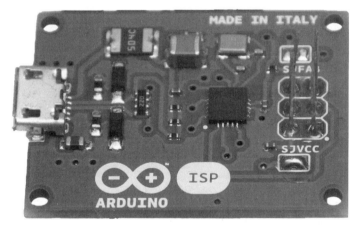

Bild 2.6: Der Arduino ISP kann auch Bootloader auf Arduinos schreiben.

Während die Programmierung eines Arduino über USB das Vorhandensein eines Bootloaders erfordert, eines Programms, das die neuen Programmdaten über USB bzw. den seriellen Port entgegennimmt und dann in den Speicher schreibt, geschieht die Programmierung über ISP direkt auf dem Chip. So kann auch ein jungfräulicher Prozessor ohne Bootloader direkt programmiert werden, und mit genau dieser Schnittstelle werden auch die Bootloader in der Arduino-Fertigung auf den Chip gebracht.

Der Arduino ISP wird auf dem sechspoligen ISP-Anschluss des Arduino angebracht, wobei es durch die Bauform egal ist, ob dieser als Stift- oder als Buchsenleiste vorliegt. Über den USB-Anschluss wird der Arduino ISP an den Computer angeschlossen und kann dann auch den daran angeschlossenen Arduino mit Strom versorgen. Wenn das nicht erwünscht ist, sollte man die Lötbrücke SJVCC auf dem Arduino ISP entfernen.

Die Programmierung in der Arduino-Entwicklungsumgebung geschieht allerdings – nach der Installation des passenden Treibers – über den Menüpunkt *Datei/Hochladen mit Programmer*.

Die genaue Verfahrensweise können Sie in Kapitel 5 im Projekt 5.21 »Breadboard-Arduino« nachlesen.

Teil II
Programmierung

Teil II Programmierung

3	Arduino-Software entwickeln	57
	3.1 Installation der Entwicklungsumgebung	59
	3.2 Einrichten der Entwicklungsumgebung	64
	3.3 Erste Schritte in der C-Programmierung	67

Arduino™-Software entwickeln

Der Teil der Arduino-Plattform, mit dem Sie am meisten zu tun haben werden, ist sicherlich die Softwareentwicklungsumgebung. Hier können Sie die Programme schreiben, die Sie auf Ihrem Arduino-Board ausführen lassen möchten, auch das Hochladen des Programms auf den Arduino übernimmt sie, und es gibt hier auch diverse Hilfsmittel, die die Arbeit erleichtern.

Programmiert werden die einzelnen Arduino-Boards mit der Programmiersprache C. Diese ist schon ziemlich betagt, stammt aus den frühen 1970er-Jahren und bietet nicht den Komfort, den moderne Sprachen wie Java oder C# auf heutigen Rechnern bieten können. Dafür hat sie aber den unschätzbaren Vorteil, dass sie bescheiden ist und relativ wenig Ressourcen benötigt. So muss der Prozessor, auf dem die Programmiersprache letztlich arbeitet, nicht die gleiche Leistungsfähigkeit haben wie ein moderner Chip, der in einem Hochleistungs-PC arbeitet. Während moderne PCs heute mit 4 GHz oder mehr arbeiten, ist ein Arduino mit durchschnittlich 16 MHz rund 250-mal langsamer – allein an der Prozessorgeschwindigkeit gemessen.

Eine genügsame Programmiersprache hilft, die Fähigkeiten des Arduino-Prozessors optimal auszunutzen und so Projekte zu ermöglichen, die einen schnell davon überzeugen, dass 16 MHz immer noch eine ganz beachtliche Geschwindigkeit sein können. Immerhin ist das rund das 16-Fache im Vergleich zum weltbekannten Commodore-64-Heimcomputer aus dem Jahr 1982 – und das auf ein bisschen mehr Platz als einer Kreditkarte.

Wenn man in der Programmiersprache C schreibt, besteht das Programm aus einer einfachen Textdatei, in der die einzelnen Befehle notiert sind. Diese Befehle werden von einem Programmierer, also demnächst von Ihnen, in einen Texteditor eingetragen. Sie bestehen aus für Menschen durchaus verständlichen englischen Wörtern und haben eine standardisierte Schreibweise (Syntax), an die Sie sich streng werden halten müssen, wenn Sie auch gewisse Erfolge mit Ihrem Arduino erzielen möchten.

Alle Befehle zusammen ergeben den sogenannten Quelltext, in Englisch auch Source Code genannt. Dieser etwas merkwürdige Name erklärt sich, wenn man betrachtet, was mit diesem Quelltext passieren muss, um das Programm auf dem Arduino auszuführen:

Mikrocontroller sind ja bekanntlich Maschinen und daher reichlich dumm. Sie verstehen die menschliche Sprache nicht und sind sogar damit überfordert, die eben beschriebene Textdatei direkt zu interpretieren und auszuführen. Vielmehr ist ein Zwischenschritt notwendig, der den vom Programmierer erstellten Quelltext in ein Programm umwandelt, das der Mikrocontroller auch tatsächlich ausführen kann. Dieser Zwischenschritt wird vom wesentlich leistungsstärkeren Computer übernommen und nennt sich Kompilierung.

Bei einer Kompilierung wird der Programmtext vom Computer analysiert, auf syntaktische Korrektheit überprüft und anschließend Schritt für Schritt in die sogenannte Maschinensprache des Mikrocontrollers übersetzt. Diese Maschinensprache hat ähnliche Eigenschaften wie die Programmiersprache C, kennt wesentlich weniger Befehle und hat keinerlei Komfort für Menschen. Obwohl es für geübte Menschen durchaus möglich ist, direkt in diese Maschinensprachprogramme zu schreiben, ist das doch ein sehr umständlicher Weg, der viel Arbeit bedeutet und bei dem sehr viele Fehler gemacht werden können, weshalb man heutzutage fast immer den Umweg über eine sogenannte Hochsprache wie C wählt.

Bei der Kompilierung übersetzt der Compiler also jeden einzelnen Befehl des C-Programms in Befehle der Maschinensprache. Somit ist für den Compiler die Textdatei mit den C-Befehlen die Quelle und die für den Arduino verständliche Maschinensprache das Ziel der Übersetzung, wodurch sich auch schließlich der Name Quelltext erklärt.

Was geschieht nun, nachdem der Compiler den Source Code in Maschinensprache übersetzt hat? Die Datei mit der Maschinensprache befindet sich ja auf dem Computer und muss auf irgendeine Weise an den Arduino geschickt werden. Das geschieht üblicherweise über ein USB-Kabel, über das der Arduino mit dem PC verbunden ist. Doch damit allein ist es nicht getan, die Kommunikation zwischen den beiden Geräten muss in Gang gesetzt werden. Hierzu ist es notwendig, dass auf dem Computer ein Treiber installiert ist, der die Kommunikation mit dem Arduino übernehmen kann.

Auch der Arduino muss in der Lage sein, die Signale des Computers richtig zu verarbeiten, was gar nicht so trivial ist, da der Mikroprozessor, der in einem Arduino verwendet wird, vom Chiphersteller in einem leeren Zustand und damit ohne jegliches Programm geliefert wird. Damit die Kommunikation mit dem PC aber doch funktioniert, wird jeder Arduino mit einem speziellen Programm versehen, dem sogenannten Bootloader. Es übernimmt die USB-Kommunikation mit dem PC und ermöglicht es auch, Programme auf diesem Weg auf dem Arduino zu installieren und zu starten.

Wenn sich Computer und Arduino jetzt miteinander unterhalten können, kann der Computer das vom Compiler übersetzte Maschinensprachprogramm auf den Arduino hochladen und dort starten. Das alles geschieht sehr komfortabel über die Arduino-Entwicklungsumgebung.

Doch kommen wir nun nach dieser theoretischen Übersicht endlich zur praktischen Seite.

3.1 Installation der Entwicklungsumgebung

Die Arduino-Entwicklungsumgebung können Sie kostenfrei unter der Internetadresse *http://arduino.cc* im Bereich *Download* für Ihr Betriebssystem herunterladen. Windows, OS X und Linux werden unterstützt, und die Installationsprozedur richtet sich nach dem üblichen Standard des jeweiligen Betriebssystems.

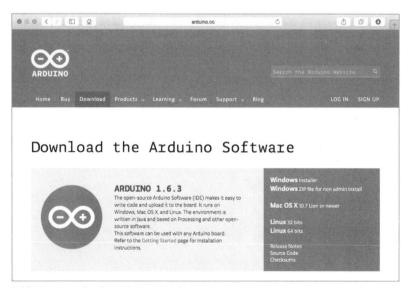

Bild 3.1: Download der Arduino-Software unter *http://arduino.cc*.

3.1.1 Installation auf einem Windows-PC

Nach dem Download des Installationsprogramms (es wird auch eine ZIP-Version angeboten, die wir nicht verwenden) starten Sie dieses. Nun erscheint das erste Fenster:

3 Arduino™-Software entwickeln

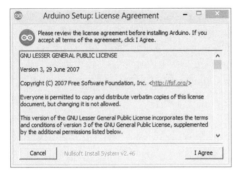

Bild 3.2: Lizenz bestätigen und *I Agree* anklicken.

Angezeigt wird die »GNU Lesser General Public License«, LGPL, der Sie zustimmen müssen, wenn Sie das Programm verwenden möchten. Klicken Sie hier auf *I Agree*. Nun erscheint das zweite Fenster:

Bild 3.3: Alles unverändert lassen und auf *Next* klicken.

Hier wird eine Auswahl verschiedener Installationsoptionen angeboten, die Sie zwar auch ändern könnten, aber nicht sollten – wir benötigen alle Punkte. Wie Sie sehen können, wird im Übrigen auch der USB-Treiber für den Arduino bei dieser Gelegenheit gleich mit installiert. Klicken Sie anschließend auf *Next*.

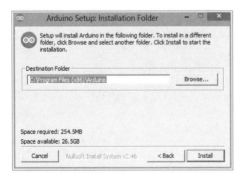

Bild 3.4: Installationsort wählen.

Nun können Sie angeben, wohin das Programm installiert werden soll – die Standardvorgaben sind dabei durchaus brauchbar. Klicken Sie jetzt auf *Install*.

3.1 Installation der Entwicklungsumgebung   61

Bild 3.5: Die Arduino-Software wird installiert.

Unter Umständen fragt Sie der Computer auch noch, ob Sie einen USB-Treiber für den Arduino installieren möchten. Bitte bestätigen Sie diese Nachfrage, sodass die Installation fortgesetzt werden kann. Anschließend wird Ihnen die erfolgreiche Installation bestätigt:

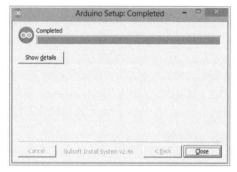

Bild 3.6: *Close* anklicken.

Wenn Sie nun noch auf den Schalter *Close* klicken, ist die Installation erfolgreich durchgeführt worden.

Einmalige Vorbereitungen durchführen

Schließen Sie jetzt Ihren Arduino über das USB-Kabel an den PC an. Es ist nur ein Kabel notwendig, die Stromversorgung des Arduino erfolgt ebenso über den USB-Port. Nun wird der Rechner einige Sekunden dazu brauchen, den Arduino über das USB-Kabel zu erkennen und den bereits installierten Treiber auf das Gerät anzupassen. Das ist ganz normal und kann sich auch gern einmal wiederholen, wenn Sie einen anderen USB-Port Ihres Rechners verwenden.

Möchten Sie überprüfen, ob der Arduino korrekt auf Ihrem Rechner erkannt wurde, können Sie unter Windows den Geräte-Manager in den Systemeinstellungen aufrufen. Darin sollten Sie unter *Anschlüsse (COM & LPT)* einen entsprechenden Eintrag finden.

3 Arduino™-Software entwickeln

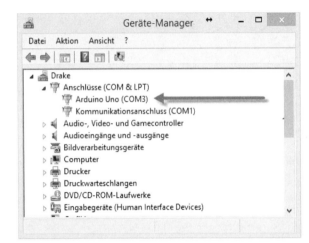

Bild 3.7: Wenn der Arduino korrekt erkannt wurde, finden Sie im Geräte-Manager einen entsprechenden Eintrag.

Vielleicht wundert es Sie, dass Sie den Arduino in der ungewöhnlichen Rubrik *Anschlüsse* finden und nicht in einem der anderen Bereiche, ist doch der Arduino kein Anschluss, an dem man einen Drucker oder ein anderes Gerät anschließen kann, sondern eher ein eigenständiges Gerät.

Der Grund hierfür liegt in der Architektur des Arduino-Boards. Der Mikroprozessor, der auf Arduino-Boards verwendet wird, hat ja verglichen mit dem PC eine recht bescheidene Leistung. Er ist daher kaum in der Lage, direkt mit dem Computer über USB zu kommunizieren, weil die Kommunikation mit USB sehr komplex ist und relativ viel Rechenkapazität benötigt. Auf der anderen Seite ist USB die am weitesten verbreitete Schnittstelle auf PCs und Macintoshs und hat zudem noch den Vorteil, als Stromquelle dienen zu können.

Die Erfinder von Arduino wollten also USB nutzen, aber auch einen preisgünstigen Mikrocontroller für ihre Platine haben. Die Lösung war beim Arduino schließlich, einen getrennten Chip auf der Platine zu verbauen, der auf der einen Seite die Kommunikation über USB mit dem Computer übernimmt und auf der anderen Seite eine andere Kommunikationsform zur Verfügung stellt, mit der der Mikroprozessor leichter zurechtkommt. Die beiden Chips auf der Arduino-Platine unterhalten sich über die sogenannte RS232-Schnittstelle, die auf PCs früher auch einmal beheimatet war und dort bekannt war unter dem Namen COM-Port.

Der Arduino kommuniziert also über RS232 mit dem USB-Chip auf der Platine und dieser wiederum über USB mit dem Computer. Aus Sicht des Computers ist der USB-Chip also ein Anschluss, an dem der Arduino über RS232 angeschlossen werden kann – und so erklärt sich auch die etwas merkwürdige Darstellung im Geräte-Manager des PCs.

3.1.2 Installation auf einem Apple Mac

Die Installation der Arduino-Entwicklungsumgebung ist gewohnt einfach. Laden Sie die Arduino-Software herunter und ziehen Sie sie dann per Drag-and-drop an die gewünschte Stelle auf Ihrem Macintosh.

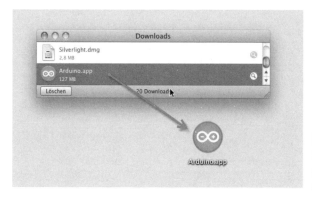

Bild 3.8:
Die Installation läuft wie gewohnt per Drag-and-drop ab.

Nach dem Kopieren des Programms auf den Computer, das einige Sekunden lang dauert, ist die Installation auch schon abgeschlossen. Wenn Sie das Programm zum ersten Mal starten, erhalten Sie üblicherweise noch eine Warnung, die Sie darauf hinweist, dass die Daten aus dem Internet geladen wurden und eventuell unsicher sind – Sie können aber Arduino getrost vertrauen und die Datei öffnen.

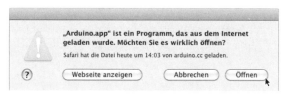

Bild 3.9: Eventuell erscheint eine Warnung vor unsicheren Daten aus dem Internet.

Einmalige Vorbereitungen durchführen

Schließen Sie nun den Arduino über USB an den Macintosh an. Es erscheint die folgende Meldung:

Bild 3.10: Meldung beim Anschluss eines Arduino-Boards an den Macintosh.

Hier müssen Sie den Schalter Systemeinstellung »Netzwerk« anklicken, worauf sich ein weiteres Fenster öffnet:

Bild 3.11: Die Netzwerkeinstellungen müssen bei Macintosh einfach nur angewendet werden.

Auch wenn das Fenster verwirrend erscheint, es hat den großen Vorteil, dass Sie darin nichts eintragen, sondern lediglich den Schalter *Anwenden* anklicken müssen. Der Arduino-USB-Anschluss wird dann zwar als nicht konfiguriert unter OS X angezeigt, das ist aber zum Betrieb des Arduino auch gar nicht notwendig.

Klicken Sie also im Fenster lediglich auf *Anwenden* und schließen Sie es anschließend links oben über den roten Schalter. Damit ist dann auch die Installation unter OS X abgeschlossen.

3.2 Einrichten der Entwicklungsumgebung

Wenn Sie jetzt die Arduino-Entwicklungsumgebung zum ersten Mal starten, sieht sie recht unspektakulär aus. Das einfache, cyanfarbene Fenster erinnert auf den ersten Blick mehr an einen Texteditor als an eine ausgereifte Entwicklungsumgebung.

Doch davon sollten Sie sich nicht täuschen lassen, es steckt mehr unter der Haube, als Sie jetzt vielleicht glauben. Bevor wir aber richtig loslegen, müssen noch zwei Einstellungen in der Entwicklungsumgebung vorgenommen werden, damit diese mit dem Arduino richtig zusammenarbeiten kann.

Der erste Punkt ist die Auswahl des richtigen Anschlusses. Gehen Sie dazu in die Entwicklungsumgebung unter *Tools/Serieller Port* und wählen Sie den Anschluss für Ihren Arduino aus. PC-Benutzer können gegebenenfalls im Geräte-Manager nachschauen, welcher COM-Port vom Arduino verwendet wird.

3.2 Einrichten der Entwicklungsumgebung

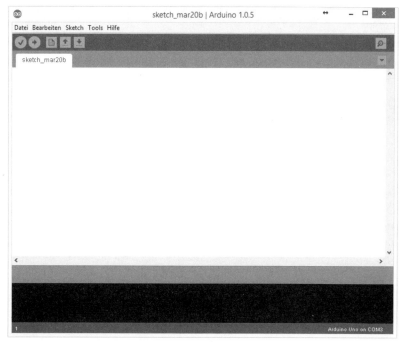

Bild 3.12: Die Entwicklungsumgebung von Arduino sieht auf den ersten Blick sehr spartanisch aus.

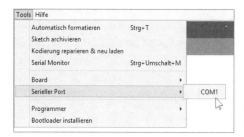

Bild 3.13: Oftmals ist beim PC nur ein COM-Port verfügbar – der des Arduino.

Macintosh-Benutzer wählen aus den bestehenden Anschlüssen denjenigen aus, der mit */dev/tty.usbmodem* bzw. */dev/tty.usbserial* (bei älteren Boards) beginnt und auf den Arduino hindeutet (oft steht die genaue Bezeichnung des Arduino-Boards in Klammern dahinter).

Die zweite Einstellung, die vorgenommen werden muss, bevor die Entwicklungsumgebung vollständig genutzt werden kann, ist die Auswahl des richtigen Arduino-Boards. Wählen Sie hierzu unter *Tools/Boards* die Arduino-Platine aus, die Sie an den Computer angeschlossen haben.

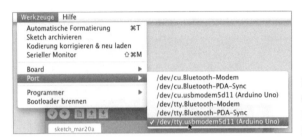

Bild 3.14: Unter Macintosh gibt es meist mehrere Einträge – der mit *tty* und *Arduino* in einer Zeile ist der richtige.

Jetzt endlich können wir richtig mit Arduino loslegen. Um die erste Neugier zu befriedigen und die Einstellungen zu testen, werden wir eines der mitgelieferten Beispielprogramme auf dem Gerät installieren. Rufen Sie dazu im Menü den Punkt *Datei/Beispiele/01.Basics/Blink* auf. Es öffnet sich ein neues Fenster mit dem Source Code eines Programms, das auf den meisten Arduinos funktioniert. Es veranlasst den Arduino, die meist fest darauf verbaute Leuchtdiode an Pin 13 im Sekundenrhythmus an- und abzuschalten – keine weltbewegende Sache, aber für einen ersten Test vollkommen ausreichend.

Um jetzt das Programm per Compiler in Maschinensprache übersetzen zu lassen, es anschließend auf den Arduino hochzuladen und es dort zu starten, müssen Sie nur einen einzigen Schalter anklicken:

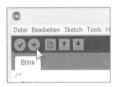

Bild 3.15: Kompilieren und Hochladen geschieht im Arduino durch einen Klick auf den Rechtspfeil.

Dieser Vorgang kann einige Sekunden in Anspruch nehmen, wobei Ihnen in der Statuszeile des Fensters der aktuelle Arbeitsschritt angezeigt wird. Während die Kompilierung vollständig auf dem Rechner abläuft, wird beim Upload auch der Arduino involviert, der seine Kommunikationsaktivität durch hektisches Flackern der mit TX und RX beschrifteten Leuchtdioden signalisiert. Anschließend sollte eine der Leuchtdioden auf Ihrem Board abwechselnd an- und ausgehen. Doch leider ist das Leben nicht immer so freundlich, dass alles gleich auf Anhieb funktioniert, und so kann es vorkommen, dass Sie die eine oder andere Fehlermeldung bekommen. Eine recht häufig auftauchende ist diese:

Bild 3.16: Diese Fehlermeldung weist auf ein fehlerhaft eingestelltes Board oder einen falschen Port hin.

Die not in sync-Meldung weist darauf hin, dass die Kommunikation zwischen Arduino und dem Computer gestört ist. Dies kann entweder daran liegen, dass der in der Entwicklungsumgebung ausgewählte serielle Port nicht korrekt ist oder aber das eingestellte Arduino-Board.

Wenn Sie diese Fehlermeldung bekommen, prüfen Sie die Angaben in der Entwicklungsumgebung noch einmal. Sicherheitshalber sollten Sie auch überprüfen, ob der Arduino korrekt an Ihren Rechner angeschlossen ist und ob das Kabel einwandfrei funktioniert (zum Beispiel indem Sie es an ein anderes, bekanntermaßen funktionierendes USB-Gerät anschließen).

> **Arduino-Supportseite**
> Sollte Sie das nicht weiterbringen, empfiehlt sich als erster Anlaufpunkt die – leider englischsprachige – Arduino-Supportseite unter *http://arduino.cc/en/Guide/Troubleshooting*.

3.3 Erste Schritte in der C-Programmierung

Wenn Sie noch nie eine Programmiersprache angewendet haben und nicht wirklich wissen, was ein Mikroprozessor leisten kann, müssen Sie sich in allererster Linie merken, dass ein Computer unglaublich dumm ist. Sie als Mensch sind unendlich viel intelligenter, aber selbst die kleinste Fruchtfliege schlägt den Computer noch immer um Längen. Der Mikroprozessor ist zwar schnell, kann aber keine eigenen Entscheidungen treffen und ist unfähig zu lernen.

Damit man den Prozessor überhaupt sinnvoll einsetzen kann, müssen Sie als Mensch sich in die Position des Prozessors hineindenken und ihm genaueste Anweisungen geben, was er zu tun hat. Wenn Sie »Sitz« zu einem Hund sagen, müssen Sie ihm zwar zuerst beibringen, dass und wie er auf dieses Signal reagieren soll, Sie brauchen ihm aber nicht zu sagen, welche Muskeln er anspannen und welche er loslassen muss, damit sich sein Gesäß dem Boden nähert. Das ist bei einem Prozessor nicht so, hier müssen Sie wirklich an alles denken.

Sperren Sie also sämtliche eventuell vorhandenen Ängste vor dem Prozessor weg, es ist nur eine wirklich dumme Maschine, die exakt das macht, was Sie ihr sagen, stur und unbeirrbar. Keine Eigeninitiative, keine eigenen Wege, kein Greifen nach der Weltherrschaft. Sie allein sind der Herr im Haus und bestimmen, wo es langgeht.

Das hat leider nur einen kleinen Nachteil: Meistens sind Sie es auch, der verantwortlich ist, wenn der Prozessor nicht das macht, was er soll. Verabschieden Sie sich möglichst schnell von dem Gedanken, die Maschine für Ihre Fehler verantwortlich zu machen – in 99,9 % aller Fälle sind Sie selbst schuld daran. Das ist aber in den meisten Fällen überhaupt nicht tragisch, weil Sie den Fehler häufig dadurch ausmerzen können, dass Sie einfach das Programm umschreiben – abgesehen von ein bisschen Mehrarbeit kostet Sie das gar nichts. Wenn Sie sich bei der Fehlersuche jedoch immer nur auf den Prozessor oder die Entwicklungsumgebung konzentrieren, werden Sie viel Zeit verlieren.

3.3.1 Befehle und Kommentare einsetzen

Ein Mikroprozessor ist also sehr dumm, und Sie als Mensch müssen ihm ganz genau sagen, was er tun soll. Diese Anweisungen nennt man Befehle oder Kommandos, und da der Prozessor weit davon entfernt ist, Ihre menschliche Sprache zu verstehen, müssen Sie sie hintereinander aufgereiht in einer Textdatei niederschreiben – dem Source Code. Ein Programm sieht also im Prinzip so aus:

```
001  Befehl 1  Befehl 2  Befehl 3
```

Nun sind aber die Fähigkeiten des Prozessors so bescheiden, dass er nicht einmal unterscheiden kann, wo ein Befehl anfängt und wo er aufhört. Um ihm dabei zu helfen, setzen wir in der Programmiersprache C hinter jedem abgeschlossenen Befehl ein Semikolon als Abschluss:

```
001  Befehl 1; Befehl 2; Befehl 3;
```

Damit ist im Prinzip der Prozessor schon sehr glücklich und wäre in der Lage, das Programm abzuarbeiten. Für uns Menschen ist es aber in der Regel übersichtlicher, wenn man die Befehle in einzelne Zeilen schreibt:

```
001  Befehl 1;
002  Befehl 2;
003  Befehl 3;
```

Das hat zudem den Vorteil, dass man genügend Platz hat, noch Kommentare zu den einzelnen Befehlen hinzuzuschreiben. Diese Kommentare werden vom Prozessor ignoriert und verändern den Programmablauf in keiner Weise. Für die Kommentare gibt es zwei verschiedene Schreibweisen. Die erste beginnt immer mit zwei schrägen Strichen // und bedeutet, dass der Text ab diesen zwei Strichen bis zum Ende der Zeile als Kommentar interpretiert und dadurch vom Prozessor ignoriert wird.

```
001  Befehl 1; //Dies ist ein Kommentar
002  Befehl 2; Dies ist kein Kommentar, es fehlen die Striche!
```
Listing 3.1: Einzeilige Kommentare.

Vergisst man die beiden Striche, interpretiert der Prozessor den Kommentar als Befehl. Da es aber kein Befehl ist, versteht er ihn nicht, kommt durcheinander und bricht den Vorgang des Kompilierens mit einer Fehlermeldung ab.

Die zweite Schreibweise für Kommentare erlaubt es auch, Texte über mehrere Zeilen zu schreiben. Sie wird durch die Zeichenfolge /* eingeleitet und endet mit der Folge /*, was dann in der Praxis so aussieht:

```
001  Befehl 1;
002  /* Hier steht ein Kommentar über
003  mehrere Zeilen */
004  Befehl 2;
```

```
005  /* Dies ist kein Kommentar, es fehlt die Zeichenfolge für das Ende des
        Kommentars!
006  Befehl 3;
```
Listing 3.2: Mehrzeilige Kommentare.

Auch hier gilt es wieder, sehr ordentlich zu sein und genauestens darauf zu achten, dass sowohl die einleitenden Zeichen /* als auch die Endezeichen */ im Source Code stehen. Denn vergessen Sie einmal die Zeichenfolge am Ende, beginnt für den Prozessor zwar der Kommentar, er endet aber nie. Im oben stehenden Listing beginnt der Kommentar für ihn nach Befehl 2, alles Weitere aber wird als Kommentar interpretiert – auch Befehl 3, der für den Prozessor innerhalb des Kommentars steht.

Mithilfe der Kommentarzeichen sind Sie also in der Lage, nicht nur Kommentare vor dem Prozessor zu verstecken, sondern auch Befehle, die Sie vielleicht aktuell gerade nicht im Programm benötigen. Dies ist bei Programmierern eine gängige Praxis und wird als auskommentieren bezeichnet:

```
001  Befehl 1;
002  //Befehl 2;
003  Befehl 3;
004  /*Befehl 4;   //Hier kann auch noch ein Kommentar stehen
005  Befehl 5;*/
006  Befehl 6;
```
Listing 3.3: Auskommentieren von Befehlen.

In unserem Beispiel sind die Befehle 2, 4 und 5 mit Kommentarzeichen versehen und damit vor dem Prozessor versteckt bzw. auskommentiert. Bitte beachten Sie, dass der Kommentar, der hinter Befehl 4 steht, mit in den mehrzeiligen Kommentar eingebunden ist. Es ist also durchaus möglich, einzeilige Kommentare in mehrzeilige Kommentare einzubetten, ohne dass das Probleme bereitet. Anders sieht es allerdings aus, wenn Sie einen mehrzeiligen Kommentar in einen anderen mehrzeiligen Kommentar einbetten wollen:

```
001  Befehl 1;
002  /* Kommentar 1
003  /* Kommentar 2
004     */
005  */
006  Befehl 2;
```
Listing 3.4: Mehrere mehrzeilige Kommentare dürfen nicht ineinander verschachtelt werden.

Für den sturen Prozessor enden nämlich hier sämtliche Kommentare nach Zeile 4 und nicht, wie Sie vielleicht hofften, in Zeile 5. Warum das so ist, können wir nachvollziehen, indem wir uns an die Stelle des Prozessors versetzen und die Zeilen ebenso engstirnig durchgehen. Die erste Zeile ist für den Prozessor kein Problem, sie enthält einen Befehl, den er abarbeiten kann. In der zweiten Zeile beginnt durch die Zeichenfolge /* für ihn der Kommentar. Ab jetzt ignoriert er sämtlichen Text und sucht nur noch nach der Zeichenfolge */, die ihm ja das Ende des Kommentars anzeigt. Die erneute Einleitung eines Kommentars durch die Zeichenfolge /* in der dritten Zeile wird von ihm also als Inhalt des ersten Kommentars interpretiert und damit ignoriert.

Die Zeichenfolge */ findet er schließlich in Zeile 4, und damit ist für ihn der Kommentar beendet. Das erneute Erscheinen der Folge in der fünften Zeile verwirrt ihn, sodass er den Kompilierungsprozess mit einer Fehlermeldung abbricht.

Sie sehen also, Sie als intelligenter Mensch müssen sich der Maschine sehr stark annähern, um sie zur konstruktiven Mitarbeit zu bewegen. Das ist manchmal gar nicht einfach, und es werden Ihnen viele Fehler unterlaufen. Das liegt aber nicht daran, dass Sie zu einfältig sind, sondern dass der Prozessor so eingeschränkt ist, dass es einem Menschen schwerfällt, sich auf dieses primitive Niveau herunterzudenken. Lassen Sie sich also möglichst nicht entmutigen, Computerprozessoren sind nicht hochkomplex, sondern in Wahrheit für einen Menschen viel zu primitiv.

3.3.2 In den Initialisierungsprozess einklinken

Wenn man einen Arduino einschaltet, durchläuft dieser in den ersten Sekundenbruchteilen einen Initialisierungsprozess. In diesem Prozess wird der Mikroprozessor auf seine Arbeit vorbereitet, und alles wird so hergerichtet, dass das System am Ende des Prozesses immer genau gleich aufgebaut ist. Das ist notwendig, weil beispielsweise direkt nach dem Einschalten der Speicher des Prozessors durch verschiedene Faktoren mit zufälligen Werten gefüllt ist – erst das Löschen der zufälligen Werte schafft hier Ordnung.

Nachdem dieser Initialisierungsprozess durchgeführt wurde, nimmt der Prozessor seine eigentliche Arbeit auf. Hierzu führt er ein Programm so lange aus, bis es vollständig abgearbeitet ist. Nachdem das geschehen ist, beginnt er mit genau demselben Programm von vorne. Dieser Zyklus wird immer wieder durchlaufen, bis der Prozessor schließlich abgeschaltet wird.

Natürlich müssen Sie als Programmierer sich in diesen Prozess einklinken können. Dazu erhalten Sie zum einen die Möglichkeit, Befehle auszuführen, nachdem der Initialisierungsprozess gerade eben abgeschlossen wurde. Dies geschieht innerhalb der geschweiften Klammern des folgenden Abschnitts:

```
001  void setup() {
002    Befehl 1;   //Hier können Sie Ihre Befehle schreiben, die
003    Befehl 2;   //direkt nach der Initialisierung
004    Befehl 3;   //ausgeführt werden.
005  }
```

Listing 3.5: Der setup-Bereich wird direkt nach der Initialisierung aufgerufen.

3.3 Erste Schritte in der C-Programmierung

Die Konstruktion `void setup() { ... }` nennt sich übrigens Funktion, auf die wir zu einem späteren Zeitpunkt noch genauer eingehen werden. Wichtig ist für uns derzeit nur, dass die Befehle, die sich innerhalb der geschweiften Klammern befinden, direkt nach dem Initialisierungsprozess ausgeführt werden. In diesen Abschnitt werden vornehmlich Befehle geschrieben, die das eigentliche Hauptprogramm auf seine Aufgabe vorbereiten. Dieser Bereich wird nur ein einziges Mal aufgerufen, nämlich kurz nach dem Einschalten des Arduino.

Die zweite wichtige Funktion nennt sich `loop` und hat den folgenden Aufbau:

```
001 void loop() {
002    Befehl 1;   //Hier können Sie die Befehle schreiben, die
003    Befehl 2;   //immer wieder ausgeführt werden sollen.
004 }
```

Listing 3.6: Der `loop`-Bereich wird immer wieder aufgerufen.

Auch hier können Sie wieder Ihre Befehle in den Bereich schreiben, der von den geschweiften Klammern eingefasst ist. Im Unterschied zur `setup`-Konstruktion wird aber dieser Bereich immer wieder neu aufgerufen, sobald alle darin enthaltenen Befehle vollständig abgearbeitet sind. Dieser Bereich beinhaltet also in den allermeisten Fällen das Hauptprogramm, das der Arduino ausführen soll.

Doch genug der Theorie, schreiten wir endlich zu unserem ersten Programm.

3.3.3 Ein Programm schreiben und installieren

Wenn man eine neue Programmiersprache auf Computern vorstellt, ist es schon seit 1974 üblich, mit einem einfachen Programm zu beginnen, das den Text »Hallo Welt!« oder englisch »Hello World!« ausgibt. Leider ist der Arduino nicht so ohne Weiteres in der Lage, einen Text auszugeben, daher müssen wir unser »Hallo Welt«-Programm etwas modifizieren. Jeder Arduino hat an Pin 13 eine Leuchtdiode (LED), die man durch Anschalten eben jenes Pins zum Leuchten bringen kann – und genau das werden wir jetzt tun.

Mit pinMode den Ausgangsmodus setzen

Doch zuvor muss man wissen, dass jeder Pin des Arduino als Eingang oder als Ausgang verwendet werden kann, der Prozessor des Arduino also entweder Strom, der von außen kommt, messen kann oder aber Strom nach außen abgeben kann. Wenn wir die Leuchtdiode zum Strahlen bringen möchten, wollen wir also Strom durch sie hindurchleiten. Pin 13 muss daher in den Modus »Ausgang« geschaltet werden, damit der Prozessor Strom durch ihn und damit dann auch durch die LED schicken kann.

Das Umschalten in diesen Ausgangsmodus muss nur ein einziges Mal passieren und bleibt dann dauerhaft bestehen. Damit ist der entsprechende Befehl geradezu prädestiniert dazu, in den `setup`-Bereich unseres Programms geschrieben zu werden, der ja auch nur ein einziges Mal beim Start des Arduino ausgeführt wird.

Der Befehl zum Setzen dieses Modus lautet pinMode, und ja, es ist wichtig, das M als Großbuchstabe zu schreiben, denn die Programmiersprache C unterscheidet zwischen Groß- und Kleinschreibung.

Doch mit dem Befehl allein weiß der Prozessor nur, dass er einen Pin in irgendeinen Modus versetzen soll – weder ist ihm bekannt, welcher Pin noch in welchem Modus dieser geschaltet werden soll. Die beiden Angaben (Pin und Modus) sind sogenannte Parameter und müssen dem Befehl mitgegeben werden, damit der Prozessor seine Arbeit ausführen kann. Sie werden in runden Klammern hinter den Befehl geschrieben, separiert durch ein Komma.

In unserem Fall möchten wir Pin 13 auf OUTPUT (Ausgang) setzen, der Befehl sieht dann also so aus:

```
pinMode(13, OUTPUT);
```

Mit digitalWrite die Leuchtdiode einschalten

Nachdem das geschehen ist, möchten wir die Leuchtdiode bzw. Pin 13 einschalten. Das geschieht mit dem Befehl digitalWrite, der als Parameter die Nummer des Pins erwartet sowie eine Angabe, ob der Pin eingeschaltet oder ausgeschaltet werden soll. Diese Angabe kann hier HIGH oder LOW lauten, wobei Ersteres den Pin einschaltet und das Zweite ihn ausschaltet. Der Befehl zum Einschalten des Pins lautet also komplett:

```
digitalWrite(13, HIGH);
```

Und zum Ausschalten verwendet man logischerweise:

```
digitalWrite(13, LOW);
```

Schreibt man die beiden Befehle hintereinander, schaltet man die Leuchtdioden erst ein und anschließend wieder aus. Wenn man die beiden Befehle dann in den loop-Bereich des Arduino-Programms schreibt, geht die Leuchtdiode erst an, dann wieder aus, und anschließend werden diese beiden Befehle immer wiederholt. Wir erhalten also damit ein Blinken der Leuchtdiode.

Allerdings gibt es dabei einen kleinen Haken: Der Prozessor ist zwar prinzipiell recht dumm und macht nur immer genau das, was wir ihm sagen, dafür ist er aber ungemein schnell. Er ist problemlos in der Lage, die Leuchtdioden mehrere hundert Male in der Sekunde an- und wieder abzuschalten – so schnell, dass wir das mit unserem Auge gar nicht wahrnehmen können.

Mit delay den Vorgang verlangsamen

Damit wir auch etwas von der blinkenden Leuchtdiode haben, müssen wir den Vorgang deutlich verlangsamen. Am einfachsten geschieht das, indem man dem Prozessor des Arduino die Anweisung gibt, eine gewisse Zeit lang gar nichts zu tun. Der Arduino bekommt also zuerst den Befehl, die Leuchtdiode einzuschalten, daraufhin soll er einige Zeit warten, dann soll er sie wieder ausschalten und erneut etwas warten.

3.3 Erste Schritte in der C-Programmierung

Der Befehl, der den Prozessor des Arduino zum Warten bringt, lautet `delay`, und als Parameter muss man ihm die Anzahl der Millisekunden mitgeben, die er abwarten soll. Wenn wir ihn eine Sekunde oder 1000 Millisekunden lang warten lassen möchten, muss der Befehl also so lauten:

```
delay(1000);
```

Damit haben wir jetzt alle Befehle zusammen, die für unser erstes Programm notwendig sind:

```
001  void setup() {
002    pinMode(13, OUTPUT);    //Modus des Pin 13
003                            //auf 'Ausgang' setzen
004  }
005  void loop() {
006    digitalWrite(13, HIGH); //Pin 13 und die LED einschalten
007    delay(1000);            //Eine Sekunde warten
008    digitalWrite(13, LOW);  //Pin 13 ausschalten
009    delay(1000);            //Eine Sekunde warten
010  }
```

Listing 3.7: Die LED auf dem Arduino-Board blinken lassen.

Das Programm auf dem Arduino installieren

Gehen wir jetzt einmal daran, das Programm auf Ihren Arduino zu installieren. Starten Sie also die Arduino-Oberfläche auf Ihrem Computer und tragen Sie das oben stehende Programm in den Editor ein. Die Kommentare müssen Sie natürlich nicht unbedingt mit eintippen.

1. Sobald Sie das getan haben, speichern Sie den Source Code auf Ihrer Festplatte ab, was Sie entweder über das Menü *Datei/Speichern unter* erledigen können oder durch Drücken der Tastenkombination [Strg]+[Umschalt]+[S]. Überprüfen Sie sicherheitshalber noch einmal die Einstellungen unter *Tools/Board* und *Tools/Serieller Port*, ob sie auch auf den aktuell angeschlossenen Arduino passen.

2. Wenn alles korrekt ist, klicken Sie als Erstes einmal auf den Haken in der linken oberen Ecke des Bildschirms, um das Programm kompilieren zu lassen.

Bild 3.17: Dieser Schalter veranlasst die Kompilierung Ihres Source Code.

Sollte dabei eine Fehlermeldung im unteren Bereich des Fensters auftauchen, ist Ihnen sicherlich ein Fehler beim Abschreiben des Programms unterlaufen. Kontrollieren Sie noch einmal alles genauestens, irgendwo ist sicherlich ein Zeichen fehlerhaft. Wenn die Kompilierung erfolgreich war, können Sie den rechts daneben befindlichen Schalter anklicken.

Bild 3.18: Hiermit können Sie Ihr Programm auf den Arduino hochladen.

❸ Jetzt wird das Programm noch einmal kompiliert und dann auf den Arduino hochgeladen. Nach einigen Sekunden sollte die LED des Arduino gleichmäßig im Sekundenrhythmus an- und wieder ausgehen.

Bild 3.19: Die LED auf dem Arduino muss man zwar mit der Lupe suchen, dafür haben wir aber volle Kontrolle darüber.

Gratulation, damit haben Sie Ihr erstes eigenes Arduino-Programm geschrieben!

3.3.4 Variablen als Platzhalter für Befehle nutzen

Natürlich ist unser bisheriges Programm nicht wirklich atemberaubend. Unser Leuchtdioden-Blink-Programm kann aber durchaus noch ein wenig aufgebohrt werden – und ganz nebenbei können wir das Konzept von Variablen und Schleifen durchsprechen.

Wenn man Leuchtdioden mit Glühlampen vergleicht, gibt es zwei Unterschiede, die besonders schnell ins Auge fallen. Abgesehen davon, dass sie nach gänzlich anderen Prinzipien arbeiten, macht sich der erste Unterschied schon beim Einschalten bemerkbar:

● Während eine Glühlampe einige Millisekunden benötigt, um auf volle Lichtstärke zu kommen, liefert die LED praktisch sofort alles, was sie leisten kann. Die LED ist damit um ein Vielfaches schneller als eine handelsübliche Glühlampe – auch wenn wir als Menschen davon meistens kaum etwas mitbekommen, weil wir allein zum Bemerken der Helligkeitsunterschiede ebenfalls einige Millisekunden benötigen.

- Der zweite Unterschied ist, dass es sehr einfach ist, eine Glühlampe mit unterschiedlichen Leuchtstärken zu betreiben, aber wesentlich schwieriger, dasselbe bei einer Leuchtdiode zu erreichen.

Um eine Glühlampe in ihrer Helligkeit zu verändern (dimmen), müssen Sie nichts weiter tun, als die Spannung an der Glühlampe zu reduzieren. Wenn Sie eine Deckenlampe in Ihrer Wohnung haben, deren Helligkeit Sie über einen Dimmer steuern können, kennen Sie das Prinzip ja schon selbst aus der Praxis.

Bei einer Leuchtdiode ist das nicht ganz so einfach, da die Übergänge zwischen voller Leistung und keinem Leuchten viel kleiner und damit schwerer handhabbar sind. Vereinfacht kann man sagen, dass eine Leuchtdiode nur ein- oder ausgeschaltet werden kann – Zwischenschritte sind kaum möglich.

Dennoch werden wir versuchen, in unserem nächsten Programm unsere Leuchtdiode langsam ein- und ausblenden zu lassen. Dazu verwenden wir einen Trick: Wir schalten die Leuchtdiode viele hundert Male in der Sekunde ein und wieder aus, wobei wir die Länge des eingeschalteten und des ausgeschalteten Zustands variieren.

Wollen wir die Helligkeit der Leuchtdiode beispielsweise auf 20 % der maximalen Leuchtkraft einstellen, schalten wir die Leuchtdioden 2 ms lang ein und 8 ms lang aus und wiederholen das Ganze 100 Mal in der Sekunde. Wollen wir 50 % der maximalen Leuchtkraft erhalten, schalten wir sie 5 ms lang ein und 5 ms lang aus, und für 80 % der Leuchtkraft leuchtet sie 8 ms lang und bleibt für 2 ms aus.

Da das menschliche Auge so schnelle Farbwechsel gar nicht verarbeiten kann, erscheint uns dieses kontrollierte Flackern als Leuchtdiode, die ganz ruhig mit verminderter Leuchtkraft arbeitet. Dieses Verfahren nennt man übrigens Pulsweitenmodulation (PWM), auf die wir in einem späteren Kapitel noch genauer eingehen werden.

Doch wie gehen wir nun an die Programmierung dieser Pulsweitenmodulation heran? Natürlich ist es recht einfach, die Leuchtdiode nur mit halber Intensität leuchten zu lassen, denn dazu brauchen Sie lediglich die Werte in den `delay`-Befehlen des bisherigen Programms anzupassen:

```
001  void loop() {
002    digitalWrite(13, HIGH);   //Pin 13 und die LED einschalten
003    delay(5);                 //5 ms warten
004    digitalWrite(13, LOW);    //Pin 13 ausschalten
005    delay(5);                 //5 ms warten
006  }
```
Listing 3.8: Eine LED mit 50 % ihrer Kraft leuchten lassen.

Aber wie bekommt man es hin, dass die Leuchtintensität der LED langsam zunimmt?

Eine Variable für die Wartezeit einrichten

Hier nun kommt das Konzept der Variablen ins Spiel, die Ihnen vielleicht aus dem Mathematikunterricht noch bekannt sind: Statt einer konkreten Zahl wird ein Platzhalter – eben die Variable – für die `wartezeit` des `delay`-Befehls verwendet. Der Wert dieser Variablen kann nun nach Belieben angepasst werden, und der Arduino wartet jeweils unterschiedlich lange darauf.

Das klingt jetzt vielleicht komplizierter, als es ist – im konkreten Beispiel ist das Prinzip aber nicht schwer zu verstehen. Wir erweitern dazu unser bestehendes Programm ein wenig:

```
001  //Die Variable 'wartezeit' wird eingerichtet.
002  int wartezeit;
003  void setup() {
004    pinMode(13, OUTPUT);
005    //Sie wird zu Beginn auf den Wert 0 gesetzt.
006    wartezeit = 0;
007  }
008  void loop() {
009    digitalWrite(13, HIGH);
010    //Es wird so viele Mikrosekunden gewartet, wie der
011    //gerade aktuelle Wert der Variablen angibt.
012    delayMicroseconds(wartezeit);
013    digitalWrite(13, LOW);
014    //Nun wird noch so lange gewartet, bis
015    //die Millisekunde ausgefüllt ist.
016    delayMicroseconds(1000-wartezeit);
017    //Der Wert der Variablen wird bei jedem
018    //Durchgang um 1 erhöht.
019    wartezeit = wartezeit + 1;
020  }
```

Listing 3.9: Die LED glimmt per PWM-Verfahren auf.

Gehen wir doch einmal das Programm Schritt für Schritt durch: In der ersten Zeile geben wir dem Prozessor bekannt, dass wir eine Variable einrichten möchten. Die eigentliche Variable heißt `wartezeit`, und sie wird durch das Schlüsselwort `int` auf den Typ Integer festgelegt.

In der Mathematik steht eine Variable im Allgemeinen für eine beliebige Zahl. Bei Computersprachen hingegen muss sie immer einen festen Typ haben, denn Zahlen verbrauchen Speicherplatz, und der ist gerade bei kleinen Mikroprozessoren sehr kostbar. Daher wird in der Programmiersprache C unterschieden zwischen ganzen positiven Zahlen, ganzen negativen Zahlen und Zahlen, die Nachkommastellen haben (sogenannten Gleitkommazahlen). Hinzu kommt, dass diese Zahlen nur in gewissen Bereichen (zum Beispiel 0-255) in eine Variable aufgenommen werden können. Die wichtigsten Variablentypen sind:

3.3 Erste Schritte in der C-Programmierung

Wichtige Variablentypen		
Name	Beschreibung	Speicherplatz
byte	Ganze Zahlen im Bereich von 0 bis 255 ($2^8 -1$).	1 Byte
int	Ganze Zahlen im Bereich von -32768 ($2^{15} *(-1)$) bis +32767 ($2^{15} -1$).	2 Bytes
long	Ganze Zahlen im Bereich von -2147483648 ($2^{31} *(-1)$) bis +2147483647 ($2^{31} -1$).	4 Bytes
unsigned int	Ganze Zahlen im Bereich von 0 bis 65536 ($2^{16} -1$).	2 Bytes
unsigned long	Ganze Zahlen im Bereich von 0 bis 4294967295 ($2^{32} -1$)	4 Bytes
float	Gleitkommazahlen mit 6 bis 7 Ziffern Genauigkeit und einem Bereich von $10^{32} *(-1)$ bis 10^{39}.	4 Bytes
double	Beim Arduino genau wie float	4 Bytes

Es gibt durchaus noch weitere Variablentypen, auf die wir aber erst an gegebener Stelle eingehen werden.

In unserem Listing verwenden wir also eine `int`-Zahl, die ganze Zahlen von -32768 bis +32767 aufnehmen kann. Das ist für unsere Zwecke vollkommen ausreichend.

Diese Variable setzen wir nun im `setup`-Bereich auf den Wert `0`.

```
006 wartezeit = 0;
```

Das ist zwar nicht unbedingt notwendig, da schon der Arduino beim Start grundsätzlich sämtliche Variablen auf null setzt, es gehört aber zu einem guten Programmierstil, die Variable zu Beginn auf einen festen Wert zu setzen.

Nun beginnt der Hauptteil unseres Programms, der ja - und das sollten Sie stets im Hinterkopf bewahren - immer wiederholt wird. Zuerst schalten wir die LED ein, dann wird so lange gewartet, wie der aktuelle Stand in der Variablen `wartezeit` angibt. Wir verwenden hier übrigens die neue Funktion `delayMicroseconds()`, die sich von der normalen `delay()`-Funktion nur dadurch unterscheidet, dass sie als Übergabeparameter Mikrosekunden statt wie bisher Millisekunden erwartet und damit kleinere Zeitabstände messen kann.

Anschließend wird die Leuchtdiode wieder ausgeschaltet und erneut gewartet - diesmal allerdings die Anzahl von Mikrosekunden, die die Formel `1000 -wartezeit` im jeweiligen Durchgang ergibt.

In der letzten Zeile bekommt dann die Variable `wartezeit` einen neuen Wert zugewiesen, nämlich `wartezeit+1`. Das ist aus menschlicher Sicht ein wenig umständlich formuliert, bedeutet aber nichts anderes, als dass die Variable `wartezeit` um eins erhöht wird. Da es im Programmieralltag recht häufig vorkommt, dass Variablen um eins erhöht werden müssen, gibt es übrigens dafür auch eine Abkürzung. Statt der Zeile `wartezeit = wartezeit +1;` kann man auch einfach `wartezeit++;` schreiben – inhaltlich sind diese beiden Zeilen absolut identisch.

Versetzen wir uns jetzt einmal in die Position des Prozessors, der das Programm abarbeitet. Nach dem Start wird die Variable `wartezeit` angelegt und in der `setup`-Funktion auf den Wert 0 gesetzt. Danach wird die Funktion `loop` zum ersten Mal ausgeführt. Die LED wird eingeschaltet, und es wird 0 Mikrosekunden gewartet (denn 0 ist der derzeitige Wert von `wartezeit`). Anschließend wird sie wieder ausgeschaltet, und es wird 1000-0 = 1000 Mikrosekunden (oder 1 Millisekunde) gewartet. Dann wird die Variable `wartezeit` auf 0+1=1 gesetzt und die `loop`-Funktion anschließend neu gestartet.

Im zweiten Durchgang wird nach dem Einschalten der LED nun 1 Mikrosekunde gewartet, nach dem Ausschalten 999 Mikrosekunden. Wieder wird die Variable um 1 erhöht und `loop` neu gestartet. Nun bleibt die LED 2 Mikrosekunden an- und 998 Mikrosekunden ausgeschaltet. Wie es weitergeht, können Sie sich sicherlich ausmalen.

Wenn Sie also das Programm auf Ihren Arduino hochladen und dort starten, sehen Sie, dass die Leuchtdiode nun über einige Sekunden hinweg langsam heller wird.

Leider funktioniert das Aufblenden der LED nur einmal, und auch wenn Sie durch den Reset-Knopf am Arduino durchaus in der Lage sind, das Programm mehrfach zu starten, hat es doch einige unschöne Eigenschaften, die wir im nächsten Kapitel verfeinern können.

3.3.5 Schleifen als Kontrollinstrument einsetzen

Eigentlich wollten wir ja eine Leuchtdiode erzeugen, die langsam angeht und auch langsam wieder ausgeht. Das ist mit den bisherigen Mitteln derzeit noch nicht zu machen, sodass wir zu einer neuen Konstruktion in der Programmiersprache C kommen: der Schleife.

Was wir Menschen verabscheuen, nämlich genau die gleiche Tätigkeit immer wieder nahezu unverändert ausführen zu müssen, ist eine der hervorstechenden Eigenschaften unseres kleinen, sturen, aber sehr schnellen Mikroprozessors. Um ihn dazu zu veranlassen, gibt uns die Programmiersprache C folgende Konstruktion an die Hand:

```
001 for (Initialisierung; Test; Inkrementierung)
002 {
003    Befehle;
004 }
```

Wie so häufig, lässt sich die Funktionsweise am einfachsten anhand eines Beispiels erklären:

```
001  for (int wartezeit = 1; wartezeit <= 999; wartezeit++)
002  {
003     Befehle;
004  }
```
Listing 3.10: Das Einblenden der LED in einer eleganten for-Schleife.

Die Zeichen for leiten die Schleife für den Prozessor ein. In der Klammer stehen nun die drei verschiedenen Angaben, jeweils getrennt durch ein Semikolon. Die Initialisierung lautet im konkreten Beispiel int wartezeit = 1. Das kommt Ihnen vielleicht bekannt vor, im vorigen Kapitel wurde so die Variable eingerichtet. Genauso ist es auch hier, die Variable wartezeit vom Typ Integer wird eingerichtet und im selben Schritt noch auf den Wert 1 gesetzt. Mit Initialisierung wird also das Einrichten einer Variablen beschrieben, die für die for-Schleife von entscheidender Bedeutung ist.

Diese Bedeutung wird im nächsten Abschnitt, dem Test, deutlich. Hier steht im konkreten Beispiel wartezeit <= 999, eine Bedingung, die erfüllt sein soll, damit die Schleife die Befehle ausführt, die innerhalb der geschweiften Klammern stehen. Da zum derzeitigen Zeitpunkt wartezeit auf dem Wert 1 steht, ist die Bedingung 1 <= 999 also erfüllt bzw. wahr. Erst wenn die Variable den Wert 1000 oder einen noch größeren in sich trägt, ist die Bedingung nicht mehr erfüllt bzw. falsch, und die Befehle innerhalb der geschweiften Klammern werden nicht mehr ausgeführt.

Der dritte Teil, die Inkrementierung, dient dazu, die Variable zu verändern. In unserem Beispiel wird mit der Anweisung wartezeit++ die Variable um 1 erhöht. Es ist aber auch möglich, die Variable beispielsweise mit wartezeit=wartezeit+5 um die Zahl 5 zu erhöhen.

Wann immer nun der Prozessor an eine for-Schleife kommt, initialisiert er die Variable und prüft die Bedingung. Ist diese wahr, werden die Befehle in den geschweiften Klammern ausgeführt. Anschließend führt er die Inkrementierung aus und springt dann zurück an den Anfang der for-Schleife. Wieder prüft er die Bedingung, wieder führt er die Befehle in den geschweiften Klammern aus, wieder wird die Variable erhöht.

Das geht so lange, bis die Bedingung einmal nicht mehr erfüllt ist. In diesem Fall ignoriert der Prozessor die Befehle in den geschweiften Klammern und fährt damit fort, die danach folgenden Befehle auszuführen.

Sehen wir uns das an unserem konkreten Beispiel an:

```
001  void setup() {
002     pinMode(13, OUTPUT);
003  }
004
005  void loop() {
```

```
006   //LED aufblenden
007   for (int wartezeit = 1; wartezeit <= 999; wartezeit++)
008   {
009     digitalWrite(13, HIGH);
010     delayMicroseconds(wartezeit);
011     digitalWrite(13, LOW);
012     delayMicroseconds(1000-wartezeit);
013   }
014   //LED abblenden
015   for (int wartezeit = 999; wartezeit >= 1 ; wartezeit--)
016   {
017     digitalWrite(13, HIGH);
018     delayMicroseconds(wartezeit);
019     digitalWrite(13, LOW);
020     delayMicroseconds(1000-wartezeit);
021   }
022 }
```

Listing 3.11: Das Auf- und Abblenden der LED in zwei for-Schleifen.

Die erste Schleife kann man so in die menschliche Sprache übersetzen: »Wiederhole die Befehle in geschweiften Klammern so lange, bis die Variable wartezeit kleiner oder gleich 999 ist, wobei du bei der Zahl 1 beginnst und bei jedem Durchgang die Variable um 1 erhöhst.« Die Schleife wird also insgesamt 999 Mal ausgeführt.

Das Schöne an der for-Schleife ist, dass man damit nicht nur die Anzahl der Wiederholungen genau bestimmen kann, sondern auch die Variable, die mit jedem Durchgang um 1 erhöht wird, in seinen Befehlen verwenden kann. In unserem Beispiel tun wir das auch, sodass sich die Wartezeit, die die LED eingeschaltet ist, immer mehr vergrößert, während gleichermaßen die »Aus-Zeit« der LED ständig verkleinert wird.

Die erste for-Schleife im Programm sorgt also dafür, dass die LED für das menschliche Auge langsam vom ausgeschalteten in den eingeschalteten Zustand übergeht. Logischerweise verfolgt die zweite for-Schleife also den Zweck, die LED auszublenden – das Interessante daran ist aber, wie das geht:

```
015 for (int wartezeit = 999; wartezeit >= 1; wartezeit--)
```

Dieses Mal wird die Variable wartezeit mit dem Wert 999 initialisiert. Der Test prüft darauf, ob sie größer oder gleich dem Wert 1 ist, und im letzten Teil der for-Schleife wird die Variable nicht inkrementiert, sondern um eins erniedrigt, also dekrementiert. Insgesamt betrachtet wird die for-Schleife nach wie vor 999 Mal ausgeführt, aber die Variable wartezeit läuft diesmal rückwärts, von 999 bis hinunter zu 1. Sie sehen, auch das geht mit der for-Schleife, die in der Tat sehr flexibel ist und viele Möglichkeiten bietet.

3.3.6 Mit der if-Abfrage Bedingungen festlegen

Natürlich ist nichts so gut, als dass man es nicht noch verbessern könnte. Das Programm aus dem vorherigen Kapitel arbeitet bereits sehr gut, ist aber noch nicht optimal, denn in den beiden `for`-Schleifen befindet sich exakt der gleiche Code. Eine solche Wiederholung nennt man Redundanz, und diese gilt als kein guter Programmierstil. Eine gute Gelegenheit, ein neues C-Konstrukt einzuführen: die if-Abfrage.

Bevor wir uns aber dieser Konstruktion widmen, müssen wir noch auf eine besondere Art von Variablen eingehen, die sogenannten Booleans.

Booleans sind die einfachsten Variablen, die es gibt, denn sie können nur zwei Werte annehmen: 1 oder 0. Da die Zahlen etwas unpraktisch sind, verwendet man bei Booleans allerdings im Allgemeinen die Werte WAHR und FALSCH – bzw. deren englische Äquivalente `true` und `false`. Einen Verwendungszweck für diese Booleans haben Sie bereits im vorherigen Kapitel kennengelernt. Die Testbedingung der `for`-Schleife, also beispielsweise `wartezeit <= 999` kann als Ergebnis auch nur WAHR oder FALSCH sein und damit in einer Boolean-Variable gespeichert werden.

In der Mathematik widmet sich ein ganzer Bereich dieser Thematik, die sogenannte boolesche Algebra, benannt nach dem englischen Mathematiker George Boole. Zum Glück ist sie relativ einfach, sodass Sie sicher keine grauen Haare dabei bekommen, auch wenn Sie mit der Mathematik auf Kriegsfuß stehen. Im Wesentlichen läuft das Rechnen mit Booleans für uns auf drei Operatoren hinaus: die Verneinung, das logische UND und das logische ODER.

Beginnen wir mit der Verneinung. Sie ist die einfachste Operation und macht aus einem booleschen Wert einfach dessen Gegenteil. Aus WAHR wird FALSCH, aus FALSCH wird WAHR. In C ist das Zeichen für die Verneinung ein einfaches Ausrufezeichen. Wenn man also beispielsweise eine Variable a vom Typ `bool` hat und `a = !a;` schreibt, hat man den bisherigen Wert von a in sein Gegenteil verkehrt, ganz egal welchen Wert a in diesem Moment hat. Um die logischen Operationen UND und ODER zu erklären, benötigen wir schon mehrere boolesche Variablen. Nehmen wir an, wir hätten die drei Variablen a, b und c vom Typ `bool`. Dann sieht in C eine logische UND-Operation so aus: `c = a && b;` und eine logische ODER-Operation so: `c = a || b;`.

Etwas komplizierter wird es, wenn man nun herausfinden möchte, welche Werte c annimmt. Da ja a und b jeweils zwei Werte annehmen können, gibt es also pro logischer Operation vier Möglichkeiten, die in der folgenden Tabelle notiert sind:

Wert von a	Wert von b	a && b	a || b
1/WAHR	1/WAHR	1/WAHR	1/WAHR
1/WAHR	0/FALSCH	0/FALSCH	1/WAHR
0/FALSCH	1/WAHR	0/FALSCH	1/WAHR
0/FALSCH	0/FALSCH	0/FALSCH	0/FALSCH

Aber keine Sorge, Sie müssen nicht diese Tabelle auswendig lernen, denn es gibt auch eine menschengerechte Form, sich die beiden Operatoren zu merken.

Beim logischen UND wird das Ergebnis von a && b immer dann WAHR, wenn sowohl a als auch b wahr sind. Man kann auch sagen: Wenn a und b WAHR sind, ist auch a && b WAHR.

Beim logischen ODER ist es ähnlich: Wenn a oder b WAHR ist (oder beide WAHR sind), ist auch a || b WAHR.

Und wofür braucht man das alles?

Nehmen wir an, Sie haben eine Sicherheitssteuerung entworfen, die sicherstellen soll, dass die gefährliche Stanzpresse nur dann angeht, wenn der sie bedienende Arbeiter zwei Knöpfe gleichzeitig drückt, die so weit auseinanderliegen, dass er seine Arme nicht mehr unter der Presse haben kann. Wenn nun der erste Schalter für a steht und der zweite für b und beide den Wert WAHR erhalten, sobald sie gedrückt sind, soll die Presse erst dann losgehen, wenn a && b = WAHR ist.

Wenn Sie dagegen ein Garagentor haben und ebenso zwei Schalter dafür besitzen, einen im Haus und einen in der Nähe des Autos, möchten Sie vermutlich, dass ein Druck auf einen der Schalter – egal auf welchen – das Tor öffnet, also wenn a || b = WAHR ist.

Fälle wie diese werden Ihnen in der nächsten Zeit häufiger begegnen – aber für jetzt wollen wir unseren kurzen Ausflug in die boolesche Mathematik beenden und uns lieber wieder der if-Abfrage widmen.

Die if-Abfrage ist so aufgebaut:

```
if (Bedingung) {  Befehle; } else { andere Befehle; }
```

Ihre Funktionsweise ist relativ einfach zu erklären: Wenn die Bedingung erfüllt ist, werden die Befehle in den geschweiften Klammern ausgeführt, andernfalls die anderen Befehle in den geschweiften Klammern hinter dem else-Schlüsselwort. Allerdings gibt es recht häufig Situationen, in denen man den alternativen Fall hinter dem else-Schlüsselwort gar nicht benötigt, daher kann man diesen Teil auch weglassen:

```
if (Bedingung) {  Befehle; }
```

Sehen wir uns den Einsatz der if-Abfrage doch am besten gleich am praktischen Beispiel an:

```
001  //Initialisierung des Schalters als Boolean
002  bool schalter;
003  int wartezeit;
004
005  void setup() {
006    pinMode(13, OUTPUT);
007    //Setzen des Schalters auf WAHR
```

3.3 Erste Schritte in der C-Programmierung

```
008    schalter = true;
009  }
010
011  void loop() {
012    for (int zaehler = 1; zaehler <= 999; zaehler++)
013    {
014      //Fallunterscheidung
015      if (schalter == true) {
016        wartezeit = zaehler;
017      } else {
018        wartezeit = 1000 - zaehler;
019      }
020      digitalWrite(13, HIGH);
021      delayMicroseconds(wartezeit);
022      digitalWrite(13, LOW);
023      delayMicroseconds(1000 - wartezeit);
024    }
025    //Negation des Schalters
026    schalter = !schalter;
027  }
```

Listing 3.12: Langsames LED-Blinken mit `if`-Abfragen.

Ganz oben in unserem Source Code definieren wir die beiden Variablen `schalter` und `wartezeit`. Erstere ist vom Typ `bool`, die zweite wie üblich eine Integer-Variable. Da wir möchten, dass sie im ganzen Programm gültig sind, werden sie außerhalb jeglicher geschweiften Klammern definiert, was sie zu sogenannten globalen Variablen macht. Sie dürfen jetzt überall im Programm eingesetzt werden. Im `setup`-Bereich setzen wir den `schalter` auf den Wert WAHR (englisch `true`) – die `wartezeit` müssen wir nicht festlegen, weil das ohnehin bei jedem Schleifendurchgang passiert. In der einzigen Schleife zählen wir die Variable `zaehler` nun immer von 1 auf 999 hoch. Innerhalb dieser Schleife führen wir stets eine Fallunterscheidung durch: In der `if`-Abfrage wird die Bedingung geprüft, ob `schalter` den Wert WAHR hat. Ist das der Fall, wird die Variable `wartezeit` auf den aktuellen Wert der Variablen `zaehler` gesetzt. Ist das nicht der Fall, bekommt `wartezeit` den Wert, der sich aus `1000-zaehler` ergibt.

Mit diesem Wert in `wartezeit` wird der uns ja schon vertraute Code zum Ein- bzw. Ausschalten der LED ausgeführt. Anschließend endet die `for`-Schleife, sodass die Fallunterscheidung und das An- und Abschalten der LED insgesamt 999 Mal ausgeführt werden. Jetzt aber wird es noch einmal interessant: Durch `schalter = !schalter;` wird der Wert der Variablen `schalter` negiert, also entweder von FALSCH in WAHR umgedreht oder umgekehrt von WAHR in FALSCH.

Das wirkt sich natürlich erst dann aus, wenn die `loop`-Funktion ein weiteres Mal ausgeführt wird. Während im ersten Durchgang, in dem die Variable `schalter` den Wert `true` beinhaltet, bei der `if`-Abfrage die Befehle in der ersten geschweiften Klammer abgearbeitet werden, werden im zweiten Durchgang die Befehle der zweiten geschweiften Klammer verwendet. So wird bei jedem Durchgang der `loop`-Funktion die Leuchtdiode eingeblendet oder ausgeblendet.

Kommen wir noch einmal ganz kurz zu der Bedingung in der `if`-Abfrage zurück. Vielleicht wundern Sie sich, warum in der Zeile `if (schalter == true)` zwei Gleichheitszeichen stehen? Hätte nicht eines auch ausgereicht?

Nein, denn in den runden Klammern der `if`-Abfrage muss ja per definitionem eine Bedingung stehen. Würde man hier aber nur `schalter = true` schreiben, wäre das keine Bedingung, sondern vielmehr eine Zuweisung, bei der der Variablen `schalter` der Wert WAHR zugeordnet wird, die doppelten Gleichheitszeichen hingegen kennzeichnen einen Vergleich zweier Zahlen miteinander. Es gibt auch andere Zahlenvergleiche, die Sie sich unbedingt merken sollten:

Vergleich	Beschreibung	Beispiele
==	gleich	3 == 3 ist WAHR
		3 == 2 ist FALSCH
!=	ungleich	3 != 2 ist WAHR
		2 != 2 ist FALSCH
>	größer als	3 > 2 ist WAHR
		2 > 3 ist FALSCH
		3 > 3 ist FALSCH
<	kleiner als	2 < 3 ist WAHR
		3 < 2 ist FALSCH
		3 < 3 ist FALSCH
>=	größer oder gleich	3 >= 2 ist WAHR
		2 >= 3 ist FALSCH
		3 >= 3 ist WAHR
<=	kleiner oder gleich	2 <= 3 ist WAHR
		3 <= 2 ist FALSCH
		3 <= 3 ist WAHR

Wie Sie aus den Beispielen ersehen können, wird für den Computer aus dem Vergleich ein Wahrheitswert generiert, also nichts anderes als ein Boolean. Alle diese Vergleiche können Sie in `if`-Abfragen problemlos verwenden – es ist aber auch möglich, diese Vergleiche zu nutzen, um Boolean-Variablen Werte zuzuweisen.

Ein gültiges Beispiel hierfür kann sein: `bool ergebnis = 2 >= 3;`, bei dem der Variablen `ergebnis` das Ergebnis des Vergleichs `2 >= 3`, also FALSCH, zugewiesen wird. Sie sehen, Sie können durchaus kreativ mit den Möglichkeiten der Programmiersprache umgehen.

Leider kann das mitunter auch Probleme bereiten. Wenn Sie nämlich in unserem Beispielprogramm irrtümlich `if (schalter = true)` geschrieben und nur ein Gleichheitszeichen verwendet haben, akzeptiert das der Compiler wider Erwarten und gibt keine Fehlermeldung aus!

Wie kommt es dazu? Wenn wir uns die Zeichenfolge schalter = true ansehen, haben wir hier ja eine Zuweisung, die dem Schalter den Wert WAHR zuordnet. Da damit in der if-Bedingung immer WAHR steht, egal welchen Wert schalter vorher hatte, wird auch der if-Block immer ausgeführt und der else-Block nie. In der Folge wird die LED auf unserem Arduino immer nur weich eingeblendet, aber nie ausgeblendet.

Sie sehen also: Obwohl der Compiler sehr stur ist, immer korrekte Eingaben von Ihnen verlangt und in der Regel mit Fehlermeldungen auf falschen Code reagiert, gibt es doch Fälle, in denen er Ihre Fehler nicht erkennen kann und Sie sich vielleicht stundenlang damit herumschlagen, den Fehler zu finden.

3.3.7 Mit Funktionsaufruf Redundanzen vermeiden

Wenn wir uns das Programm aus den letzten zwei Kapiteln noch einmal ansehen, stellen wir fest, dass in beiden Fällen die LED absolut identisch ein- und ausgeblendet wird und nur die Programmierung anders gestaltet ist. Das Programm mit der if-Abfrage enthält keinen Code mehr, der sich wiederholt, ist aber doch um einiges komplizierter und damit bei der Programmierung fehleranfälliger als das Programm mit den zwei for-Schleifen.

Es gibt aber noch eine andere Methode, mit der man sich wiederholenden Code vermeiden kann, die sogenannten Funktionsaufrufe.

Eine Funktion besteht aus einer oder mehreren Zeilen Source Code, der in geschweiften Klammern steht, sowie einer Definition, die einen Namen für diesen Textblock vergibt. Dieser Name kann nun im sonstigen Source Code verwendet werden, und jedes Mal, wenn der Name auftaucht, wird der damit verbundene Source Code ausgeführt.

Schematisch sieht das dann so aus:

```
001 Rückgabeparameter Name (Parameter)
002 {
003    Befehle;
004 }
```

Sehen wir uns das also am besten gleich in einem Beispiel an:

```
001 void setup() {
002    pinMode(13, OUTPUT);
003 }
004
005 //Definition einer Funktion zum Einschalten der LED
006 void LED(int warten)
007 {
008    digitalWrite(13, HIGH);
009    delayMicroseconds(warten);
010    digitalWrite(13, LOW);
```

```
011       delayMicroseconds(1000-warten);
012 }
013
014 void loop() {
015   //LED aufblenden
016   for (int wartezeit = 1; wartezeit <= 999; wartezeit++)
017   {
018     //Funktionsaufruf mit Übergabeparameter
019     LED(wartezeit);
020   }
021   //LED abblenden
022   for (int wartezeit = 999; wartezeit >= 1; wartezeit--)
023   {
024     //Funktionsaufruf mit Übergabeparameter
025     LED(wartezeit);
026   }
027 }
```

Listing 3.13: Funktionsaufrufe vermeiden sich wiederholenden Code.

Das Programm kennen Sie ja größtenteils schon aus dem vorletzten Kapitel und erinnern sich: Das Ein- und Ausschalten der Leuchtdiode hatte sich im Source Code wiederholt.

Hier ist das jetzt anders. In der Zeile `void LED(int warten)` wird eine Funktion definiert, die den Code beinhaltet, der das Ansteuern der LED beinhaltet. Nach der Schemadefinition ist `LED` der Name der Funktion. Man kann ihn fast beliebig wählen, nur Leerzeichen und einige Sonderzeichen sind im Namen nicht erlaubt. Buchstaben und Zahlen sind aber unkritisch.

Er repräsentiert den Codeblock, der anschließend in geschweiften Klammern geschrieben steht. In unserem Beispiel ist das der Code, der zum Ein- und Ausschalten der LED dient und sich wiederholt hatte. Wenn nun in den beiden `for`-Schleifen des Programms der Funktionsname `LED` geschrieben steht, springt der Prozessor bei der Abarbeitung des Programms an dieser Stelle in die Funktion `LED` und führt den dort hinterlegten Code aus. Hat er alle dort geschriebenen Befehle ausgeführt, springt er zurück an die Stelle, an der er die Funktion ursprünglich aufgerufen hatte, und arbeitet die danach folgenden Befehle ab.

Den `setup`-Bereich lassen wir außen vor und kommen gleich zum `loop`-Bereich. Dieser wird Zeile für Zeile abgearbeitet (A-Pfeile), bis wir zum Funktionsaufruf `LED(wartezeit);` kommen. Jetzt springt der Prozessor in die Funktion `LED` (B-Pfeil) und arbeitet die darin enthaltenen Befehle ab (C-Pfeile). Wenn er alle abgearbeitet hat, springt er zurück (B-Pfeil) und arbeitet die Befehle des Hauptprogramms weiter ab (A-Pfeile).

In einem Bild sieht das Ganze dann so aus:

3.3 Erste Schritte in der C-Programmierung

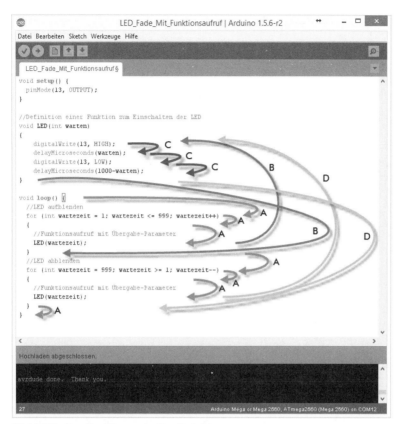

Bild 3.20: Der Funktionsaufruf im Detail.

Erneut wird die Funktion LED aufgerufen, und der Prozessor springt wiederum in den Codeblock der Funktion (D-Pfeil). Wieder werden alle Befehle abgearbeitet (C-Pfeile), wieder springt der Prozessor in das Hauptprogramm zurück (D-Pfeil), das dann weiter bearbeitet wird (A-Pfeil).

Alles zusammen sieht anfangs natürlich sehr kompliziert aus, aber haben Sie keine Sorge, Sie werden sich sehr schnell daran gewöhnen.

Kommen wir zu den Parametern, die der Funktion mitgegeben werden. Die Funktionsdefinition lautet ja void LED(int warten), somit steht int warten für die Parameter, die wir der Funktion übergeben – und das erinnert Sie sicherlich an die Definition einer Variablen. Genau so ist es auch: int warten richtet eine Variable warten ein, die nur im Codeblock der Funktion gültig ist. Im Hauptprogramm wird die Funktion LED mit der Variablen wartezeit aufgerufen.

Nun geschieht Folgendes: Der Inhalt der Variablen wartezeit wird der Funktion als Parameter übergeben und wird in die neu definierte Variable warten geschrieben. Der Codeblock der Funktion wird dann mit diesem Inhalt ausgeführt. Wenn die Variable wartezeit also z. B. den Wert 100 hat, wird die Funktion mit dem Wert 100 als Parameter aufgerufen, der dann in die Variable warten geschrieben wird. Die Codezeilen der Funktion werden abgearbeitet, wobei einmal 100 Mikrosekunden und das andere Mal 900 Mikrosekunden gewartet wird.

Sie sehen, Funktionen sind ganz schön knifflig, aber sie ermöglichen eine sehr große Bandbreite an Einsatzmöglichkeiten.

Um den Rückgabeparameter erklären zu können, benötigen wir ein anderes Beispiel:

```
001  int Addition(int a, int b)
002  {
003    int c= a + b ;
004    return c;
005  }
```

Listing 3.14: Eine Funktion mit zwei Parametern und einem Rückgabewert.

Die simple Funktion Addition besitzt die zwei Parameter a und b, die übrigens mit einem Komma voneinander getrennt werden. Diese beiden werden einfach miteinander addiert und das Ergebnis der neu eingerichteten Variablen c zugeordnet. Nun kommt der interessante Teil: Der Befehl return c; beendet die Funktion und definiert den Inhalt der Variablen c als Rückgabewert.

Ruft man im Hauptprogramm die Funktion so auf:

```
int ergebnis = Addition (5,6);
```

wird der Variablen ergebnis der Rückgabewert der Funktion Addition zugewiesen, in unserem Fall also 11.

Doch woher weiß eigentlich der Compiler, was für ein Typ der Rückgabeparameter der Funktion ist? Wenn wir uns die Definition der Funktion ansehen – int Addition(int a, int b) –, bemerken wir, dass gleich zu Beginn ein int steht, was den Rückgabeparameter als Integer definiert.

Hier könnte auch ein byte oder ein float stehen – je nachdem, wie der Rückgabeparameter der Funktion beschaffen ist.

Wie aber ist es mit Funktionen, die gar keinen Rückgabeparameter besitzen? Beispielsweise hat ja die Funktion LED keinen solchen. In der Definition der Funktion steht void LED(int warten), also wird hier sehr wohl ein Rückgabeparameter angegeben. Er ist allerdings vom Typ void, was auf Deutsch so viel wie »leer« bedeutet – der Rückgabeparameter wird also als leer definiert, eine andere Umschreibung für »nicht existent«.

Dieses void ist Ihnen aber auch schon an zwei anderen Stellen begegnet, nämlich im setup- und dem loop-Bereich. Vermutlich ahnen Sie es bereits: Auch diese beiden Bereiche sind Funktionen, die keinen Rückgabeparameter haben und von einem anderen Programm aufgerufen werden. Dieses andere Programm kann man als das

Betriebssystem des Arduino bezeichnen, das zu Beginn den Arduino vorbereitet und anschließend nur noch die `setup`-Funktion einmalig und die `loop`-Funktion immer wieder aufruft. Sie sehen, Funktionen finden sich immer wieder in allen Bereichen der Programmierung des Arduino.

3.3.8 String-Variablen für die Textausgabe nutzen

So langsam haben wir das Thema der blinkenden LED etwas überstrapaziert. Kommen wir jetzt lieber zu einem Thema, bei dem der Arduino zu uns spricht und wir endlich das anfangs erwähnte »Hello World«-Programm schreiben können. Denn natürlich kann eine moderne Programmiersprache nicht nur mit Zahlen umgehen, sondern auch mit Texten. Hierfür benötigen wir aber einen neuen Typ von Variablen, den sogenannten String.

Eigentlich kann ein Computer nur richtig mit Zahlen umgehen – Texte sind ihm ziemlich fremd. Um ihm doch die Fähigkeit zu geben, mit Zeichen zu hantieren, wurde von den schlauen Köpfen der Programmiersprachenentwickler einfach jeder Buchstabe aus dem Alphabet einer eigenen Zahl zugeordnet. So steht die 65 beispielsweise für den Buchstaben A, die 66 für den Buchstaben B etc.

Um jeden Buchstaben im Alphabet, sämtliche Zahlen sowie etliche Sonderzeichen auf einer Zahl abbilden zu können, hat man sich darauf geeinigt, die Zahlen von 0 bis 255 jeweils einem Zeichen zuzuordnen. Damit sich auch Computer von unterschiedlichen Herstellern miteinander unterhalten können, hat man diese Zuordnung in einen offiziellen Standard gepackt, der sich ASCII nennt und wie folgt aussieht:

Wichtige ASCII-Zeichen für den Arduino							
Code	Zeichen	Code	Zeichen	Code	Zeichen	Code	Zeichen
0	null	32	space	64	@	96	`
1		33	!	65	A	97	a
2		34	«	66	B	98	b
3		35	#	67	C	99	c
4		36	$	68	D	100	d
5		37	%	69	E	101	e
6		38	&	70	F	102	f
7		39	'	71	G	103	g
8		40	(	72	H	104	h
9	tab	41	)	73	I	105	i
10	line feed	42	*	74	J	106	j

3 Arduino™-Software entwickeln

Code	Zeichen	Code	Zeichen	Code	Zeichen	Code	Zeichen
11		43		75	K	107	k
12		44		76	L	108	l
13	carriage return	45		77	M	109	m
14		46	.	78	N	110	n
15		47	/	79	O	111	o
16		48	0	80	P	112	p
17		49	1	81	Q	113	q
18		50	2	82	R	114	r
19		51	3	83	S	115	s
20		52	4	84	T	116	t
21		53	5	85	U	117	u
22		54	6	86	V	118	v
23		55	7	87	W	119	w
24		56	8	88	X	120	x
25		57	9	89	Y	121	y
26		58	:	90	Z	122	z
27		59	;	91	[	123	{
28		60	<	92	\	124		
29		61	=	93	]	125	}
30		62	>	94	^	126	~
31		63	?	95	_	127	

Die wichtigsten ASCII-Zeichen des Arduino auf einen Blick.

Zum Speichern eines einzelnen Zeichens benötigt man also eine Variable, die Zahlen von 0 bis 255 aufnehmen kann. Jetzt nehmen Sie möglicherweise an, dass Sie hierfür einfach den schon bekannten Typ byte verwenden können, aber da dieser hauptsächliche für Zahlenwerte verwendet werden soll und man doch eine Unterscheidung zwischen Text und Zahlen in C haben wollte, wurde stattdessen der neue Typ char eingeführt.

Um ein einzelnes Zeichen in einer Variablen abzuspeichern, schreibt man beispielsweise char Buchstabe = 'A'. Der entsprechende Buchstabe wird also in einfachen Anführungszeichen hinter das Gleichheitszeichen geschrieben. Gültig wäre aber auch die Schreibweise char Buchstabe = 65, denn die Zahl 65 entspricht ja dem Buchstaben A in der ASCII-Norm. Es ist sogar möglich, mit Buchstaben zu rechnen, so ist beispielsweise `char Buchstabe ='A'+1` eine gültige, wenn auch sehr umständliche Art, den Buchstaben B zu schreiben.

3.3.9 Felder definieren die Länge des Textfelds

Will man nun einen Text in einer Variablen speichern, stößt man an ein generelles Problem: Jedes einzelne Zeichen eines Texts benötigt Speicherplatz, und je länger der Text wird, desto mehr Speicherplatz wird verbraucht. Eine Variable, die sowohl den »Namen einer Person« als auch die Bezeichnung »Grundgesetz der Bundesrepublik Deutschland« aufnehmen kann, ist für einen Computer mit den bisherigen Mitteln nicht zu verwalten.

Daher wurden in die Programmiersprache C sogenannte Felder eingefügt, die sich im Englischen Array nennen und nichts anderes sind als viele Variablen desselben Typs, die hintereinander aufgereiht sind. Anlegen kann man solch ein Feld beispielsweise so:

```
char zeichenkette[5] = { 't', 'e', 's', 't', 0};
```

Zuerst wird der dem Feld zugrunde liegende Typ festgelegt, in unserem Fall also `char`. Dann folgt der Name des Felds, gefolgt von der Anzahl der Einträge in diesem Feld. Nach dem Gleichheitszeichen kommen dann in geschweiften Klammern die einzelnen Elemente, jeweils getrennt durch ein Komma.

Da diese Schreibweise aber für Texte sehr ungewöhnlich und unpraktisch ist, sind auch andere Schreibweisen erlaubt, beispielsweise:

```
char zeichenkette[5] = "test";
```

Vielleicht wundern Sie sich jetzt, warum das Feld `zeichenkette` nur vier Buchstaben beinhaltet, die Anzahl der Zeichen in den eckigen Klammern jedoch mit fünf angegeben ist. Hier ist eine Besonderheit der Zeichenketten zu vermelden: Um herauszufinden, wo ein Text endet, wird in der Programmiersprache C am Ende des Texts stets ein Zeichen eingefügt, das dem Zahlenwert 0 entspricht. Dieses Zeichen finden Sie auch im vorherigen Beispiel als letzten Eintrag. Bei der Schreibweise mit doppelten Anführungszeichen ist es nicht notwendig, dieses letzte 0-Zeichen mit anzugeben, der Compiler ist so freundlich und übernimmt die Arbeit, das Zeichen einzufügen. Es gibt noch weitere Annehmlichkeiten, die der Compiler unterstützt, so kann man beispielsweise bei Feldern die Anzahl der Elemente auch ganz weglassen:

```
char zeichenkette[] = "test";
```

Leider können wir an dieser Stelle nicht weiter auf die vielen Funktionen und Möglichkeiten eingehen, die die Programmiersprache C im Umgang mit Strings erlaubt. Glücklicherweise benötigt man Strings im Arduino-Zusammenhang relativ selten.

3.3.10 Fehlerteufel mit serieller Ausgabe aufspüren

Wenn Sie einen Arduino programmieren, ist alles eitel Sonnenschein, solange alles reibungslos funktioniert. Ist dies aber einmal nicht der Fall und Sie haben einen Fehler, den Sie sich nicht so ohne Weiteres erklären können, ist es sehr schwer, dem Prozessor bei der Arbeit über die Schulter zu sehen. Wenn Sie auf einem Windows-PC oder einem Apple Mac programmieren, bietet Ihnen die Programmieroberfläche meistens die Möglichkeit, Ihr Programm Schritt für Schritt ausführen zu lassen, wobei Sie sich die Zwischenergebnisse im sogenannten Debugger ansehen können. Eine solche Möglichkeit gibt es im Arduino leider nicht, da das kleine Gerät extern an den Computer angeschlossen und gar nicht für solche Aufgaben ausgerüstet ist.

Eine gute Methode, mit diesen beschränkten Möglichkeiten zurechtzukommen, ist es, Zwischenergebnisse des Arduino über die serielle Schnittstelle an den Computer zu übermitteln. Dazu müssen wir aber ein klein wenig ausholen:

Der Arduino ist ja über die USB-Schnittstelle mit dem Computer verbunden, die Kommunikation mit dem PC läuft aber über die serielle RS232-Schnittstelle. Diese wird aber nur benutzt, wenn vom Computer aus ein neues Programm auf den Arduino hochgeladen wird. Die übrige Zeit jedoch kann die serielle Schnittstelle von Ihnen als Programmierer verwendet werden. So ist es beispielsweise möglich, Texte vom Computer entgegenzunehmen oder aber Informationen vom Arduino zum PC zu senden. Hierzu gibt es in der Entwicklungsumgebung von Arduino den Menüpunkt *Tools/Serial Monitor*, den Sie auch mit der Tastenkombination [Strg]+[Umschalt]+[M] erreichen können. Wenn Sie diesen seriellen Monitor aufrufen, wird für Sie ein relativ einfaches Fenster geöffnet:

Bild 3.21: Der serielle Monitor der Arduino-Entwicklungsoberfläche.

In der obersten weißen Zeile können Sie Zeichen an den Arduino senden, während der große Bereich im unteren Bereich des Fensters für die Antwort des Arduino verwendet wird. Doch um dieses Fenster verwenden zu können, muss auch der Arduino entsprechend programmiert werden.

Das ist zum Glück relativ einfach, denn es gibt in der Arduino-Entwicklungsumgebung eine Konstruktion, die die Kommunikation über die serielle Schnittstelle auf leichte Art und Weise ermöglicht. Hierzu muss in der `setup`-Funktion zuerst einmal die serielle Schnittstelle eingerichtet werden. Zur Initialisierung muss man dazu lediglich den folgenden Befehl aufrufen:

```
Serial.begin(9600);
```

Er bewirkt zum einen, dass die serielle Schnittstelle initialisiert wird, und zum anderen, dass die Übertragungsrate zwischen Computer und Arduino auf 9.600 Bit/s festgelegt wird. Die Schreibweise des Befehls ist im Vergleich zu den bisherigen unterschiedlich, weil es sich hierbei das erste Mal um einen C++-Befehl handelt – doch es genügt im Moment, wenn Sie einfach diesen Funktionsaufruf als gegeben hinnehmen.

> **Objektorientiertes Programmieren, C und C++**
> Die Programmiersprache C wurde bereits in den frühen 1970er-Jahren entwickelt und ist damit für eine Programmiersprache schon sehr alt. Natürlich haben sich in der Zwischenzeit die Computer und auch die Informatik weiterentwickelt, sodass es nötig wurde, die Programmiersprache immer wieder anzupassen. Ab 1979 wurde die Programmiersprache C – unter Beibehaltung sämtlicher bisheriger Befehle – erweitert, unter anderem um das sogenannte objektorientierte Programmieren.
> Dieses bietet unter anderem sogenannte Klassen an, die als eine Mischung aus Variablen und Funktion betrachtet werden können. Eine Klasse kann zum einen Daten wie eine oder mehrere Variable abspeichern, gleichzeitig bietet sie aber auch Funktionen an, die diese Daten weiterverarbeiten.
> Ein gutes Beispiel ist die Klasse `Serial`, die im Datenteil sämtliche Informationen und Konfigurationsmöglichkeiten der seriellen Schnittstelle speichert, wie zum Beispiel die Sende- und Empfangsgeschwindigkeit. Im Funktionsbereich gibt es sogenannte Methoden, über die die serielle Schnittstelle initialisiert (`begin`) sowie Zeichen gesendet (`print`) und empfangen (`read`) werden können. Die Schreibweise ist für Variablen und Funktionen immer gleich: Zuerst wird das Objekt benannt, dann folgt ein Punkt und anschließend der Variablenname oder der Name der Funktion.

Wenn Sie nun einen Text von Ihrem Arduino an den seriellen Monitor des PCs senden möchten, müssen Sie nichts weiter tun, als die Funktion `Serial.print()` aufzurufen, die einen beliebigen String über die serielle Schnittstelle absendet. Unser vielfach erwähntes »Hello World!«-Programm sieht auf dem Arduino so aus:

```
001  void setup() {
002    Serial.begin(9600);
003    Serial.print("Hello World!");
004  }
005
006  void loop() {}
```

Listing 3.15: Das »Hello World!«-Programm auf dem Arduino.

Um es in voller Aktion sehen zu können, kompilieren und laden Sie es zuerst auf den Arduino hoch. Anschließend starten Sie den seriellen Monitor über die Tastenkombination [Strg]+[Umschalt]+[M] oder das Menü *Tools/Serial Monitor*.

Bild 3.22: Unser Arduino meldet sich zu Wort.

Wenn Sie aber mehrere Texte auf dem seriellen Monitor ausgeben möchten, werden Sie schnell an ein kleines Problem stoßen: Jeder Text wird unmittelbar hinter den nächsten gesetzt. Wenn Sie beispielsweise die beiden Befehle

```
001  Serial.print("Zeile 1");
002  Serial.print("Zeile 2");
```

aufrufen, erhalten Sie als Ergebnis

```
Zeile 1Zeile 2
```

Möchten Sie nun die beiden Texte in unterschiedlichen Zeilen ausgeben, müssen Sie dafür sorgen, dass der Arduino das sogenannte »New Line«-Zeichen sendet, das die aktuelle Zeile beendet und den Textfluss in der nächsten fortsetzt.

Dafür gibt es zwei Methoden: Zum einen können Sie dieses Zeichen direkt in Ihren String einbinden. Da Sie es jedoch nicht auf der Tastatur finden, wird eine spezielle Zeichenfolge verwendet, die der Compiler dann in dieses Zeichen umsetzt. Die Zeichenfolge für New Line lautet \n und kann so in den Text eingebunden werden:

```
001  Serial.print("Zeile 1\n");
002  Serial.print("Zeile 2\n");
```

Alternativ kann man aber auch den Befehl Serial.println() verwenden, der automatisch am Ende des Strings das New Line-Zeichen anhängt, sodass mit diesem Befehl immer nur eine ganze Zeile ausgegeben werden kann:

```
001  Serial.println("Zeile 1");
002  Serial.println("Zeile 2");
```

In beiden Fällen ist das Ergebnis dann:

```
Zeile 1
Zeile 2
```

Lassen Sie uns noch ein wenig mit Strings und der seriellen Ausgabe üben:

3.3 Erste Schritte in der C-Programmierung

```
001  void setup() {
002    Serial.begin(9600);
003
004    Serial.print("test 1\n");
005
006    char test2[7] = {'t', 'e', 's', 't', ' ', '2',0};
007    Serial.println(test2);
008
009    char test3[] = "test 3";
010    Serial.println(test3);
011
012    char test4[] = "test ";
013    Serial.print(test4);
014    Serial.println(4);
015
016    int zahl5 = 5;
017    Serial.print(test4);
018    Serial.println(zahl5);
019  }
020
021  void loop() {}
```

Listing 3.16: Strings werden über die serielle Schnittstelle ausgegeben.

In der ersten Zeile des setup-Bereichs wird die serielle Schnittstelle initialisiert. Im zweiten Block wird der Text test 1 über die serielle Schnittstelle ausgegeben, wobei das New Line-Zeichen direkt im String angegeben ist.

Im zweiten Block wird ein char-Feld mit sieben Einträgen angelegt, das jeden Buchstaben des Texts test 2 beinhaltet sowie das abschließende 0-Zeichen des Strings. Ausgegeben wird dieser Text dann über den Serial.println()-Befehl, der automatisch an das Ende des Strings noch das New Line-Zeichen setzt.

Der dritte Block definiert den String über die einfachere Schreibweise mit den doppelten Anführungszeichen und gibt ihn wieder über Serial.println() aus.

Im vierten Block wird zuerst eine Variable test4 definiert und mit dem Inhalt test sowie einem Leerzeichen gefüllt. Dieser Text wird ausgegeben über Serial.print(), also ohne New Line-Zeichen. Die nächste Zeile enthält etwas Neues, obwohl es auf den ersten Blick vielleicht gar nicht so aussieht. Dem Serial.println()-Befehl wird nämlich bei genauerer Betrachtung kein Text übergeben – sonst hätte man Serial.println("4") schreiben müssen –, sondern die Zahl 4. Man kann also über die serielle Schnittstelle auch Zahlen ausgeben lassen.

Dass das Ganze auch mit Variablen funktioniert, kann man im letzten Block sehen, in dem zuerst eine Variable zahl5 definiert wird, der die 5 zugewiesen wird. Danach wird dann der Text test über die im vorherigen Block festgelegte Variable test4 zusammen mit der Variable zahl5 ausgegeben.

Mit diesem Rüstzeug haben Sie jetzt also die Möglichkeit, in Ihrem Programm Zwischenwerte auszugeben, um herauszufinden, warum Ihr Programm nicht so arbeitet, wie Sie sich das eigentlich gedacht haben. Einen Fehler im Programmcode nennt man übrigens einen »Bug«, was im Englischen eigentlich für Käfer steht. Das Finden und Entfernen von Fehlern nennt man folgerichtig »Debugging«, frei übersetzt »Entkäfern«. Als Programmierer sind Sie also auch immer ein gutes Stück weit Kammerjäger, der digitale Insekten jagt, die mindestens genauso hartnäckig und schwer zu finden sind wie ihre realen Verwandten.

3.3.11 Präprozessoreinsatz vor dem Kompilieren

Manchmal kommt es vor, dass man einen Wert hat, den man gelegentlich anpassen möchte, der aber beim fertig kompilierten Programm unverändert bleibt. Wenn man beispielsweise im Programm an mehreren Stellen mit dem `delay`-Befehl eine gewisse Zeit warten möchte, kann man eine Variable definieren, die die Wartezeit in Millisekunden beinhaltet. Variablen verbrauchen aber wertvollen Speicherplatz im Prozessor und werden in diesem Fall im Programm ja gar nicht als Variable genutzt, sondern nur als Konstante.

Define

Um das zu vermeiden, kann man die `#define`-Konstruktion verwenden. Wenn Sie eine Wartezeit von 100 ms definieren möchten, verwenden Sie den Befehl:

```
#define Wartezeit 100
```

Vielleicht merken Sie schon, dass der Befehl `#define` etwas aus dem Rahmen der üblichen Befehle fällt. Das liegt daran, dass er nicht vom Compiler verarbeitet wird, sondern vom sogenannten Präprozessor. Dieses Programm wird vor dem eigentlichen Kompilieren gestartet und verändert den Source Code auf Textebene.

Findet der Präprozessor unseren `#define`-Befehl, ersetzt er im darauffolgenden Source Code alle Vorkommen des Texts `Wartezeit` durch die Zahl `100`. Aus `delay(Wartezeit)` macht der Präprozessor also `delay(100)` und reicht dann den veränderten Text an den Compiler weiter. Für den Compiler ist es also so, als gäbe es überhaupt keine Variable oder Konstante, er sieht immer nur den konkreten Zahlenwert, der angegeben ist.

Bibliotheken in Arduino einbinden

Nun ist das Schreiben von Programmquelltexten eine langwierige Angelegenheit, sodass man immer sehr darauf bedacht ist, möglichst viel bereits geschriebenen Source Code wiederzuverwenden. In ganz besonderem Umfang geschieht das, wenn Sie Arduino-Befehle verwenden – denn auch hinter diesen stehen oft viele tausend Zeilen Source Code.

Wenn Sie beispielsweise den Befehl `Serial.println()` verwenden, muss dazu ein vorher geschriebenes Programm eine serielle Verbindung aufbauen, die Zeichen in

Zahlenfolgen umwandeln, diese dann über die serielle Schnittstelle unter Einhaltung des Protokolls senden etc. – eine ganze Menge Arbeit, die vor Ihnen dankenswerterweise ein Programmierer geleistet hat, auf dessen Arbeit Sie nun mit einem einfachen Befehl zurückgreifen können.

Damit möglichst viel Source Code wiederverwendet werden kann, wird er thematisch sortiert in sogenannten Bibliotheken hinterlegt. Eine solche Bibliothek umfasst dann beispielsweise Befehle, die die serielle Kommunikation betreffen.

Technisch gesehen besteht eine Bibliothek aus einer oder mehreren Source-Code-Dateien, die der Präprozessor einfach in Ihren Source Code einfügt. So kann es durchaus vorkommen, dass Ihr Programm, das eigentlich aus nur drei Zeilen besteht, durch den Präprozessor und das Einbinden einiger Bibliotheken auf viele Tausend Zeilen anschwillt. Das erklärt auch die lange Kompilierungszeit und die hektische Aktivität, in die die Festplatte beim Kompilieren fällt.

Eigentlich müsste man bei jedem Programm angeben, welche Bibliotheken man darin verwendet. Bei den grundlegenden Bibliotheken, die häufig bei Arduino-Programmen verwendet werden, erkennt der Präprozessor aber selbst, ob diese eingebunden werden müssen oder nicht. Findet der Präprozessor einen Befehl für die serielle Kommunikation, bindet er die entsprechende Bibliothek ein, findet er keinen, wird sie nicht eingebunden.

Das funktioniert aber leider nicht für alle Bibliotheken, denn es gibt einfach zu viele davon. Daher müssen seltener verwendete Bibliotheken explizit angegeben werden, was mit dem Befehl `#include` geschieht. Will man beispielsweise die für das Wi-Fi-Shield benötigte Wi-Fi-Bibliothek in seinem Programm verwenden, sollte in den ersten Zeilen des Programms der Befehl `#include <WiFi.h>;` stehen.

Jetzt kann es natürlich auch vorkommen, dass Sie mit Ihrem Arduino-Projekt eine Bibliothek benötigen, die noch nicht mit der Arduino-Entwicklungsumgebung ausgeliefert wird. In so einem Fall müssten Sie die entsprechende Bibliothek erst einmal in Ihre Arduino-Entwicklungsumgebung einbinden. Das geht dankenswerterweise relativ einfach, denn in die Entwicklungsumgebung ist eine spezielle Funktion eingebaut.

Der erste Schritt besteht darin, dass Sie eine Bibliothek aus dem Internet herunterladen. Als Beispiel nehmen wir einmal die Bibliothek *github.com/adafruit/Adafruit-BMP085-Library*, die wir in einem späteren Kapitel noch benötigen werden. Sie ist auf *github.com* gespeichert, wie viele andere Bibliotheken auch, und kann auf der angegebenen Seite über den Schalter *Download ZIP* heruntergeladen werden.

Ist das geschehen, sollten Sie die ZIP-Datei öffnen und den darin enthaltenen Ordner an eine geeignete Stelle auf Ihre Festplatte kopieren. Benennen Sie dann diesen Ordner so um, dass er keine Sonderzeichen enthält, beispielsweise in *AdafruitBMP085*. Dieser Schritt ist leider oft notwendig, denn die Arduino-Entwicklungsumgebung ist in Bezug auf Bibliotheksdateinamen sehr wählerisch.

Rufen Sie dann in Ihrer Entwicklungsumgebung den Menüpunkt *Sketch/Library importieren/Library hinzufügen* auf, wählen Sie im folgenden Fenster den soeben unbenannten Ordner aus und klicken Sie auf *Öffnen*. Nun wird die Bibliothek in der Entwicklungsumgebung eingebunden, und Sie können sie in Zukunft in all Ihren Programmen verwenden.

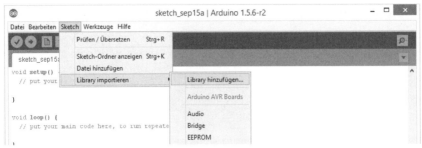

Bild 3.23: Das Einbinden von Bibliotheken wird von der Benutzeroberfläche unterstützt.

3.3.12 Weiterführende Hilfen für Entwickler

Damit kommen wir zum Ende unserer kurzen Einführung in die Programmierung des Arduino. Natürlich kann dieses Kapitel nur einen kleinen Einblick gewähren – ausführliche Handbücher zum vollständigen Erlernen der Programmiersprachen C und C++ haben normalerweise 1.000 und mehr Seiten. Glücklicherweise ist der Sprachschatz von Arduino etwas eingeschränkt, da auf den kleinen Maschinen längst nicht so viele Funktionen abgespeichert werden können, wie sie auf großen Computern zur Verfügung stehen, Sie müssen also nicht ganz so viel erlernen und kommen vielleicht in der ersten Zeit tatsächlich auch mit den hier vorgestellten Befehlen aus.

> **Übersicht der wichtigsten Arduino-Befehle**
> Eine Übersicht der wichtigsten Arduino-Befehle finden Sie übrigens unter der Internetadresse *arduino.cc/de/Reference*. Leider ist die deutsche Übersetzung nicht ganz konsistent, gelegentlich finden sich noch englischsprachige Wörter und Sätze zwischen den deutschen – abgesehen davon kann man diese Referenz aber durchaus verwenden.

> **Zusammenfassung deutscher Arduino-Websites**
> Eine Zusammenfassung deutscher Seiten, die sich mit Arduino beschäftigen, finden Sie unter der Internetadresse *playground.arduino.cc/Deutsch/HomePage*. Auch die Webseiten *mikrocontroller.net* und *rn-wissen.de* können wärmstens weiterempfohlen werden, da sich hier etliche Arduino-Interessierte tummeln.

Teil III
Elektronik

Teil III Elektronik

4	Volt, Watt, Ampere und Ohm	101
4.1	Elektrischer Strom und Spannung	101
4.2	Widerstand im Stromkreis	105
4.3	Dioden geben die Richtung an	110
4.4	Kondensatoren speichern Energie	111
4.5	Transistoren verstärken und schalten	114
4.6	Integrierte Schaltkreise ändern alles	116
4.7	Revolution im Kleinen	118
4.8	Reihen- und Parallelschaltungen	120
4.9	Spannung gezielt reduzieren	122
4.10	Breadboard-Schaltungen ohne Lötarbeit	124
4.11	Löten wie die Profis	125
4.12	3-D-Drucker	146
4.13	Gebrauch eines Multimeters	148
4.14	FabLabs und Hackerspaces	154
4.15	Schaltpläne lesen und begreifen	156
4.16	Datenblätter richtig lesen	157

Volt, Watt, Ampere und Ohm

Vermutlich werden Sie sich jetzt denken: Ach nein, nicht schon wieder ein Theoriekapitel. Ja, Theorie ist öde und langweilig, aber sie hilft ungemein, die Projekte, die wir im weiteren Verlauf dieses Buchs durchgehen werden, auch zu verstehen – was sicherlich besser ist, als sie nur nachzubasteln und sie dann nicht erweitern zu können. Wir bitten Sie also um etwas Geduld und versuchen im Austausch dazu, das Kapitel so interessant und einfach zu schreiben, wie es uns möglich ist.

Noch ein kurzes Wort zu all den Elektroingenieuren, Physikern und anderen Leuten, die sich mit dieser Thematik bereits auskennen: Lesen Sie dieses Kapitel nicht! Es wird Ihr Herz belasten, es kann Kopfschmerzen, Schweißausbrüche und Übelkeit verursachen, denn es ist ungenau bis lückenhaft. Elektrisch ungebildete Personen wie wir sollten hingegen kaum Nebenwirkungen verspüren, wir haben gesunde Abwehrkräfte gegenüber Paradoxien.

4.1 Elektrischer Strom und Spannung

Elektrischen Strom kann man leider weder sehen noch anfassen, daran wird auch dieses Buch nichts ändern können. Um also elektrischen Strom und Spannung anschaulich erklären zu können, müssen wir auf etwas zurückgreifen, das man aus dem Alltag kennt. Wir haben uns für den Luftdruck entschieden, da er sehr viele Eigenschaften hat, die dem elektrischen Strom gleichen, aber anschaulich genug ist, um verstanden zu werden. Allerdings kann man ihn ebenfalls nicht sehen oder anfassen.

Vielleicht waren auch Sie in Ihrer Jugend einmal stolzer Besitzer eines Luftballonautos. Dieses nette Spielzeug besteht aus einem großen Luftballon, der an einem Modellauto angebracht ist, das statt eines Motors eine Düse hat, durch die die Luft des Ballons austreten kann.

Bild 4.1: Das Luftballonauto wird durch Luftdruck betrieben.

Wird nun der Luftballon aufgeblasen und am Auto angebracht, strömt die Luft aus dem Ballon in die Düse des Autos und beschleunigt dieses aufgrund des Rückstoßes, den die Luft beim Austreten verursacht.

Wenn wir uns dieses nette Spielzeug nun einmal genauer unter dem Aspekt des Luftdrucks betrachten, haben wir als wichtigstes Element zunächst einmal den Luftballon. Er wird aufgeblasen und hat so in seinem Inneren einen höheren Luftdruck als außerhalb, denn die Kraft, mit der die flexible Haut des Ballons gedehnt wird, muss durch den Luftdruck ausgeglichen werden.

Im Normalfall kann ein Luftballon 1,2 bar Druckluft halten, aber zum leichteren Verständnis und zur vereinfachten Rechnung tun wir mal so, als ob Ihre Lunge und der Luftballon 2 bar aushalten würden. Auf Meereshöhe beträgt der allgemeine Luftdruck ziemlich genau 1 bar, unser Luftballon wurde auf 2 bar aufgeblasen, der Unterschied beträgt also logischerweise 1 bar. Man nennt die beiden unterschiedlichen Luftdrücke übrigens auch Potenziale.

In der Elektronik entspricht der Luftballon einer Batterie. Sie hat einen Pluspol und einen Minuspol, wobei in unserem Beispiel der Pluspol dem Innenraum des Luftballons entspricht und der Minuspol dem allgemeinen Luftdruck außerhalb des Ballons.

Wenn man den Luftballon öffnet, strömt die Luft aus dem Innenraum des Luftballons nach außen, denn in der Physik ist es immer so, dass ein System immer den niedrigsten Energiezustand einnehmen möchte. Die gedehnte, flexible Gummihaut des Ballons möchte sich wieder zusammenziehen und kann das auch tun, wenn die Luft im Inneren des Ballons nicht mehr gehalten wird, sondern nach außen fließen kann. Man spricht in so einem Fall von einem Potenzialausgleich, denn das Potenzial des Innendrucks des Luftballons und das Potenzial des allgemeinen Luftdrucks sind unterschiedlich und gleichen sich nach und nach einander an.

Bild 4.2: Zwei Potenziale: Der Luftdruck außen und der Druck im Inneren des Ballons gleichen sich über die Düse des Fahrzeugs aus – und treiben es an.

4.1.1 Gefährliche Potenzialunterschiede

Auch bei einer Batterie gibt es zwei Potenziale, den Plus- und der Minuspol. Auch hier will der Strom vom einen zum anderen Pol, denn was beim Luftballon der Luftdruck ist, ist bei der Batterie die sogenannte elektrische Spannung. Sie wird in der Einheit Volt (V) angegeben, nach Alessandro Volta, einem italienischen Elektrotechniker des 18. Jahrhunderts. Nehmen wir an, wir hätten eine 5-V-Batterie, dann hätte der Minuspol der Batterie das Potenzial 0 V und der Pluspol +5 V. Es könnte aber genauso gut sein, dass der Minuspol das Potenzial –2,5 V und der Pluspol +2,5 V hat. Für die Elektrotechnik ist das egal, denn es zählt lediglich der Potenzialunterschied, und der ist in beiden Fällen 5 V.

Diesen Punkt zu verstehen, ist ganz wichtig! Auch wenn die Spannung des Pluspols unglaubliche 1.000.000 V hat – wenn der Minuspol 999.995 V hat, beträgt der Potenzialunterschied immer noch nur 5 V und ist damit grundsätzlich ungefährlich. Gefährlich wird es erst, wenn ein drittes Potenzial auftaucht, das beispielsweise 0 V aufweist. Dann beträgt der Potenzialunterschied zwischen diesem und dem Pluspol 1.000.000 V und beim Minuspol 999.995 V – das genügt locker für einige spitzige Blitze, egal welchen Pol man verwendet.

Auch beim Luftdruck kann man einen gefährlichen Potenzialunterschied beobachten: Nehmen wir an, wir würden unseren Ballon mit 2 bar im Inneren von Meereshöhe auf einen hohen Berg transportieren. Nehmen wir weiterhin an, dass dort – unrealistische – 0,5 bar Luftdruck herrschen. Dann ist der Luftdruck im Inneren des Ballons viermal höher als der allgemeine Luftdruck – und der Ballon würde unweigerlich platzen.

Wenn wir wieder zu unserem Luftballonauto zurückkehren, interessierte uns als Kind sicherlich vor allem, wie schnell wir das Auto fahren lassen konnten. Da war dann vor allem die Düse des Fahrzeugs von Interesse, durch die die Luft des Ballons entweichen konnte. War sie groß, schoss viel Luft durch sie hindurch, und das Auto gewann schnell an Fahrt. War sie hingegen klein, beschleunigte das Auto deutlich langsamer.

Betrachtet man das Phänomen aus physikalischer Sicht, ist einleuchtend, dass durch die dünne Düse weniger Luft strömen kann als durch die dicke. Sie setzt der Luft einen größeren Widerstand entgegen als die dicke Düse, die Luft entweicht nur zögerlich, weil sie erst den Widerstand überwinden muss.

4.1.2 Stromstärke elektrischer Leiter

Ähnliches gibt es bei der Batterie. Will man, dass Strom zwischen den beiden Polen fließt, muss man sie mit einem elektrischen Leiter miteinander verbinden. Hat dieser Leiter einen hohen Widerstand, fließt wenig Strom, hat er einen niedrigen, fließt mehr Strom. Gemessen wird die Stärke des Stroms, der zwischen den beiden Polen der Batterie fließt, in der Einheit Ampere (abgekürzt »A«) – benannt nach dem französischen Physiker André-Marie Ampère, der wie Volta im 18. Jahrhundert lebte. Die Einheit ist recht groß dimensioniert, daher wird in der Elektronik häufiger in tausendstel Einheiten gemessen, also in Milliampere (abgekürzt »mA«).

Beim Auto mit großer Düse ist der Luftvorrat schnell erschöpft, ist die Düse hingegen klein, hält er deutlich länger an. In beiden Fällen fährt das Auto stets ungefähr gleich weit. Sehen wir uns das aus dem Aspekt der Luft an, ist auch schnell klar, warum: Es gibt im Ballon nur eine bestimmte Menge an Luft, die ausströmen und das Auto bewegen kann – ist sie verbraucht, ist Schluss, egal ob man kurz schnell beschleunigt oder länger langsam.

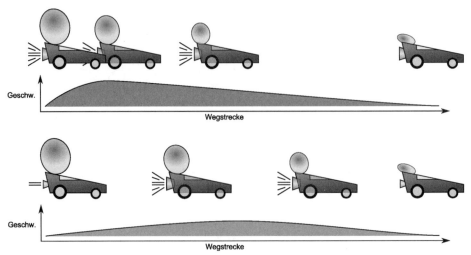

Bild 4.3: Eine große Düse bedeutet hohe Geschwindigkeit und schnellen Verbrauch, eine kleine bedeutet niedrigere Geschwindigkeit und langsameren Verbrauch.

Wenn wir die Parallele bei der Batterie suchen, wissen wir aus dem Alltag, dass auch das Leben einer Batterie endlich ist. Sie kann eine Taschenlampe länger mit einer kleinen Glühbirne (hoher Widerstand) zum schwachen Leuchten bringen oder kürzer mit einer großen Glühbirne (niedriger Widerstand) und hoher Strahlung – in beiden Fällen wird eine ähnliche Lichtmenge produziert.

Die Menge des Stroms, die in einer Batterie vorhanden ist, wird in Ampere-Stunden (abgekürzt Ah) gemessen, also Stärke des Stroms mal Zeit. Man kennt diese Einheit auch von Autobatterien: Wenn eine 64-Ah-Batterie mit 12 V verkauft wird, ist sie also (zumindest rechnerisch) in der Lage, einen Strom zu liefern, der zwischen den beiden Polen einen Potenzialunterschied von 12 V hat und eine Stunde lang in der Lage ist, eine Stromstärke von 64 A zu liefern.

4.2 Widerstand im Stromkreis

Kommen wir noch einmal zurück zum Widerstand. Beim Luftballonauto trat dieser in der Düse auf – war sie klein, hatte man einen hohen Widerstand, war sie groß, hatte man einen kleinen. Auch beim Stromkreis gibt es Widerstände. Sie hängen zwischen den Polen der Batterie und verringern die Spannung, sodass vor einem Widerstand eine höhere Spannung als nach einem Widerstand herrscht. Ist der Widerstand hoch, kann nur wenig Strom durch den Draht fließen, ist er klein, kann mehr Strom passieren.

Als Parallele in unserem Druckluftmodell kann man sich den Widerstand als Verengung des Rohrs vorstellen, das die Druckluft transportiert. Vor der Engstelle strömt die Luft ganz normal, aber innerhalb muss sie schneller strömen. Der Luftdruck sinkt und auch die Menge an Luft, die durch das Rohr transportiert wird.

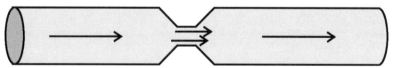

Bild 4.4: Im Druckluftmodell hemmt eine Engstelle den Luftstrom.

Bei einem elektrischen Widerstand ist das ganz ähnlich: Der Strom, der durch einen Draht fließen möchte, wird durch den Widerstand behindert. Die Spannung nimmt ab und auch die maximale Stromstärke, die entnommen werden kann.

Doch sehen wir uns die Situation doch einmal aus der Sicht des Widerstands an: Wenn in unserem Druckluftmodell viel Luft durch die Engstelle gedrückt wird, ist innerhalb dieser Engstelle der Luftstrom schneller als außerhalb, und die Luftteilchen reiben sich mehr an der Wand der Engstelle als außerhalb. In der Folge erwärmt sich die Engstelle – wenn auch nur ganz leicht.

Bei einem elektrischen Widerstand passiert genau das Gleiche: Je mehr Strom durch die Leitung mit dem Widerstand fließt, desto mehr heizt sich auch der Widerstand auf. Wird ihm dabei zu viel zugemutet, beginnt er zu glühen oder zu verbrennen und wird zerstört. Daher ist es ganz besonders wichtig, den Widerstand an die Stromstärke anzupassen, die durch ihn fließen soll.

Natürlich muss man auch in der Lage sein, Widerstände miteinander vergleichen zu können. Wie es bei der Druckluft Einengungen unterschiedlichen Durchmessers gibt, so gibt es auch beim elektrischen Widerstand Elemente mit unterschiedlicher Stärke. Die Einheit, mit der ein elektrischer Widerstand gemessen wird, ist Ohm, benannt nach dem deutschen Physiker Georg Simon Ohm, der sich im 19. Jahrhundert intensiv mit der Elektrizität befasste. Als Abkürzung für die Maßeinheit Ohm wird das griechische Omega (Ω) verwendet.

4.2.1 Farbcodes für Widerstände

In der Praxis werden Ihnen Widerstände in den meisten Fällen als kleine, tonnenförmige Gebilde begegnen, die an ihren beiden Enden je einen Draht haben und auf ihrem Korpus farbige Ringe aufweisen. Die farbigen Ringe zeigen dabei an, wie viel Ohm der jeweilige Widerstand aufweist. Es wird ein international genormter Farbcode verwendet, der neben dem Ohm-Wert auch die maximale Abweichung (Toleranz) von ebendiesem Wert angibt, sowie eventuell einen Temperaturkoeffizienten, der das Verhalten des Widerstands bei erhöhter Temperatur beschreibt.

Bild 4.5: Ein Widerstand hat einen Farbcode, der seinen Wert angibt.

Genau genommen gibt es sogar zwei verschiedene Farbcodes für die Widerstände. Der erste beruht auf vier Ringen, wobei der vierte Ring stets einen größeren Abstand zu den anderen drei Ringen hat:

Farbe	Widerstandswert in Ω			Toleranz
	1. Ring Zehner-Einheit	2. Ring Einer-Einheit	3. Ring Multiplikator	4. Ring Toleranz
keine ×	–	–	–	±20 %
Silber	–	–	$10^{-2} = 0,01$	±10 %
Gold	–	–	$10^{-1} = 0,1$	±5 %
Schwarz	–	0	$10^{0} = 1$	

	1. Ring Zehner-Einheit	2. Ring Einer-Einheit	3. Ring Multiplikator	4. Ring Toleranz
Braun	1	1	$10^1 = 10$	±1 %
Rot	2	2	$10^2 = 100$	±2 %
Orange	3	3	$10^3 = 1.000$	
Gelb	4	4	$10^4 = 10.000$	
Grün	5	5	$10^5 = 100.000$	±0,5 %
Blau	6	6	$10^6 = 1.000.000$	±0,25 %
Violett	7	7	$10^7 = 10.000.000$	±0,1 %
Grau	8	8	$10^8 = 100.000.000$	±0,05 %
Weiß	9	9	$10^9 = 1.000.000.000$	

Wenn Sie also einen Widerstand mit der Farbkombination Gelb – Violett – Rot – Braun in den Händen halten, hat dieser 4.700 Ω mit einer Toleranz von 1 % – der tatsächliche Wert liegt irgendwo zwischen 4.653 Ω und 4.747 Ω.

Der zweite Farbcode für Widerstände hat fünf oder sechs Ringe und folgt diesem Schema (das aber dem ersten in weiten Teilen ähnelt):

Farbe	1. Ring (Hunderter)	2. Ring (Zehner)	3. Ring (Einer)	4. Ring (Multiplikator)	5. Ring (Toleranz)	6. Ring (Temperaturkoeffizient)
Silber				$10^{-2} = 0,01$		
Gold				$10^{-1} = 0,1$		
Schwarz		0	0	$10^0 = 1$		200 10^{-6} K^{-1}
Braun	1	1	1	$10^1 = 10$	±1 %	100 10^{-6} K^{-1}
Rot	2	2	2	$10^2 = 100$	±2 %	50 10^{-6} K^{-1}
Orange	3	3	3	$10^3 = 1000$		15 10^{-6} K^{-1}
Gelb	4	4	4	$10^4 = 10.000$		25 10^{-6} K^{-1}
Grün	5	5	5	$10^5 = 100.000$	±0,5 %	

Farbe	1. Ring (Hunderter)	2. Ring (Zehner)	3. Ring (Einer)	4. Ring (Multiplikator)	5. Ring (Toleranz)	6. Ring (Temperaturkoeffizient)
Blau	6	6	6	10^6 = 1.000.000	±0,25 %	10 10^{-6} K^{-1}
Violett	7	7	7	10^7 = 10.000.000	±0,1 %	5 10^{-6} K^{-1}
Grau	8	8	8	10^8 = 100.000.000	±0,05 %	
Weiß	9	9	9	10^9 = 1.000.000.000		

Dieser Code zeichnet sich durch die Möglichkeiten aus, den Widerstandswert genauer anzugeben sowie den Temperaturkoeffizienten anzugeben. Er wird daher vornehmlich für Widerstände verwendet, die in Messgeräten und ähnlichen genauen Apparaten verwendet werden.

> **Überall formiert sich »Widerstand«**
> Jetzt wissen Sie also, dass es in elektrischen Schaltungen kleine Bauteile gibt, die dem elektrischen Strom einen genau definierten Widerstand entgegensetzen können. Nun ist es aber auch so, dass jeder Verbraucher von elektrischem Strom auch als Widerstand gesehen werden kann. Egal ob Sie eine Glühbirne, eine Heizung oder einen Motor betreiben, alle diese Elemente werden von Strom durchflossen und setzen ihm einen Widerstand entgegen. Es ist dabei auch unerheblich, ob Sie ein ganz einfaches Bauteil (Glühbirne) oder ein hochgradig komplexes (Fernsehapparat, Computer) in den Stromkreis einbauen – für die Spannungsquelle sind das alles nur Widerstände.

4.2.2 Rechnen mit Volt, Watt, Ampere, Ohm

Bislang fehlt uns aber noch der genaue Zusammenhang, in dem Stromstärke, Spannung und Widerstand zueinander stehen. Um den zu begreifen, müssen wir uns nun leider von den anschaulichen Beispielen verabschieden und zu einigen knallharten Rechenformeln übergehen – aber keine Sorge, wie überfordern Sie nicht.

Sprechen wir erst einmal davon, was Leistung ist. Laut Physikbuch ist die Leistung definiert als P = U x I, wobei P für die Leistung steht, die in der Einheit Elektrischer Strom angegeben wird, U für die Spannung und I für die Stromstärke. Wenn wir beispielsweise ein Gerät haben, das an den normalen Stromanschluss mit 220 V angeschlossen ist, und dabei ein Strom von 3,5 Ampere fließt, dann kommen wir auf P = 220 V x 3,5 A = 770 W.

Natürlich kann man auch in der Gegenrichtung rechnen. Wenn wir von einem Gerät die Leistung kennen, können wir schnell auf den Strom schließen, indem wir die Formel umstellen:

$P = U \times I \rightarrow I = \dfrac{P}{U}$

Wenn wir also wissen möchten, wie viel Strom durch unseren 1000 W-Staubsauger fließt, der ans normale Stromnetz mit 220 V angeschlossen ist, dann ergibt sich

$I = \dfrac{1000 \text{ W}}{220 \text{ V}} = 4{,}54 \text{ A}$

Kommen wir jetzt zum Ohm'schen Gesetz. Es lautet

$R = U / I$

und lässt sich besonders leicht durch die Eselsbrücke RUDI (R gleich U Durch I) merken. R steht hier für den Ohm'schen Widerstand, U für die Spannung und I für die Stromstärke.

Wenn wir jetzt beispielsweise herausfinden möchten, welchen Widerstand unser Staubsauger aus dem vorherigen Beispiel hat, müssen wir nur die passenden Werte in die Formel einsetzen:

$R = \dfrac{220 \text{ V}}{4{,}54 \text{ A}} = 48{,}4 \, \Omega$

Aber das Ohm'sche Gesetz kann auch noch an anderen Stellen gewinnbringend eingesetzt werden. Nehmen wir einmal an, Sie möchten wissen, wie viel Strom Ihr Toaster verbraucht. Dann könnten Sie Ihr Multimeter-Messgerät auspacken, auf Widerstandsmessung schalten und beim vom Stromnetz getrennten Stromkabel zwischen den beiden Polen den Widerstand messen. Nehmen wir an, Sie bekommen 40 Ω als Resultat dieser Messung heraus. Wir wissen, dass die Spannung 220 V beträgt, und können jetzt diese Angaben in das Ohm'sche Gesetz einsetzen. Dazu muss allerdings zuvor noch etwas umgestellt werden:

$R = \dfrac{U}{I} \rightarrow I = \dfrac{U}{R}$

Nach dem Einsetzen der Werte erhalten wir

$I = \dfrac{220 \text{ V}}{40 \, \Omega} = 5{,}5 \text{ A}$

Damit können wir dann auch gleich die Leistung des Toasters ausrechnen:

$P = 220 \text{ V} \times 5{,}5 \text{ A} = 1210 \text{ W}$

Sie sehen also, schon mit diesen beiden Formeln kommen Sie recht weit und können einige physikalische Größen aus dem Alltag bereits selbst bestimmen.

4.3 Dioden geben die Richtung an

Natürlich gibt es noch andere elektrisch wirksame Bauelemente, die wir an dieser Stelle besprechen sollten. Ein verhältnismäßig einfaches Bauteil ist die Diode. Sie hat die Eigenschaft, Strom nur in eine Richtung fließen zu lassen. Im Druckluftmodell entspricht das einem Rückschlagventil, das die Luft nur in eine Richtung durchlässt.

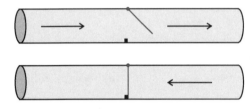

Bild 4.6: Eine Diode entspricht im Druckluftmodell einem Rückschlagventil.

Schließt man in der Elektronik einen kleinen Motor an eine Batterie an, beginnt er sich zu drehen. Baut man aber zwischen dem Motor und der Batterie eine Diode so ein, dass sie mit ihrer Markierung zum Pluspol der Batterie zeigt, lässt sie keinen Strom hindurch, der Motor arbeitet nicht. Man sagt dann, dass die Diode in Sperrrichtung geschaltet ist.

Bild 4.7: Eine Diode in Sperrrichtung lässt keinen Strom durch.

Dreht man hingegen die Diode um, sodass die Markierung zum Minuspol zeigt, lässt sie den Strom passieren, und der Motor dreht sich.

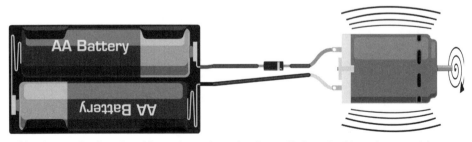

Bild 4.8: Eine Diode in Durchlassrichtung lässt den Strom fließen, der Motor bewegt sich.

Doch wofür benötigt man eigentlich Dioden? Wenn man alles ordentlich plant und aufbaut, fließt der Strom doch stets genau in die richtige Richtung, oder?

Leider ist das nicht immer der Fall, es kann Situationen geben, in denen Strom in der falschen Richtung unterwegs ist, und das kann empfindliche Bauteile schnell zerstören. Ein ganz besonders einfacher Fall ist der Faktor Mensch, der den Stromkreis schlicht und einfach verkehrt herum an die Batterie anschließt, ein anderer Fall könnte aber auch ein Elektromotor sein, der auch als Stromgenerator fungiert und so bei manueller Bewegung Strom in die falsche Richtung schicken kann. Mit einer Diode kann man solche Ströme geschickt umleiten und so die empfindlicheren Bauteile einer Schaltung schützen.

Dioden sind kleine, tonnenförmige Objekte, die auf einem Draht sitzen, sehen dadurch Widerständen sehr ähnlich und können auch leicht mit ihnen verwechselt werden. Sie haben allerdings keinen Farbcode auf der Oberfläche, sondern tragen meist nur einen einzelnen Ring, der die Position der sogenannten Kathode angibt, dem Teil der Diode, der zum Minuspol zeigen muss, soll sie in Durchlassrichtung geschaltet sein. Das andere Ende der Diode nennt man übrigens Anode, sie muss zum Pluspol der Batterie zeigen.

Bild 4.9: Die Markierung der Diode (rechts) zeigt in Durchlassrichtung zum Minuspol.

4.4 Kondensatoren speichern Energie

Kondensatoren sind Bauteile, die Strom speichern können. In dieser Eigenschaft ähneln sie einer Batterie, sie arbeiten aber nach einem ganz anderen Prinzip und können auch beileibe nicht so viel Strom speichern, wie das ein Akkumulator könnte. Im Gegensatz zu den Akkumulatoren sind sie aber um ein Vielfaches schneller und können so auch im Millisekundenbereich agieren.

In unserem Druckluftmodell kann man sich einen Kondensator als einen Raum vorstellen, der eine Membran hat. Wenn Druckluft in das Bauelement strömt, beult sich die Membran aus, denn der Überdruck schiebt die Membran nach außen. Es ist aber auch umgekehrt so, dass ein Unterdruck, der am anderen Ende des Kondensators anliegt, die Membran in dieselbe Richtung ziehen kann.

Es wirken hier also zwei Kräfte, zum einen der Überdruck, zum anderen der Unterdruck, die sich gegenseitig verstärken und die Membran dadurch insgesamt weiter ausdehnen können, als nur ein Druck der beiden es kann. Man beachte, dass niemals Luft durch einen solchen Kondensator direkt strömen kann, die Membran verhindert das immer.

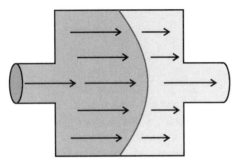

Bild 4.10: Überdruck dehnt eine Membran, ohne sie zu durchdringen. Unterdruck auf der anderen Seite zieht sie in dieselbe Richtung.

In der Elektronik passiert genau dasselbe: Auch hier ist es so, dass ein Kondensator in einem Spannungsgefälle von der einen Seite eine höhere Spannung hat als auf der anderen Seite und sich so in seinem Inneren die Wirkung des Kondensators erhöht – und auch durch ihn kann nicht direkt Strom fließen.

Ein besonders großer Kondensator mit hoher Kapazität sitzt in jedem Fotoblitzgerät. Er wird über mehrere Batterien innerhalb einiger Sekunden aufgeladen und ist dann in der Lage, seine gesamte Energie innerhalb eines Sekundenbruchteils in die Blitzröhre abzugeben.

Die meisten Kondensatoren aber werden für viel kleinere Aufgaben verwendet – sei es, um kurze Versorgungslücken innerhalb der elektronischen Schaltung zu überbrücken oder um häufig wechselnde Spannungen zu glätten, was sie dadurch erledigen, dass sie in Zeiten mit hoher Spannung Energie aufnehmen und diese in Zeiten geringer Spannung wieder abgeben.

4.4.1 Experiment mit Elektrolytkondensatoren

Bei den meisten Kondensatoren ist es egal, in welcher Stromrichtung sie angeschlossen werden, sie arbeiten in beide Richtungen gleich gut. Anders ist das jedoch bei den häufig anzutreffenden Elektrolytkondensatoren, die einerseits zwar in der Lage sind, besonders viel Strom zu speichern, bei denen man aber ganz genau aufpassen muss, dass man sie auch in der richtigen Richtung in den Stromkreis einsetzt. Tut man das nämlich nicht, neigen die Elektrolytkondensatoren zur Explosion – was wir selbstverständlich im Auftrag der Wissenschaft und für das hehre Ziel Ihrer Fortbildung ausprobieren mussten:

4.4 Kondensatoren speichern Energie

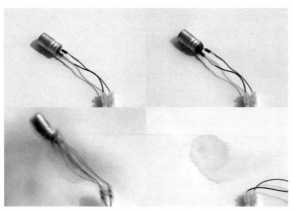

Bild 4.11: Einen Elektrolytkondensator sollte man besser nicht falsch anschließen.

4.4.2 Ausführungen und Bauformen

Kondensatoren gibt es in vielerlei Ausführungen und Bauformen, tonnenförmige am Draht, quaderförmige, aufrecht stehende zylindrische – der Vielfalt sind kaum Grenzen gesetzt. Elektrolytkondensatoren sind in den meisten Fällen zylindrisch aufrecht stehend und haben einen deutlich markierten Minuspol.

Die Kapazität des Kondensators wird in Farad (F) gemessen – eine Einheit, die recht groß gewählt ist, sodass bei elektronischen Schaltungen meistens Mikrofarad (1/1.000.000 Farad, µF) oder sogar Picofarad (1/1.000.000.000.000 Farad, pF) als Einheit verwendet wird.

1 F entspricht	1 Farad
1.000 mF	Millifarad
1.000.000 µF	Mikrofarad
1.000.000.000 nF	Nanofarad
1.000.000.000.000 pF	Picofarad

Gebräuchliche Einheiten bei Kondensatoren.

Wenn man jetzt aber auf den Kondensatoren nach einer einheitlichen Beschriftung oder einem Farbcode wie beim Widerstand sucht, wird man enttäuscht: Viele Hersteller folgen unterschiedlichen Kennzeichnungsarten. Hier ein paar Beispiele:

- Die einfache Zahl 473 steht für $47 * 10^3 = 47.000$ pF.
- Auf Keramikkondensatoren steht eine Zahl 47 z. B. direkt für 47 pF.
- 47n3 bedeutet 47 nF.

- .47 K 250: Die erste Zahl steht für die Angabe in Mikrofarrad, also 0,47 µF. K steht für die Kapazitätstoleranz von 10 % und 250 für die Spannung, für die der Kondensator ausgelegt ist (also 250 V).

Es lohnt sich also, beim Einkauf genau aufzupassen und die Bauteile gegebenenfalls selbst zu beschriften.

4.5 Transistoren verstärken und schalten

Kommen wir zu einem wesentlich komplexeren Bauteil, dem Transistor. Das Wunderbauteil, ohne das die technologische Entwicklung der letzten Jahrzehnte auf dem Gebiet der Elektronik und Informatik gar nicht hätte stattfinden können, wurde im Jahr 1934 vom deutschen Physiker Oskar Heil konstruiert. Es ersetzte die damals verwendeten Elektronenröhren, war wesentlich günstiger in der Herstellung, sparsamer im Verbrauch und auch deutlich schneller.

Doch was genau macht ein Transistor eigentlich? Das kann man wiederum in unserem Druckluftmodell darstellen, wenn auch jetzt die Modelle etwas komplizierter werden:

Wir haben zwei Rohre, von denen eins recht dünn ist und das andere deutlich dicker. Die Enden nennen wir einmal spontan Basis, Emitter und Kollektor. Eine Klappe verschließt die Basis und ist über ein Drehgelenk mit einem Ventil verbunden, das den Kollektor vom Emitter trennt.

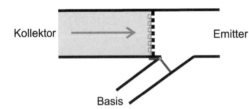

Bild 4.12: Ohne Druckluft aus der Basis kann auch keine Luft zwischen Kollektor und Emitter strömen.

Wird nun Druckluft in die Basis gedrückt, schwingt die Klappe auf und öffnet damit auch das Ventil zwischen Kollektor und Emitter. Nun kann die Luft aus dem Kollektor in den Emitter strömen.

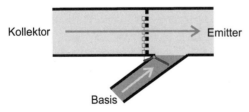

Bild 4.13: Liegt an der Basis Druckluft an, wird die Klappe geöffnet, und das Ventil zwischen Kollektor und Emitter lässt die Luft passieren.

Wie schon in den Skizzen angedeutet, ist der Rohrdurchmesser der Basis deutlich kleiner als der zwischen Kollektor und Emitter. Es wird also recht wenig Druckluft benötigt, um das Ventil zu öffnen, hingegen kann zwischen Kollektor und Emitter recht viel Luft strömen, wenn das Ventil erst einmal offen ist.

Etwas ganz Ähnliches passiert im Transistor: Auch er hat drei Anschlüsse, die sich – oh Wunder – Basis, Kollektor und Emitter nennen. Fließt zwischen Basis und Emitter kein Strom, kann auch zwischen Kollektor und Emitter kein Strom fließen. Wenn aber zwischen Basis und Emitter eine – recht geringe – Spannung anliegt, ist der Weg für den Strom zwischen Kollektor und Emitter frei, und ein wesentlich höherer Strom kann fließen.

Damit ist auch naheliegend, dass Transistoren als Verstärker verwendet werden können: Hat man recht wenig Strom zur Verfügung, leitet man diesen durch die Basis eines Transistors und kann dann zwischen Kollektor und Emitter einen wesentlich höheren fließen lassen – so funktionieren beispielsweise Stereoanlagenverstärker.

Man kann Transistoren aber auch als Schalter begreifen: Die dünnen und nicht sehr leistungsfähigen Ausgänge eines Mikrochips sind mit einem geeigneten Transistor in der Lage, die hohen Ströme beispielsweise einer Beleuchtung ein- oder auszuschalten.

Bild 4.14: Ein Transistor mit seinen drei Anschlüssen (v. l. n. r.): Kollektor, Basis und Emitter.

Transistoren erkennt man in den meisten Fällen daran, dass sie drei Anschlüsse besitzen. Die Gehäuse können unterschiedlich sein, meistens sind sie jedoch rund mit einer abgeflachten Seite. Es gibt sie in zwei verschiedenen Ausführungen: Einmal sind es die sogenannten NPN-Transistoren, bei denen eine positive Spannung an Basis und Kollektor anliegen muss, zum anderen die PNP-Transistoren, die eine negative Spannung an Basis und Kollektor benötigen.

4.6 Integrierte Schaltkreise ändern alles

Integrierte Schaltkreise sind heutzutage meist als Chips bekannt. Die deutsche Bezeichnung hat aber den Vorteil, dass sie beschreibt, was diese kleinen Siliziumplättchen eigentlich sind: hochkomplexe Schaltkreise, zusammengepresst auf den Bruchteil eines Quadratzentimeters.

Der Siegeszug des integrierten Schaltkreises (englisch Integrated Circuit, IC) begann in den 1960er-Jahren mit dem ersten kommerziell erhältlichen IC der Firma Fairchild Semiconductors, der aus vier Transistoren und fünf Widerständen bestand. Darüber kann man heute nur noch müde lächeln, auf modernen Mikroprozessoren tummeln sich mittlerweile über 5 Milliarden Transistoren, und zwischen diesen beiden Mikrochips liegen 50 Jahre, unzählige Telefone, Fernseher, Computer, Handys – und nebenbei noch das Internet.

Doch sind es nicht nur die Transistoren, die auf einem integrierten Schaltkreis anzutreffen sind. Mittlerweile hat man gelernt, Widerstände, Dioden, kleine Kondensatoren, Sensoren aller Art und andere Elemente auf Mikrochips unterzubringen. Damit ist es heutzutage möglich, alle relevanten Teile einer Schaltung auf einem IC unterzubringen und die Schaltung dadurch vehement zu vereinfachen. Während früher Dutzende von Widerständen, Transistoren, Kondensatoren und anderen Bauteilen auf einer großen Platine untergebracht werden mussten, besteht heute eine Schaltung oft nur aus einem Chip, einer Batterie und ein paar externen Elementen wie Schaltern oder Antennen.

Chips sind üblicherweise in einem Gehäuse untergebracht, das über eine gewisse Anzahl von Anschlusspins verfügt. Hier gibt es sehr viele verschiedene Arten von Gehäuseformen, weil mit der Komplexität der Chips auch die Anzahl der Pins gewachsen ist, die aus dem Gehäuse hinausführen müssen. Die meisten Chips werden heutzutage für das sogenannte SMD-Verfahren hergestellt, bei dem die ICs direkt auf die Platine gelegt und dort verlötet werden, ohne dass ein Loch in die Platine gebohrt werden muss.

Leider können wir damit recht wenig anfangen, da die Pins so eng beieinanderliegen, dass man sie kaum verlöten, geschweige denn in ein Breadboard stecken könnte. Glücklicherweise gibt es aber noch die sogenannten DIL-Fassungen, deren Beine sich in das bei Breadboards übliche 2,54-mm-Raster einfügen lassen, sodass wir auch in diesem Buch nicht auf integrierte Schaltkreise verzichten müssen.

Bild 4.15: Ein Chip im DIL-Gehäuse.

Diese Dual-In-Line-Gehäuse haben stets eine Markierung, die in der Draufsicht immer die linke Seite markiert. Von dort ausgehend, befindet sich der erste Pin immer links unten, während die anderen Pins von diesem ausgehend entgegen dem Uhrzeigersinn gezählt werden.

4.6 Integrierte Schaltkreise ändern alles

Bild 4.16: Die Beine des Chips sind entgegen dem Uhrzeigersinn durchnummeriert.

Obwohl die Chips in der Vergangenheit immer robuster geworden sind, vertragen sie doch nicht so hohe Temperaturen wie andere Bauteile. Wenn man also Chips auf einer Platine festlöten möchte, muss man hier besonders vorsichtig und schnell arbeiten, oder aber man verwendet eine Chipfassung, in die man einen solchen Chip einklemmen kann. Da die Chips häufig auch empfindlich auf fehlgeleitete Ströme reagieren und daher schnell kaputtgehen können, hat eine Fassung zudem den Vorteil, dass das Bauteil in einem solchen Fall schnell ausgetauscht werden kann.

Bild 4.17: Gegen den Hitzetod beim Löten hilft eine Chipfassung.

Was ein Chip genau tut und welches seiner Beinchen für welche Aufgabe zuständig ist, kann an dieser Stelle nicht erklärt werden, da jeder IC anders aufgebaut ist. Es gibt aber zu jedem integrierten Schaltkreis ein Datenblatt, das man im Internet normalerweise schnell findet und in dem die Funktionsweise ausführlich erklärt ist.

4.7 Revolution im Kleinen

Als in den 1970er-Jahren die integrierten Schaltkreise Einzug in die Elektroniklabors hielten, war das eine Revolution. Schlagartig änderten sich die Verfahren, mit denen man Schaltungen erstellte, die Elektroniken wurden einfacher, weniger fehleranfällig und gleichzeitig leistungsstärker. Wieso das so ist, wird schon an einem relativ einfachen Beispiel deutlich:

Die damals sehr modernen elektrisch betriebenen Garagentore wurden anfangs noch mit Elektroniken ausgestattet, die auf rein analoger Basis funktionierten. Drückte man auf einen Knopf, startete die Elektronik den Elektromotor, der das Tor nach oben fuhr. Sobald das Tor oben anlangte, berührte es einen Schalter, der die Elektronik dazu veranlasste, den Motor abzuschalten. Nun konnte man mit dem Auto herausfahren, und nach fünf Minuten wurde das Tor von der Elektronik wieder heruntergefahren, bis es seine Ausgangsstellung erreicht hatte. Als Sicherheitsmaßnahme hatte man zudem noch eine Lichtschranke verbaut, die den Motor sofort zum Anhalten brachte, sobald ein Objekt den Lichtstrahl passierte.

Schon dieses simple Verhalten erforderte eine Elektronik, die recht komplex war. Während das Anfahren und Anhalten eines Motors noch mit verhältnismäßig einfachen Mitteln realisiert werden konnte, benötigte man für die Wartezeit eine Schaltung, die nach Aktivierung fünf Minuten inaktiv blieb und erst dann das Signal an den Motor zum Schließen des Tors sendete.[1] Es waren also zusätzliche Bauteile notwendig, um eine logische Funktion zu realisieren. Je mehr Funktionen eine Schaltung besaß, desto mehr Bauteile besaß sie automatisch, und desto komplexer wurde sie. Mit steigender Anzahl von Bauteilen gab es aber auch immer mehr Fehlerquellen, an denen eine Elektronik während der Entwicklung oder im Einsatz kaputtgehen konnte. Die Fehlersuche und die Reparatur geschahen damals mit Messgerät und Lötkolben, waren also sehr aufwendig.

Mit dem Einzug des Mikroprozessors wurden diesen Schaltungen komplett anders aufgebaut. Die Schaltung für die 5 Minuten Wartezeit entfiel ganz, und an den Prozessor wurden der Motor, die Sensoren für die Position des Tors sowie die Lichtschranke angeschlossen – untereinander standen diese Elemente im Gegensatz zu vorher jetzt nicht mehr in Verbindung. Die Schaltung vereinfachte sich dadurch sehr, sodass die Anzahl der Fehlerquellen in der Elektronik deutlich abnahm. Die logischen Funktionen wanderten ausnahmslos in den Prozessor und wurden dort über eine Programmiersprache gelöst. So konnte die bisherige Funktion des Garagentors mithilfe des Mikroprozessors wesentlich einfacher umgesetzt und auch gewartet werden.

---

[1] Eine Aufgabe, die man mithilfe eines Kondensators löste, der zuerst geladen und dann kontrolliert über einen längeren Zeitraum entladen wurde.

Es war aber auch möglich, mehr Funktionen in die Schaltung einzubauen: War die Lichtschranke vorher lediglich dafür zuständig, den Motor des Garagentors sofort anzuhalten, wenn sich ein Objekt im Lichtstrahl befand, so konnte man sie nun auch dafür nutzen, das Garagentor früher als nach langen fünf Minuten herunterzufahren, nämlich genau dann, wenn ein Objekt – das herausfahrende Auto – den Lichtstrahl passierte. Das Schöne daran war, dass hierfür lediglich das Programm des Prozessors, die Software, abgeändert werden musste – die Hardware blieb unverändert! Und wenn man den gleichen Prozessor in einer anderen Schaltung verwenden wollte, konnte man die Software – zumindest in Teilen – sogar wiederverwenden.

Die Möglichkeit, die Logik einer elektronischen Schaltung in einen Programmcode auszulagern, hat nicht weniger als die Welt verändert. Seit den 1970er-Jahren wurden die Prozessoren ständig weiterentwickelt, die Software entwickelte sich ebenfalls weiter und wurde so lange ergänzt und wiederverwendet, bis man schließlich zur heutigen IT-Infrastruktur gelangte, die Computer, Internet, Smartphones hervorbrachte, aber auch intelligente Staubsauger und Autos, die sich in automatisch öffnende Garagen stellen.

4.8 Reihen- und Parallelschaltungen

Doch kommen wir noch einmal kurz zurück zu Widerständen und Kondensatoren. Sie haben die Eigenschaft, dass man sie auch kombinieren kann, indem man sie parallel oder in Reihe in den Schaltkreis einbaut.

4.8.1 Reihenschaltung von Widerständen

Bei der Reihenschaltung von Widerständen ist es so, dass sich deren Ohm'scher Widerstand addiert. Hat man einen Widerstand von 1 kΩ und einen zweiten mit 2 kΩ und schaltet diese in Reihe, erhält man insgesamt einen Widerstand, der 3 kΩ umfasst.

$R_{ges} = R_1 + R_2$

Das kann man auch recht einfach in unserem Druckluftmodell nachvollziehen: Erst strömt die Luft durch die erste Verengung und reduziert damit schon einmal die maximale Luftmenge, die hindurchströmen kann, anschließend strömt sie durch die zweite Verengung, die den Luftstrom nochmals behindert.

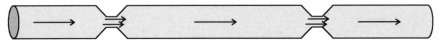

Bild 4.18: Reihenschaltung von Widerständen im Druckluftmodell.

Mit einer Reihenschaltung, die man neudeutsch übrigens auch »serielle Schaltung« nennt, kann man also einen gewünschten Widerstandswert durch mehrere Widerstandsbauteile herstellen.

Bild 4.19: Zwei Widerstände (1 kΩ und 2 kΩ) ergeben hintereinandergeschaltet 3 kΩ.

4.8.2 Reihenschaltung von Kondensatoren

Schaltet man Kondensatoren in Reihe, tritt ein ganz anderer Effekt in Kraft: Die Kapazität der Kondensatoren reduziert sich nach der Formel:

$$\frac{1}{C_{ges}} = \frac{1}{C_1} + \frac{1}{C_2}$$

4.8 Reihen- und Parallelschaltungen

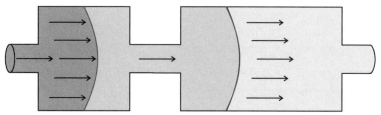

Bild 4.20: Reihenschaltung bei Kondensatoren – die Kapazitäten können nicht ausgeschöpft werden.

Auch das kann man anhand unseres Druckluftmodells verdeutlichen: Während die Membran des ersten Kondensators durch den Überdruck eingedrückt wird, fehlt ihm der Unterdruck auf der anderen Seite, der ja durch den zweiten Kondensator bereits reduziert ist. Beim zweiten Kondensator verhält es sich ähnlich: Der Überdruck wird durch den ersten Kondensator gehemmt, wodurch der Unterdruck auch nur verringert an der Membran ziehen kann. Insgesamt ergibt sich eine Schwächung beider Kondensatoren.

Bild 4.21: Zwei elektrische Kondensatoren in Reihenschaltung ergeben eine schwächere Kapazität.

Es ist also wie beim Widerstand grundsätzlich möglich, bei Kondensatoren einen gewünschten Kapazitätswert durch mehrere Kondensatoren herzustellen, allerdings erleidet man hierbei stets einen Verlust der Kapazität, was in den meisten Fällen nicht gewünscht ist, da Kondensatoren mit hoher Kapazität deutlich teurer sind als solche mit niedriger. Die Reihenschaltung von Kondensatoren ist also eher akademischer Art und wird selten in der Praxis verwendet.

4.8.3 Parallelschaltung von Kondensatoren

Schaltet man Kondensatoren hingegen parallel, addiert sich deren Kapazität nach der Formel:

$C_{ges} = C_1 + C_2$

Bild 4.22: Kondensatoren in Parallelschaltung.

Auch das kann man sich am Druckluftmodell relativ einfach vorstellen, denn bei zwei parallel geschalteten Kondensatoren werden die beiden Membranen von Überdruck und Unterdruck gleichermaßen so ausgelenkt, als wären sie alleine im Schaltkreis vertreten.

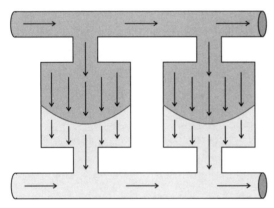

Bild 4.23: Parallel geschaltete Druckluftkondensatoren addieren ihre Kapazitäten.

4.8.4 Parallelschaltung von Widerständen

Bei Widerständen sieht es diesmal anders aus: Hier verringert sich die Wirkung der Widerstände nach der folgenden Formel:

$$R_{ges} = \frac{1}{\frac{1}{R_1} + \frac{1}{R_2}}$$

 Bild 4.24: Zwei Widerstände von 1 kΩ und 2 kΩ ergeben in Parallelschaltung 666 Ω.

Beim Druckluftmodell kann man sich das vielleicht noch ein wenig vorstellen: Hängen zwei Reduzierungsstücke parallel im Luftstrom, wird die Luft durch beide Stücke besser hindurchströmen als nur durch die engere Stelle.

Bild 4.25: Parallelschaltung bei Widerständen im Druckluftmodell.

Beim elektrischen Widerstand trifft dies auf dieselbe Weise zu. Da aber der resultierende Widerstand relativ schwer zu berechnen ist, wird auch diese Parallelschaltung von Widerständen selten in der Elektronik verwendet.

4.9 Spannung gezielt reduzieren

Es kommt nicht selten vor, dass man aus einer höheren Spannung eine niedrigere produzieren möchte. Wenn man beispielsweise mit einem Mikroprozessor, der mit 5 V arbeitet (wie zum Beispiel der Arduino Uno), ein Bauteil ansprechen will, das mit 3,3 V arbeitet, steht man irgendwann vor dem Problem, die Spannung entsprechend zu reduzieren. Hier hilft uns der Spannungsteiler weiter, der im Druckluftmodell folgendermaßen aufgebaut ist:

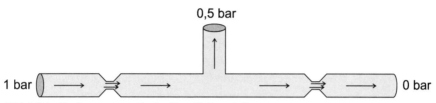
Bild 4.26: Ein Spannungsteiler im Druckluftmodell.

In diesem Beispiel sind beide Widerstände gleich. Wenn der linke Luftdruck beispielsweise 1 bar beträgt und der rechte 0 bar, sinkt der Luftdruck im gesamten Konstrukt insgesamt um 1 bar. Auf halben Wege jedoch erhalten wir bei der mittleren Abnahmestelle einen Wert von 0,5 bar. Wäre jetzt der linke Widerstand doppelt so groß wie der rechte, würde bei der mittleren Abnahmestelle ein Wert von 0,66 bar entstehen. Es kommt also im Wesentlichen nur darauf an, in welchem Verhältnis die beiden Widerstände zueinander stehen.

Beim elektrischen Widerstand verhält es sich ebenso:

Bild 4.27: Ein Spannungsteiler, der mit 1 kΩ und 2 kΩ aus 5 V eine Spannung von 3,3 V macht.

Hat man links 5 V und rechts 0 V, erhält man bei gleichen Widerständen bei der mittleren Abnahmestelle 2,5 V. Hat man links hingegen einen Widerstand von 1 kΩ und rechts einen von 2 kΩ, ist das Verhältnis der beiden zueinander 1:2, und man erhält eine Spannung von 1,66 V. Verwendet man links 2 kΩ und rechts 1 kΩ, kann man so aus den 5 V die im Beispiel genannten 3,33 V machen.

Nun könnte man denken, dass es dabei nur darauf ankommt, die Widerstände im richtigen Verhältnis auszuwählen, um die gewünschte Spannung zu erhalten. Das ist auch richtig, allerdings darf man dabei nicht vergessen, dass auch der maximal zu entnehmende Strom von den Widerständen abhängig ist. Verwendet man hier Widerstände mit niedriger Ohmzahl, kann man mehr Strom der Schaltung entnehmen, als wenn man große Widerstände verwendet. Glücklicherweise fällt dies bei unseren Projekten kaum ins Gewicht, da wir recht selten mit hohen Strömen arbeiten.

> **Das Potenziometer**
> Übrigens gibt es auch ein spezielles Bauteil, das einen gesamten Spannungsteiler beinhaltet, das Potenziometer. Es besteht aus einem eigentlich festen Widerstand, der aber über eine Abtastung verfügt, die bewegt werden kann. So entstehen in einem Bauteil die zwei Widerstände eines Spannungsteilers, die zudem noch per Hand verschoben werden können.

4.10 Breadboard-Schaltungen ohne Lötarbeit

In den Projekten, die wir in diesem Buch durchführen, werden wir in den meisten Fällen sogenannte **Breadboards** verwenden. Diese Breadboards, auch als Steckbretter bezeichnet, bestehen zum Großteil aus Plastik und weisen viele Löcher auf, in die man Bauteile stecken kann. Unterhalb dieser Löcher befinden sich elektrisch leitende Kontakte aus Metall, die die Bauteile einklemmen, sodass ein guter elektrischer Leiter aufgebaut wird.

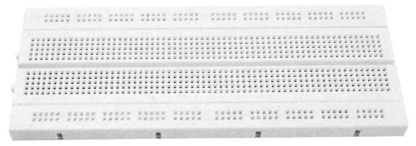

Bild 4.28: Breadboards ermöglichen den einfachen Aufbau einer Schaltung.

Mehrere dieser Löcher sind elektrisch miteinander verbunden, sodass man zwei Bauteile ganz einfach dadurch miteinander verbinden kann, dass man sie nebeneinander in dieselbe Spalte oder Reihe steckt. Die Art und Weise, wie die Zeilen und Spalten der Breadboards elektrisch miteinander verbunden sind, können Sie der Skizze in Bild 4.29 entnehmen.

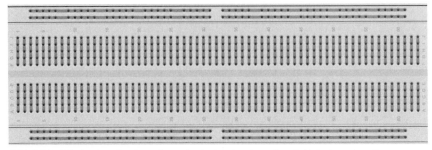

Bild 4.29: Die Löcher des Breadboards sind untereinander elektrisch verbunden.

Breadboards sind ungemein praktisch, denn sie bieten die Möglichkeit, Schaltungen ohne jegliche Lötarbeit schnell und einfach aufzubauen, indem einfach nur die Drähte oder Beine der elektrischen Bauteile eingesteckt werden. Es ist auch problemlos möglich, die Bauteile wieder zu entfernen, sodass Breadboards lange Zeit und häufig wiederverwendbar sind.

Allerdings sollte man aufpassen, dass die elektrischen Leiter nur mit mäßigen Stromstärken belastet werden, mehr als 1 A sollte es nicht sein. Breadboards haben normalerweise ein Rastermaß von 2,54 mm, was dem angloamerikanischen 1/10 inch entspricht. Damit passen die meisten elektronischen Bauteile und auch DIL-Chipgehäuse problemlos in das Breadboard.

4.10.1 Breadboard – Tipps und Tricks

- Wenn Sie ein Breadboard bestücken, empfiehlt es sich, zuerst die großen Teile einzustecken und dann erst kleinere Teile wie Widerstände oder Drahtbrücken.
- Die Anschlusspins von integrierten Schaltkreisen in DIL-Gehäusen sind normalerweise leicht schräg und passen so nicht direkt ins Raster. Die einfachste Methode, um sie in die richtige Position zu bringen, besteht darin, einen Chip seitlich auf eine gerade, stabile Oberfläche zu legen und alle Pins gleichzeitig so zu verbiegen, dass das Rastermaß wieder erreicht wird.
- Um Bauteile auf dem Breadboard beispielsweise mit einem Arduino zu verbinden, kann man natürlich Drähte verwenden, an deren Enden die Isolation um einige Millimeter entfernt wurde. Einfacher in der Handhabung sind jedoch sogenannte Steckbrücken, die an den Enden Stifte aus Stahl haben und sich beim Einstecken seltener verbiegen. Solche Steckbrücken bekommt man im einschlägigen Elektronikhandel.
- Es empfiehlt sich zudem, verschiedene Farben auf dem Steckbrett für die Kabel bzw. Steckbrücken zu verwenden. Am besten ist es, wenn Sie sich an einen gewissen Code halten und beispielsweise die Versorgungsspannung stets mit einer roten Farbe kennzeichnen und die Masse mit einer schwarzen. So kommt es nicht so leicht zu Verwechslungen.

4.11 Löten wie die Profis

Wenn man ein gelungenes Selbstbauprojekt über einen längeren Zeitraum verwenden möchte, sind Breadboards nicht mehr die optimale Wahl. Die Bauteile können sich viel zu leicht lösen, mechanischen Belastungen schon kleinster Art halten die Kontakte kaum stand, und außerdem sind die Breadboards oft viel zu groß und unhandlich.

Eine Lösung des Problems kann die Verwendung von sogenannten Lochrasterplatinen sein, auf denen man die Bauteile mit einem Lötkolben anbringt. Eine so gestaltete

Platine ist oftmals viel kleiner, stabiler und auch langlebiger. Allerdings erfordert sie einen größeren Aufwand bei der Herstellung und sollte gut geplant sein, damit die Freude am Bastelprojekt nicht in Frust umschlägt.

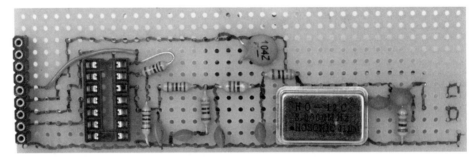

Bild 4.30: Lochrasterplatinen sind universell verwendbar und langlebiger als ein Breadboard-Aufbau.

4.11.1 Werkzeug zum Löten

Wenn Sie mit einem Lötkolben arbeiten möchten, benötigen Sie ein paar zusätzliche Werkzeuge, die Ihnen die Arbeit ermöglichen und erleichtern.

Der Lötkolben

An allererster Stelle benötigen Sie einen Lötkolben. Sie sollten beim Kauf darauf achten, dass er für Elektronikarbeiten ausgelegt ist – 100-Watt-Lötpistolen oder Lötkolben für Tiffany-Glaskunst eignen sich hier nicht, es sei denn, Sie möchten Ihren Frust an der Platine abarbeiten. Einfache Elektroniklötkolben sollten eine möglichst feine und auswechselbare Lötspitze haben und ca. 30 W benötigen. Derartige Lötkolben sind recht günstig zu haben, einfache Modelle bekommen Sie bereits ab 15 Euro.

Bild 4.31: Einfache Lötkolben reichen oft für die ersten Lötarbeiten aus.

Wenn Sie aber planen, etwas tiefer in die Elektronik einzusteigen, empfiehlt sich der Kauf einer Lötstation, für die Sie ca. 60 bis 100 Euro ausgeben sollten. Diese Stationen bieten neben dem eigentlichen Lötkolben auch eine Temperatursteuerung, mit der Sie die Temperatur des Kolbens auf Werte zwischen 200 und 400 °C einstellen können.

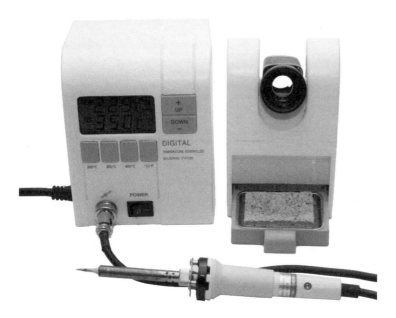

Bild 4.32: Bei einer Lötstation kann man die Temperatur genau einstellen.

Das Lötzinn

Neben dem Lötkolben benötigen Sie auch Elektroniklötzinn. Das Lötzinn ist eine spezielle Legierung aus verschiedenen Metallen, die durch den Lötkolben erhitzt wird und dann im flüssigen Zustand eine Verbindung zwischen dem jeweiligen Bauteil und der kupferbeschichteten Platine schafft. Lötzinn wird üblicherweise als Draht ausgeliefert, der im Kern ein Flussmittel beinhaltet, das die Aufgabe hat, das Bauteil und die Lötstelle auf der Platine besser zu benetzen, indem Fette und Oxidflächen auf den Metallen weitestgehend entfernt werden.

Lötzinn gibt es grundsätzlich in zwei verschiedenen Ausführungen: Einmal mit dem gesundheitsschädlichen Schwermetall Blei (chemische Abkürzung Pb) und einmal ohne. Der Grund, warum es zwei verschiedene Arten von Lötzinn für Hobbybastler zu kaufen gibt, liegt in der sogenannten RoHS-Norm, die in der Elektronik mittlerweile Standard geworden ist und die die Verwendung einiger giftiger Substanzen wie Blei eindämmt.

Bild 4.33: Beim Lötzinn sollte man nicht sparen, sondern eine gute Qualität kaufen.

Da Blei die unangenehme Eigenschaft hat, sich im Körper anzulagern, und dort zu schweren Folgeschäden führen kann, steht das Metall zu Recht auf der Liste dieser Substanzen. Daher darf die Elektronikindustrie im Allgemeinen nur Lote ohne Blei verwenden und hat andere Legierungen entwickelt, die ähnliche Eigenschaften haben. Für die Industrie sind diese auch leicht handhabbar, da sie viel bessere Möglichkeiten hat, mit den negativen Eigenschaften dieser Lote zurechtzukommen, als es Hobbybastlern möglich ist.

Wenn man aber nur einen einfachen Lötkolben besitzt und zudem wenig Löterfahrung besitzt, sind bleihaltige Lote für den Anfänger besser geeignet, denn sie schmelzen bei deutlich niedrigeren Temperaturen und lassen sich deutlich leichter verarbeiten als Lötzinn ohne Blei. Natürlich empfiehlt sich ein intensives Reinigen der Hände nach getaner Arbeit, und auch Fingerfood wie Gummibärchen und Nüsschen sollte man nicht während des Arbeitens zu sich nehmen.

Darüber hinaus birgt das im Lötzinn enthaltene Flussmittel einige Gesundheitsrisiken, denn bei starkem Erhitzen und Schmelzen des Lötzinns verdampft und verbrennt das Flussmittel, was zwar einerseits gewünscht wird, da es nur so seine Wirkung entfalten kann, andererseits aber auch zur Rauchgasbildung führt. Diese Absonderungen sollte man möglichst nicht einatmen, es empfiehlt sich daher, in einem gut belüfteten Raum oder mit einer Luftabsaugung zu arbeiten. Auch den Kontakt mit flüssigem Flussmittel sollte man möglichst vermeiden, da die Substanzen ätzend sind und zudem potenziell gesundheitsschädliche halogenierte Kohlenwasserstoffe enthalten können.

Sie sehen schon, das Löten ist nicht unbedingt ein besonders umwelt- und gesundheitsfreundliches Verfahren, Sie sollten hier schon ein wenig auf Ihre Gesundheit achten. Auf der anderen Seite haben sich in den letzten Jahrzehnten große Fortschritte auch in der Löttechnik ergeben, sodass beispielsweise die Flussmittel heute nicht mehr so giftig sind wie noch in den 1970er-Jahren. Mit einem gut belüfteten Raum und konsequentem Reinigen der Hände sollten Sie das Risiko auf ein erträgliches Maß reduzieren können.

Lötzinn gibt es in unterschiedlichen Stärken, als Anfänger sollten Sie einen Draht wählen, der zwischen 0,5 und 1 mm liegt.

Lötschwamm

Sobald Sie Ihr erstes Lötzinn am Lötkolben schmelzen, werden Sie schon bald auf ein weiteres wichtiges Utensil zurückgreifen wollen, den Lötschwamm. Dieser Schwamm wird mit Wasser getränkt, sodass man in der Lage ist, den heißen Lötkolben samt dem daran haftenden Lötzinn auf diesem Schwamm abzustreifen, bis die Lötspitze wieder sauber wird. Bei jedem Elektroniklötkolben sollte ein solcher Schwamm beiliegen, ansonsten bekommen Sie ihn für 1 bis 2 Euro im einschlägigen Elektronikfachhandel.

Bild 4.34: An Lötschwämmen kann man überschüssiges Lötzinn abstreifen.

Zangen

Wer mit einem heißen Lötkolben hantiert, verbrennt sich leicht die Finger. Um das zu vermeiden, sollten Sie sich eine kleine, nach vorne hin spitz zulaufende Zange anschaffen, mit der man Bauteile sicher festhalten kann.

Bild 4.35: Eine kleine Zange kann Ihre Finger vor Brandblasen schützen.

Seitenschneider

Sehr häufig müssen bei Lötarbeiten Drähte abgeschnitten werden. Hierzu ist ein Seitenschneider bestens geeignet, der die Kraft der Hand genau wie bei einer Zange verstärkt, aber zwei Schneideflächen bietet. Diese pressen sich genau aufeinander, wodurch der Draht abgezwickt wird. Da es bei Lötarbeiten von Vorteil ist, wenn der

Draht ganz dicht an der Platine abgetrennt wird, empfiehlt sich ein Präzisionsseitenschneider, dessen Schneiden an nur einer Seite geschliffen sind.

Bild 4.36: Mit einem Seitenschneider trennt man Drähte durch.

Löthilfe

Wer schon einmal gelötet hat, wird schnell feststellen, dass die Natur ihn leider nur mit zwei Armen ausgestattet hat. Die dritte Hand fehlt häufig, und auch eine herbeigerufene Person hat nicht unendlich viel Geduld und ist nicht immer bereit, ihre Finger in die Nähe eines 300 °C heißen Lötkolbens zu halten. Eine gute, wenn auch nicht perfekte Lösung ist die helfende Hand, die in den meisten Fällen zwei kleine Zangen sowie eine Lupe auf einem mehr oder weniger festen Standbein bietet. So kann man die zu lötenden Bauteile einspannen und mit den eigenen zwei Händen normal arbeiten.

Bild 4.37: Die Löthilfe ist die dritte Hand des Elektronikers.

Stahlwolle

Ein ganz einfaches Utensil ist handelsübliche Stahlwolle. Mit ihr kann man sehr leicht eventuelle Korrosion auf einer Lochrasterplatine entfernen, sodass das blanke Kupfer frei liegt und sich leicht löten lässt. Achten Sie aber beim Kauf darauf, dass Sie reine Stahlwolle kaufen, Wollen mit Seifenzusätzen eignen sich nicht für unsere Zwecke.

Bild 4.38: Mit Haushaltsstahlwolle kann man Platinen leicht von Kupferoxid befreien.

Kabel

Natürlich möchten Sie auch in der Lage sein, Bauteile miteinander zu verbinden. Hierfür benötigen Sie ein Kabel, das den elektrischen Strom leiten kann und an das Sie Bauteile anlöten können. Während früher solche Kabel aus einem einzelnen Kupferdraht bestanden, der entsprechend steif war und nicht selten auch bei mechanischer Belastung brach, wird heute meistens sogenannte Kupferlitze verwendet. Diese Kabel haben in ihrem Inneren nicht nur einen Kupferdraht, sondern viele kleine. Bricht einmal aufgrund mechanischer Belastung ein solches kleines Drähtchen, fällt das kaum ins Gewicht, solange es noch weitere Drähte gibt, die den elektrischen Strom leiten können.

Bild 4.39: Kabel sind heutzutage aus vielen Kupferdrähtchen zusammengesetzt und dadurch flexibler und haltbarer.

Üblicherweise ist die Kupferlitze mit einem Plastiküberzug isoliert, sodass sich die Kabel auch berühren können, ohne zu einem Kurzschluss zu führen. Vor allem aber haben diese Plastikisolierungen den Vorteil, dass sie in verschiedenen Farben erhältlich sind, sodass Sie beispielsweise die Versorgungsspannung immer mit einem roten Kabel versehen können und damit gleich wissen, welches Kabel welche Funktion hat.

Bild 4.40: Mit Silberdraht kann man gut auf Lochrasterplatinen Lötpunkte verbinden.

Wenn Sie mit Lochrasterplatinen arbeiten, kann es aber auch sinnvoll sein, sich ein paar Meter Silberdraht zu besorgen. Dieser Draht besteht aus einem einzelnen Strang und besitzt keine Isolierung. Vor allem wenn Sie mit Lochrasterplatinen arbeiten, kann Ihnen dieser Draht viel Arbeit ersparen.

Schrumpfschlauch

Schrumpfschlauch gibt es in verschiedenen Durchmessern und Längen. Er wird über das Kabel gestreift, das verlötet werden soll, und nach dem Verbinden über die offen liegenden blanken Stellen des Kabels geschoben. Anschließend kann man mit einem Heißluftföhn oder einem Feuerzeug den Schlauch erwärmen, der sich daraufhin zusammenzieht und damit fest mit dem Kabel verbunden wird. So wird die Lötstelle professionell isoliert.

Bild 4.41: Schrumpfschlauch gibt es in verschiedenen Größen – meistens benötigt man aber nur die kleinste.

Die beiden Autoren dieses Buchs sind begeisterte und bekennende Schrumpfschlauch-Enthusiasten! Schrumpfschlauch wird bei uns überall und wo immer möglich eingesetzt. Wir haben Schrumpfschlauch in verschiedenen Farben und verschiedenen Stärken, und wir isolieren damit nicht nur offene Kabelverbindungen, sondern auch die Lötfahnen an Schaltern oder anderen Elementen.

Unser 3-D-Drucker »Heidi«, dessen Elektronik wir schon mehrfach überarbeitet haben, ist sicherlich eines der am besten geschrumpfschlauchten Geräte überhaupt. Von Freunden und Bekannten werden wir, manchmal zu Recht, aufgrund unserer obsessiven Verwendung des Materials gehänselt – einige unserer Schaltungen sind fast komplett schwarz. Ungewollte Kurzschlüsse sind dafür bei uns noch nie aufgetreten – und wenn, würden wir das nie zugeben.

4.11.2 Vorsichtsmaßnahmen

Bevor Sie mit dem Löten beginnen, sollten Sie einige Vorsichtsmaßnahmen ergreifen:

- Vorsicht heiß: Es mag ja dumm klingen, aber stellen Sie sich vor, Sie können sich mit einem Lötkolben tatsächlich die Finger verbrennen! Wer schon einmal eine Brandwunde hatte, weiß genau, wie lästig, nervend und vor allem lang anhaltend so ein Schmerz sein kann. Entgegen vereinzelter Meinungen schadet es auch dem Ansehen des größten Machos nicht, wenn er geeignete Gegenmaßnahmen ergreift. Arbeiten Sie ruhig und konzentriert, legen Sie Ihren Lötkolben immer wieder in die Halterung und ziehen Sie sich keine kurzen Hosen an – denn wohin fällt üblicherweise ein fallen gelassener Lötkolben?

- Schalten Sie Ihren Lötkolben in längeren Pausen immer wieder ab. Es wäre nicht das erste Mal, dass ein eingeschalteter Lötkolben vergessen wird und sich eine lieb gewonnene Personen aus dem Haushalt daran verbrennt oder einen besonders leicht brennbaren Stoff auf die Werkzeugbank pfeffert, weil er zum 1000. Mal wieder nicht am dafür vorgesehenen Platz stand. Weitere Beispiele aus diesem Bereich können Sie bei Ihrer freundlichen Feuerwehr erfragen, der Zufall ist sehr kreativ, wenn es um die Schadensmaximierung bei der Verwendung heißer Gegenstände im Haushalt geht.

- Lüften Sie Ihre Räumlichkeiten und vermeiden Sie direkten Kontakt mit dem Rauchgas, das beim Löten entsteht. Zum einen sind die Ausdünstungen nicht besonders gesund, das Einatmen und auch der Kontakt mit den Augen können zu Reizungen oder gar zu Schlimmerem führen. Zum anderen verbreiten sie auch keinen Rosenduft, und Ihre Mitmenschen werden es Ihnen sicherlich danken, wenn Sie das eine oder andere Mal das Fenster öffnen. Noch besser sind Absaugeinrichtungen, die das Rauchgas durch einen Aktivkohlefilter ziehen, der die darin enthaltene Giftstoffe neutralisiert.

4.11.3 Erste Schritte: Verbinden zweier Kabel

Doch lassen Sie uns mit etwas Praxis fortfahren: Nehmen wir einmal an, Sie haben aus Versehen ein Kabel durchgeschnitten und möchten es nun wieder zusammenfügen. In so einem Fall gehen Sie folgendermaßen vor:

1. Falls Sie passenden Schrumpfschlauch zur Hand haben, sollten Sie ein Stück von 1,5 bis 2 cm Länge abschneiden, über eines der Kabelenden streifen und einige Zentimeter auf das Kabel schieben.

2. Entfernen Sie von beiden Kabelenden die Isolierung auf einer Länge von ca. 1 cm. Je nach Kabeltyp kann das mit einem Fingernagel erfolgen, einer handelsüblichen Abisolierzange und mit etwas Übung auch mit einem Seitenschneider.

Bild 4.42: Die Enden des Kabels werden abisoliert, ein passendes Stück Schrumpfschlauch bereitgelegt.

3. Die jetzt austretenden Kupferlitzen stehen in alle Richtungen ab. Verzwirbeln Sie diese Drähtchen miteinander, sodass sie wieder zu einem drahtähnlichen Geflecht werden.

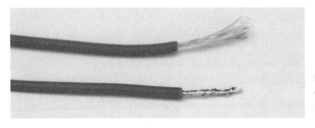

Bild 4.43: Die Kabelenden werden verdrillt, sodass die Litze nicht auffächert.

4. Klemmen Sie ein Ende des Kabels auf irgendeine Weise fest ein, sodass es nicht verrutscht. Optimal ist hier eine helfende Hand, zur Not tun es auch Wäscheklammern oder Klebefilmstreifen. Wichtig ist, dass das offen liegende Kupfer frei in der Luft schwebt, ohne sich allzu sehr von der Stelle zu bewegen.

5. Nehmen Sie dann Ihren Lötkolben und Ihr Lötzinn zur Hand. Halten Sie die Spitze des Kolbens an das blanke Ende des Kabels und erwärmen Sie es einige Sekunden lang.

6 Während Sie den Lötkolben weiterhin an das Kabelende halten, führen Sie mit der anderen Hand das Lötzinn an die Stelle, an der sich Kabel und Lötkolben berühren. Das Lötzinn sollte jetzt schmelzen und in die Kupferlitze eindringen.

7 Sobald das Kabel vollständig eine silbrige Farbe angenommen hat, nehmen Sie den Lötkolben und das Lötzinn vom Kabelende weg. Das Kabelende sollte nun gleichmäßig mit einer Schicht Lötzinn bedeckt sein.

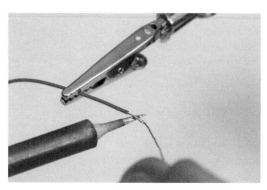

Bild 4.44: Die Kabelenden werden verzinnt.

8 Wiederholen Sie den Vorgang für das andere Kabelende.

9 Belassen Sie nun das eine Kabelende in der Arretierung und nehmen Sie das andere Kabelende in die linke Hand.

10 Halten Sie beide Kabelenden so aneinander, dass sie sich vollständig überlappen und möglichst parallel aufeinander ausgerichtet sind.

11 Führen Sie jetzt mit der rechten Hand den Lötkolben an dieser Stelle heran und erwärmen Sie beide Kabelenden so, dass das Lötzinn wieder schmilzt.

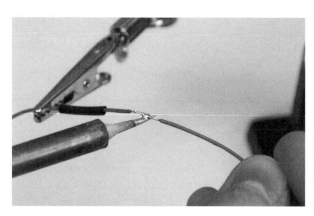

Bild 4.45: Beide Enden werden zusammengelötet – vorher sollte man den Schrumpfschlauch auffädeln.

⑫ Sobald das geschehen ist, nehmen Sie den Lötkolben weg, halten die Kabelenden aber weiterhin zusammen, bis das Lötzinn wieder erstarrt ist. Die Verbindung sollte jetzt mechanisch stabil sein.

⑬ Falls Sie im ersten Schritt Schrumpfschlauch verwendet haben, sollten Sie das zuvor abgeschnittene Stück über die erkaltete Stelle schieben, bis es die blanke Lötstelle komplett verdeckt. Warten Sie damit aber, bis die Lötstelle wirklich erkaltet ist, sonst schrumpft der Schlauch zu früh, und Sie können ihn nicht mehr über die Stelle schieben.

⑭ Mit einem Heißluftföhn oder einem Feuerzeug bringen Sie nun den Schrumpfschlauch dazu, sich zusammenzuziehen, sodass er mit dem Draht eine feste Verbindung eingeht.

Bild 4.46: Mit Schrumpfschlauch isolieren Sie die blanke Lötstelle.

Fertig! Sie sollten jetzt zwei Kabel miteinander verbunden haben. Wenn Sie alles richtig gemacht haben, sollte Ihre Verbindung auch mechanischen Belastungen standhalten.

4.11.4 Zweite Schritte: Lochrasterplatinen

Die zweiteinfachste Methode, eine elektronische Schaltung aufzubauen, ist – nach den Breadboards – die Verwendung von Lochrasterplatinen. Lochrasterplatinen bestehen aus einem faserverstärkten Kunststoff, der höhere Temperaturen für einige Zeit aushalten kann, ohne zu schmelzen. Die Platine weist in regelmäßigen Abständen Löcher auf, durch die Bauelemente mit ihren Anschlusskabeln oder Pins gesteckt werden können. Um die Löcher herum ist eine Kupferbeschichtung auf das Plastik aufgebracht, sodass die Bauteile mit diesen Lötpunkten leicht verbunden werden können. Zwischen den einzelnen Lötpunkten besteht keine elektrische Verbindung, will man also zwei Bauteile miteinander verbinden, müssen die Lötpunkte mit einem Draht verbunden werden.

4.11 Löten wie die Profis

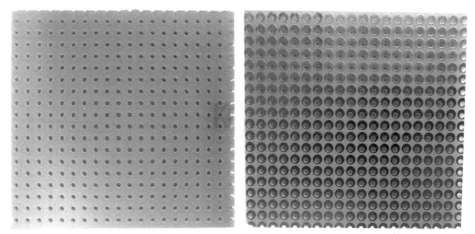

Bild 4.47: Lochrasterplatinen haben eine leere Vorderseite (links) und eine Rückseite mit Kupferlötpunkten.

Lochrasterplatinen gibt es mit verschiedenen Lochabständen. Für unsere Bastelarbeiten sollten Sie Platinen mit 1/10 Zoll bzw. 2,54 mm Abstand verwenden, da diese vom Arduino und fast allen elektronischen Bauelementen benutzt werden. Es gibt auch Lochrasterplatinen, bei denen die Spalten oder Zeilen des Lochmusters über die Kupferbeschichtung miteinander verbunden sind – ganz ähnlich wie bei Breadboards. Wir verwenden aber hier ausschließlich Lochrasterplatinen, deren Löcher einzeln mit einer Kupferschicht versehen sind.

> **Zum Bau der Platine benötigen Sie:**
> - 1 Lochrasterplatine im 2,54-mm-Raster (1/10 Inch)
> - 1 Steckerleiste mit mindestens 22 Pins im 2,54-mm-Raster
> - 1 Leuchtdiode, z. B. CQX11
> - 1 dazu passender Widerstand für 5 V, z. B. 150 Ω
> - einige Zentimeter Silberdraht
>
> **An Werkzeug benötigen Sie weiterhin:**
> - kleine Säge (z. B. Laubsäge) oder Teppichschneider
> - Lötkolben, Lötzinn
> - Seitenschneider
> - kleine Zange
> - helfende Hand (falls vorhanden)

Und dann legen wir mal los

Im Folgenden werden wir ein Arduino-Shield aufbauen, das Sie auf einen Arduino Uno, Leonardo oder Mega stecken können und das eine einzelne Leuchtdiode an Pin 5 anschließt. Sie können diese Platine dann anschließend selbst erweitern.

① Sägen Sie die Platine auf die Maße 52 × 52 mm (20 × 20 Lochreihen) zu.

❽ Brechen Sie von der Steckerleiste zwei Teile mit jeweils 8 Pins ab. Außerdem brauchen wir noch ein weiteres Stück mit 6 Pins.

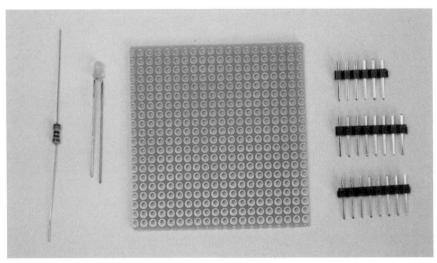

Bild 4.48: Die Platine zuschneiden.

❸ Stecken Sie diese Teilstücke in die Buchsenleisten des Arduino. Die Buchsenleiste ab Pin 8 des Arduino bleibt frei, da sie leider nicht in das Rastermaß der Platine passt.

❹ Legen Sie Ihre zugeschnittene Platine jetzt so auf die Steckerleisten, dass deren Pins durch die Platine ragen. Markieren Sie mit einem Filzstift auf der Seite der Platine ohne Kupfer die Position der Stiftleisten.

Bild 4.49: Platine auf den Steckerleisten ausrichten.

4.11 Löten wie die Profis

⑤ Ziehen Sie jetzt die Stiftleisten wieder aus dem Arduino heraus und drücken Sie die einzelnen Pins in der Plastikhalterung so, dass sie nicht mehr über die Halterung hinausragen, sondern dort beginnen. Wiederholen Sie das für alle Stiftleisten.

Bild 4.50: Stiftleisten wieder aus dem Arduino ziehen und die Pins verschieben.

⑥ Stecken Sie nun die Stiftleisten so durch die Löcher der Platine, dass zum einen die von Ihnen angefertigten Markierungen berücksichtigt werden und zum anderen die Plastikhalterung der Stiftleiste auf der Seite ohne Kupferbeschichtung liegt.

⑦ Drehen Sie die gesamte Platine um, sodass Sie die Lötpunkte der Platine sehen können.

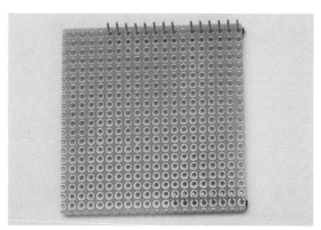

Bild 4.51: Stiftleisten in die Platine stecken.

⑧ Jetzt können Sie darangehen, die einzelnen Pins anzulöten: Erwärmen Sie mit dem Lötkolben den ersten Pin der Stiftleiste und zeitgleich den darunterliegenden Kupferlötpunkt. Führen Sie dann etwas Lötzinn an den Pin und den Lötpunkt, bis beide über das Zinn eine feste Verbindung eingegangen sind.

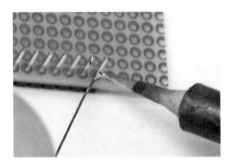

Bild 4.52: Einzelne Pins anlöten.

⑨ Löten Sie nun die restlichen Pins der Stiftleiste fest.

⑩ Wiederholen Sie die letzten Schritte, bis alle Stiftleisten mit den Punkten der Lochrasterplatine verbunden sind. Damit haben Sie nun ein Experimentier-Shield für Ihren Arduino, das Sie für verschiedene Zwecke verwenden können.

Bild 4.53: Die angelöteten Pins.

⑪ Um dem Shield noch etwas Funktionalität zu geben, stecken Sie nun den Widerstand durch das Loch der Platine, das einem Massepin des Arduino am nächsten ist. Der Widerstand sollte auf der Platinenseite ohne Kupfer zum Liegen kommen.

⑫ Biegen Sie den Draht des Widerstands nun so, dass er den Lötpunkt des Pins berührt, und kneifen Sie den Rest des Drahts mit dem Seitenscheider ab.

⑬ Löten Sie das Ende des Widerstands an den Lötpunkt an. Erwärmen Sie dazu die bereits gelötete Stelle neu und führen Sie neues Lötzinn der Stelle zu. Mit einer Zange können Sie den Draht auch in heißem Zustand biegen und in Position bringen.

4.11 Löten wie die Profis

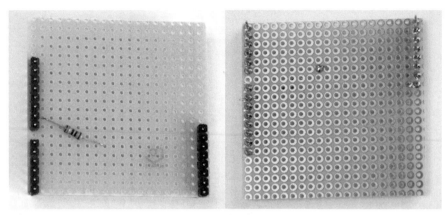

Bild 4.54: Widerstand in Position bringen und anlöten.

⑭ LEDs haben im Allgemeinen einen kürzeren und einen längeren Anschlussdraht. Der Kürzere muss dabei immer zum Minuspol, der längere zum Pluspol zeigen. Stecken Sie nun die Leuchtdiode mit dem kürzeren Draht in ein Loch neben dem freien Ende des Widerstands. Der längere Draht kommt in das danebenliegende Loch, das der einzelnen Stiftleiste zugewandt ist.

⑮ Biegen Sie den kürzeren Draht der LED so, dass er den Widerstandslötpunkt berührt, und löten Sie ihn fest. Auch den längeren Draht löten Sie fest und kürzen ihn dann.

Bild 4.55: LED anlöten.

⑯ Nehmen Sie nun den Silberdraht zur Hand und löten Sie dessen Ende am freien Lötpunkt der LED fest, sodass der Silberdraht flach über der Platine liegt und in die Richtung der einzelnen Stiftleiste führt. Löten Sie jetzt den Silberdraht an den dritten Lötpin von oben der einzelnen Stiftleiste fest. Achten Sie hierbei darauf, dass Sie den Silberdraht während des Lötens flach auf die Platine pressen, damit er nicht absteht. Schneiden Sie dann den Silberdraht möglichst dicht an der Lötstelle ab, sodass er nicht über die Platine hinausragt.

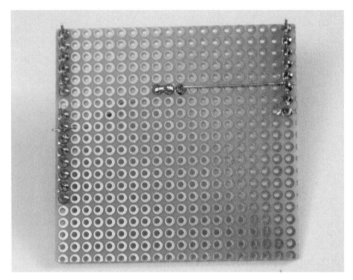

Bild 4.56:
Silberdraht am freien Lötpunkt der LED anlöten.

⑰ Fertig! Damit haben Sie jetzt eine Experimentierplatine mit einer eigenen LED gebaut.

⑱ Testen können Sie die LED übrigens ganz einfach dadurch, dass Sie das Beispielprogramm über *Datei/Beispiele/Basics/Blink* in die Arduino-Oberfläche laden und in der 10. Zeile den Programmcode `int led = 13;` abändern in `int led = 5;` – damit wird dem Programm mitgeteilt, dass der Pin für die LED jetzt Pin 5 ist.

Bild 4.57: Mit dem Beispielprogramm Blink kann man die LED zum Leuchten bringen.

Und damit haben Sie Ihr eigenes Shield gebaut, das Sie für eigene Projekte jederzeit wiederverwenden können!

Wenn Sie übrigens noch die fehlende Stiftleiste des Arduino anbringen möchten, werden Sie schnell feststellen, dass diese nicht im Rastermaß liegt – sie ist leider um einen halben Rasterpunkt verschoben. Um dieses Problem doch noch in den Griff zu bekommen, können Sie die Stiftleiste auf der Platine zuerst festlöten und anschließend mit einer Zange so im Zickzack biegen, dass der Pin doch noch in die Platine passt. Schön ist das nicht, aber dafür günstiger als eine Prototyping-Platine.

4.11.5 Entlöten von Bauteilen

Hin und wieder kann es vorkommen, dass Sie vielleicht einmal ein Bauteil an die falsche Stelle oder, im Fall einer LED, beispielsweise in der falschen Richtung auf die Platine gelötet haben. In so einem Fall müssen Sie die Lötstelle wieder öffnen, was durchaus möglich ist, aber zusätzliche Arbeit bedeutet. Daher empfehlen wir an allererster Stelle, schon beim Aufbau penibel darauf zu achten, dass möglichst erst gar kein Fehler entsteht. Ist es aber doch einmal passiert, können Sie mithilfe verschiedener Werkzeuge bereits verwendete Bauteile auch wieder aus Ihrer Schaltung entfernen.

Entlötsaugpumpe

Das sicherlich effektivste Werkzeug hierbei ist die Entlötsaugpumpe, die in ihrem Inneren einen federgetriebenen Luftkolben hat, der auf Knopfdruck einige Kubikzentimeter Luft schlagartig in den Innenraum der Pumpe zieht.

Hält man die Pumpe kurz über die zuvor erwärmte, flüssige Lötstelle, wird die Luft samt dem flüssigen Lötzinn eingezogen, sodass die Lötstelle im besten Fall frei liegt und das Bauteil wieder entnommen werden kann.

Bild 4.58: Eine Entlötsaugpumpe kann Lötzinn wieder von einer Platine entfernen.

Eine solche Entlötsaugpumpe kostet zwischen 2 und 5 Euro und sollte in keiner Elektronikwerkstatt fehlen.

Entlötlitze

Die Entlötlitze erledigt dieselbe Arbeit wie die Entlötsaugpumpe, sie entfernt Lötzinn von einer Lötstelle. Hierbei wird allerdings auf ein anderes Prinzip gesetzt: Die Kupferlitze, ein geflochtenes Band aus dünnen Kupferdrähten, wird auf die betreffende Lötstelle gelegt und zusammen mit ihr über den Lötkolben erhitzt, sodass das daran haftende Lötzinn schmilzt. Durch die Kapillarwirkung der Entlötlitze, die gegebenenfalls noch durch darin enthaltenes Flussmittel gesteigert wird, wird das nun flüssige Lötzinn in die Litze gesaugt und verbleibt dort.

Bild 4.59: Entlötlitze kann ebenfalls Lötzinn aufnehmen, ist aber nicht wiederverwendbar.

Entlötlitze ist für unter 5 Euro im einschlägigen Fachhandel oder im Internet zu bekommen. Unserer Erfahrung nach kann man aber mit Entlötsaugpumpen deutlich besser arbeiten, die zusätzlich noch den Vorteil haben, dass sie sich nicht verbrauchen.

Lötzange

Solange Sie nur ein oder zwei Beine aus einer Platine befreien müssen, sind die Arbeiten noch mit normalem Werkzeug und mit überschaubarem Aufwand lösbar. Sobald Sie aber viele Pins gleichzeitig auslöten müssen, wird es deutlich schwieriger, denn es ist nicht leicht, mit demselben Lötkolben mehrere Stellen gleichzeitig zu erhitzen.

Hier kann eine Lötzange helfen, die speziell für solche Aufgaben ausgerüstet ist. Sie ähnelt einer Zange, bietet aber zwei Lötkolben, sodass man allein schon so in der Lage ist, zumindest zwei Lötpunkte gleichzeitig zu erhitzen.

Bild 4.60: Mit einer Lötzange kann man gut Teile mit mehreren Pins auslöten.

Häufig kann man aber an der Lötzange noch ausgesprochen breite Lötspitzen anbringen, die es dann beispielsweise ermöglichen, zweireihige Chips mit ganz vielen Pins auszulöten. Einfache Lötzangen gibt es schon ab ca. 20 Euro, zudem bieten viele Lötstationen noch die Möglichkeit, den üblichen Lötkolben durch eine solche Zange zu ersetzen.

4.11.6 Tipps und Tricks

Das Thema des fachgerechten Lötens kann ganze Bücher füllen. Im Endeffekt läuft es aber häufig darauf hinaus, dass Sie viel üben und Ihre eigenen Erfahrungen machen. Hier noch einige Tipps, die Ihnen vielleicht das eine oder andere Mal weiterhelfen:

- **Wärmebelastung**: Verschiedene elektronische Bauteile sind unterschiedlich empfindlich. Während Widerstände relativ viel Wärme einstecken können, ist dies bei Leuchtdioden, Transistoren oder ICs anders. Falls Sie aus irgendeinem Grund einmal Arbeiten vornehmen müssen, die länger als einige Sekunden dauern, empfiehlt es sich, Pausen zum Abkühlen der Bauteile einzuplanen. Durch das Festhalten von Geräten mit einer Zange kann diese auch Teile der Wärme aufnehmen und das Bauteil selbst kühlen.

- **Kalte Lötstellen**: Wenn beim Verbinden von zwei Bauelementen die Lötstellen nicht ausreichend erwärmt wurden, können sich sogenannte kalte Lötstellen bilden. Diese können eine Zeit lang den Strom mehr oder weniger gut leiten, durch mechanische Belastung oder altersbedingte Korrosion kann sich die elektrische Verbindung jedoch jederzeit wieder lösen und Fehler verursachen. Kalte Lötstellen kann man optisch erkennen, denn sie sind vom Erscheinungsbild matter als gute Lötstellen. Die Reparatur ist denkbar einfach: Man muss lediglich den Lötkolben einige Sekunden lang an die fehlerhafte Lötstellen halten, bis sich das Lötzinn korrekt mit den Bauteilen verbunden hat.

- **Flussmittel**: Wenn Sie am Lötkolben bereits Lötzinn hängen haben, das von Ihrer vorherigen Lötstelle stammt, eignet sich dieses oftmals nicht so sehr dazu, eine neue Lötstelle zu verbinden. Der Grund sind die im Lötzinn vorhandenen Flussmittel, die bei Lötzinn, das bereits einige Sekunden alt ist, bereits verdampft oder verbrannt sind. Wenn Sie aber ein winziges Stück neues Lötzinn Ihrem bisherigen Tropfen hinzufügen, wird das darin enthaltene Flussmittel auch auf das alte Lötzinn übergehen und dieses wieder benutzbar machen.

- **Lötwasser** und **Lötfett**: Es gibt im Fachhandel auch Lötwasser und Lötfett, die die Flusseigenschaften von Lötzinn verbessern können. Anders als das Flussmittel im Lötzinn bilden diese Stoffe aber oft auf Isolationsmaterial Rückstände, die elektrisch leitend sind und Wasser anziehen. Damit eignen sich diese Stoffe nicht für das Elektronik-Löten.

- **Bleifreies Löten**: Wenn man RoHS-konformes Lötzinn verwenden möchte, benötigt man in erster Linie eine Lötstation, bei der man die Temperatur einstellen kann. Man braucht hier mit 350 bis 370 °C eine höhere Temperatur als bei normalem Lötzinn (300 bis 330 °C). Da die Fließeigenschaften von bleifreiem Lot schlechter sind, muss ausreichend Flussmittel verwendet werden, das zudem oft noch aggressiver als normales Flussmittel ist. Es wird also empfohlen, für eine besonders gute Lüftung bzw. eine Absaugvorrichtung für die Lötdämpfe zu sorgen. An bleifreies Löten sollten Sie sich erst dann heranwagen, wenn Sie bereits einige Erfahrungen gesammelt haben.

4.12 3-D-Drucker

Sicherlich sind sie auch Ihnen schon begegnet: die 3-D-Drucker, die man jetzt allerorten in Geschäften und in heimischen Wohnzimmern findet. Doch warum finden Sie jetzt ein Kapitel in einem Arduino-Buch darüber? Dazu muss man ein wenig ausholen:

Als Adrian Bowyer, ein Mathematiker und Ingenieur an der britischen Universität Bath, im Jahr 2006 seinen ersten 3-D-Drucker konstruiert, ahnt er noch nicht, wie erfolgreich sein Projekt einmal sein würde. Seine Idee ist es, einen 3-D-Drucker zu konstruieren, der sehr günstig ist und von jedermann nachgebaut werden kann, sofern er über ausreichend technisches Geschick verfügt. Praktischerweise sind kurz vorher die Patente für einen solchen 3-D-Drucker ausgelaufen, sodass rechtlich in dieser Hinsicht schon mal keine Hindernisse im Weg stehen.

Er steht nun vor dem Problem, einen doch recht komplexen Apparat zu bauen, der üblicherweise bislang in der Prototypenproduktion eingesetzt wird (sogenanntes Rapid Prototyping) und zu dem Zeitpunkt noch mehrere Zehntausend Euro kostet – und er wollte es bitteschön mit einfachsten Mitteln erreichen. Die Idee, die ihm dies ermöglicht, ist schlichtweg genial: Er nutzt einfache Materialien, die man in einem normalen Baumarkt bekommen kann, wie zum Beispiel Gewindestangen und Schrauben, und verwendet dann einen 3-D-Drucker, um die notwendigen Verbindungsstücke und Spezialteile zu fertigen.

Natürlich ist damit die Produktion des allerersten Druckers alles andere als günstig, denn 3-D-gedruckte Objekte herstellen zu lassen, ist 2006 noch sehr teuer. Doch nachdem der erste Drucker steht, ist dieser in der Lage, den nächsten zu drucken, dieser kann wieder einen oder mehrere Drucker herstellen, und so produziert der eine Drucker seine Nachfolgergeneration. Bowyer bezeichnet daher seinen Drucker als »selbstreplizierend« – was natürlich nicht ganz stimmt, da man ja immer noch andere Bauteile benötigt, die nicht aus den 3-D-Druckern stammen – und benennt ihn nach dem großen Naturwissenschaftler und Evolutionsforscher Charles Darwin.

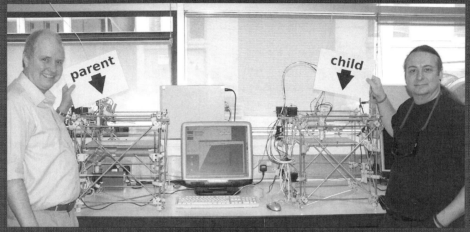

Bild 4.61: Adrian Bowyers 3-D-Drucker Darwin ist selbstreplizierend, er kann eine Kopie seiner selbst herstellen – URL http://bit.ly/1zM66cA. (Quelle: commons.wikimedia.org)

Doch was hat das alles mit Arduino zu tun? Nun, natürlich verfügt ein 3-D-Drucker nicht nur über ein Gehäuse, sondern auch über Motoren und eine Elektronik, die diese ansteuert. Da Bowyer im Jahr 2006 nicht das Rad neu erfinden, sondern lediglich einen 3-D-Drucker herstellen möchte, greift er – nach einem ersten weniger erfolgreichen Selbstbau – für die Elektronik auf ein bestehendes Open-Source-Projekt zurück, das sich sehr gut für seine Zwecke eignet: die Arduino-Entwicklungsumgebung.

Er entwickelt ein spezielles Shield, das Schrittmotortreiber und Steuerungen für die verschiedenen Heizelemente des Druckers enthält, setzt es auf einen Arduino und beginnt dann, die Software dafür in der Arduino-Entwicklungsumgebung zu schreiben.

Seit dieser Zeit steuert in den meisten 3-D-Druckern ein Arduino dessen Vorgänge – er sorgt dafür, dass die Druckdaten vom PC übernommen, der Druckkopf an die richtige Stelle bewegt und das Material vorwärts transportiert und auf eine genau vorgegebene Temperatur erhitzt wird – für einen kleinen Arduino eine ganz schöne Leistung!

Natürlich haben sich seit 2006 die 3-D-Drucker ordentlich weiterentwickelt – und damit auch die Elektronik. Doch auch wenn es mittlerweile etliche 3-D-Drucker-Steuerungen gibt, fast alle basieren nach wie vor auf einem Arduino und lassen sich auch durch dessen Entwicklungsoberfläche programmieren. Das gilt übrigens ebenfalls für viele kommerzielle Drucker, denn auch diese haben sich häufig aus der RepRap-Bewegung heraus entwickelt.

4.13 Gebrauch eines Multimeters

Wann immer Sie in unbekannten Gefilden unterwegs sind, ist ein guter Freund das Beste, was Sie mitnehmen können. Wenn Sie in der Elektronik unterwegs sind, ist dieser Freund das Multimeter.

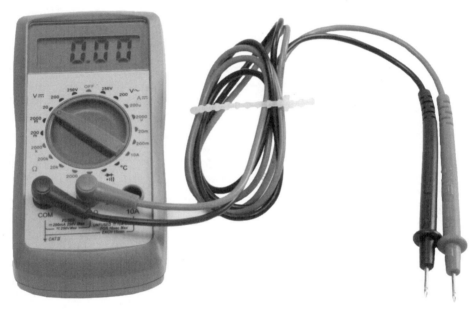

Bild 4.62: Das Multimeter ist eines der wichtigsten Werkzeuge – vor allem bei der Fehlersuche.

Wie schon dem Namen zu entnehmen ist, können Sie mit einem Multimeter sehr viele Dinge messen: Von der einfachen Durchgangsprüfung über Strom und Spannung bis zum Ohm'schen Widerstand – und etliche Multimeter bieten darüber hinaus weitere Messungen wie Temperatur- und Frequenzmessungen an.

Einfache Multimeter gibt es dank Fernversand aus Fernost schon für unter 5 Euro – es lohnt sich aber, etwas mehr zu investieren, damit die Geräte nicht schon beim Auspacken direkt in der Hand zerbröseln oder nur Zufallszahlen anzeigen. Doch schon ab 10 bis 15 Euro kann man sich seinen neuen besten Freund kaufen und mit ihm lange Jahre verbringen.

4.13.1 Durchgangsmessung

Wenn Sie einmal überprüfen möchten, ob ein Kabel gebrochen oder eine Glühbirne defekt ist, eignet sich hierfür die Durchgangsmessung des Multimeters. Sie müssen es nur auf den entsprechende Modus stellen und die beiden Messspitzen an die

Anschlüsse des zu messenden Teils halten – sobald der Prüfstrom durch das Bauteil fließt, ertönt aus dem Multimeter ein Ton.

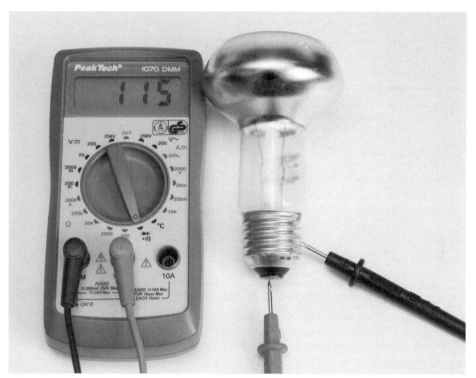

Bild 4.63: Dieser funktionierende Stromverschwender wird uns noch eine Weile erhalten bleiben.

4.13.2 Widerstandsmessung

Um einen Widerstand zu messen, muss man das Multimeter auf Widerstandsmessung stellen und die beiden Messspitzen an das elektronische Bauteil halten. Dabei muss man nur beachten, dass man den passenden Messbereich wählt. Der Strom, der durch das Bauteil fließt, ist dabei sehr gering, sodass man keine Angst haben muss, das Bauteil durch die Messung zu zerstören.

Sie sollten übrigens auch darauf achten, die blanken Metallenden der Messspitzen während der Prüfung nicht zu berühren, da sonst auch der Ohm'sche Widerstand Ihres eigenen Körpers in die Messung einfließt.

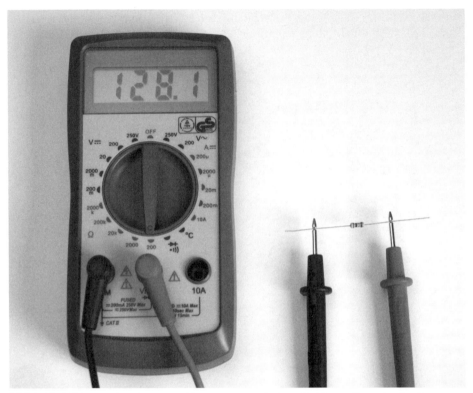

Bild 4.64: Widerstände müssen zur Messung nur zwischen die Messspitzen des Geräts gehalten werden.

4.13.3 Spannungsmessung

Will man eine Spannung messen, muss man das Multimeter auf die maximal zu erwartende Spannung einstellen. Die meisten Multimeter unterscheiden dabei zwischen Gleich- und Wechselspannung, achten Sie also darauf, die entsprechende Einstellung zu wählen. Zur Spannungsprüfung selbst müssen Sie die Messspitzen des Multimeters dann an die beiden Pole der Spannungsquelle halten.

Vor allem bei hoher Wechselspannung sollten Sie ganz besonders darauf achten, die Metallenden der Messspitzen nicht zu berühren, da Sie sonst selbst der Spannung ausgesetzt werden, und mit Stromschlägen ist nicht zu spaßen – schon Spannungen ab 50 V bei Wechselspannung und 120 V bei Gleichspannung können das Herz schädigen. Dabei muss nicht einmal viel Strom fließen, schon 50 mA können tödlich sein!

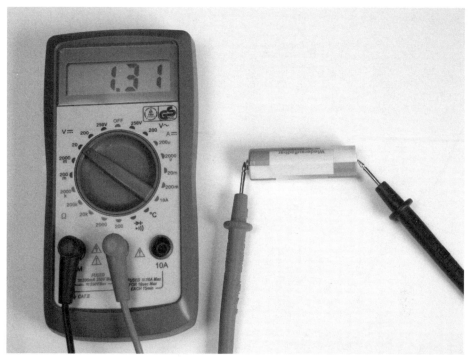

Bild 4.65: Die Spannung einer Batterie kann man auf diese Weise messen.

4.13.4 Strommessung

Die Strommessung mit einem Multimeter ist etwas komplizierter, denn zur Prüfung einer Stromstärke muss das Messgerät selbst in den Stromkreis eingebaut werden. Der gesamte Strom fließt also durch das Multimeter und muss von diesem auch ausgehalten werden. Verbraucht das Gerät zu viel Strom, kann das die Messleistung eines Multimeters übersteigen. Bessere Multimeter haben daher eine Schutzschaltung oder eine Sicherung verbaut, die das Gerät vor solchen Strömen schützt – bei den billigeren Messgeräten ist das nicht unbedingt der Fall.

Konsultieren Sie also vor einer Strommessung unbedingt die Gebrauchsanweisung. Bei hochwertigen Multimetern sind separate Anschlüsse zur Messung von Strömen beziehungsweise von Spannungen und Widerständen vorhanden, sodass das Multimeter auch geschützt ist, wenn Sie eine Spannung messen wollen und den Messmodus auf Stromstärke eingestellt haben. In diesem Fall müssen Sie das Messkabel für eine Strommessung umstecken.

Bild 4.66: Bei einer Strommessung muss das Messgerät in den Stromkreis eingebunden sein.

4.13.5 Tipps und Tricks

Im Zusammenhang mit Messungen gibt es noch ein paar Tipps, die wir Ihnen nicht vorenthalten möchten:

- Wenn Sie Batterien messen, sollten Sie beachten, dass deren Spannung deutlich variiert, je nachdem, ob sie unter Belastung gemessen werden oder ohne. Wenn Sie einen geeigneten Widerstand in Ihren Messstromkreis einbauen, werden die Ergebnisse zuverlässiger.

- Auch Ihr Multimeter hat eine interne Batterie, die zwar lange, aber nicht ewig hält. Achten Sie auf das Batteriesymbol: Wenn es leuchtet, sind die Messergebnisse vermutlich ungenau.

- Sollten Sie keine Strommessung durchführen können, ist vermutlich die interne Sicherung durch eine vorherige Messung zerstört worden. Ein Austausch dieser Sicherung wirkt Wunder.

- Eine sichere Methode, sein Messgerät oder zumindest die interne Sicherung zu zerstören, ist, das Multimeter auf Strommessung zu stellen und dann direkt ohne Verbraucher eine Spannungsquelle anzulegen. Dann nämlich hat man einen Kurzschluss produziert, dessen Leistung nur noch vom Widerstand des verwendeten

Drahts abhängt – und es fließt der maximale Strom, den die Spannungsquelle liefern kann. Also bei der Strommessung immer darauf achten, dass auch ein Verbraucher mit im Stromkreis hängt.

- Große Ströme sollten Sie generell nur kurze Zeit messen, da sie Ihr Multimeter sehr stark belasten.

4.14 FabLabs und Hackerspaces

Kennen Sie das? Sie sitzen abends allein in Ihrem stillen Kämmerlein an Ihrer Werkbank, löten Ihre Bauteile zusammen, aber die Schaltung will einfach nicht so, wie Sie wollen. Was machen Sie jetzt? Fachbücher wälzen, endlos im Internet stöbern, die Schaltung mit der Lupe ansehen und dann irgendwann alles in die Ecke pfeffern und auf morgen verschieben?

Abhilfe können hier FabLabs und Hackerspaces bieten. Diese modernen offenen Werkstätten werden immer häufiger von ambitionierten Menschen gegründet, die sich für Technik, Kreativität und Kunst interessieren, und an diesen Treffpunkten kann man zusammen mit anderen an seinen Projekten arbeiten. Neben Elektronikarbeitsplätzen, die häufig viel besser als die eigene Werkstatt ausgerüstet sind, bieten FabLabs und Hackerspaces oft auch andere moderne Produktionsmethoden wie 3-D-Drucker und Lasercutter, mit denen man sich auch einmal ein eigenes Gehäuse für seine Schaltung oder passende Knöpfe für seine Schalter herstellen kann.

Vor allem aber ist man in guter Gesellschaft, denn bei kniffligen Fragen findet sich fast immer jemand, der weiterhelfen kann. So findet jemand, der sich eher in Elektronik auskennt, schnell einen Informatiker, der ihm bei der Programmierung hilft, oder einen Mechaniker, der ihn beim Aufbau seines Roboters weiterbringt. Auch im eigenen Bereich findet man schnell jemanden, der vielleicht genauso am Anfang steht wie man selbst und mit dem man sich austauschen und sich gegenseitig etwas beibringen kann.

Man muss auch nicht unbedingt immer nur an seinem eigenen Projekt arbeiten, zusammen lassen sich Sammelbestellungen ausführen oder aber größere Ideen in Angriff nehmen. Gemeinnützige Projekte wie ReparaturCafés (http://repaircafe.org/de) oder die Unterstützung von Menschen aller Art durch individuelle Lösungen (*http://fixperts.org*) können den eigenen Horizont deutlich erweitern.

Natürlich muss man bei der Kontaktaufnahme mit einer solchen offenen Werkstatt etwas Mut aufbringen, um sich in eine auf den ersten Blick so eingeschworene und abgeschlossene Gemeinschaft zu begeben – aber in den allermeisten Fällen ist man als Interessent und potenzieller Mitstreiter hochwillkommen, und spätestens nach dem dritten Besuch ist man im Allgemeinen bereits gut sozial integriert. Auch wenn man die eine oder andere kleine Macke hat, sollte man sich trauen – solange man die Besonderheiten der Anderen tolerieren kann, trägt das nur zum durchaus erwünschten bunten Leben eines FabLabs bei.

Es ist leider nicht immer leicht, ein Hackerspace in seinem Wohnort zu finden, da diese nicht immer Werbung machen und auch im Internet schwer zu finden sind. Einige Anlaufpunkte können die Internetadressen *www.offene-werkstaetten.org* und *www.fablabs.io* sein, häufig wissen Einrichtungen in Nachbarstädten ebenfalls ganz gut, welche ähnlichen Einrichtungen es in Ihrer Umgebung gibt. Auch Freunde und

Bekannte haben vielleicht schon einmal von der einen oder anderen Einrichtung gehört – oder sind bereit, bei der Gründung einer solchen mitzuhelfen. Uns beiden Autoren haben Gründung und Aufbau des FabLab Karlsruhe e. V. viel Freude bereitet, und wir können ein Engagement nur empfehlen.

Bild 4.67: Ein FabLab bietet viele Maschinen, wie 3-D-Drucker oder Lasercutter, aber vor allem ein soziales Umfeld, in dem man sich auch als Nerd sehr wohlfühlen kann – hier im FabLab Karlsruhe.

4.15 Schaltpläne lesen und begreifen

Ein wichtiges Handwerkszeug, dem Sie in der Elektronik immer wieder begegnen werden, sind Schaltpläne. Diese Schaltpläne verwenden standardisierte Symbole für einzelne Bauelemente wie Widerstand, Transistor und Kondensator, die durch Drähte miteinander verbunden sind, die durch einfache Linien dargestellt werden. Bei Schaltplänen ist die Größe der Bauteile irrelevant, jedes Bauteil benötigt im Schaltplan annähernd den gleichen Platz, ganz egal, ob es sich dabei um einen klitzekleinen Doppelschichtkondensator von wenigen Millimetern Länge handelt oder um einen klobigen Elektrolytkondensator, der in einem Verstärker verbaut ist.

So kann man Schaltpläne übersichtlich aufbauen, sodass der erfahrene Elektroniker diese auch anstandslos lesen und begreifen kann. In der folgenden Tabelle finden Sie die wichtigsten elektronischen Bauteile mit ihren standardisierten Schaltplansymbolen.

Standardisierte Schaltplansymbole und Bauteile		
Symbol	Breadboard	Bezeichnung
———————		Draht
—/—	▭	Schalter
⊐⊏	▢	Doppelschalter
—╎╎—	AA Battery	Batterie
—⊗—	–	Glühlampe
—⋀⋁⋀— oder —▭—	▬	Widerstand
—⋀⋁⋀— oder —▱—	▯	Potenziometer
—▷⊢—	▬	Diode

Symbol	Breadboard	Bezeichnung
		Leuchtdiode
		Kondensator
		Elektrolyt-kondensator
		Spule
		PNP-Transistor
		NPN-Transistor
		N-Kanal-MOSFET
		Integrierter Schaltkreis

In diesem Buch werden Schaltpläne nur an einigen Stellen verwendet, aber als Bestandteil von Datenblättern sind sie von essenzieller Bedeutung.

4.16 Datenblätter richtig lesen

Wenn Sie in der Elektronik mit integrierten Schaltungen zu tun haben, werden Sie in den meisten Fällen nicht wissen, welcher Pin welche Funktion hat. Solche und andere Informationen finden Sie in den sogenannten Datenblättern, die man im Internet kostenfrei herunterladen kann.

Das Lesen solcher Datenblätter ist eine Kunst für sich, und es bedarf schon einiger Übung, genau die Informationen dem Blatt zu entnehmen, die für Ihr Projekt in diesem Moment wirklich wichtig sind. Viel häufiger kommt es vor, dass man den Wald vor lauter Bäumen nicht sehen kann und die wirklich wichtigen Informationen in Dutzenden anderer versteckt sind.

Gute Datenblätter haben daher auf den ersten Seiten eine Zusammenfassung, die nur die wichtigsten Informationen bereitstellt. Leider sind aber nicht alle Datenblätter gut, und leider sind sie auch in den meisten Fällen nur in englischer Sprache verfasst.

In den meisten Datenblättern finden Sie die folgende Elemente:

- Die ersten ein oder zwei Seiten des Datenblatts sind oft mit einem Bild, einer textlichen Beschreibung des Bauteils und einer Liste seiner Vorteile gegenüber Konkurrenzprodukten gefüllt. Die Pinbelegung und der innere Aufbau des Bauteils finden sich ebenfalls meistens auf diesen Seiten.

- In den *absolute maximum ratings* steht, welcher maximale Strom das Bauteil durchfließen darf, welche Leistung in ihm freigesetzt werden darf und bei welchen Temperaturen es betrieben werden kann.

- Die elektrischen Spezifikationen (*electrical specifications*) beinhalten eine Liste, die die grundlegenden Eigenschaften und das Verhalten des Bauteils beschreibt. In vielen Datenblättern ist diese Liste durch Schaubilder ergänzt.

- In vielen Datenblättern finden sich noch Vorschläge für Schaltungen zum Testen und Betreiben des Bauelements, Erklärungen der Funktionsweise, Diagramme für das Zeitverhalten und vieles mehr. Das Datenblatt des Mikrocontrollers ATmega328, der auf vielen Arduino-Boards verbaut ist, hat beispielsweise einen stolzen Umfang von fast 450 Seiten.

Das Auffinden eines passenden Datenblatts ist normalerweise nur eine Arbeit von wenigen Sekunden: In den meisten Fällen findet sich auf dem Bauteil selbst eine Typenbezeichnung. Wenn Sie diese zusammen mit dem Stichwort *Datenblatt* oder *Datasheet* in die Suchmaschine Ihrer Wahl eintragen, werden Sie meist schon innerhalb der ersten Ergebnisse fündig.

Häufig entspricht die Aufschrift auf dem Bauteil nicht exakt dem Namen, der im Datenblatt steht, da dieses meist für die gesamte Bauteilreihe gilt, während die Aufschrift das konkrete Bauelement beschreibt. Beispielsweise kann das Datenblatt eine Sieben-Segment-Anzeige beschreiben, auf dem Bauteil selbst ist zusätzlich noch die Farbe der anzeigenden LEDs notiert. Lassen Sie sich davon nicht irritieren, häufig werden Datenblätter nicht für ein einzelnes Bauteil, sondern für eine ganze Gruppe davon geschrieben.

Teil IV
22 Projekte

Teil IV 22 Projekte

5	Arduino im Praxiseinsatz	161
5.1	Leonardo, der Kollegenschreck	161
5.2	Analoger Temperatursensor	169
5.3	Infrarotfernbedienung	178
5.4	Lichtschranke	189
5.5	SMS-Alarmanlage	196
5.6	Wedelstab	205
5.7	Kameraauslöser	219
5.8	LED-Lichterkette	227
5.9	Stoppuhr mit Sieben-Segment-Anzeige	236
5.10	Serielle LED-Lichterkette	246
5.11	Rotationsmonitor	253
5.12	LCD-Textdisplay	264
5.13	Breakout auf TFT-Display	273
5.14	Wetterstation	287
5.15	Automatische Gießanlage	297
5.16	Der Arduino Robot	305
5.17	Analoge Uhr	312
5.18	Der Arduino Yún	330
5.19	Blauer Herzschlag	345
5.20	Mobiler Temperaturlogger	355
5.21	Breadboard-Arduino	370
5.22	Arduino und Windows	378

Arduino™ im Praxiseinsatz

Gut gerüstet geht es jetzt an die praktische Umsetzung von 22 kleinen und großen Arduino-Projekten, die einen Querschnitt der vielen Einsatzmöglichkeiten des Arduino zeigen und dazu animieren, mit neuen eigenen Ideen daran anzuschließen.

5.1 Leonardo, der Kollegenschreck

Auf den ersten Blick kann man den Arduino Leonardo leicht mit einem Uno verwechseln, denn von den äußeren Ausmaßen und der Position der Steckleisten sind die beiden sehr gleich. Der große Vorteil des Leonardo gegenüber dem Arduino Uno ist jedoch, dass er auf sehr einfache Art und Weise mit dem PC oder einem Macintosh kommunizieren kann, denn durch eine besondere Programmierung simuliert der Mikrocontroller des Leonardo eine Tastatur oder eine Maus, die über USB an den entsprechenden Computer angeschlossen ist.

Damit ist der Leonardo problemlos in der Lage, den Mauszeiger des Computers zu verschieben oder Texte an den Computer zu senden, die dort genau so erscheinen, als ob sie über die Tastatur eingetragen worden wären. Der Leonardo dreht also als erster Arduino seiner Familie den Spieß um: Er bekommt nicht nur Befehle vom Computer, sondern kann genau solche auch an den Computer zurücksenden.

5.1.1 Motivation

Das Telefon klingelt. Eine von Fett und Chipskrümeln übersäte Hand greift zum Hörer. »Ja? ... Ihr Mauszeiger dreht Kreise? Jetzt verarschen Sie mich nicht! ... Oh Mann, muss man denn alles alleine machen? Ja, ich komme.« Mit einem abgrundtiefen Stöhnen landet der Hörer auf der Gabel. Ein massiger Körper wuchtet sich aus dem Drehstuhl, und das spärliche T-Shirt mit der Aufschrift »Ich Admin, du nix« wird in gekonnter Star-Trek-TNG-Manier glatt gezogen, was die bislang blank liegenden Speckröllchen gnädigerweise versteckt.

Bedeutungsschwere Schritte nähern sich einem klein gewachsenen Angestellten, der zwar nicht zitternd, so doch voller Sorge in seine Richtung schaut: »Ehrlich, ich habe nichts gemacht!« Der Administrator würdigt ihn keines Blickes, greift sich die Tastatur, plotzt auf den Sitz. Tatsächlich, der Mauszeiger beschreibt einen exakten Kreis und verhält sich dann wieder normal. Das ist doch bestimmt wieder ein Virus, den sich dieser Idiot beim Surfen auf illegalen Seiten eingefangen hat!

Der Task-Manager wird geöffnet, der eine oder andere verdächtige Prozess wird beendet. Der kleine Kollege zuckt nur einmal kurz auf, als die Arbeit des Nachmittags im digitalen Nirwana verschwindet – brav. Da! Schon wieder, ein runder Kreis! Aber wo ist denn jetzt der blöde Virus, er hat doch schon jedes in Frage kommende Programm gekillt! Und schon wieder! Erste Schweißperlen bilden sich – das gibt's doch nicht, bis jetzt hat er noch jeden Virus plattgemacht. Ah, ein Erfolg, keine Kreisbewegung mehr! Aber dafür läuft der Computer insgesamt nicht mehr. Also ein Neustart ...

Zwei Stunden später entschwindet ein völlig entnervter Admin vorzeitig in den Feierabend, nachdem er dem Angestellten noch blumenreich mitgeteilt hat, dass er auf ein schwächeres Gerät wechseln muss und der Rechner auseinandergenommen wird – morgen.

Kurz vor Feierabend zieht ein dritter Kollege ein kleines USB-Kabel aus dem Rechner, das – unerreichbar für bückscheue Zeitgenossen – hinten am Rechner angebracht war. Sicherlich wird der kleine Kollege morgen melden, dass der Rechner jetzt wieder problemlos arbeitet. Und falls der Admin diesen Erfolg für sich verbuchen will, wird bestimmt die unschuldige Frage auftauchen, wie genau er das denn nur wieder geschafft hat und wie man das in Zukunft vermeiden kann.

5.1.2 Aufgabenstellung

Wir wollen ein kleines Programm schreiben, das einen Arduino Leonardo dazu veranlasst, den Mauszeiger einen Kreis ziehen zu lassen, nachdem eine Taste gedrückt wurde. Nach Beendigung der Kreisbewegung soll die Maus wieder freigegeben werden.

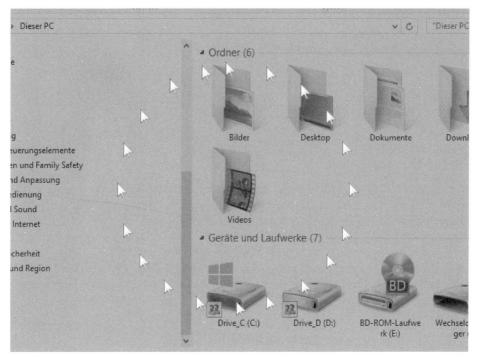

Bild 5.1: Der Arduino Leonardo bewegt den Mauszeiger im Kreis.

5.1.3 Hintergrundwissen

Es ist ja normal, dass ein Arduino über USB mit dem Computer kommunizieren kann. Wann immer ein Programm auf den Arduino geladen werden muss, läuft dies über USB, und auch der serielle Monitor, über den man Informationen vom Arduino erhalten kann, muss diesen Weg gehen.

Kommunikation eines normalen Arduino mit dem Computer

Das geschieht unter Zuhilfenahme der RS232-Schnittstelle, die für einen Arduino deutlich leichter zu handhaben ist als die USB-Schnittstelle. Der Grund hierfür liegt hauptsächlich darin, dass das USB-Datenaustauschprotokoll zwischen Gerät und Computer um ein Vielfaches komplexer ist als das der RS232-Schnittstelle und man gerade in der Anfangszeit des Arduino diese komplexe Thematik einem eigens dafür konstruierten Chip überlassen hat. Dieser Chip ist es, der das komplizierte USB-Protokoll ganz für sich allein abhandelt und dem Arduino das deutlich vereinfachte RS232-Protokoll zur Verfügung stellt.

In den früheren Arduinos wurde hierfür ein spezieller Chip verwendet, der aber keine hohen Geschwindigkeiten zuließ und noch ein paar andere Nachteile hatte. Als dann der Arduino immer älter und fortschrittlicher wurde, ist man umgestiegen auf einen eigenen Mikrocontroller, der das USB-Protokoll in höherer Geschwindigkeit und mit mehr Kompatibilität abhandelte. Dennoch ist es heute immer noch so, dass der eigentliche Mikroprozessor des Arduino über die RS232-Schnittstelle mit dem Computer kommuniziert.

Kommunikation eines Leonardo mit dem Computer

Natürlich soll ein Arduino Leonardo genauso programmiert werden können wie ein Uno, auch er muss also über die RS232-Schnittstelle mit dem Computer kommunizieren können. Gleichzeitig aber soll er noch auf einem anderen Weg mit dem Computer in Verbindung treten, nämlich als Tastatur und Maus.

Mäuse und Tastaturen für Computer gibt es mittlerweile am Markt unübersehbar viele. Da alle die gleiche Funktion innehaben, nämlich Mausbewegungen bzw. Tastendrücke zu übermitteln, ist es nicht sinnvoll, für jede einzelne Tastatur oder Maus einen eigenen Treiber für Macintosh, Linux und Windows zu schreiben. Daher hat man sich schon vor geraumer Zeit auf einen Standard geeinigt, mit dem Mäuse und Tastaturen mit den Computern kommunizieren müssen. Als »Human Interface Devices« oder auch HID-Geräte werden sie heute von allen Computern mit modernen Betriebssystemen automatisch erkannt.

Auch der Leonardo, der Micro und der Esplora aus der Arduino-Familie gehen diesen Weg und geben sich beim Computer als HID-Gerät aus, das sowohl Maus- als auch Tastatursignale abgeben kann.

Die Kommunikation mit dem Computer übernimmt in diesem Fall kein externer Chip, sondern ein spezieller Mikrocontroller (ATmega32U4), der neben den normalen Aufgaben eines Arduino auch noch in der Lage ist, die USB-Kommunikation zu übernehmen.

Doch jetzt gibt es ein Problem: Der Arduino selbst mit seiner Möglichkeit, Programme zu empfangen und den seriellen Monitor anzusprechen, ist aus Sicht des Computers ein Gerät, die Simulation einer Tastatur oder Maus ist aber ein anderes, zusätzliches USB-Gerät. Es ist nicht möglich, beide Funktionen in einem USB-Anschluss zu vereinen.

Natürlich gäbe es die Möglichkeit, den Arduino mit zwei USB-Kabeln an den Computer anzuschließen. Das wäre aber umständlich und natürlich auch nicht besonders billig, weshalb die Erschaffer des Arduino Leonardo einen anderen Weg gewählt haben: Ist der Arduino an den Computer angeschlossen, um ein Programm zu empfangen oder die serielle Schnittstelle zu bedienen, befindet sich der Arduino in dem einen USB-Modus, soll er hingegen Tastatur- oder Maussignale an den Computer senden, befindet er sich in einem anderen.

Man ist also nicht gezwungen, das USB-Kabel ständig zu wechseln oder gar mit zwei Kabeln zu hantieren, es gibt aber auch ein paar Nachteile. Aufgrund der besonderen Architektur des Leonardo bricht bei einem Reset die serielle Verbindung zum Computer zusammen. Viel nervenaufreibender ist jedoch der Umstand, dass es der

Arduino-Entwicklungssoftware nicht immer gelingt, ein selbst geschriebenes Programm auf den Arduino hochzuladen.

Wenn nämlich der Arduino mit seinem bisherigen Programm die Tastatur- oder Mausfunktion des Computers anspricht, kann das zum einen dazu führen, dass die Bedienung des Programms erschwert wird – weil zum Beispiel der Mauszeiger gerade in eine Kreisbahn gedrängt wird –, zum anderen ist aber der Arduino gar nicht bereit dafür, neue Programme vom Computer entgegenzunehmen.

Auch wenn es hierfür einen kleinen Trick gibt, ist es doch angeraten, bei jedem Programm, das die Tastatur- oder Mausfunktion des Leonardo verwendet, eine Möglichkeit vorzusehen, die HID-Funktion seitens des Arduino ordentlich zu beenden und somit den Weg freizumachen für die normale Kommunikation mit dem Arduino. Das geschieht üblicherweise über die Befehle `Mouse.end()` und `Keyboard.end()`.

Pull-up-Widerstände

Wenn ein Taster gedrückt wird, besteht eine elektrische Verbindung zwischen seinen beiden Anschlüssen, wird er losgelassen, besteht auch keine Verbindung mehr. Wenn ein Taster mit einem Anschluss an die Masse gelegt wird und mit dem anderen an einen digitalen Pin des Arduino, wird bei gedrücktem Taster mit dem Befehl `digitalRead(pin_taster)` immer ein `LOW` gemessen. Was passiert aber, wenn der Schalter nicht gedrückt wird?

Der Pin des Arduino ist über ein Kabel mit dem Taster verbunden, aber es besteht keine Verbindung zur gegenüberliegenden Seite des Tasters. In diesem Fall werden wir bei 100 Aufrufen von `digitalRead(pin_taster)` ungefähr 50-mal ein `LOW` und 50-mal ein `HIGH` messen. Das liegt daran, dass wir mit dem Arduino-Pin und dem Kabel zum Taster eine kleine Antenne aufgebaut haben, die auf viele unterschiedliche Störquellen reagiert.

Für einen Taster ist das natürlich weniger gut. Beheben kann man das, indem man den Arduino-Pin mit einer Spannung verbindet, beispielsweise der Versorgungsspannung. Wenn man dabei noch einen hochohmigen Widerstand benutzt, wird bei gedrücktem Taster trotzdem ein `LOW` gemessen.

Auf solche Widerstände trifft man in der digitalen Elektronik häufiger, man nennt sie auch Pull-up-Widerstände. Freundlicherweise sind im Mikrocontroller des Arduino solche Pull-ups bereits intern eingebaut, wir müssen sie nur anschalten. Das geschieht, indem der entsprechende Pin durch den Befehl `digitalWrite(Pinnummer, HIGH)` initialisiert wird.

Da nur Pull-up-Widerstände eingebaut sind, die den Pin mit der Versorgungsspannung verbinden, und keine Pull-down-Widerstände für eine Verbindung mit der Masse, können Taster nicht zwischen Arduino-Pin und der Versorgungsspannung geschaltet werden, da sonst sowohl bei gedrücktem als auch bei nicht gedrücktem Schalter ein `HIGH` gemessen werden würde.

Benötigte Bauteile
- 1 Arduino Leonardo
- 1 Breadboard
- 1 Mikrotaster
- 2 Drahtbrücken

5.1.4 Schaltplan

Um den Taster an den Arduino anzuschließen, müssen Sie eine Seite mit der Masse verbinden – auf dem Arduino mit GND bezeichnet – und die andere Seite mit dem digitalen Pin 2 des Arduino. Bei einem üblichen Taster mit vier Anschlusspins sind jeweils zwei Pins im Bauteil intern miteinander verbunden, weshalb er nicht beliebig angeschlossen werden kann. Sie müssen zwei auf gegenüberliegenden Seiten herausstehende Pins zum Anschluss benutzen. Sollte Ihre Schaltung nicht funktionieren, versuchen Sie einmal, den Taster um 90 Grad zu drehen.

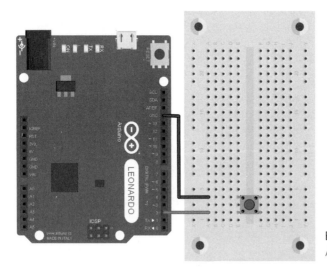

Bild 5.2: Der Breadboard-Aufbau der Schaltung.

Download Source Code
Mauswandern.ino und MauswandernEsplora.ino
- buch.cd
- arduino-handbuch.visual-design.com

5.1.5 Source Code

```
001  void setup() {
002    pinMode(2, INPUT);            //Pin 2 auf Ausgang setzen
003    digitalWrite(2, HIGH);        //Pull-up-Widerstand einschalten
```

5.1 Leonardo, der Kollegenschreck

```
004    Mouse.begin();              //Mauskontrolle übernehmen
005  }
006
007  bool StartKreis = false;
008  float GradZahl = 0;            //Aktuelle Position (Grad)
009  float SchrittWeite = 0.1;      //in Grad
010  double KreisDurchmesser = 100; //300 Pixel Durchmesser
011  double XPos = 0;               //Aktuelle absolute Position (in Pixel)
012  double YPos = 0;
013  double AlteXPos = 0;           //Vorherige absolute Position (in Pixel)
014  double AlteYPos = 0;
015
016  void loop() {
017    if (digitalRead(2) == LOW)   //Bei Knopfdruck Vorgang starten
018    {
019      StartKreis = true;
020    }
021
022    if (StartKreis) {            //Wenn Vorgang gestartet ist
023      //Berechnung der neuen Position
024      GradZahl = GradZahl + SchrittWeite;
025      XPos = round(sin(GradZahl) * KreisDurchmesser);
026      YPos = round(cos(GradZahl) * KreisDurchmesser);
027      // Maus an neue Position setzen
028      Mouse.move(XPos - AlteXPos, YPos - AlteYPos, 0);
029      AlteXPos = XPos;           //Aktuelle Position merken
030      AlteYPos = YPos;
031    }
032
033    if (GradZahl > 2 * PI) {     //Nach einer Umdrehung anhalten
034      GradZahl = 0;              //Position auf 0
035      StartKreis = false;        //Vorgang beenden
036      Mouse.end();               //Mauskontrolle wieder abgeben
037    }
038
039    delay(20);                   //Einige Millisekunden warten
040  }
```

In der `setup()`-Routine des Programms wird der Modus des zweiten Pins des Arduino auf Eingang geschaltet, und durch den `digitalWrite`-Befehl wird der im Prozessor vorhandene Pull-up-Widerstand aktiviert. Außerdem wird die Leonardo-spezifische Klasse `Mouse` durch den `begin()`-Befehl initialisiert, und damit wird auch die Kommunikation zum Computer als HID-Gerät aufgebaut.

Anschließend werden etliche Variablen definiert, die wir im weiteren Verlauf des Programms benutzen und über die man auch einige Einstellungen vornehmen kann. Interessant ist hierbei vor allem die Variable `KreisDurchmesser`, über die die Größe des Kreises bestimmt wird, die der Mauszeiger abfahren soll.

In der `loop`-Anweisung wird dann zuerst einmal abgefragt, ob Pin 2 auf `LOW` steht, was gleichbedeutend mit einem Tastendruck ist. Wurde die Taste gedrückt, wird die Variable `StartKreis` auf den Wert `true` gesetzt.

Eben diese Variable wird anschließend auf den Wert `true` geprüft, um sicherzugehen, dass auch immer ein Kreis abgeschlossen wird, egal wann die Taste wieder losgelassen wird.

Ist dies also der Fall, beginnt die Berechnung der aktuellen Position des Mauszeigers, die vor allem von der Variablen `GradZahl` abhängt, die den derzeitigen Winkel im Kreis angibt und die bei jedem Durchlauf des `loop`-Bereichs um eine `SchrittWeite` erhöht wird.

Bei der Berechnung selbst wird eine virtuelle Position des Mauszeigers berechnet. Virtuell deshalb, weil wir die tatsächliche Position des Mauszeigers nicht wissen, denn der Computer nimmt zwar Mauspositionierungsdaten vom Leonardo an, gibt aber keinerlei Informationen über die aktuelle Position zurück. Aus der virtuellen Position berechnen wir eine relative, denn nur das akzeptiert der Computer als Mauseingabe: Es ist also nicht möglich, dem Computer zu befehlen, an die Position x = 100 und y = 100 zu gehen, vielmehr akzeptiert er lediglich das Kommando, die Maus vom aktuellen Standpunkt aus um beispielsweise fünf Pixel nach oben und sieben nach rechts zu bewegen.

Die relative Position errechnen wir aus der virtuellen ganz einfach, indem wir die im vorherigen `loop`-Durchgang (`AlteXPos` bzw. `AlteYPos`) gespeicherte Position abziehen.

Nun benötigen wir noch eine Möglichkeit, die Kontrolle der Maus wieder abzugeben und damit die Kommunikation mit dem Arduino zum Upload eines neuen Programms wieder freizugeben. In unserem Fall wird einfach geprüft, ob die Variable `GradZahl` den Wert `2 * PI` angenommen hat, also die Kreisbewegung vollendet ist.

Im letzten Befehl des Programms lassen wir den Leonardo noch 20 ms warten, sodass der Mauszeiger insgesamt ca. 50 Mal in der Sekunde neu gesetzt wird.

5.1.6 Tipps und Tricks

Man kann dieses Projekt übrigens auch auf einem Arduino Esplora zum Laufen bringen. Zwar hat dieser keine Möglichkeit, einen Schalter anzubringen – dafür bringt er aber selbst mehr als genug davon mit.

Verwendung eines Arduino Esplora

Wenn Sie über einen Esplora verfügen, brauchen Sie also keinen externen Schalter anzuschließen und müssen lediglich den Source Code etwas abwandeln. Vor den gesamten Code schreiben Sie dazu die Zeile `#include <Esplora.h>`, die die Entwicklungsumgebung dazu veranlasst, die Esplora-Bibliothek zu verwenden. Anschließend müssen Sie nur noch die erste Zeile des `loop`-Bereichs

```
017  if (digitalRead(2) == LOW)    //Bei Knopfdruck Vorgang starten
```

durch diese hier ersetzen.

```
017  if (Esplora.readButton(SWITCH_DOWN) == LOW)
```

Sie bewirkt, dass statt des extern angeschlossenen Schalters der *Unten*-Schalter des rechten Tastenfelds verwendet wird.

Das war's dann auch schon, das Programm läuft jetzt auch auf Ihrem Esplora.

Uploadprobleme beheben

Wie Sie gesehen haben, können Sie mit dem Leonardo sehr einfach Tastatur- und Mauskommandos an den Computer senden. Wenn Sie aber vergessen haben, eine Möglichkeit einzubauen, diese auch abzuschalten, kann es schwierig werden, ein neues Programm auf den Leonardo zu laden, weil dann die Tastaturcodes und Mausbewegungen die Bedienung der Entwicklungsumgebung sehr erschweren. Glauben Sie uns, wir haben da einschlägige Erfahrungen.

Zum Glück gibt es einen Trick: Wenn Sie den Leonardo an den PC anschließen und die Reset-Taste drücken, wird der Bootloader des Arduino acht Sekunden lang aktiviert. In dieser Zeit ist der Leonardo unter einem anderen COM-Port erreichbar als üblich und sendet noch keine Tastatur- oder Maussignale. Wenn Sie es schaffen, den COM-Port der Entwicklungsumgebung auf den neuen Port umzustellen und den Uploadvorgang während dieser acht Sekunden zu starten, klappt der Upload.

Als Vorgehensweise empfiehlt sich, zuerst den Reset-Schalter zu drücken und dann in der Entwicklungsumgebung unter *Werkzeuge/Port* den neuen Port einzustellen. Welcher das ist, können Sie übrigens ganz gut im Geräte-Manager von Windows in der Abteilung *Anschlüsse* herausfinden.

Wenn Sie das geschafft haben, merkt sich die Entwicklungsumgebung die Portnummer, und Sie können den Uploadvorgang starten. Da zuvor das Programm kompiliert wird und das Kompilieren leider oft länger als acht Sekunden dauert, sollten Sie währenddessen alle fünf Sekunden den Reset-Knopf drücken, bis der eigentliche Uploadvorgang startet. Vielleicht brauchen Sie ein paar Versuche, bis es klappt, aber wenn Sie einmal den Bogen raus haben, ist es eigentlich recht leicht

5.2 Analoger Temperatursensor

Im Prinzip ist ein Computer ein recht dummes Gerät – während jede Stubenfliege aus einem brennenden Haus flüchten würde, ist ein Arduino noch nicht einmal in der Lage, zu merken, dass er gerade brennt. Sensoren können das ändern. Sie messen die Umwelteinflüsse und wandeln sie in Signale um, die ein Mikrocontroller auswerten und anschließend entsprechend reagieren kann. So können Rollladen bei beginnender Dunkelheit heruntergefahren, Scheibenwischer bei einsetzendem Regen angeschaltet und Airbags bei einem Unfall ausgelöst werden.

5.2.1 Perfektionismus

Das stromlinienförmige Raumschiff gleitet lautlos durchs All. Im Inneren herrscht eine ruhige und entspannte Atmosphäre. Die Maschinen laufen mit einer Effizienz von 99,997 %, die Botschafter des Planeten Garosix befinden sich in ihren Gemächern und genießen den Luxus an Bord. Der heikle Weg durch das Asteroidenfeld ist mehr anregend als aufregend für die Schiffsbesatzung, die professionell und ohne Hektik ihren Aufgaben nachgeht.

Captain Siker hat alles im Griff. »Earl Grey, heiß«, weist er den Schiffssteward an, und einige Sekunden später hat er eine Tasse in der Hand. Durch das Panoramafenster betrachtet er einen Asteroiden, der von den Schutzschilden des Schiffs abgelenkt wird. Doch eine Sekunde später bricht das pure Chaos aus: An der Panoramaglasscheibe perlt ölige Flüssigkeit ab, und Siker hat unerträgliche Schmerzen – er hat sich den Mund verbrannt.

5.2.2 Aufgabenstellung

Wir wollen Captain Sikers Schiff vollenden und eine Schaltung aufbauen, die ihn vor einer zu hohen Temperatur seines Tees warnt.

Bild 5.3: Ein Arduino-Temperaturwächter mit Signaltonausgabe.

5.2.3 Hintergrundwissen

Mit den analogen Eingängen des Arduino können Spannungen zwischen 0 V und 5 V gemessen werden. Was aber, wenn die Temperatur oder die Luftfeuchtigkeit gemessen werden sollen?

Analoge Sensoren

Der Arduino verfügt über keinen Temperaturpin, an den eine Temperatur angelegt und gemessen werden kann. Um sie zu messen, benötigen wir deshalb erst einmal ein Element, das die nicht elektrische Messgröße Temperatur in etwas elektrisch Messbares wie eine Spannung, einen Strom oder einen Widerstandswert umwandelt, einen sogenannten Messwandler. Für die Temperaturmessung kann beispielsweise ein Thermistor verwendet werden, ein Bauteil, dessen Widerstandswert von der Temperatur abhängig ist. Durch das Messen des Widerstands eines Thermistors kann somit indirekt die Temperatur ermittelt werden. Da mit dem Arduino nur Spannungen gemessen werden können, muss dann noch eine kleine Schaltung aufgebaut werden, die es ermöglicht, den Widerstand indirekt über die Spannung zu messen. Beispielsweise kann der Thermistor in einen Spannungsteiler mit einem anderen bekannten Widerstand eingebaut werden. Die so gemessene Spannung kann dann wieder in einen Widerstandswert zurückgerechnet werden, über den man nun die Temperatur ermitteln kann.

Bild 5.4: Die Prozesskette zum Messen von Temperaturen – oben konkret, unten abstrakt.

Thermistoren

Ein Thermistor verändert seinen Widerstandswert in Abhängigkeit von der Temperatur. Halbleiter und andere Elemente, die Strom bei höherer Temperatur besser leiten, werden Heißleiter oder NTC-Widerstände (NTC = Negative Temperature Coefficient, negativer Temperaturkoeffizient) genannt. Andere Materialien, wie beispielsweise der glühende Draht in einer Glühbirne, leiten Strom mit steigender Temperatur schlechter, sie werden deshalb Kaltleiter oder PTC-Widerstände (PTC = Positive Temperature Coefficient, positiver Temperaturkoeffizient) genannt. Bei einer Glühlampe ist diese Eigenschaft praktisch, da sie sich bei einem zu hohen Stromdurchfluss geringfügig erhitzt, den Strom deshalb schlechter leitet und weniger Strom durch sie hindurchfließt.

Um die Temperatur herauszufinden, gibt es NTC- und PTC-Widerstände als kleine Bauteile zu kaufen, die normalen Widerständen recht ähnlich sehen. Sie sind in zwei verschiedenen Varianten verfügbar, als Schalter und als Widerstandsthermometer.

- Schalter haben eine Temperatur, unterhalb der sie den Strom gut leiten. Wenn diese Temperatur aber überschritten wird, leiten sie fast nichts mehr. Solche temperaturgesteuerten Schalter können als Temperatursicherung verwendet werden. Erwärmt sich beispielsweise ein Elektromotor durch einen Fehler stark und wird seine Stromversorgung durch einen solchen temperaturgesteuerten Schalter gesteuert, wird der Motor ab einer gewissen Temperatur nicht mehr mit Strom versorgt und auf diese Weise geschützt. Zur Temperaturmessung sind solche Sensoren nur bedingt einsatzfähig, da sie nur messen können, ob eine bestimmte Temperatur erreicht wurde oder nicht, aber nichts weiter.

- Widerstandsthermometer sind Thermistoren, die über einen weiten Temperaturbereich den Strom ein klein bisschen besser oder schlechter leiten, wenn die Temperatur erhöht oder verringert wird. Sie sind deshalb gut zur Temperaturmessung geeignet. Im Datenblatt des Thermistors wird dann beschrieben, wie der Widerstandswert zu einer Temperatur umgerechnet werden kann. Dies geschieht entweder, indem in einer großen Tabelle die Zuordnung zwischen Widerstand und Temperatur beschrieben wird oder indem eine Formel zur Konvertierung zwischen Widerstand und Temperatur angegeben wird.

Lautsprecher in Schwingungen versetzen

Ein Lautsprecher ist ein Bauteil, das eine elektrische Spannung in Schall umwandelt. Schall ist eine Abfolge von Druckwellen, die sich in der Luft ausbreiten. Die wichtigste Größe zur Beschreibung von Schall ist seine Frequenz – also wie schnell die einzelnen Wellen aufeinanderfolgen. Vom menschlichen Ohr wird Schall mit einer Frequenz zwischen ungefähr 20 Hz (20 Wellen pro Sekunde) und 16 kHz (16.000 Wellen pro Sekunde) wahrgenommen. Je geringer die Frequenz ist, desto tiefer ist der wahrgenommene Ton. Die Lautstärke – auch Amplitude genannt – beschreibt hingegen, wie stark die Wellen sind, also wie laut sie wahrgenommen werden.

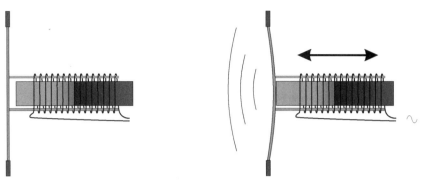

Bild 5.5: Die Membran des Lautsprechers wird durch eine daran befestigte Spule in Schwingungen versetzt.

Damit ein Lautsprecher Schall erzeugen kann, benötigt er eine kleine, schwingende Membran, die die Druckwellen durch Vor- und Zurückbewegung erzeugt. Eine daran befestigte Spule baut dazu durch den angelegten wechselnden Strom ein Magnetfeld auf, das mit dem fest verbauten Permanentmagneten interagiert und so die Membran bewegt.

Lautsprecher gibt es in verschiedensten Größen und für verschiedenste Frequenzbereiche, vom wummernden Subwoofer bis zum für das menschliche Ohr nicht mehr hörbaren Ultraschallsender. Selbst bei normalen Breitbandlautsprechern, die fast das gesamte hörbare Frequenzspektrum abdecken, gibt es starke Unterschiede im Klang, in der Lautstärke und vor allem im Preis. Wir werden in diesem Projekt keinen Hi-Fi-Lautsprecher für mehrere Hundert Euro verwenden, sondern einen kleinen günstigen. Folglich wird die Tonwiedergabe auch keine Heimkinoqualitäten erreichen, für einen hörbaren Alarmton ist sie aber vollkommen ausreichend. Übrigens haben wir extra dafür Sorge getragen, dass er besonders nervtötend ist.

Benötigte Bauteile
- 1 Arduino Uno
- 1 Widerstand 2 kΩ
- 1 Temperatursensor NTCLE100E3202JB0
- 1 N-Kanal-Power-MOSFET BUZ11
- 1 Lautsprecher 8 Ω, ¼ W
- 1 Widerstand 100 Ω
- 5 Steckbrücken

5.2.4 Schaltplan

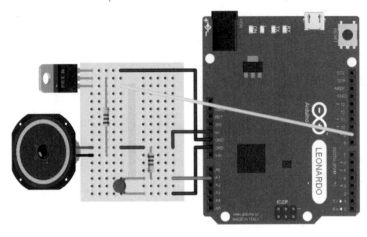

Bild 5.6:
Breadboard-Aufbau des analogen Temperatursensors.

Temperatursensor

Ein analoger Temperatursensor (Thermistor) ist ein Bauelement, dessen Widerstand sich mit der Temperatur ändert. Um den Widerstand R1 des Sensors messen zu können, wird er in einen Spannungsteiler eingebaut. Im Datenblatt des Thermistors findet sich der Referenzwiderstandswert von R1. Das ist der Widerstandswert, den der Thermistor bei einer Umgebungstemperatur von 25 °C annimmt. In unserem Fall beträgt er 2 kΩ. Wenn ein fester Widerstand R2 von ebenfalls 2 kΩ verwendet wird, fallen bei Zimmertemperatur über R1 und über R2 ungefähr 2,5 V ab. Zudem fließt dann über den Spannungsteiler auch nur ein Strom von 1,25 mA, sodass sich der Thermistor nicht durch den durch ihn hindurchfließenden Strom erhitzt und die Messung verfälscht.

Lautsprecher

Wie jedes andere elektrische Bauteil dürfen auch Lautsprecher nicht überlastet werden. Unser Lautsprecher hat eine maximale Leistungsaufnahme von 0,25 W, wenn diese überschritten wird, sinkt die Tonqualität stark, und der Lautsprecher kann beschädigt werden. Da der von uns verwendete Lautsprecher einen Widerstand von R_L von 8 Ω hat, kann mithilfe der Formel zur Berechnung der elektrischen Leistung P = U • I und dem Ohm'schen Gesetz R = U ÷ I berechnet werden, von welchem Strom I_L der Lautsprecher maximal durchflossen werden darf.

$$R = \frac{U}{I} \rightarrow U = R \times I \text{ und } P = U \cdot I \rightarrow P = R \rightarrow I2 \rightarrow I = \sqrt{\frac{P}{R}}$$

Durch den Lautsprecher darf also maximal ein Strom von 177 mA fließen, damit er nicht überlastet wird. Laut dem Ohm'schen Gesetz ist dafür bei einer Versorgungsspannung von 5 V ein Widerstand von 28 Ω notwendig, dem Lautsprecher müsste also noch ein 20-Ω-Widerstand vorgeschaltet werden. Da wir aber nicht die volle

Leistung benötigen und ein kleiner Messwiderstand bei dieser Belastung auch schnell zerstört wird, wird ein größerer Widerstand mit einem Wert von 100 Ω benutzt.

Der Lautsprecher ist trotzdem noch laut und deutlich hörbar. Da selbst bei einem Vorwiderstand von 100 Ω der den Lautsprecher durchfließende Strom noch ungefähr 50 mA beträgt, kann er nicht direkt an einen Arduino-Pin angeschlossen werden, stattdessen wird ein Feldeffekttransistor zur Verstärkung des Stroms benutzt. Sie können natürlich auch stattdessen einen Bipolartransistor verwenden oder einfach einen höheren Vorwiderstand benutzen und den Lautsprecher dann mit weniger als 40 mA direkt am Arduino anschließen.

> **Download Source Code**
> Sensors_1_analog_temperature.ino
> - *buch.cd*
> - *arduino-handbuch.visual-design.com*

5.2.5 Source Code

Für die komfortable Ansteuerung des Lautsprechers wird die Bibliothek `TimerOne` benutzt, die Sie hier finden: *http://playground.arduino.cc/code/timer1*.

```
001  #include <TimerOne.h>
002
003  const int Pin_Messung = A1;
004  const int Pin_Lautsprecher = 9; //9 oder 10;
005  const double R2 = 1976.0; //Mit Multimeter gemessen
006
007  void setup() {
008    pinMode(9, OUTPUT);//Bereite den Lautsprecher vor
009    Timer1.initialize();
010    Timer1.pwm(Pin_Lautsprecher, 0, 300);//PWM mit 300 Hz
011    Serial.begin(9600);
012  }
013  double berechne_Widerstand() {
014    //Spannung, die über R1 abfällt
015    double U1 = analogRead(A1) / 1024.0 * 5.0;
016
017    //Berechnung von R1 über Umformung
018    //  der Spannungsteiler-Formel
019    double R1 = (R2 * U1) / (5.0 - U1);
020    return R1;
021  }
022  double berechne_Temperatur(double R1) {
023    //Parameter des Thermistors aus dem Datenblatt
024    double A, B, C, D;
025
026    //Um welchen Faktor unterscheidet sich der gemessene Wert
```

```
027    //vom Referenzwert von 2 kOhm?
028    double R = R1 / R_ref;
029
030    //Fallunterscheidung: Die Berechnung variiert
031    // je nach betrachtetem Temperaturbereich
032    if (R > 1.0) {
033      //Fall 1: Temperatur < 25°C
034      A = 3.354016e-3;
035      B = 2.90967e-4;
036      C = 1.632136e-6;
037      D = 7.1922e-8;
038    } else {
039      //Fall 2: Temperatur >= 25°C
040      A = 3.354016e-3;
041      B = 2.933908e-4;
042      C = 3.494314e-6;
043      D = -7.71269e-7;
044    }
045
046    //Einsetzen der Werte in die Formel und Berechnung
047    //der Temperatur
048    double T = 1.0 / (A
049                     + B * log(R)
050                     + C * (log(R) * log(R))
051                     + D * (log(R) * log(R) * log(R)));
052    return T - 273.15;
053 }
054 const float Alarmtemperatur = 28.0f;//°C
055
056 void alarm() {
057   for (int i = 0; i < 10; i++) {
058     for (int j = 0; j < 3; j++) {
059       Timer1.pwm(9, 512);
060       delay(500);
061       Timer1.pwm(9, 0);
062       delay(500);
063     }
064     delay(1000);
065   }
066 }
067 void loop() {
068   double R1 = berechne_Widerstand();
069   double Temperatur = berechne_Temperatur(R1);
070
071   //Ausgabe
072   Serial.print("Die Temperatur ist ");
073   Serial.print(Temperatur);
074   Serial.println(" Grad Celsius");
```

```
075
076    if (Temperatur < Alarmtemperatur) {
077      Serial.println("Alarm!");
078      alarm();
079      while(true) { }; //Stopp
080    }
081
082    delay(1000);
083  }
```

Um die Temperatur über die serielle Schnittstelle ausgeben zu können, müssen wir diese in der `setup()`-Methode initialisieren. Zudem wird der Pin für die Ansteuerung des Lautsprechers initialisiert.

Für die Temperaturmessung muss in der Funktion `berechne_Widerstand()` als Erstes die über R1 abfallende Spannung U1 gemessen werden. Da der analoge Eingang Werte zwischen 0 und 1023 ausgibt, wobei eine 0 der Masse und eine 1023 einer Spannung von 5 V entsprechen, muss der Messwert noch in eine Spannung umgerechnet werden. Mithilfe der umgestellten Formel für die Berechnung eines Spannungsteilers kann der Widerstandswert von R1 berechnet werden.

$$U_1 = \frac{U_{ges} \times R_1}{R_1 + R_2} \rightarrow R_1 = \frac{R_2 \times U_1}{U_{ges} - U_1}$$

Um den Widerstandswert in eine Temperatur umzurechnen, wird eine Formel benutzt, die im Datenblatt angegeben ist. Die Formel dazu lautet:

$$T = \frac{1}{A1 + B1 \times \ln(R) + C1 \times \ln^2(R) + D1 \times \ln^3(R)}$$

wobei A1, B1, C1 und D1 aus dem Datenblatt abgelesen werden können und R = R_1 ÷ R_{ref} ist. T ist dann die gemessene Temperatur in Kelvin, um die Temperatur in Grad Celsius umzurechnen, muss 273.15 subtrahiert werden.

Wenn die Temperatur einen gewissen Schwellenwert unterschreitet, soll mithilfe der Funktion `alarm()` ein Alarm ausgegeben werden. Es soll dreimal für eine halbe Sekunde ein Ton mit einer Frequenz von 500 Hz über den Lautsprecher ausgegeben werden, und nach jedem Ton wird eine halbe Sekunde gewartet. Diese Tonfolge wird mit einem Abstand von einer Sekunde zehn Mal wiederholt, um sicherzugehen, dass auch wirklich jeder in unmittelbarer Nähe der Schaltung den Alarm bemerkt. In der `loop()`-Prozedur kann dann sekündlich die Temperatur berechnet und ausgegeben werden. Wird die Schwellentemperatur unterschritten, wird der Alarm ausgelöst und das Programm danach gestoppt.

5.2.6 Tipps und Tricks

Die Schaltung misst die falsche Temperatur.
- Wenn die Temperatur um einen kleinen Wert von der Temperatur abweicht, die ein anderes Thermometer anzeigt, ist das normal. Kein Thermometer ist vollkommen

genau, sowohl der in der Schaltung verbaute Thermistor als auch das Thermometer, mit dem Sie die Referenztemperatur messen, haben eine gewisse Toleranz.

Der Lautsprecher ist zu leise.

- In der Schaltung wird ein Widerstand von 100 Ω zur Lautsprecherleistungsbegrenzung benutzt. Sie können diesen Widerstand reduzieren bis zu einem Minimum von 20 Ω. In diesem Fall muss der Widerstand eine Leistung von 620 mW vertragen. Sie können also entweder mehrere kleine Widerstände parallel schalten oder einen großen Leistungswiderstand benutzen, der die Wärmeleistung verträgt.
- Falls Ihnen dies immer noch zu leise ist, können Sie natürlich auch einen leistungsfähigeren Lautsprecher benutzen.

5.3 Infrarotfernbedienung

Bei den Projekten, die wir bisher aufgebaut haben, wurde unser Arduino direkt angesprochen. Wir haben Taster und die USB-Verbindung benutzt, um mit unserem Projekt zu kommunizieren. Für einen schnell aufgebauten Breadboard-Versuch ist das zwar ausreichend, für eine dauerhafte Installation aber nicht unbedingt optimal. Bei einer LED-Beleuchtung wäre es beispielsweise wünschenswert, wenn sie nicht nur mit einem Schalter in direkter Nähe des Arduino ein- und ausgeschaltet wird, sondern auch aus weiterer Distanz komfortabel angesteuert werden kann.

Die Taster und sonstigen Bedienelemente können zwar mit langen Kabeln an besser erreichbaren Stellen angebracht werden, dies resultiert aber nicht selten in einem unordentlichen Kabelgewirr, das sich schwer außerhalb der Sichtweite verbergen lässt. In einigen Situationen kann eine Verkabelung auch gänzlich unmöglich sein, wenn wir ein Projekt, zum Beispiel einen Temperatursensor, außerhalb des Hauses aufgebaut haben und dieses durch eine Fensterscheibe hindurch ansteuern wollen.

Funkbasierte Verbindungen wie Bluetooth und WLAN sind komfortabel, haben eine vergleichsweise hohe Reichweite und können im Fall von WLAN sogar in das Heimnetzwerk eingebettet und vom Internet aus bedient werden. Will man aber solch eine Verbindung realisieren, muss man viel Zeit und auch Geld investieren. Bei kleineren Projekten kann es deshalb vorkommen, dass mehr Arbeit in die Datenübertragung investiert werden muss als in das restliche Projekt.

Es gibt aber auch eine günstigere Methode, Daten drahtlos zu übertragen. Verwendet wird sie bereits in fast jeder Wohnung, sicherlich auch bei Ihnen. Sie haben es vermutlich schon erraten: Gemeint ist eine Infrarotfernbedienung, mit der Fernseher, Stereoanlagen und ähnliche Geräte gesteuert werden können.

Solch eine Fernbedienung ist in Verbindung mit Arduino-Projekten ideal: Die benötigten Komponenten können günstig eingekauft werden, und es existieren erprobte Standards und Bibliotheken. Vielleicht haben Sie sogar eine momentan nicht in Gebrauch befindliche Infrarotfernbedienung, die Sie für die Ansteuerung Ihrer

Arduino-Projekte verwenden können. Zudem kann ein Arduino auch nicht nur Infrarotsignale empfangen, sondern auch selbst welche senden, um Fernseher, Stereoanlagen und andere Unterhaltungsmedien, aber auch andere Arduinos, anzusteuern.

5.3.1 TVZapPro™

Sind Sie überzeugter Dauerglotzer? Wollen Sie in die Liga der deutschen Vereinigung professioneller Couch-Potatoes aufsteigen? Dann ist TVZapPro™ genau das Richtige für Sie! Stellen Sie es vor Ihren Fernseher und lassen Sie das Gerät für sich die anstrengende Arbeit des Programmwechselns durchführen. TVZapPro ersetzt Ihre Fernbedienung und schaltet automatisch nach einer einstellbaren Zeit das Programm um. So können Sie problemlos 100 Programmwechsel und mehr in der Minute durchführen, ohne sich auch nur ansatzweise bewegen zu müssen!

Vielleicht interessieren Sie auch unsere Produkte ChipsToMouth™ (vollautomatischer Chips-Fütterautomat) oder CallForBeer™ (akustischer Bestellhelfer mit »Erna, hol mir mal 'ne Flasche Bier«- und »Wo is'n die Fernbedienung«-Ton)?

Rufen Sie uns an, wir beraten umgehend und kompetent!

Bild 5.7: Ein Infrarotempfänger an einem Arduino Mega.

Bild 5.8: Über den Infrarotsender kann man Fernseher und andere Geräte steuern.

5.3.2 Aufgabenstellung

Unser Arduino soll von einer Infrarotfernbedienung ferngesteuert werden können. Da dies selbst schon eine anspruchsvolle Aufgabe ist, wird ansonsten nur eine einfache LED ein- und ausgeschaltet. Zudem soll ein anderer Arduino Infrarotsignale senden können, um Daten zu übertragen oder andere elektronische Geräte wie beispielsweise einen Fernseher fernzusteuern. Dabei sollen möglichst wenige Pins des Arduino von der Schaltung in Beschlag genommen werden, um sie für andere Erweiterungen offen zu halten. Um die Programmierung zu vereinfachen, verwenden wir die Bibliothek »IRemote« von Ken Shirriff, die schon viele Funktionen mitbringt, die wir für unsere Aufgabe benötigen.

5.3.3 Hintergrundwissen

Infrarotes Licht

Mit Infra bezeichneten die alten Römer in ihrer Sprache alle Dinge, die sich unter einer anderen Sache befanden. Frei übersetzt bedeutet Infrarot also unter Rot, was vielleicht etwas verwirrend sein kann, da man Farben schlecht stapeln kann. Wenn man aber Farben nach ihrer physikalischen Wellenlänge sortiert, wird man feststellen, dass beispielsweise Gelb mit 575 nm eine größere Wellenlänge hat als Blau (450 nm). Physikalisch gesehen trägt Licht niedrigerer Wellenlänge eine höhere Energie mit sich. Gelb ist also energieärmer als Blau, und deshalb könnte man Gelb auch als Infrablau bezeichnen.

Infrarot hat also eine größere Wellenlänge als Rot – die Farbe mit der größten Wellenlänge, die das menschliche Auge noch sehen kann.

Nahes infrarotes Licht kann vom menschlichen Auge nicht wahrgenommen werden, verhält sich aber ansonsten wie sichtbares Licht: Es kann von hellen Wänden reflektiert werden und sogar die meisten Fensterscheiben durchdringen. Darum funktioniert eine Infrarotfernbedienung auch mit eingeschränkter oder indirekter Sichtverbindung.

Anders als das menschliche Auge sind aber ganz normale digitale Kameras im nahen Infrarotbereich durchaus in der Lage, etwas zu erkennen – ein Umstand, den man für Testzwecke gut nutzen kann: Wenn Sie wissen möchten, ob eine Infrarotleuchtdiode arbeitet oder nicht, schalten Sie sie ein und kontrollieren sie anschließend mit dem Bild einer Webcam. Wenn sie richtig arbeitet, wird sie hell aufleuchten.

Infrarotfernbedienungen

Leider gibt es auch andere und stärkere Infrarotlichtquellen als Infrarotfernbedienungen, beispielsweise Glühbirnen oder die Sonne. Wenn ein digitales Signal, also eine »Eins« oder eine »Null«, übertragen werden soll, indem eine Infrarotlichtquelle einfach ein- oder ausgeschaltet wird, geht das Signal im Rauschen der anderen Infrarotquellen unter. Dieses Problem tritt nicht auf, wenn man die Infrarotquelle mit einer hohen Frequenz ein- und ausschaltet, anstatt sie dauerhaft leuchten zu lassen.

In diesem Fall muss der Empfänger nicht mehr die vielen Einflüssen unterworfene Intensität des Signals auslesen, sondern kann detektieren, ob eine bestimmte Frequenz in dem Signal vorkommt oder nicht. Bei dem weitverbreiteten Standard RC-5 für Infrarotfernbedienungen für Unterhaltungselektronik beträgt diese Frequenz beispielsweise 36 kHz.

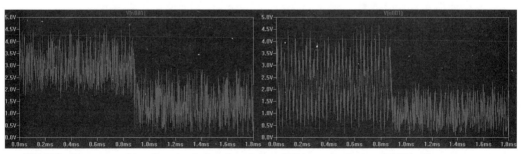

Bild 5.9: Ein verrauschtes Signal mit einer 1 und einer 0 links und mit einer 36-kHz-Frequenz und 0 rechts.

Dank der weiten Verbreitung von Infrarotfernbedienungen sind die dafür benötigten Komponenten günstig zu kaufen. Zusammen mit der bei heutigen hochempfindlichen Infrarotempfängern großen Reichweite macht dies die Infrarotfernbedienung zur idealen Möglichkeit, Arduino-Projekte anzusteuern.

Benötigte Bauteile
- 2 Arduino Uno, Leonardo oder Mega
- 2 Breadboards
- 1 Infrarotempfangsmodul TSOP31238
- 1 Widerstand 100 Ω
- 1 Kondensator 4,7 µF
- 1 Infrarotleuchtdiode CQY99
- 1 Widerstand 1 kΩ
- 1 Widerstand 33 Ω
- 1 Bipolartransistor BC549

5.3.4 Schaltplan

Empfänger

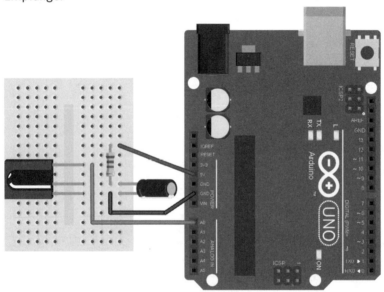

Bild 5.10: Breadboard-Aufbau des Infrarotempfängers.

Das Infrarotempfangsmodul M1 besitzt drei Pins: Masse (GND), Versorgungsspannung (V_{cc}) und die Datenleitung. Da der Hersteller im Datenblatt dazu rät, Vorkehrungen gegen eine elektrische Überlastung des Bauteils zu ergreifen, folgen wir seinen Vorschlägen und bauen einen Widerstand R1 mit einem Wert von 100 Ω und einen

Kondensator C1 mit einem Wert von 4,7 µF in die Schaltung ein. R1 begrenzt den dauerhaft das Empfangsmodul durchfließenden Strom, während C1 sicherstellt, dass die Versorgungsspannung auch bei schwankendem Verbrauch stabil bleibt. Wenn M1 weiter weg vom Arduino positioniert wird, sollte darauf geachtet werden, dass C1 nahe bei M1 positioniert wird. Die Datenleitung von M1 kann an einen beliebigen digitalen Pin des Arduino angeschlossen werden, wir wählen hier Pin A0. Falls Sie sich daran stören, dass wir einen Analogeingang anstelle eines digitalen Eingangs verwenden: Die analogen Eingänge des Arduino können problemlos auch digital genutzt werden.

Sender

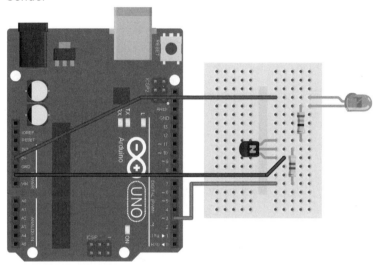

Bild 5.11: Breadboard-Aufbau des Infrarotsenders.

Die Infrarotleuchtdiode D1 ist für einen Stromdurchfluss von maximal 100 mA ausgelegt, ein digitaler Ausgang des Arduino aber nur für maximal 40 mA. Wenn wir ein starkes Signal haben wollen, benötigen wir deshalb eine Schaltung, die das Signal des Arduino verstärkt. Wenn die Entfernung zwischen Sender und Empfänger des Infrarotsignals nur ein oder zwei Meter beträgt, kann auch auf eine Verstärkerschaltung verzichtet werden, die Infrarotleuchtdiode kann dann natürlich nur mit maximal 40 mA angesteuert werden.

Wenn auf die Verstärkerschaltung verzichtet wird, muss nur ein einzelner Vorwiderstand Rv als zusätzliches Element zu der Infrarotleuchtdiode D1 verbaut werden. Deren Vorwärtsspannung beträgt laut Datenblatt bei 40 mA etwa 1,4 V. Der Vorwiderstand Rv beträgt dann nach dem Ohm'schen Gesetz 90 Ω. Um auf der sicheren Seite zu bleiben, wählen wir den nächsthöheren verfügbaren Widerstand, also 100 Ω.

Soll hingegen die volle Leistung der Diode ausgeschöpft werden, kann eine einfache Verstärkerschaltung, bestehend aus einem Transistor Q1 und zwei Widerständen R2 und R3, aufgebaut werden.

Der Transistor Q1 arbeitet hier als Schalter, der die Infrarotleuchtdiode an- und ausschalten kann. Dabei steuert ein kleiner Steuerstrom durch die Basis des Transistors einen größeren Laststrom durch Emitter und Kollektor. Ein Steuerstrom von 1 mA ist hier vollkommen ausreichend, wofür ein Widerstand R2 von 4,7 kΩ benötigt wird.

R3 wird gebraucht, um den durch die Infrarotleuchtdiode fließenden Laststrom auf 100 mA zu begrenzen. Da der Spannungsabfall über die Infrarotleuchtdiode 1,4 V beträgt und über dem Transistor zusätzlich noch 0,7 V abfallen, müssen über R3 2,9 V abfallen. R3 hat dann einen Wert von 33 Ω.

Zu beachten ist, dass die Verlustleistung von R3 290 mW beträgt. Für kleine Messwiderstände, die oft nur für 125 mW ausgelegt sind, ist dies häufig zu viel, und sie könnten überhitzen. Bei diesem Projekt wird die Infrarotdiode aber nur maximal die Hälfte der Zeit eingeschaltet, der Widerstand wird somit langfristig nicht überlastet.

> **Download Source Code**
> Empfaenger.ino, Sender.ino und Verstaerker_Test.ino
> - *buch.cd*
> - *arduino-handbuch.visual-design.com*

5.3.5 Source Code

Die Bibliothek »IRremote« ist leider noch nicht mit der neuesten Arduino-Entwicklungsumgebung kompatibel. Aus diesem Grund wird in diesem Projekt die Version 1.0.5 der Arduino-Software benutzt, die von der Arduino-Homepage *arduino.cc* heruntergeladen werden muss. Sie finden die Bibliothek IRremote hier: *http://github.com/shirriff/Arduino-IRremote*.

Empfänger für ein Infrarotsignal

Das folgende Programm soll ein Infrarotsignal von unserem Sender oder einer beliebigen anderen Fernbedienung empfangen, die empfangenen Daten auf dem seriellen Monitor ausgeben und bei einem bestimmten empfangenen Befehlscode die an Bord des Arduino verbaute Leuchtdiode an Pin 13 ein- oder ausschalten.

```
001  #include <IRremote.h>
002
003  //Eingangspin vom Infrarotempfänger.
004  const int Pin_Empfaenger = A0;
005
006  //Pin zur Ansteuerung der LED
007  const int Pin_LED = 13;
008
009  //Definiere IR-Codes, mit denen die LED ein-, aus- und
010  //umgeschaltet werden kann
011  const unsigned long Code_Einschalten = 0x3AC5;
012  const unsigned long Code_Ausschalten = 0xFFFFBA45;
```

```
013   const unsigned long Code_Umschalten = 0xFFFF827D;
014
015   //Objekt, das für die Verarbeitung der Infrarotsignale
016   //zuständig ist.
017   IRrecv IR_Empfaenger(Pin_Empfaenger);
018
019   //Objekt, in welchem die verarbeiteten Infrarotsignale
020   //stehen.
021   decode_results results;
022
023   void setup(){
024     //Initialisiere die Verbindung zu einem PC.
025     Serial.begin(9600);
026
027     //Bereite die LED vor.
028     pinMode(Pin_LED, OUTPUT);
029     digitalWrite(Pin_LED, LOW);
030
031     //Initialisiere den Infrarotempfänger.
032     IR_Empfaenger.enableIRIn();
033   }
034
035   void loop() {
036     //Wenn der Infrarotempfänger etwas gefunden hat, dann
037     //speichere dies unter "results".
038     if (IR_Empfaenger.decode(&results)) {
039       int Code = results.value;
040       //Gib aus, welcher Code empfangen wurde.
041       printResults(results);
042
043       //Schaue, ob ein Code für das Einschalten
044       //des Lichts empfangen wurde.
045       if (Code == Code_Einschalten) {
046         Serial.println("Schalte jetzt das Licht ein!");
047         digitalWrite(Pin_LED, HIGH);
048       }
049
050       //Schaue, ob ein Code für das Ausschalten
051       //des Lichts empfangen wurde.
052       if (Code == Code_Ausschalten) {
053         Serial.println("Schalte jetzt das Licht aus!");
054         digitalWrite(Pin_LED, LOW);
055       }
056
057       //Schaue, ob ein Code für das Umschalten
058       //des Lichts empfangen wurde.
059       if (Code == Code_Umschalten) {
060         Serial.println("Schalte jetzt das Licht um!");
```

```
061        digitalWrite(Pin_LED, !digitalRead(Pin_LED));
062        //Warte, damit mehrmalige kurz hintereinander
063        //folgende Signale nicht zu einem Flackern führen.
064        delay(500);
065      }
066      IR_Empfaenger.resume(); //Warte auf das nächste Signal
067    }
068  }
069
070  void printResults(decode_results results) {
071
072    //Gebe empfangenen Wert aus.
073    Serial.print("Empfangen: 0x");
074    Serial.print(results.value, HEX);
075
076    //Gebe die Anzahl der empfangenen Bits aus.
077    Serial.print(", Empfangene Bits: ");
078    Serial.println(results.bits);
079  }
```

Nachdem das Programm kompiliert und auf den Arduino übertragen wurde, kann mithilfe einer Infrarotfernbedienung und des seriellen Monitors getestet werden, ob die aufgebaute Schaltung funktioniert. Bei einem Tastendruck auf der Fernbedienung sollte auf dem Monitor eine hexadezimale Zahl erscheinen. Wenn dieselbe Taste mehrmals gedrückt wird, sollte entweder immer dieselbe Zahl erscheinen oder zwei verschiedene Zahlen, die abwechselnd erscheinen.

Jetzt kann die Taste gedrückt werden, mit der die Leuchtdiode ein-, aus- oder umgeschaltet werden soll, und die im seriellen Monitor angezeigte Zahl als Konstante `Code_Einschalten`, `Code_Ausschalten` oder `Code_Umschalten` eingetragen werden. Im obigen Programm wird beispielsweise das Licht mit dem empfangenen Infrarotsignal 3AC5 eingeschaltet, mit FFFFBA45 ausgeschaltet und mit FFFF827D umgeschaltet. Viele Fernbedienungen senden bei gedrückt gehaltener Taste dauerhaft eine andere Zahl, beispielsweise FFFFFFFF. Diese Zahl sollte nicht eingetragen werden, da sonst beispielsweise das Licht bei einem längeren Tastendruck einer beliebigen Taste ausgeschaltet wird.

Nachdem die Zahlen eingetragen sind und das Programm neu kompiliert und auf den Arduino übertragen wurde, sollte sich die Leuchtdiode mit den gewünschten Tasten auf der Fernbedienung steuern lassen. Wenn das funktioniert, können die aufgebaute Schaltung und das Programm für jedes beliebige Programm angepasst werden, um beispielsweise einen Arduino Robot fernzusteuern oder die LED-Beleuchtung eines Zimmers zu bedienen: Der Fantasie sind hier kaum Grenzen gesetzt.

Sender für Infrarotcodes

Das folgende Programm soll Infrarotcodes senden können. In Verbindung mit dem Programm zum Empfangen von IR-Codes soll eine LED auf der Empfängerseite ferngesteuert ein- und ausgeschaltet werden.

```
001  #include <IRremote.h>
002  #include <IRremote.h>
003
004  //Der IR-Code, mit dem das Licht eingeschaltet wird.
005  const unsigned long Code_Einschalten = 0x3AC5;
006
007  //Der IR-Code, mit dem das Licht ausgeschaltet wird.
008  const unsigned long Code_Ausschalten = 0xFFFFBA45;
009
010  //Wird als Nächstes das Licht ein- oder ausgeschaltet?
011  boolean wird_eingeschaltet = false;
012
013  //IR-Sender aus der Bibliothek IRremote
014  IR_Sender IR_Sender;
015
016  void setup()
017  {
018    //Für Statusmeldungen und Debugging.
019    Serial.begin(9600);
020  }
021
022  void loop() {
023
024    //Der zu übermittelnde IR-Code.
025    unsigned long Code;
026
027    //Schaue, welcher Code übertragen werden soll.
028    if(wird_eingeschaltet) {
029      Serial.println("Schalte das Licht ein!");
030      Code = Code_Einschalten;
031    }
032    else {
033      Serial.println("Schalte das Licht aus!");
034      Code = Code_Ausschalten;
035    }
036
037    //Übermittle den Code.
038    //Sende 3, damit im Fall einer Störung
039    //die Chance der erfolgreichen Übertragung steigt.
040    for (int i = 0; i < 1; i++) {
041      IR_Sender.sendSony(Code, 32);
042      delay(133);
043    }
```

```
044
045    //Lasse das Licht eine Weile ein- oder ausgeschaltet.
046    delay(500);
047
048    //Wenn das Licht eingeschaltet wurde, schalte
049    //es als Nächstes aus (andersrum ebenfalls).
050    wird_eingeschaltet = !wird_eingeschaltet;
051  }
```

Mithilfe der Empfängerschaltung kann überprüft werden, ob die aufgebaute Schaltung und der Code funktionieren. Wenn beide Schaltungen aufgebaut und in Betrieb sind, sollte die Leuchtdiode auf der Arduino-Platine bei der Empfängerseite im Sekundentakt blinken.

5.3.6 Tipps und Tricks

Die Kompilierung des Quellcodes bricht mit der Fehlermeldung »TKD2 was not declared in this scope« ab.

- Die Bibliothek IRremote wird in abgewandelter Form auch bei dem Arduino Robot verwendet. Da die Bibliothek RobotIRremote automatisch geladen wird und die Befehle und Objekte dieser Bibliothek genauso benannt sind wie die Befehle und Objekte der Bibliothek IRremote, werden diese anstelle der von uns gewünschten aufgerufen. Da RobotIRremote auf den Arduino Robot angepasst wurde, kann diese Bibliothek nicht mit einem ATmega328P verwendet werden. Um den Fehler zu beheben, kann die Bibliothek RobotIRremote gelöscht oder verschoben werden.

Ich habe eine Fernbedienung, weiß aber nicht, ob sie noch funktioniert.

- Um herauszufinden, ob eine Fernbedienung oder eine von Ihnen aufgebaute Schaltung infrarotes Licht ausstrahlt, kann eine Kamera (z. B. eine Webcam oder ein digitaler Fotoapparat) benutzt werden, da diese infrarotes Licht registriert. Zwar haben Kameras einen Filter eingebaut, der unter anderem infrarotes Licht blockiert, es sollte aber ein – wenn auch schwaches – Blinken zu sehen sein, wenn eine Fernbedienung oder Infrarotleuchtdiode direkt auf eine Kamera gerichtet wird. Wenn eine Fernbedienung sichtbar etwas sendet, aber kein lesbares Signal empfangen wird oder die Reichweite sehr kurz ist, liegt dies vermutlich an einer fast leeren Batterie.

Mein Sender schickt merkwürdige Signale.

- Wenn vom Empfänger Signale mit falschen und bei jedem Senden veränderten Werten empfangen werden, kann dies an einem zu schwachem Signal liegen.

Mein Fernseher reagiert nicht auf die Signale meines Arduino.

- Damit eine Infrarotnachricht von einem Fernseher akzeptiert wird, müssen der Inhalt, die Anzahl der übertragenen Bits und der Standard, in dem gesendet wurde, übereinstimmen. Bei den meisten Standards werden mehrere Nachrichten kurz hintereinander gesendet, und bei einigen wird eine Nachricht nur als richtig erkannt, wenn sie wenigstens zweimal erfolgreich übertragen wurde.

Meine Reichweite ist zu gering.
Um die Reichweite zu erhöhen, gibt es folgende Möglichkeiten:

- Zeigt die sendende Infrarotleuchtdiode in Richtung des Empfängers? Wenn die IR-LED in ein Breadboard gesteckt wird, strahlt sie nach oben vom Breadboard weg. Durch vorsichtiges Biegen der Beine der IR-LED und Drehen des Breadboards kann die Ausrichtung beeinflusst werden.

- Zeigt der Empfänger in Richtung des Senders? Ebenso wie die sendende Infrarotleuchtdiode hat auch das Infrarotempfangsmodul eine Ausrichtung. Empfangen tut es auf der Seite, auf der sich eine Erhebung befindet. Diese Seite sollte in die Richtung des Senders zeigen.

- Befinden sich Hindernisse zwischen Sender und Empfänger? Infrarotes Licht kann so wie sichtbares Licht die meisten festen Objekte nicht durchdringen. Von Glas und Plexiglas wird infrarotes Licht je nach Sorte mehr oder weniger stark absorbiert. Für eine optimale Reichweite sollte zwischen Sender und Empfänger eine direkte Sichtverbindung bestehen. Sollte keine direkte Sichtverbindung möglich sein, kann ein Signal auch indirekt über Reflexionen übermittelt werden. Große und freie Flächen sind dafür am besten geeignet, wie beispielsweise Zimmerwände und -decken.

- Gibt es Infrarotstörquellen? Dauerhaft gleich stark sendende Infrarotquellen wie Glühbirnen oder das natürliche Tageslicht stören das Signal im Normalfall nicht. Hochfrequente Infrarotquellen wie Röhrenmonitore, einige Energiesparlampen und andere Infrarotfernbedienungen können in sehr seltenen Fällen das Signal überlagern. Wenn alle nicht benötigten elektrischen Geräte ausgeschaltet werden und die Reichweite sich vergrößert, stört ein Gerät das Infrarotsignal.

- Ist die Schaltung korrekt aufgebaut? Wenn Signale über eine kleine Distanz fehlerfrei übertragen werden, die Reichweite aber zu gering ist, liegt der Fehler wahrscheinlich in der Verstärkerschaltung der sendenden Infrarotdiode. Deren korrekte Funktionsweise kann überprüft werden, indem die Spannung und der Stromdurchfluss über die Infrarotleuchtdiode mit einem Multimeter gemessen werden. Da die IR-LED im normalen Programm nur einige Mikrosekunden lang durchgehend leuchtet, kann das Arduino-Beispielprogramm Blink, bei dem der Pin der LED auf 3 abgeändert wurde, zum Testen verwendet werden.

5.4 Lichtschranke

Bei der Erwähnung des Worts Lichtschranke denken die meisten Personen vermutlich zuerst an Alarmanlagen und Einbruchschutz statt an Fotografie. Aber auch in diesem

Bereich, vor allem in der Hochgeschwindigkeits- und Tierfotografie, werden Lichtschranken gern benutzt. Mit ihrer Hilfe lassen sich sogar einzelne Wassertropfen im freien Fall zuverlässig fotografieren.

5.4.1 Gruben graben

Vater Christoph lebt mit seiner Frau Roswita und drei Kindern in einem Einfamilienhaus. Schon seit Wochen ärgert er sich: Immer ist morgens der Kühlschrank offen, und alle Mitglieder der Familie streiten die energieverschwenderische Tat ab! Er hat genug, verkriecht sich in seinen Keller und baut sich mit seinem Arduino eine Lichtschranke, koppelt sie mit seiner Kamera und stellt nachts heimlich seine Falle vor dem Kühlschrank auf.

In der Nacht kann er kaum schlafen. Unruhig wälzt er sich hin und her. Es hat keinen Sinn, er will Roswita nicht wecken, die wie ein Uhrwerk neben ihm atmet. Ein Schluck Milch wird helfen, also steht er auf und geht runter in die Küche. Seiner Lichtschranke weicht er natürlich aus, öffnet den Kühlschrank und greift zur Milch. Ach, und wenn er schon da ist, so ein kleiner Schokoriegel wäre jetzt gerade richtig ... BRATZ! Ein Blitzlicht kommt aus dem Kühlschrank, gerade als er zum Schokoriegel greifen will. Geblendet läuft er erst rückwärts in seine eigene Lichtschranke – BRATZ! – und gleich darauf in die Arme von Roswita: »Ha, endlich weiß ich, wer meine Lieblingsriegel klaut!«

Nach einer längeren Diskussion einigt man sich darauf, dass Stasimethoden im Haus doch nicht das beste Vorbild für die Kinder sind, und die beiden Lichtschranken wandern in die Tonne. Das Rätsel des geöffneten Kühlschranks wurde nie gelöst.

PS: Es war die Dichtung der Tür.

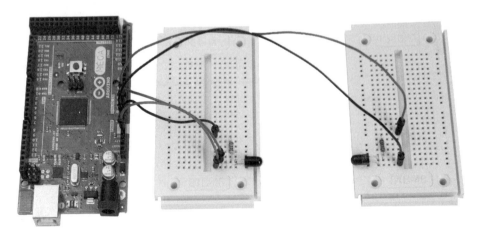

Bild 5.12: Eine Lichtschranke kann z. B. als Alarmanlage dienen.

5.4.2 Aufgabenstellung

Wir wollen eine Lichtschranke bauen, die einen Fotoapparat auslösen soll. Die Lichtschranke soll zwischen 2 cm und 200 cm groß sein, Lichtquelle und Detektor sollen sich an den gegenüberliegenden Seiten der Lichtschranke befinden. Innerhalb von wenigen Millisekunden soll auf ein Hindernis in der Lichtschranke reagiert und die Kamera ausgelöst werden.

5.4.3 Hintergrundwissen

Eine Lichtschranke besteht aus einer Lichtquelle, die auf einen Lichtdetektor scheint. Im einfachsten Fall leuchtet die Lichtquelle die ganze Zeit, und der Detektor misst die Intensität des ankommenden Lichts (Lichtstrom).

Lichtschranke

Wenn sich ein Objekt zwischen Quelle und Detektor befindet, misst dieser einen verringerten Lichtstrom, die Lichtschranke ist dann geschlossen. Der ankommende Lichtstrom kann aber auch dadurch verändert werden, dass eine andere Lichtquelle ein- oder ausgeschaltet wird, was zu einem Fehlverhalten der Lichtschranke führen könnte. Es ist deshalb besser, zwei Messungen vorzunehmen, einmal mit eingeschalteter Lichtquelle und einmal mit ausgeschalteter Lichtquelle, um die Hintergrundhelligkeit zu messen. Wenn sich nun ein Objekt zwischen Quelle und Detektor befindet, liefern beide Messungen ein ähnliches Ergebnis, bei freiem Sichtkontakt liefern sie unterschiedliche Ergebnisse. Durch das Festlegen eines Schwellenwerts wird dann festgelegt, wann die Lichtschranke als »offen« und wann sie als »geschlossen« gilt. Dieser Schwellenwert muss je nach verwendeten Bauteilen und der Größe der Lichtschranke experimentell ermittelt werden.

Lichtquelle und Lichtdetektor müssen sich nicht immer an den gegenüberliegenden Seiten der Lichtschranke befinden. Es ist ebenso möglich, dass sich diese beiden Komponenten an einer Seite der Lichtschranke befinden und auf einen Reflektor am anderen Ende der Lichtschranke ausgerichtet sind. Dieser reflektiert das von der Lichtquelle ausgestrahlte Licht zurück auf den Reflektor. Bei diesem Aufbau kann aber auch von einem Objekt in der Lichtschranke Licht reflektiert werden, und diese löst deshalb bei einem zu niedrig gewählten Schwellenwert nicht immer zuverlässig aus. Dafür hat dieser Aufbau den Vorteil, dass sich nur an einer Seite der Lichtschranke elektronische, mit Strom zu versorgende Bauteile befinden, weshalb keine Kabel über die Länge der Lichtschranke verlegt werden müssen. Gerade bei größeren und schnell aufzubauenden Lichtschranken ist das ein großer Vorteil.

Eine Lichtschranke kann aus einfachen Standard-Elektronikkomponenten aufgebaut werden. Zur Detektion von Licht wird entweder eine Fotodiode oder ein Fototransistor benutzt. Der größte Unterschied zwischen diesen Komponenten ist die Geschwindigkeit, mit der sich eine Änderung des Lichtstroms auswirkt. Während eine Fotodiode innerhalb von Nanosekunden auf eine Veränderung reagiert, benötigt ein

Fototransistor mindestens 100 Mikrosekunden. Da wir aber für eine Messung mit unserem Arduino mindestens 20 Mikrosekunden benötigen, wirkt sich der Geschwindigkeitsvorteil der Fotodiode nicht stark aus, und es ist egal, ob eine Fotodiode oder ein Fototransistor benutzt wird.

Als Lichtquelle kann im einfachsten Fall eine LED verwendet werden. Wünschenswerte Eigenschaften der LED sind hier eine große Leuchtkraft und ein kleiner Abstrahlwinkel, um ein möglichst starkes Signal auf dem Detektor zu empfangen. Speziell Infrarot-LEDs sind gut für den Einsatz in einer Lichtschranke geeignet. Für große Lichtschranken können auch Laserdioden verwendet werden. Da deren Ansteuerung aber komplex ist und auch Sicherheitsbestimmungen beachtet werden müssen, werden sie in diesem Kapitel nicht behandelt.

Benötigte Bauteile
- 1 Infrarotleuchtdiode CQY99
- 1 Infrarotfotodiode LTR-323DB
- 1 Widerstand 100 Ω
- 1 Widerstand 1 MΩ
- 5 Steckbrücken

5.4.4 Schaltplan

Die Lichtschranke ist aus zwei Komponenten aufgebaut, der Lichtquelle und dem Lichtdetektor. Diese befinden sich bei unserem Aufbau an den gegenüberliegenden Enden der Lichtschranke. Es bietet sich deshalb an, Lichtquelle und -detektor auf zwei verschiedenen Breadboards aufzubauen.

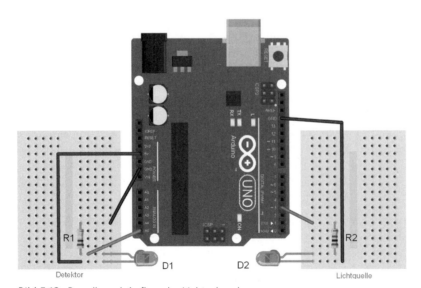

Bild 5.13: Breadboard-Aufbau der Lichtschranke.

Lichtquelle

Die Lichtquelle besteht aus einer Infrarotleuchtdiode D2. Bei der Wahl von D2 sollte darauf geachtet werden, dass die IR-LED einen möglichst kleinen Abstrahlwinkel hat, da nur das direkt auf den Lichtdetektor abgestrahlte Licht gemessen wird und seitlich abgestrahltes Licht keinen Vorteil bringt oder sogar kontraproduktiv ist, da es durch Reflexionen indirekt zum Detektor gelangen kann, auch wenn sich ein Objekt in der Lichtschranke befindet.

Da D2 für mehr als 40 mA ausgelegt ist, gibt es die Möglichkeit, sie entweder direkt an einem Arduino-Pin mit maximal 40 mA zu betreiben oder eine Verstärkerschaltung aufzubauen, um die volle Leistung zu nutzen. Für eine nur wenige Zentimeter lange Lichtschranke sind 40 mA mehr als genug. Um den durch D2 fließenden Strom auf 40 mA zu begrenzen, muss der Vorwiderstand R2 passend gewählt werden. Bei einem Stromdurchfluss von 40 mA fallen über D2 ungefähr 1,2 V ab, R2 muss deshalb laut dem Ohm'schen Gesetz (5 V − 1,2 V) ÷ 0,04 A = ~ 100 Ω betragen. Für eine größere Lichtschranke mit einer Lichtstrecke von mehreren Metern sollte eine Verstärkerschaltung genutzt werden, beispielsweise kann die Transistorschaltung aus dem Kapitel 5.3 »Infrarotfernbedienung« verwendet werden.

Lichtdetektor

Als Lichtdetektor D1 kann im einfachsten Fall eine Fotodiode verwendet werden. Fotodioden sind winzige Solarzellen, die bei Lichteinfall eine Spannung erzeugen. Diese Spannung ist aber zu gering, um sie einfach mit dem Arduino messen zu können. Stattdessen wird der Sperrstrom benutzt, um die Helligkeit zu messen. Der Sperrstrom ist der Strom, der durch eine in Sperrrichtung betriebene Diode fließt. Dieser Sperrstrom ist so gering, dass er bei den meisten Anwendungen von Dioden ignoriert werden kann. Für unsere Anwendung ist der Sperrstrom aber interessant, da er bei Fotodioden durch einfallendes Licht verstärkt wird und wir so mit ihm die Lichtintensität messen können.

Wir können den Sperrstrom messen, indem wir ihn durch einen hochohmigen Widerstand R1 gegen Masse abfließen lassen. Über R1 fällt dann eine Spannung ab, die wir mit dem Arduino messen können.

Da der Sperrstrom je nach individueller Fotodiode und Intensität des einfallenden Lichts stark schwanken kann, können 1 MΩ zu viel oder zu wenig sein, weshalb entweder mehrere Widerstände ausprobiert werden müssen oder R1 durch ein hochohmiges Potenziometer ersetzt wird. Dabei gilt: Ist die Spannung zwischen R1 und D1 zu gering, bei eingeschalteter Lichtschranke beispielsweise weit unter 2,5 V oder bei einer Messung mit dem Arduino unter einem Messwert von 128, muss für R1 ein höherer Widerstand gewählt werden. Bei einer zu hohen Spannung von über 4,5 V oder einer Arduino-Messung über 230 muss ein niedrigerer Wert gewählt werden. Vor allem wenn die Lichtschranke in ihrer Größe veränderbar sein soll, ist der Einsatz eines Potenziometers für R1 stark zu empfehlen.

> **Download Source Code**
> Lichtschranke.ino
> - *buch.cd*
> - *arduino-handbuch.visual-design.com*

5.4.5 Source Code

```
001  //Anschlusspin der Fotodiode
002  const int Pin_Detektor = A0;
003
004  //Anschlusspin der IR-LED
005  const int Pin_LED = A2;
006
007  //Pin für die Kameraauslösung.
008  const int Pin_Kamera = 13;
009
010  //Schwellenwert, ab dem die Lichtschranke als "offen" gilt.
011  //Muss experimentell ermittelt werden.
012  int Schwellwert = 130;
013
014  //Ist die Lichtschranke offen (kein Objekt in ihr)?
015  boolean Lichtschranke_offen;
016
017  void setup() {
018    //Initialisiere die serielle Kommunikation.
019    Serial.begin(9600);
020
021    //Initialisiere die Fotodiode.
022    pinMode(Pin_Detektor, INPUT);
023
024    //Initialisiere die IR-LED.
025    pinMode(Pin_LED, OUTPUT);
026    digitalWrite(Pin_LED, LOW);
027
028    //Initialisiere den Pin für den Kameraauslöser.
029    pinMode(Pin_Kamera, OUTPUT);
030    digitalWrite(Pin_Kamera, LOW);
031
032    //Initialisiere die onboard-LED, um den Zustand
033    //der Lichtschranke anzuzeigen.
034    pinMode(13, OUTPUT);
035    digitalWrite(13, LOW);
036  }
037
038  void loop() {
039    //Messe das Umgebungslicht.
040    byte Messung_ohne_LED = analogRead(Pin_Detektor);
```

```
041    digitalWrite(Pin_LED, HIGH);
042
043    //Messe das Licht der IR-LED.
044    byte Messung_mit_LED = analogRead(Pin_Detektor);
045    digitalWrite(Pin_LED, LOW);
046
047    //Überprüfe, ob die Lichtschranke geschlossen ist.
048    if (Messung_mit_LED - Messung_ohne_LED > Schwellwert) {
049      Lichtschranke_offen = true;
050    } else {
051      //Reagiere einmal, wenn sich die Lichtschranke schließt.
052      if (Lichtschranke_offen) {
053        reagiere();
054      }
055      Lichtschranke_offen = false;
056    }
057
058    //Lasse die onBoard-LED Leuchten, wenn sich etwas
059    //in der Lichtschranke befindet.
060    digitalWrite(13, !Lichtschranke_offen);
061 }
062
063 //Diese Methode wird ausgeführt, wenn
064 //die Lichtschranke geschlossen ist.
065 void reagiere() {
066    //Betätige den Kameraauslöser für 200 ms.
067    digitalWrite(Pin_Kamera, HIGH);
068    delay(200);
069    digitalWrite(Pin_Kamera, LOW);
070 }
```

Der Arduino überprüft periodisch, ob die Lichtschranke geschlossen ist. Dafür wird gemessen, wie stark sich die Sensorwerte des Lichtdetektors bei eingeschalteter und bei ausgeschalteter Lichtquelle unterscheiden. Wenn diese Differenz einen gewissen Schwellwert übersteigt, soll sowohl die auf der Arduino-Platine verbaute LED an Port 13 eingeschaltet als auch ein Signal auf einem digitalen Pin des Arduino ausgegeben werden, das beispielsweise dafür benutzt werden kann, eine Kamera auszulösen.

5.4.6 Tipps und Tricks

Meine Lichtschranke löst nicht zuverlässig aus.
- Sind LED und Fotodiode einander zugewandt? Eine nur wenige Grad geneigte Fotodiode kann bei kurzen Lichtschranken das Signal stark abschwächen.
- Ist der Schwellwert falsch eingestellt? Ein zu hoch eingestellter Schwellwert führt dazu, dass die Lichtschranke entweder überhaupt nicht auslöst oder kleinere Objekte nicht erkennt. Ein zu gering eingestellter Schwellwert hingegen lässt die

Lichtschranke auch ohne ersichtlichen Grund spontan auslösen. Wenn die Lichtschranke an einer neuen Position mit einer neuen Länge aufgebaut wird, sollte optimalerweise der Schwellenwert neu eingestellt werden.

- Leuchtet die LED stark genug? Je länger die Lichtschranke ist, desto stärker muss die LED sein, damit die Fotodiode ein gutes Signal empfängt. Bei Bedarf kann eine Verstärkerschaltung wie im Kapitel 5.3 »Infrarotfernbedienung« aufgebaut werden. Beachten Sie, dass Sie für eine Verdopplung der Länge der Lichtschranke eine Vervierfachung der Strahlungsintensität der LED benötigen, um die gleiche Signalstärke zu erhalten.

- Ist die Fotodiode zu empfindlich? Wenn die Fotodiode zu empfindlich eingestellt ist, kann es passieren, dass das Umgebungslicht zu einem Signal nahe der Sättigung führt. In diesem Fall sollten Sie einen kleinen Widerstand für R1 verwenden.

Ich will nicht bei jedem Aufbau der Lichtschranke den Schwellenwert neu festlegen müssen.

Wenn die Lichtschranke in verschiedenen Längen an verschiedenen Orten aufgebaut werden soll, kann statt einer Festlegung des Schwellenwerts im Programmcode auch ein Potenziometer benutzt werden, um schnell und einfach den Schwellenwert einzustellen. Benutzen Sie hierfür ein lineares Potenziometer mit einem Widerstandswert von mindestens 1 kΩ und schließen Sie den Mittelabgreifer an einen freien analogen Pin des Arduino an, beispielsweise A1. Schließen Sie die beiden anderen Pins an die Masse und den 5-V-Pin des Arduino an, die Reihenfolge spielt hier keine Rolle. Fügen Sie dann die folgende Codezeile an den Anfang der `loop()`-Methode ein:

```
039  threshold = analogRead(A1);
```

Und folgenden Code in die `setup()`-Methode:

```
018  pinMode(A1, INPUT);
```

Durch Drehen des Potenziometers kann jetzt der Schwellenwert eingestellt werden. Drehen Sie dafür das Potenziometer in die Endstellung, in der die LED auf dem Arduino dauerhaft leuchtet. Drehen Sie jetzt bei offener Lichtschranke so lange, bis die Leuchtdiode nicht mehr leuchtet. Drehen Sie noch ein kleines Stück weiter, damit die Lichtschranke den offenen Zustand sicher erkennt. Testen Sie jetzt, ob die Lichtschranke zuverlässig auslöst, indem Sie ein Objekt in die Lichtschranke einführen und die Arduino-LED beobachten. Stellen Sie bei Bedarf den Schwellenwert noch fein ein.

5.5 SMS-Alarmanlage

In diesem Kapitel werden wir das GSM-Schild von Arduino behandeln. Es bietet die Möglichkeit, sich in die Thematik des GSM-Mobilfunks einzuarbeiten.

5.5.1 Handys im Wandel der Zeit

Als sich Mitte der 1990er-Jahre die Funktelefone nach dem GSM-Standard in Deutschland so richtig breitmachten, führte das bestimmt bei einigen Berufsgruppen, die viel unterwegs und erreichbar sein mussten, zu einem konditionalen Einbruch. Die bis dahin verfügbaren analogen Funktelefone des C-Netzes waren schwere Geräte, die man eigentlich nur mit einem Schultergurt gefahrlos tragen konnte – und unsagbar teuer. Von der mangelnden Abhörsicherheit mal ganz zu schweigen – selbst Helmut Kohl ließ sich angeblich regelmäßig zu einer Telefonzelle fahren, um ungestört telefonieren zu können.

Die neue GSM-Technik war dagegen atemberaubend: glasklare, digitale Sprachübertragung, standardmäßig verschlüsselt, Textnachrichten – und alles in einem wirklich handlichen Gerät! Zugegeben, in der heutigen Zeit würde man ein Gerät von damals beim Flughafen-Check vermutlich als gefährliche Stumpfwaffe kategorisieren, aber dennoch war GSM ein großer Schritt nach vorne, und die kommenden Jahre brachten ständige Verbesserungen. Immer kleiner wurden die Geräte, bis die Finger für die Tastatur zu groß wurden und das Telefon in eine Armbanduhr passte. Da ist es nur konsequent, dass man jetzt auch in der Lage ist, sich sein eigenes Handy zusammenzubasteln.

5.5.2 Aufgabenstellung

Wir bauen eine Alarmanlage, die auf einem Bewegungssensor basiert und immer dann eine SMS an eine fest definierte Nummer abschickt, wenn der Sensor eine Bewegung wahrnimmt. Damit das Mobilfunkkonto aber nicht überstrapaziert wird, wird nur einmal pro Stunde eine solche SMS abgeschickt.

5.5.3 Hintergrundwissen

Das GSM-Shield von Arduino ist in Bezug auf GSM ein wahrer Tausendsassa: Es kann SMS verschicken, Telefonate führen und sogar sich ins Internet einwählen.

Möglich macht das alles der M10-Chip von Quectel, ein Funkmodem, das in vier Bändern auf 850 MHz, 900 MHz, 1.800 MHz und 1.900 MHz arbeitet. Es unterstützt TCP/UDP- und HTTP-Protokolle über GPRS und ist damit auch für den Interneteinsatz geeignet. Die Internetgeschwindigkeit ist mit 85,6 kb/s zwar nicht besonders schnell, um aber unterwegs gesammelte Daten schnell und einfach auf einem Internetserver zu sichern, reicht es allemal aus.

AT-Kommandos

Um das Funkmodem benutzen zu können, werden sogenannte AT-Kommandos verwendet, die aus der Anfangszeit der Datenfernübertragung stammen, als Daten noch über Telefonleitungen versendet wurden und man noch in der Lage war, empfangene Texte bei 300 kb/s gleich am Bildschirm mitzulesen. Damals geschah die Kommunikation mit dem Modem oder dem Akustikkoppler über die serielle Schnittstelle und über besagte AT-Kommandos, die dem Modem mitteilten, was es tun sollte. Alle Befehle, die man an ein Modem schicken konnte, begannen mit der Zeichenfolge AT, gefolgt von einem Befehl und eventuell noch zusätzlichen Parametern. Sendete man also beispielsweise die Zeichenfolge ATD12345 an das Modem, erkannte es das Kommando an den beiden Buchstaben A und T, identifizierte das Zeichen D als Befehl, eine Telefonnummer zu wählen, und wählte die darauffolgenden Ziffern. Mit etwas Glück befand sich dann auch am anderen Ende ein Modem, das den Anruf entgegennahm und eine Datenverbindung zwischen den beiden Geräten aufnahm. Nicht selten kam es aber vor, dass eine erstaunte Hausfrau »Hallo, hallooo?« in den Hörer rief, gefolgt von einem »Au!«, wenn das laute Fiepen des Modems ungefiltert an ihr Ohr drang.

Dank der GSM-Bibliothek von Arduino müssen Sie sich aber nicht mit diesen AT-Kommandos herumschlagen, sondern können sehr bequeme Befehle verwenden, die auch Menschen verständlich sind. So kann man einen Telefonanruf einfach dadurch einleiten, dass man die Funktion GSMVoiceCall.voiceCall('12345') aufruft.

Vorsicht bei Arduino Mega, Yún und Leonardo

Die Hauptverbindung zwischen Arduino und GSM-Shield läuft über eine serielle Schnittstelle. Diese ist auf dem GSM-Schild an Pin 2 und 3 angeschlossen und kann von den meisten Arduinos problemlos verwendet werden.

Da das GSM-Modem ein Signal an den Arduino sendet, wenn es ein Ereignis (wie zum Beispiel einen eingehenden Anruf) melden möchte, ist es elementar, dass dieses auch vom Arduino erkannt wird. Das Signal liegt an Pin 2 an, und von den meisten Arduinos kann es auch an diesem Pin erkannt werden.

Anders ist das allerdings bei den Arduinos Mega, Yún und Leonardo: Hier muss das Signal an Pin 8 (Arduino Leonardo und Yún) bzw. Pin 10 (Arduino Mega) ankommen. Bei diesen Arduinos ist es also notwendig, die Verbindung zwischen GSM-Shield und dem Arduino an Pin 2 zu unterbrechen und eine Brücke zu Pin 8 bzw. 10 zu setzen. Am einfachsten gelingt das, indem Sie Pin 2 des Shields etwas herausbiegen und ein Kabel zwischen Pin 2 und 8 bzw. 10 platzieren.

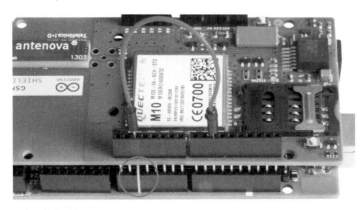

Bild 5.14: Bei einem Arduino Mega müssen kleine Anpassungen vorgenommen werden.

Das Einlegen der SIM-Karte

Für das GSM-Shield benötigt man eine handelsübliche SIM-Karte, wie sie auch für Handys verwendet wird. Für erste Tests reicht es sicherlich aus, wenn Sie die Karte Ihres Telefons verwenden. Wenn Sie das GSM-Shield allerdings häufiger verwenden, werden Sie sich sicherlich eine eigene SIM-Karte für das Shield wünschen. Ob Sie dann die dem GSM-Shield beigelegte Karte verwenden oder aber sich bei einem der zahlreichen anderen Anbieter eine eigene besorgen, spielt dabei keine Rolle, alle SIM-Karten, die von der Größe her in die Halterung passen, sind gleichermaßen geeignet.

Die SIM-Karte muss nun in den Kartenslot des GSM-Shields eingelegt werden. Dazu bewegt man den metallenen Bügel des Kartenhalters vom Rand weg zum Chip hin. Daraufhin lässt sich die Kartenhalterung nach oben klappen. Wenn Sie wie wir mehrmals versuchen, die Karte zwischen dem oberen und dem unteren Teil der Halterung einzulegen und dann die Vorrichtung zu schließen, werden Sie sicherlich genauso viele Flüche loswerden und letztendlich scheitern. Vielmehr muss die Karte in den oberen Teil der Befestigung eingeschoben werden, wobei die messingfarbenen Kontakte nach unten zur Platine hin zeigen müssen. Bewegen Sie dann die Halterung wieder nach unten und schieben Sie den Metallbügel Richtung Rand, bis dieser einrastet. Nun sollte die Karte sicher in Ihrem GSM-Schild montiert sein.

Bild 5.15: Die Karte muss in den oberen Teil der Befestigung eingeschoben werden, die Kontakte müssen dabei nach unten zur Platine zeigen.

GSM-Basics

Natürlich muss man beim Umgang mit GSM-Netzen auch ein paar kleinere Grundregeln beachten. Die meisten werden Sie sicherlich schon von der normalen Benutzung Ihres eigenen Handys her kennen. Jede SIM-Karte speichert die Informationen über den Anschluss, unter dem sie bzw. Ihr GSM-Shield erreichbar ist. Geschützt ist diese Karte über eine Pinnummer, die Sie wie beim Handy zuerst dem GSM-Shield mitteilen müssen, bevor Sie sich im GSM-Netz des jeweiligen Anbieters anmelden können.

Die Anmeldung im GSM-Netz ist notwendig, damit Ihr Telefonanbieter weiß, wo Sie sich im Moment befinden, damit er beispielsweise eingehende Telefonanrufe an den Handymast schicken kann, mit dem Ihr GSM-Gerät verbunden ist. Bei dieser Anmeldung wird zwischen Telefonmast und Handy eine Nummer ausgetauscht, die den Anschluss eindeutig kennzeichnet. Diese Daten sind verschlüsselt, die Ver- und Entschlüsselung findet dabei jeweils auf der SIM-Karte statt, die ebenfalls einen kleinen Mikroprozessor beinhaltet. Erst nachdem die Anmeldung erfolgt ist, sind Sie in der

Lage, Telefonanrufe, SMS oder Internetverbindungen aufzubauen oder eingehende Anrufe oder SMS zu empfangen.

Da nicht vorhersagbar ist, wann ein Telefonanruf stattfindet oder wann eine SMS eingeht, muss das Programm, das die GSM-Karte benutzt, ereignisgesteuert sein und je nach eingetretenem Fall (SMS eingegangen, Telefonanruf eingegangen etc.) entsprechend reagieren. In diesem Projekt umgehen wir aber dieses Problem geschickt, indem wir lediglich eine SMS verschicken, was eine solche ereignisgesteuerte Behandlung unnötig macht.

Der Bewegungssensor

Bei der Wahl eines für unser Projekt geeigneten Bewegungssensors haben wir uns für den HC-SR501 entschieden, der mit einer Spannung von 5 bis 20 V betrieben werden kann und gerade einmal 65 mA benötigt. In einem Umfeld von 7 m und in einem Winkel von 120 Grad kann der Sensor Bewegungen über Infrarotstrahlung ausfindig machen. Temperaturunterschiede zwischen Tag und Nacht oder Winter und Sommer kompensiert der Sensor dabei selbstständig.

Er besitzt zwei Potenziometer, mit denen man zum einen die Empfindlichkeit und zum anderen die Dauer des Signals, mit dem eine Bewegung gemeldet wird, einstellen kann. Weiterhin besitzt er einen Jumper, über den man die Art des Signals festlegen kann – in der einen Stellung sendet er bei anhaltender Aktivität nur ein dauerhaftes Signal, in der anderen Stellung wechselt das Signal bei dauerhafter Aktivität.

Bild 5.16: Der Bewegungssensor HC-SR501 ist sehr einfach zu verwenden.

Das Signal, das der Sensor an die Schaltung weitergibt, bewegt sich zwischen 0 V und 3,3 V. Man kann es über einen analogen Eingang des Arduino messen, genauso gut ist es aber auch möglich, einen digitalen Eingang zu verwenden, da die 3,3 V auch ausreichen, um ein High-Level in einer 5-V-Schaltung zu signalisieren.

5.5.4 Schaltplan

Der Schaltplan für dieses Projekt ist denkbar einfach. Es muss lediglich der Sensor angeschlossen werden, wobei die Versorgungsspannung über die beiden äußeren

5.5 SMS-Alarmanlage

Pins des Sensors angelegt werden und der mittlere Signal-Pin mit Pin A0 des Arduino verbunden werden muss.

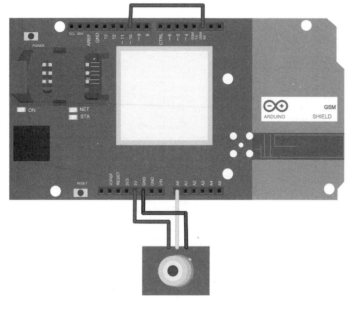

Bild 5.17: Der Schaltplan ist sehr einfach – die Brücke zwischen Pin 2 und 10 ist nur für einen Arduino Mega notwendig.

Bild 5.18: Der fertige Aufbau: Arduino Mega mit GSM-Shield, Drahtbrücke und angeschlossenem Infrarotbewegungssensor.

> **Download Source Code**
> SendSMS.ino
> - *buch.cd*
> - *arduino-handbuch.visual-design.com*

5.5.5 Source Code

```
001 #include <GSM.h>
002
003 #define PINNUMMER "1234"
004 #define TELEFONNUMMER "01234567890"
005 #define WARTEZEIT 60*60*1000
006 #define IRSENSORPIN A0
007 #define DEBUG true
008
009 GSM gsm;
010 GSM_SMS sms;
011
012 void InitGSM()
013 {
014   Serial.println("GSM wird initialisiert");
015   if (!DEBUG) {
016     boolean KeineVerbindung = true;
017
018     while (KeineVerbindung)
019     {
020       if (gsm.begin(PINNUMMER) == GSM_READY)
021         KeineVerbindung = false;
022       else
023       {
024         Serial.println("GSM-Fehler: keine Verbindung");
025         delay(1000);
026       }
027     }
028   }
029   Serial.println("GSM wurde erfolgreich gestartet");
030 }
031
032 void SendSMS(char* SMSText, char* Telefonnummer)
033 {
034   Serial.print("SMS senden an ");
035   Serial.println(Telefonnummer);
036   if (!DEBUG) {
037     sms.beginSMS(Telefonnummer);
038     sms.print(SMSText);
039     sms.endSMS();
040   }
```

5.5 SMS-Alarmanlage

```
041    Serial.println("SMS gesendet");
042  }
043
044  bool PruefeBewegungssensor()
045  {
046    return digitalRead(IRSENSORPIN);
047  }
048
049  void setup()
050  {
051    pinMode(IRSENSORPIN, INPUT);
052    Serial.begin(9600);
053    Serial.println("Arduino Alarmanlage");
054    InitGSM();
055  }
056
057  long LetzterAlarm = -WARTEZEIT;
058
059  void loop()
060  {
061    if ( PruefeBewegungssensor() ) {
062      if ((millis() - LetzterAlarm) >= WARTEZEIT)
063      {
064        Serial.println("Alarm! Sende SMS");
065        LetzterAlarm = millis();
066        SendSMS("Alarm! Es wird bei Ihnen gerade eingebrochen!", TELEFONNUMMER);
067      }
068      else {
069        Serial.println("Alarm! Aber SMS wurde bereits gesendet.");
070      }
071    }
072    else {
073      Serial.println("Alles ruhig");
074    }
075    delay(500);
076  }
```

Das Programm für unsere SMS-Alarmanlage beginnt mit dem Inkludieren der GSM-Bibliothek. Daran anschließend werden die PIN Ihrer SIM-Karte sowie die Telefonnummer, an die die SMS geschickt werden soll, definiert. Tragen Sie hier bitte Ihre persönlichen Zahlen ein.

Im Anschluss wird die Wartezeit definiert, die vergehen soll, bevor der Arduino erneut eine SMS abschicken darf – hierzu kommen wir später noch einmal. Außerdem wird der Pin für den Bewegungssensor definiert. Wenn die Konstante DEBUG mit true initialisiert wird, wird das Programm in einen Debug-Zustand versetzt, der das Versenden von einer oder mehreren SMS unterdrückt, aber ansonsten das Programm unverändert lässt. Dies wurde zur Sicherheit eingebaut, da das Versenden von SMS auch mit Kosten verbunden sein kann. Wird DEBUG auf false gesetzt, versendet das Programm wie gewünscht eine SMS, sobald eine Bewegung erkannt wird.

Anschließend werden die beiden Objekte gsm und sms initialisiert, die wir für den Umgang mit dem GSM-Netz und dem Versenden von SMS benötigen.

In der Funktion InitGSM wird so lange versucht, eine Verbindung zum GSM-Netz herzustellen, bis dies letztlich gelingt. Hierfür wird der Befehl gsm.begin verwendet, der die Verbindung zum GSM-Netz herstellt – ist er erfolgreich, wird die Variable KeineVerbindung auf false gesetzt, und damit wird die while-Schleife beendet. Ist der Verbindungsaufbau nicht erfolgreich, wird eine Sekunde gewartet und anschließend erneut versucht, die Verbindung herzustellen. Außerdem werden in dieser Funktion Textmeldungen über das serielle Interface (das zum Computer führt) ausgegeben.

Die Funktion SendSMS erwartet als Parameter den SMS-Text und die Telefonnummer, an die die SMS geschickt werden soll. Bei der Verwendung ist zu beachten, dass eine SMS maximal 160 Zeichen lang sein kann. Wenn DEBUG auf true gesetzt ist, wird der Beginn einer SMS eingeleitet (sms.beginSMS), der Text ausgegeben (sms.print) und anschließend die SMS abgesendet (sms.endSMS).

In der Funktion PruefeBewegungssensor wird der Bewegungssensor auf Aktivität hin überprüft – bei Bedarf können Sie diese Funktion erweitern und so beispielsweise mehrere Sensoren abfragen.

Die setup-Funktion wird ja bekanntlich beim Start des Arduino aufgerufen und kümmert sich zuerst einmal darum, den Pin des Sensors als Eingangspin zu definieren. Anschließend wird die serielle Verbindung zum Computer hin aufgebaut, über die die verschiedenen Mitteilungstexte gesendet werden. Im Anschluss daran wird ein solcher Text ausgegeben und die Funktion InitGSM aufgerufen, die wir ja schon besprochen haben.

Im loop-Bereich des Programms wird nun an erster Stelle der Bewegungssensor abgefragt. Gibt dieser kein Signal zurück, wird die Textmeldung »Alles ruhig« ausgegeben und eine halbe Sekunde gewartet, bevor der Bewegungssensor erneut abgefragt wird.

Meldet der Sensor jedoch eine Bewegung, wird in der Zeile if ((millis() - LetzterAlarm) >= WARTEZEIT) überprüft, ob nicht bereits eine SMS abgeschickt wurde und die Wartezeit damit unterschritten ist. Ist das der Fall, wird zwar in der Textausgabe erneut ein Alarm ausgegeben, es wird aber keine SMS abgeschickt. Das verhindert, dass Ihnen bei wiederholter Aktivität im ungünstigsten Fall alle fünf Sekunden eine neue SMS zugeschickt wird, was sowohl lästig als auch recht teuer werden kann. Die Wartezeit kann zu Beginn des Programms frei eingestellt werden und steht im Beispiel auf eine Stunde (60 Minuten zu je 60 Sekunden zu je 1000 Millisekunden).

Damit aber auch bei der ersten durch den Sensor entdeckten Bewegung eine SMS abgeschickt wird, muss die Variable LetzterAlarm auf einen Wert gesetzt werden, der die entsprechende Wartezeitbedingung in jedem Fall erfüllt. Dies geschieht mit LetzterAlarm = -WARTEZEIT, was für die Variable den negativen Wert der Wartezeit definiert. So ist die Bedingung (millis() - LetzterAlarm) >= WARTEZEIT) in jedem Fall erfüllt, denn allein der Wert der Variablen LetzterAlarm – abgezogen von einem beliebigen Wert, den die Funktion millis() ausgeben mag – ist gleich der WARTEZEIT.

Wurde also bislang noch keine SMS im gewünschten Zeitraum abgeschickt, sendet der Arduino im Programm erst einmal eine Alarmmeldung an den Computer, setzt die Variable LetzterAlarm auf den aktuellen Zeitwert und ruft dann die Funktion SendSMS mit einem passenden Text auf, der dann die SMS über das GSM-Netz abschickt.

5.5.6 Tipps und Tricks

SMS zu senden ist langweilig, ich will telefonieren!

- Natürlich können wir in diesem Kapitel nur kurz an der Oberfläche des GSM-Shields kratzen. Das Shield bietet Ihnen aber auch die Möglichkeit, ein Mikrofon und einen Lautsprecher anzuschließen und darüber zu telefonieren. Hierzu finden Sie auf der Unterseite mehrere Lötpunkte, die mit eigenen Namen verbunden sind. S1N und S1P sind die Anschlüsse für die Lautsprecher, und an M1P und M1N können Sie ein Mikrofon anschließen.

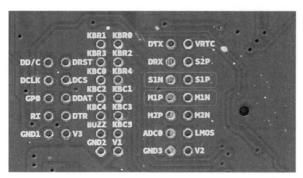

Bild 5.19: Auf der Rückseite des GSM-Shields finden sich viele weitere interessante Anschlüsse – darunter auch die für Lautsprecher und Mikrofon.

- Weitere Informationen und Schaltungsbeispiele finden Sie bei *www.arduino.cc/en/Main/ArduinoGSMShield* – darunter auch eine Schaltung, wie man einen handelsüblichen Kopfhörer mit Mikrofon an das Shield anschließen kann

5.6 Wedelstab

Heute überwiegt die akustische Kommunikation zwischen Menschen. Aber nicht in jeder Situation kann man sie verwenden. In diesem Projekt widmen wir uns der modernen Version indianischer Rauchzeichen.

5.6.1 WedelText Maxx

Können Sie Ihren zarten und romantischen Gefühlen gegenüber Ihrer nie vergessenen Jugendliebe auf einem Punkrockkonzert nicht genügend Ausdruck verleihen? Leiden Sie an Kommunikationsproblemen in Stadien, auf Baustellen oder in Discos?

Dann kann *WedelText Maxx* Ihnen helfen, Ihr Leiden zu lindern. Geben Sie Ihre Nachricht in das Gerät ein und schwenken Sie es in der Luft. Der von Ihnen eingegebene Text wird angezeigt – zuverlässig und sicher. Sorgen Sie dafür, dass Sie wieder Gehör finden, und vertrauen Sie *WedelText Maxx*. Bestellen Sie noch heute Ihr persönliches Exemplar, und Sie erhalten eine praktische Umhängetasche im Wert von 199,50 Euro gratis dazu. Zögern Sie nicht, es ist nur eine begrenzte Anzahl verfügbar.

WedelText Maxx – damit leise Töne hell erstrahlen!

Bild 5.20: Der WedelText Maxx ermöglicht die nonverbale Kommunikation.

5.6.2 Aufgabenstellung

Wir wollen ein Gerät entwickeln, das Texte in die Luft zeichnen kann. Dazu wird eine Reihe von lichtstarken LEDs durch einen Arduino so angesteuert, dass diese beim Schwenken des Geräts einen kurzen Text anzeigen. Ein Bewegungssensor erfasst dabei die Schwenkbewegungen des Geräts und startet die Darstellung des Texts, sobald der Stab in die richtige Richtung bewegt wird.

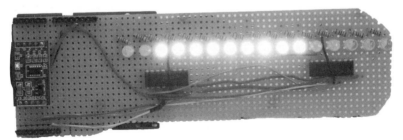

Bild 5.21: Da sich ein Breadboard nur umständlich wedeln lässt, baut man den Wedelstab besser auf eine Lochrasterplatine.

5.6.3 Hintergrundwissen

Wenn man Leuchtdioden betreiben möchte, benötigt man einen Vorwiderstand, weil sonst die LED überhitzt und nach kurzer Zeit zerstört wird.

Vorwiderstände

Nun gibt es LEDs mit unterschiedlichen Lichtfarben, die auf unterschiedliche Materialien zurückzuführen sind. Von eben diesem Material hängt die Farbe der LED ab, aber auch die Spannung, die über dieser LED in Durchlassrichtung abfallen sollte. Diese Spannung nennt man Vorwärtsspannung, und sie ist entscheidend für die Berechnung des entsprechenden Vorwiderstands.

Da auch unterschiedliche Hersteller bei LEDs einer Farbe auf die gleichen Materialien zurückgreifen müssen, kann man also anhand der Farbe den Vorwiderstand bestimmen. Hier finden Sie einige Werte für die gebräuchlichsten LEDs und Spannungen. Bei weißen LEDs beträgt übrigens die Vorwärtsspannung mehr als 3,3 V, trotzdem sollte beim Betreiben der Leuchtdiode an einem 3,3-V-Arduino sicherheitshalber ein kleiner Vorwiderstand verwendet werden.

Farbe	Vorwärtsspannung	Widerstand für 5 V, 20 mA	Widerstand für 3,3 V, 2 mA
Rot	1,6 V	180 Ω	910 Ω
Orange	1,8 V	180 Ω	820 Ω
Gelb	2,2 V	150 Ω	560 Ω
Grün	2,1 V	150 Ω	680 Ω
Blau	2,9 V	100 Ω	220 Ω
Weiß	3,4 V	80 Ω	10 Ω

Schieberegister

Ein Arduino Uno besitzt insgesamt 20 Pins, die als Ein- und Ausgänge benutzt werden können. Was aber, wenn mehr als 20 Ausgänge benötigt werden? Per Multiplexing lassen sich Pins mehrfach benutzen, aber es gibt eine noch elegantere Methode, viele Komponenten mit wenigen Pins anzusprechen – genau genommen mit nur drei Pins: das Schieberegister. Das von uns verwendete Schieberegister besitzt acht Ausgänge, die benutzt werden können.

Wie funktioniert aber so ein Schieberegister? Es besitzt intern zwei kleine Speicher, die jeweils 8 Bit speichern können, sogenannte Register. Das Ausgaberegister ist mit den acht Ausgängen verbunden. Wenn im 5. Bit des Ausgaberegisters eine Eins steht, gibt der Ausgang Q5 5 V aus, bei einer Null gibt er 0 V aus. Das andere Register ist das eigentliche Schieberegister, hierin wird abgespeichert, welche Werte in das Register eingelesen werden.

Jedes Mal, wenn am Pin SH_CP (Shift Register Clock Pin, Schieberegister-Taktsignal-Pin) eine Eins angelegt wird, wird der gesamte Inhalt des Registers um ein Bit nach rechts geschoben, und das ganz links befindliche Bit wird mit dem Zustand des Pins DS (Data Storage, Daten-Speicher-Pin) gefüllt.

Um das Schieberegister zu füllen, muss also zuerst an DS das erste Bit angelegt werden, danach muss SH_CP auf eins gesetzt werden. Als Nächstes wird SH_CP wieder auf null gesetzt, und das zweite Bit wird an DS angelegt. Wird SH_CP jetzt wieder auf eins gesetzt, wird das zweite Bit eingelesen. Das Ganze muss achtmal wiederholt werden, um das Schieberegister vollständig zu füllen. Glücklicherweise müssen wir uns damit nicht selbst befassen, sondern können auf die Arduino-Prozedur shiftOut(Pin_DS, Pin_SH_CP, bitOrder, value) zurückgreifen.

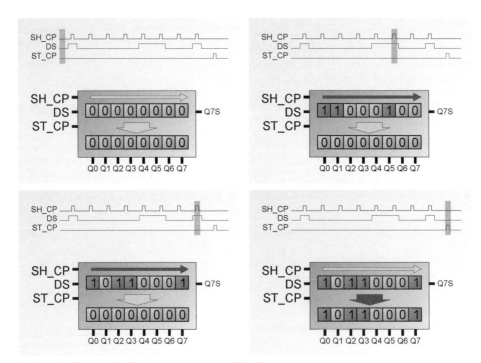

Bild 5.22: Die logische Funktionsweise eines Schieberegisters.

Der Parameter bitOrder gibt hierbei an, in welcher Reihenfolge die Daten übertragen werden. Wird hier MSBFIRST eingetragen, dann wird das höchstwertige Bit zuerst übertragen. Bei dem Byte 10000000 wird somit als Erstes die Eins übertragen, diese wird durch das Übertragen der folgenden Nullen bis zum Ende des Schieberegisters geschoben und landet deshalb an Ausgang Q7. Bei Verwendung der Option LSBFIRST wird das niedrigstwertige Bit zuerst übertragen, die Eins aus dem vorherigen Beispiel würde also an Q0 anliegen.

Mithilfe des Pins ST_CP (Storage Register Clock Pin, Speicherregister-Taktsignal-Pin) kann der Inhalt des Schieberegisters an das Ausgaberegister weitergegeben werden. Dadurch, dass das Bauteil zwei Register enthält, können wir deshalb erst in aller Ruhe das Schieberegister füllen und dann auf einen Schlag alle Ausgänge gleichzeitig umschalten. Ohne Ausgaberegister würde sonst jedes Bit, das das Schieberegister entlanggeschoben wird, einmal an jedem Ausgang anliegen. ST_CP löst den Registertransfer genauso wie SH_CP bei einer steigenden Taktflanke aus, also wenn gerade eine Eins angelegt wird. Um den Inhalt des Schieberegisters auf die Ausgänge zu übertragen, muss also erst eine Null angelegt werden und dann eine Eins.

Der integrierte Schaltkreis hat noch zusätzliche Pins, die ebenfalls angeschlossen werden müssen:

- *Vcc* dient zur Spannungsversorgung des Bausteins. Bei dem oft verwendeten Schieberegister 74HC595 werden hier 5 V angelegt, das Schieberegister darf dabei laut Datenblatt von maximal 70 mA durchflossen werden.

- *GND* ist wie immer der Masseanschluss.

- *Q7S* kann benutzt werden, um mehrere Schieberegister aneinanderzuhängen. Dafür wird der Pin Q7S des ersten Schieberegisters mit dem Pin DS des zweiten verbunden. ST_CP, SH_CP und alle anderen Verbindungen müssen ebenfalls zum zweiten Schieberegister weitergeleitet werden.

- *MR* dient zum Zurücksetzen aller Ausgänge des Schieberegisters auf 0. Dieser Pin ist bei einer Null aktiv. Wenn dieses Feature nicht benutzt werden soll, muss dieser Pin mit der Versorgungsspannung verbunden werden.

- *OE* aktiviert die Ausgänge: Bei einer anliegenden 0 wird der Inhalt des Ausgaberegisters an die Ausgänge weitergegeben. Bei einer 1 geben die Ausgänge kein Signal aus. Da wir dies nicht benötigen, kann OE permanent mit der Masse verbunden werden, damit die Ausgänge dauerhaft eingeschaltet sind.

Es gibt auch Schieberegister mit parallelem Eingang und seriellem Ausgang, diese können dazu verwendet werden, mehrere Eingänge abzufragen, und werden mit der Arduino-Prozedur `shiftIn()` angesprochen.

Beschleunigungssensoren

Um herauszufinden, in welche Richtung sich der Wedelstab bewegt, wird ein Beschleunigungssensor benötigt. Dieser besteht aus einer winzigen Masse, die durch Federn in der Mitte des Messaufbaus gehalten wird. Wenn der Sensor beschleunigt wird, dann wird die Masse durch ihre Trägheit nicht so schnell wie der Sensor ausgelenkt. Vom Sensor aus gesehen verschiebt sie sich deshalb zur gegenüberliegenden Seite, und diese Auslenkung kann gemessen werden. Natürlich wird die Masse wegen der Schwerkraft auch Richtung Erdmittelpunkt gezogen, mit einem Beschleunigungssensor kann deswegen ebenfalls gemessen werden, wo unten und wo oben ist.

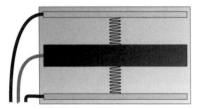 

Bild 5.23: Bei einem Beschleunigungssensor wird der Abstand eines Gewichts zum Rand gemessen. Links ist er in Ruhestellung, rechts wird er nach oben beschleunigt.

Da es meistens nicht ausreicht, nur Bewegungen in eine Richtung messen zu können, können die meisten Beschleunigungssensoren die Beschleunigung in die drei Richtungen vorne/hinten, links/rechts und oben/unten messen.

Die Schaltung zum Auswerten des Sensors ist zusammen mit dem Messaufbau als integrierter Schaltkreis verbaut. Bei dem von uns benutzten Sensor wird die Beschleunigung in die drei Richtungen als analoge Spannung zwischen 0 V und 3,3 V ausgegeben, wobei eine Spannung von 1,65 V keiner Beschleunigung entspricht, eine niedrigere Spannung einer Beschleunigung in die eine Richtung und eine höhere Spannung einer Beschleunigung in die entgegengesetzte Richtung.

Benötigte Bauteile
- 1 kleiner Arduino, beispielsweise Uno oder Micro
- 2 Schieberegister 74HC595
- 16 weiße Leuchtdioden
- 16 Widerstände 180 Ω
- 1 Beschleunigungssensor MMA7361
- 1 Lochrasterplatine
- Stiftleisten mit insgesamt 21 Stiften
- 1 9-V-Blockbatterie oder -akku
- 1 Batterieclip
- 1 Stecker für den Stromeingang des Arduino, Außendurchmesser 2,1 mm, ohne Innenstift
- 1 m lange dünne Kabel in verschiedenen Farben

5.6.4 Schaltplan

Der Wedelstab besteht aus 16 Leuchtdioden, die in einer Reihe angeordnet sind. Um den Wedelstab auch einfach umherwedeln zu können, werden die LEDs auf einer Lochrasterplatine befestigt und diese wiederum auf einem Holzstab. Die Lochrasterplatine kann über Stiftleisten direkt mit dem Arduino verbunden oder mit einem fünfadrigen Kabel angeschlossen werden. Damit wir auch wissen, welche LEDs gerade eingeschaltet sein müssen, ist auf dem Wedelstab zusätzlich noch ein Beschleunigungssensor verbaut, und um ihn mobil benutzen zu können, wird noch eine 9-V-Blockbatterie angeschlossen.

5.6 Wedelstab

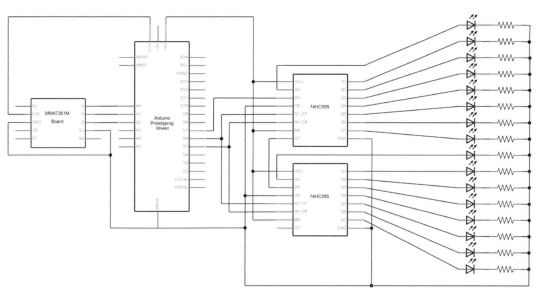

Bild 5.24: Schaltplan des Wedelstabs.

Löten der Komponenten der Lochrasterplatine

Um mehrere Leuchtdioden mit möglichst wenig Verkabelungsaufwand anzusteuern, werden Schieberegister verwendet. Ein Schieberegister kann acht Leuchtdioden ansteuern, für 16 LEDs werden deshalb zwei Schieberegister benötigt. Zusätzlich müssen auch die Vorwiderstände der LEDs verlötet werden. Da ein Schieberegister des Typs 74HC595 maximal 70 mA an alle LEDs weitergeben sollte, kann jede einzelne der acht LEDs an seinen Ausgängen mit 8,75 mA versorgt werden. Die Vorwiderstände haben damit bei weißen LEDs einen Wert von (5 V – 3,4 V) / 0,00875 A = 180 Ω.

Da Lochrasterplatinen im Gegensatz zu Breadboard-Schaltungen nach dem Aufbau nicht mehr einfach und komfortabel verändert werden können, muss genau überlegt werden, wo welche Komponente platziert wird und wie die einzelnen Bauteile verbunden werden sollen. Am besten wird ein Plan gezeichnet, in dem beschrieben ist, wie vorgegangen werden soll (siehe Bild 5.25).

Als Erstes werden die LEDs und die Widerstände festgelötet. Sie können für kurze Verbindungen zwischen Bauteilen auch anstatt Silberdraht die Anschlussdrähte der LEDs und Widerstände benutzen, die Sie einfach auf der Unterseite der Platine umbiegen und in die richtige Richtung drehen. Die Leuchtdioden sollten mit der flachen Seite – dem Minuspol (Kathode) – in Richtung der Widerstände platziert werden.

Jetzt können die Schieberegister auf die Lochrasterplatine gesteckt werden – am besten in der richtigen Richtung, sodass die Einkerbung der Bauteile mit dem Plan übereinstimmt. Die Verbindungen zwischen den LEDs und den Schieberegistern können jetzt nacheinander verlegt werden. Löten Sie dazu ein Stück Silberdraht am Pluspol (Anode) der LED fest und verlegen Sie ihn wie auf dem Plan beschrieben. Mit einer kleinen Zange können Sie ihn komfortabel und einfach in die gewünschte Form biegen.

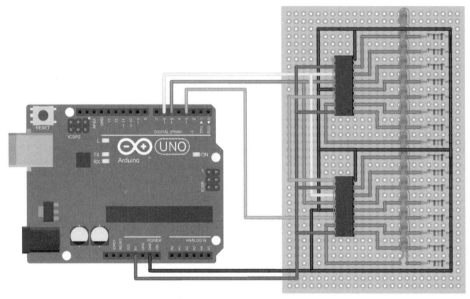

Bild 5.25: Plan des Lochplatinenaufbaus.

Löten Sie ihn am besten an jeder Biegung fest, auf diese Weise ist sichergestellt, dass er sich nicht später von der Platine löst. Wenn Sie ihn mit einer Zange während des Lötens auf die Platine drücken, erhalten Sie besonders schöne Ergebnisse. Stecken Sie danach die Stiftleiste in die Platine und verlöten Sie die restlichen Verbindungen. Für die weiteren Verbindungen müssen Kabel mit isolierender Ummantelung verwendet werden, die oberhalb der Platine verlaufen.

Anschließen des Beschleunigungssensors

Der Beschleunigungssensor wird nicht direkt mit der Lochrasterplatine verlötet, sondern über Buchsenleisten verbunden. Auf diese Weise kann er bei Bedarf auch für andere Projekte verwendet werden. Beim von uns verwendeten Sensor sind folgende Anschlusskabel notwendig:

- *Vcc* und *GND* dienen der Spannungsversorgung des Sensors und müssen mit dem 3,3-V-Pin des Arduino bzw. der Masse verbunden werden.
- *X* misst die Beschleunigung in der x-Achse, bei unserem Aufbau nach oben bzw. nach unten. Diese Achse wird an Pin A0 des Arduino angeschlossen.
- *Y* misst die Beschleunigung in der y-Achse, also nach links und rechts, und wird an A1 angeschlossen.

5.6 Wedelstab

- *Z* misst die Beschleunigung in der z-Achse, also nach vorne und nach hinten, und wird an A2 abgeschlossen.
- *SL* aktiviert den Schlafmodus des Sensors, in diesem verbraucht er weniger Strom, liefert aber keine Messergebnisse. Da wir ihn nicht benötigen, wird er mit der Masse verbunden; auf diese Weise ist der Sensor immer aktiv.

Anschließen der Batterie

Die 9-V-Blockbatterie wird mithilfe eines Batterieclips und eines Steckers mit dem Stromanschluss des Arduino verbunden. Der Stecker muss dafür einen Außendurchmesser von 2,1 mm aufweisen und darf keinen herausstehenden Stift in der Mitte haben.

> **Download Source Code**
> Sensortest.ino und Wedelstab.ino
> - *buch.cd*
> - *arduino-handbuch.visual-design.com*

5.6.5 Source Code

Einbinden der Schriftdarstellung

Um Schrift mit dem Arduino anzeigen zu können, muss dieser wissen, wie er einen Buchstaben oder ein Zeichen ausgibt. In der Datei font.cpp, die Sie auch vom deutschen Mikrocontroller-Forum unter der Adresse *www.mikrocontroller.net/topic/54860* herunterladen können, ist deshalb ein großes Array abgespeichert, das alle 256 ASCII-Zeichen beinhaltet. Umlaute oder andere exotische Zeichen sind dort aber nicht enthalten. Ein Buchstabe setzt sich in dieser Tabelle aus 32 Bytes zusammen, wobei jeweils 2 Bytes ein Segment eines Buchstabens ergeben. Jedes Bit in diesen 2 Bytes steht dabei für eine LED, die entweder ein- oder ausgeschaltet ist, und jeder Buchstabe besteht aus 16 Segmenten.

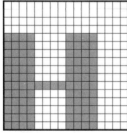

Bild 5.26: Aufbau des Zeichens »H« als Byte-Array mit 32 Elementen.

Da diese Tabelle leider zu groß ist, um sie als normale Variable zu verwenden – der dynamische Speicher des Arduino ist dafür zu klein –, muss sie im Programmspeicher

des Arduino abgelegt werden, was mithilfe spezieller Funktionen aus der Datei avr/
pgmspace.h bewerkstelligt wird. Die Datei font.cpp sieht dann folgendermaßen aus:

```
001 #include "font.h"
002 prog_uchar myfont[256][32] PROGMEM = {
003 {0x00,0x00,0x00,0x00,0x00,0x00,0x00,0x00,0x00,0x00,0x00,0x00,
       0x00,0x00,0x00,0x00,0x00,0x00,0x00,0x00,0x00,0x00,0x00,0x00,
       0x00,0x00,0x00,0x00,0x00,0x00},
004 {0xF8,0x03,0xF8,0x03,0x0C,0x06, …
```

Um das Array myfont auch im Arduino-Programm problemlos nutzen zu können, muss eine weitere Datei erstellt werden, font.h. In dieser wird das Array dem restlichen Programm bekannt gemacht.

```
001 #include <avr/pgmspace.h>
002 extern prog_uchar myfont[256][32] PROGMEM;
```

Hauptprogramm

```
001 #include "font.h"
002 const int ST_CP_Pin = 6;
003 const int SH_CP_Pin = 4;
004 const int DS_Pin = 2;
005
006 const int pinX = A0;
007 const int pinY = A1;
008 const int pinZ = A2;
009
010 void setup() {
011   pinMode(ST_CP_Pin, OUTPUT);
012   pinMode(SH_CP_Pin, OUTPUT);
013   pinMode(DS_Pin, OUTPUT);
014
015   pinMode(pinX, INPUT);
016   pinMode(pinY, INPUT);
017   pinMode(pinZ, INPUT);
018
019   Serial.begin(115200);
020   delay(3000);
021 }
```

Auswerten des Sensors

Wie soll nun erkannt werden, wann welches Zeichen auf dem Wedelstab angezeigt werden soll? Wenn man sich die rohen Messdaten anschaut, die der Beschleunigungssensor ausgibt, stellt man fest, dass sich die Wendepunkte nicht genau bestimmen lassen, da der Sensor die meiste Zeit entweder die maximale Beschleunigung nach links oder nach rechts misst.

5.6 Wedelstab

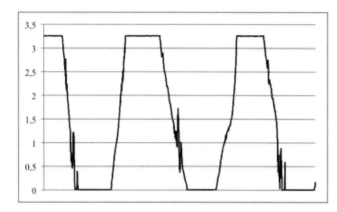

Bild 5.27:
Ausgabespannung des Sensors der y-Achse bei mehreren Schwenkvorgängen des Wedelstabs.

Die Nulldurchgänge, also die Zeitpunkte, in denen keine Kraft auf den Beschleunigungssensor wirkt, lassen sich hingegen gut ermitteln. Diese Punkte befinden sich ungefähr auf der Hälfte des Schwenkvorgangs, und mit ihnen kann berechnet werden, wo sich die Wendepunkte befinden, in denen der Wedelstab die Richtung ändert. Da das Sensorsignal nicht ideal, sondern verrauscht ist, wird nach jedem Nulldurchgang erst einmal 200 ms gewartet, bevor der nächste detektiert wird.

Mithilfe dieser Informationen kann berechnet werden, wann ein Schwenk mit dem Wedelstab zu Ende ist. In einem solchen Fall muss als Nächstes dann berechnet werden, wie viel Zeit zum Anzeigen jedes Segments benötigt wird.

```
unsigned long derzeitige_Zeit; //Welche Zeit (in ms) haben wir?
const int mittelWert = 337; // (3.3V / 2) / 5V * 1024
int alterWert; //Der Sensorwert der letzten Messung
//Wann war der letzte Nulldurchgang (Mitte eines Schwenks)?
unsigned long letzter_Nulldurchgang = 0;
int letzte_Dauer; //Wie lang war der letzte Schwenk?
int vorletzte_Dauer; //Wie lang war der vorletzte Schwenk?
boolean sensorNachRechts; //Richtung des Nulldurchgangs
boolean nachRechts = true; //Bewegt sich der Wedelstab nach rechts?
boolean peak_erreicht = false; //Wurde die Wende schon erreicht?

void werteSensorAus() {
  int sensorWert = analogRead(pinY);

  //Gibt es einen Nulldurchgang?
  if (sensorWert > mittelWert && alterWert <= mittelWert
      || sensorWert < mittelWert && alterWert >= mittelWert) {

    //Ist seit dem letzten Nulldurchgang genug Zeit verstrichen?
    if (derzeitige_Zeit - letzter_Nulldurchgang > 200) {
      vorletzte_Dauer = letzte_Dauer;
      letzte_Dauer = derzeitige_Zeit - letzter_Nulldurchgang;
```

```
023        letzter_Nulldurchgang = derzeitige_Zeit;
024        peak_erreicht = false;
025        //War der Nulldurchgang von links nach rechts?
026        sensorNachRechts = sensorWert > mittelWert;
027    }
028   }
029   alterWert = sensorWert;
030 }
031
032 void schwenk_zuende() {
033   peak_erreicht = true;
034   nachRechts = !sensorNachRechts;
035   float tmp = (float)vorletzte_Dauer * 1000.0f / (16.0f *
         (float)text.length());
036   derzeitige_Zeit_pro_Segment = (unsigned int)tmp;
037   Serial.print((unsigned long)vorletzte_Dauer);
038   Serial.print(";");
039   Serial.println((unsigned int)derzeitige_Zeit_pro_Segment);
040   if (nachRechts) {
041     pos = 0;
042     zeichenPos = 0;
043   } else {
044     pos = 15;
045     zeichenPos = text.length() - 1;
046   }
047 }
```

Berechnen der Ausgabe

Um einen Text anzuzeigen, muss regelmäßig berechnet werden, welches Segment des Texts gerade angezeigt werden soll. Da bekannt ist, wie lang ein Schwenk ungefähr dauert und wie lang der Text ist, kann jedes Textsegment eine bestimmte Zeit lang angezeigt werden. Mithilfe der kompliziert aussehenden Codezeile

```
pgm_read_word(&myfont[Text[zeichenPos]][pos * 2]);
```

kann die untere Hälfte des Zeichens herausgefunden werden, das ausgegeben werden soll. Die Methode `pgm_read_word` liest hierbei einen Wert aus dem Array `myfont`.

```
001 int pos = 0;
002 int zeichenPos = 0;
003 String Text = "   HALLO WELT   ";
004 unsigned int derzeitige_Zeit_pro_Segment = 1200;//µs
005
006 void schiebe_Position() {
007   if (nachRechts) {
008     pos++;
```

5.6 Wedelstab

```
009      if (pos >= 16) {
010        pos = 0;
011        zeichenPos++;
012      }
013      if (zeichenPos >= Text.length()) {
014        schalteLEDs(0, 0);
015        return;
016      }
017    } else {
018      schalteLEDs(0, 0);
019      return;
020      pos--;
021      if (pos < 0) {
022        pos = 15;
023        zeichenPos--;
024      }
025      if (zeichenPos < 0) {
026        schalteLEDs(0, 0);
027        return;
028      }
029    }
030  }
031
032  void zeige_Teilnachricht() {
033    unsigned int lower = pgm_read_word(&myfont[Text[zeichenPos]][pos * 2]);
034    unsigned int higher = pgm_read_word(&myfont[Text[zeichenPos]][pos * 2 + 1]);
035    schalteLEDs(lower, higher);
036    delayMicroseconds(derzeitige_Zeit_pro_Segment - 396);
037  }
```

Ansteuern der Schieberegister

Um die Schieberegister anzusprechen, wird die schon integrierte Funktion shiftOut benutzt. Um den Inhalt des Schieberegisters dann an dessen Ausgänge zu legen, muss der Pin ST_CP auf LOW und dann auf HIGH gesetzt werden, um eine ansteigende Taktflanke zu erzeugen. Falls Sie in der Schaltung eine LED falsch angelötet haben, können Sie das ebenfalls korrigieren. Beispielsweise werden hier die erste und die zweite LED vertauscht.

```
001  boolean buff;
002
003  void schalteLEDs(byte lower, byte higher) {
004    buff = bitRead(higher, 1);
005    bitWrite(higher, 1, bitRead(higher, 2));
006    bitWrite(higher, 2, buff);
007
008    digitalWrite(SH_CP_Pin, LOW);
```

```
009    //Schreibe die obere Hälfte des Zeichens
010    shiftOut(DS_Pin, SH_CP_Pin, LSBFIRST, higher);
011    //Schreibe die untere Hälfte des Zeichens
012    shiftOut(DS_Pin, SH_CP_Pin, LSBFIRST, lower);
013
014    //Schalte die Schieberegister auf die Ausgaberegister
015    digitalWrite(ST_CP_Pin, LOW);
016    digitalWrite(ST_CP_Pin, HIGH);
017  }
```

Im `loop()`-Bereich muss dann als Erstes der Sensor überprüft werden. Danach wird geprüft, ob der derzeitige Schwenk schon zu Ende ist, dann wird die Position verschoben, die angezeigt werden soll, und schlussendlich wird das Segment des Texts angezeigt.

```
001  void loop() {
002    derzeitige_Zeit = millis();
003    werteSensorAus();
004
005    if (derzeitige_Zeit > letzter_Nulldurchgang + vorletzte_Dauer /
             2 && !peak_erreicht) {
006      schwenk_zuende();
007    }
008
009    schiebe_Position();
010
011    zeige_Teilnachricht();
012  }
```

5.6.6 Tipps und Tricks

Die Schrift ist schlecht lesbar.

- Verwenden Sie besser lichtstarke Leuchtdioden, die einen möglichst breiten Abstrahlwinkel haben.
- Rauen Sie mit einem Sandpapier die Oberfläche der LEDs an, sodass das Licht breiter gestreut wird und aus einem größeren Betrachtungswinkel gesehen werden kann.

Mein Arm ist nicht lang genug.

- Wenn Sie Ihren Wedelstab etwas komfortabler wedeln möchten, können Sie ihn auf einen Stab montieren, der ca. 50 cm lang ist. Die Allzweckwaffe Kabelbinder hilft Ihnen dabei schnell und einfach, den Arduino und die Platine daran zu befestigen.

Bild 5.28: Ein langer Stab erleichtert die Bedienung des Wedelstabs ungemein.

5.7 Kameraauslöser

Fotokamerazubehör ist oftmals sehr teuer. Gerade im Fall eines Fernauslösers muss man verhältnismäßig tief in die Tasche greifen für eine sehr simple Schaltung. Glücklicherweise sind Sie im Besitz eines Arduino und können sich das Gerät selbst basteln.

In diesem Kapitel werden wir eine Fernbedienung bauen, die ausschließlich für Canon-Kameras geeignet ist, die über einen Infrarotempfänger verfügen. Grundsätzlich ist es möglich, diesen Auslöser auch für andere Kameras umzubauen, jedoch sollten Sie sich dazu genau über das jeweils verwendete Protokoll informieren – mit etwas Recherche werden Sie sicherlich im Internet fündig werden.

Bild 5.29: Ein Auslöser für eine Canon-Kamera mit IR-LED und Taster.

5.7.1 Die Wurzel des Übels

Susanne schaut sich die Urlaubsfotos von ihr und ihrem Freund Ralf an. »Na, das hier ist wohl wieder nichts«, sagt sie, und Ralf muss ihr spontan zustimmen. Schrecklich, sein Gesichtsausdruck! So verkrampft und abgehetzt. Und das nächste fast genauso – irgendwie nicht natürlich und entspannt. »Grausig«, sagt sie.

Aber Ralf weiß auch schon, warum: Bislang hatte er immer die Kamera auf das Stativ montiert, den Zeitauslöser der Kamera aktiviert und ist dann in den wenigen Sekunden in den Vordergrund gespurtet – das kann ja nichts werden! Beim nächsten Urlaub ist alles anders. Klaus hat sich einen Fernauslöser gebaut, mit dem er seine Kamera ganz bequem aus der Ferne starten kann.

Bei der folgenden Durchsicht der Urlaubsfotos ist sein Gesichtsausdruck auf den Bildern wesentlich entspannter und natürlicher – ab und zu gelingt ihm sogar einmal ein halbwegs intelligenter Gesichtsausdruck. Nur Susanne ist immer noch nicht zufrieden: »Jetzt trägst du dieses schreckliche Hemd schon im dritten Urlaub hintereinander! Kannst du dir nicht mal ein neues kaufen?«

5.7.2 Aufgabenstellung

Wir wollen eine Schaltung aufbauen, mit deren Hilfe der Arduino auf Knopfdruck eine Kamera auslösen kann. Die Kamera muss dafür mit einem Infrarotempfänger ausgestattet sein.

5.7.3 Hintergrundwissen

Leuchtdioden(LEDs) sind aus Halbleitermaterialien wie Silizium und Germanium aufgebaut. Diese leiten elektrischen Strom umso besser, je wärmer sie sind.

Leuchtdioden und Vorwiderstände

Wenn wir eine weiße Leuchtdiode mit einer Vorwärtsspannung von 3,4 V direkt mit einer Spannung von 3,3 V betreiben, scheint auf den ersten Blick alles in Ordnung zu sein: Die LED wird nicht zu 100 % ausgenutzt, sollte aber trotzdem hell leuchten. Wegen des Stromdurchflusses durch die Leuchtdiode wird sich diese aber geringfügig erhitzen. Das hat zur Folge, dass sie besser Strom leitet, also mehr Strom durch sie hindurchfließt.

Die Folge ist eine stärkere Erwärmung, die wiederum bewirkt, dass noch mehr Strom durch sie fließt. Nach einiger Zeit hat sich die LED so stark erwärmt, dass sie zerstört wird. Eine LED direkt mit einer Spannung zu betreiben, ist also keine gute Idee. Die einzige Ausnahme tritt dann ein, wenn die Spannung viel niedriger ist als die Vorwärtsspannung der LED. Da kleine LEDs eine Vorwärtsspannung von 2 V bis 4 V haben und der Arduino Uno an fast allen Pins eine Spannung von 5 V ausgibt, müssen wir uns etwas anderes einfallen lassen.

Die Lösung des Problems ist simpel: Zusätzlich zur LED wird noch ein Widerstand verwendet, der in Reihe zur LED geschaltet wird. Er wird als Vorwiderstand bezeichnet, dabei ist es aber vollkommen egal, ob der Widerstand vor oder nach der LED platziert wird – Hauptsache, er ist vorhanden. Durch den Vorwiderstand wird die 5-V-Spannung des Arduino auf die Vorwärtsspannung der LED begrenzt. Wenn diese sich jetzt erhitzt und von mehr Strom durchflossen wird, muss der Strom auch durch den Vorwiderstand fließen. Über diesem fällt dann laut dem Ohm'schen Gesetz eine höhere Spannung ab, und die LED wird mit weniger Spannung versorgt, weshalb auch weniger Strom durch sie fließt. Der Stromhunger der LED wird also durch den Vorwiderstand begrenzt.

Um auszuwählen, welchen Vorwiderstand eine LED benötigt, muss man wissen, wie viel Strom I_{LED} durch die LED fließen soll und was für eine Vorwärtsspannung U_{LED} diese benötigt. Indem man von der 5-V-Spannung des Arduino die Spannung U_{LED} abzieht, weiß man, welche Spannung U_R über dem Vorwiderstand abfallen muss. Der Stromdurchfluss durch LED und Vorwiderstand ist derselbe, deshalb kann durch Einsetzen in die Ohm'sche Formel

$$R = \frac{U_R}{I_{LED}}$$

der benötigte Widerstandswert ermittelt werden.

Transistoren

Wie Sie aus der Einführung in der Elektronik schon wissen, sind Transistoren Halbleiterbauteile, die als elektrisch betriebene Schalter verwendet werden können. Dabei steuert ein kleiner Steuerstrom einen größeren Laststrom. Wenn der Steuerstrom durch die Basis des Transistors fließt, kann auch ein größerer Laststrom durch Kollektor und Emitter fließen. Fließt kein Steuerstrom, dann fließt auch kein Laststrom. Transistoren vertragen wie alle elektrischen Bauteile nur eine gewisse Menge Strom, die durch sie hindurchfließt. Deshalb müssen der Laststrom und der Basisstrom durch einen Widerstand begrenzt werden. Genauso wie bei Leuchtdioden muss bekannt sein, welcher Strom fließen soll und welche Spannung über dem Transistor abfällt. Der Vorwiderstand für den Laststrom lässt sich dann durch das Ohm'sche Gesetz zu

$$R_L = \frac{5\,V - U_{CE}}{I_{CE}}$$

berechnen und der für den Steuerstrom durch die Basis zu

$$R_L = \frac{5\,V - U_{BE}}{I_B}$$

U_{BE} und U_{CE} finden Sie im Datenblatt des Transistors, während I_{CE} davon abhängt, was Sie mit dem Transistor schalten wollen. Wenn Sie den Transistor an einen Arduino anschließen, dürfen durch dessen Pins natürlich auch nur 40 mA fließen, das ist somit die Obergrenze von I_B.

5 Arduino™ im Praxiseinsatz

Benötigte Bauteile
- 1 Arduino Uno, Leonardo oder Mega
- 1 kleines Breadboard
- 5 Steckbrücken für Breadboards
- 1 Transistor BC549
- 1 Widerstand 820 Ω
- 1 Widerstand 33 Ω
- 1 Mikrotaster
- 1 Infrarot-LED CQY99

5.7.4 Schaltplan

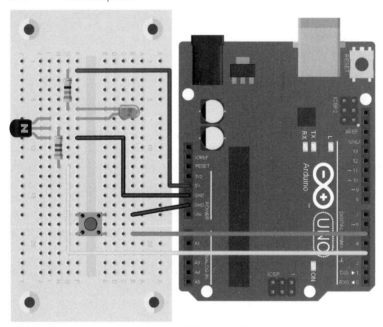

Bild 5.30: Unser Kameraauslöser auf dem Breadboard.

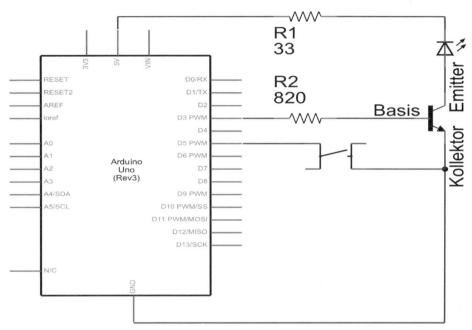

Bild 5.31: Schaltplan des Kameraauslösers.

Leuchtdioden mit sichtbarem Licht sind meist auf Stromaufnahmen von 10 mA oder 20 mA ausgelegt. Im Gegensatz dazu sind die meisten Infrarotleuchtdioden für einen Dauerstrom von mindestens 100 mA und einen noch höheren Spitzenstrom spezifiziert. Deshalb können sie nicht mit voller Leistung direkt am Arduino betrieben werden, dessen Pins maximal 40 mA vertragen. Um eine IR-LED mit voller Leistung zu betreiben, wird also eine Verstärkerschaltung benötigt.

Eine einfache und günstige Methode, um die IR-LED anzusteuern, ist die Verstärkung des Stroms mithilfe eines Bipolartransistors. Der von uns verwendete Transistor BC549 verträgt einen Dauerstrom von 100 mA und einen Spitzenstrom von 200 mA. Um den Strom durch den Transistor und die Diode auf 100 mA zu begrenzen, wird ein Vorwiderstand benötigt. Da laut Datenblatt über dem Transistor eine Spannung von 200 mV abfällt und die Diode bei 100 mA auch eine Spannung von 1,4 V benötigt, bleiben von den 5 V des Arduino nur noch 3,4 V übrig, die auf 100 mA begrenzt werden müssen. Das Ohm'sche Gesetz hilft uns hier weiter – nach dem Einsetzen erhalten wir einen Widerstandswert von 3,4 V ÷ 0,1 A = 34 Ω.

Da die meisten verfügbaren Widerstände nur in bestimmten Größen erhältlich sind, der sogenannten E12-Reihe, muss ein passender Widerstand aus dieser Liste ausgewählt werden. Der nächstgrößere Widerstand ist 39 Ω und der nächstkleinere Widerstand 33 Ω; damit liegt der kleine Widerstand näher am gewünschten Wert und wird daher hier verwendet.

Ebenso wie Transistoren, Dioden und der Arduino selbst vertragen auch Widerstände nur eine maximale Leistung, da jede elektrische Energie, die in dem Widerstand verloren geht, in Wärme umgewandelt wird. Entsteht zu viel davon, schadet das dem Bauteil.

Mithilfe der Formel zur Berechnung der elektrischen Leistung $P = U \times I$ lässt sich berechnen, welche Leistung P im Widerstand verloren geht. Da über dem Widerstand die 3,4 V abfallen, die nicht von den anderen Bauteilen verbraucht werden, und ein Strom von 100 mA durch ihn fließt, fällt eine (Wärme-)Leistung von 3,4 V x 0,1 A = 340 mW an, was recht viel ist. Da wir die Infrarot-LED aber nur gelegentlich und sehr schnell ein- und gleich wieder ausschalten und damit nicht dauerhaft betreiben, können auch kleine Messwiderstände verwendet werden, die für nur 125 mW spezifiziert sind, aber solch eine kurzfristige Belastung aushalten. Sollte die LED sich aber einmal wegen eines Fehlers im Programm oder in der Schaltung im Dauerbetrieb befinden, wird sich der zu klein dimensionierte Widerstand immer mehr erhitzen, bis er durchbrennt. Gerade zu Beginn Ihrer Bastlerkarriere bietet es sich deshalb an, robustere Widerstände zu verwenden, die auch bei einem Fehler nicht gleich verglühen.

Auch der Strom vom digitalen Pin des Arduino durch die Basis des Transistors muss begrenzt werden, denn ohne Begrenzung würden mehr als 40 mA durch den Port des Arduino fließen – was den Arduino beschädigen könnte.

Da wir einen Strom von 100 mA mithilfe des Transistors schalten wollen und dieser laut dessen Datenblatt den Strom mindestens um den Faktor 100 verstärken kann, wird ein Basisstrom von mindestens 1 mA benötigt. Um auf der sicheren Seite zu bleiben, wollen wir einen Steuerstrom von 5 mA benutzen. Bei diesem Strom fällt zwischen Basis und Kollektor des Transistors eine Spannung von 900 mV ab. Bei einem Arduino Uno oder Mega, dessen logische Eins mit einer Spannung von 5 V übertragen wird, ergibt sich aus dem Ohm'schen Gesetz für R2 ein Widerstandswert von 4,1 V ÷ 5 mA = 810 Ω

Der nächste verfügbare Widerstand hat einen Wert von 820 Ω. Natürlich kann der Steuerstrom nicht im Transistor verschwinden, sondern fließt Richtung Masse ab. Da sich dadurch der Strom durch den Transistor aber gerade mal auf 105 mA erhöht, macht dies nichts weiter aus.

Zusätzlich zu der IR-LED und der Verstärkerschaltung wird noch ein Taster benötigt, mit dessen Hilfe die Kamera ausgelöst wird. Dieser wird zwischen einem digitalen Pin des Arduino und der Masse platziert, der interne Pull-up-Widerstand des Arduino wird hierbei verwendet.

> **Download Source Code**
> kamera_ausloeser.ino
> - *buch.cd*
> - *arduino-handbuch.visual-design.com*

5.7.5 Source Code

Um eine Kamera ferngesteuert auslösen zu können, muss als Erstes ermittelt werden, auf welches Signal die Kamera überhaupt reagiert. Im Fall einer Canon-Kamera müssen zwei kurze Impulsfolgen ausgesendet werden, zwischen denen sich eine einige Millisekunden lange Pause befindet. Jede Impulsfolge besteht dabei aus 16 Impulsen, die mit einer Frequenz von 32 kHz (32.000 Impulse pro Sekunde) ausgesendet werden – ein einzelner Impuls dauert also 32 µs. Um einen solchen Impuls darzustellen, muss ein digitaler Pin des Arduino für 16 µs angeschaltet und für 16 µs ausgeschaltet werden. Da die Arduino-Prozedur `digitalWrite(Pin, Zustand)` 5 µs Zeit zum Ausführen benötigt, müssen noch zusätzlich 11 µs nach jedem Ein- und Ausschalten gewartet werden.

Bild 5.32: Ansteuersignal für Canon-Kameras.

```
const int pin_IR = 3;     //Pin zur Basis des Transistors Q1
const int pin_taster = 5; //Pin zum Taster S1

void setup() {
  pinMode(pin_IR, OUTPUT);   //Pin als Ausgang initialisieren
  digitalWrite(pin_IR, LOW); //LED ausschalten

  pinMode(pin_taster, INPUT);//Pin als Eingang initialisieren
  digitalWrite(pin_taster, HIGH); //Aktiviere den Pull-up-Widerstand
}

void impulsfolge() {
  for (int i = 0; i < 16; i++)
  {
    digitalWrite(pin_IR, HIGH);
    delayMicroseconds(11);
    digitalWrite(pin_IR, LOW);
    delayMicroseconds(11);
  }
}

void CanonAusloesen(boolean verzoegerung) {
  //Sende 16 Impulse mit einer Frequenz von ~32 kHz.
  Impulsfolge();

  if (verzoegerung)
  {
    delayMicroseconds(5360);
  } else {
```

```
030      delayMicroseconds(7330);
031    }
032
033    //Sende 16 Impulse mit einer Frequenz von ~32 kHz.
034    Impulsfolge();
035 }
036
037 void loop() {
038   if (!digitalRead(pin_taster))   //Ist der Taster gedrückt worden?
039   {
040     CanonAusloesen(false);        //Löse die Kamera aus
041     delay(500);                   //Warte eine halbe Sekunde ab.
042   }
043 }
```

Um im Code nicht die Übersicht zu verlieren, werden als Erstes die Konstanten definiert, die angeben, an welchem Pin des Arduino sich welches Bauteil befindet.

In der `setup()`-Methode müssen dann die Pins für den Taster und die LED – bzw. den Transistor, der die LED ansteuert – initialisiert werden.

Für das Auslösen der Kamera muss zuerst eine Impulssequenz ausgesendet werden, danach wird einige Millisekunden gewartet, und dann muss eine weitere Sequenz gesendet werden. Canon-Kameras können per Fernsteuerung auf zwei Modi angesprochen werden: sofortiges Auslösen und zeitverzögertes Aufnehmen. Mit einer Wartezeit von 5,36 ms wird eine zeitverzögerte Aufnahme gestartet, und mit einer Pause von 7,33 ms wird sofort ein Bild aufgenommen.

In der `loop()`-Prozedur, die auf dem Arduino immer wieder aufgerufen wird, muss dann nur noch überprüft werden, ob der Taster gedrückt wurde, und bei Bedarf die Kamera ausgelöst werden. Danach wird eine halbe Sekunde gewartet, damit bei kurz gedrücktem Taster nur ein Bild aufgenommen wird.

5.7.6 Tipps und Tricks

Die Kamera löst nicht aus.

- Ist die IR-LED auf die Kamera gerichtet? Einige IR-LEDs haben einen kleinen Abstrahlwinkel, die Kamera muss sich deshalb oft direkt vor ihr befinden. Falls das unerwünscht ist, kann eine IR-LED mit einem größeren Abstrahlwinkel benutzt werden, was aber auch eine verringerte Reichweite der Kameraauslösung nach sich zieht.

- Ist die Kamera richtig konfiguriert? Bei vielen Kameras muss erst eingestellt werden, dass sie auch von einer Fernbedienung aus ausgelöst werden können.

- Passen Kamera und Protokoll zueinander? Eine Sony- oder Nikon-Kamera lässt sich nicht durch ein Canon-Kameraprotokoll auslösen. Recherchieren Sie am besten ein wenig im Internet, um herauszufinden, wie Sie Ihre Kamera ferngesteuert auslösen können.

- Passt die Wellenlänge der IR-LED zu Ihrer Kamera? Wenn Ihre Kamera auf eine Frequenz von 950 nm reagiert, aber die IR-LED vor allem Licht mit einer Wellenlänge von 850 nm abgibt, kann es sein, dass die Kamera gar nicht auf dieses Licht reagiert oder die Reichweite der Fernbedienung geringer ist.

- Stimmt die Frequenz der ausgesendeten Impulse? Der hier vorgestellte Code ist für einen Arduino mit einer Taktfrequenz von 16 MHz geschrieben worden, auf einem Arduino Due mit einer Taktfrequenz von 84 MHz muss der Quellcode angepasst werden.

Meine Bauteile erhitzen sich stark!

- Falls sich die IR-LED, der Transistor oder einer der Widerstände stark erwärmt, wird die Schaltung vermutlich dauerhaft von 100 mA durchflossen. Überprüfen Sie nochmals, ob die Schaltung korrekt aufgebaut ist, der richtige Pin des Arduino verwendet wird und ob das richtige Programm auf diesem arbeitet.

Die Reichweite meiner Fernbedienung ist zu gering.

- Wird eine IR-LED mit passender Wellenlänge verwendet? Durch eine falsch gewählte IR-LED kann sich die Reichweite der Fernbedienung stark verringern. Für eine Kamera, die auf eine Wellenlänge von 950 nm reagiert, sollte deshalb auch eine IR-LED benutzt werden, die bei 950 nm das meiste Licht ausgibt.

- Ist der Abstrahlwinkel der IR-LED klein oder groß? Genau wie bei LEDs mit sichtbarem Licht gibt es Typen, die das Licht vor allem in einem gebündelten Strahl abgeben, was eine optimale Reichweite ermöglicht. IR-LEDs, die das Licht in alle Richtungen gleichmäßig abgeben, haben eine geringere Reichweite, dafür ist es bei ihnen nicht wichtig, dass sie genau auf die Kamera gerichtet werden.

- Wird die IR-LED mit genug Strom versorgt? Die hier aufgebaute Schaltung versorgt die IR-LED mit einem Strom von 100 mA. Für eine größere Reichweite kann die Schaltung auf einen höheren Strom angepasst werden. Bedenken Sie hierbei bitte, dass sowohl die Infrarotleuchtdiode als auch der Transistor und der Widerstand diesen Strom verkraften müssen und die Bauteile dementsprechend ausgewählt werden sollten.

5.8 LED-Lichterkette

Früher kannte man sie als Weihnachtsbeleuchtung oder als Erkennungszeichen einschlägiger Lokale mit hohen Getränkepreisen und Zusatzdienstleistungen: die roten Lichterketten. Die moderne Variante heißt nun LED-Stripes, kommt aus Fernost zu einem mehr als günstigen Preis und kann nicht nur eine, sondern beliebig viele Farben darstellen. Die Ansteuerung solcher Lichterketten ist dabei gar nicht so kompliziert und schreit geradezu nach einem geeigneten Arduino-Projekt.

5.8.1 Variable Wandfarbe

Frank und Monika haben ein Problem. Während Frank es sich als großer Fußballfan gerne mit seinen Freunden auf dem Familiensofa bequem macht, um dort mit viel Bier und – nun ja – volksnahen Kompositionen dem Lieblingsverein zuzujubeln, trifft sich Monika lieber mit ihren Freundinnen zu ihrem Frauenserien-Fernsehabend bei Prosecco und Erdbeeren. Da sich beide sehr gern haben, geht das so weit noch in Ordnung – kritisch wird es nur bei der Inneneinrichtung: Während Frank gern ein kräftiges Grün an den Wänden hätte, lässt sich Monika nur mit Widerwillen von ihrem Pink abbringen. Sie haben bereits mehrere Stunden intensiven und lauten Meinungsaustausch hinter sich und befinden sich gerade in einer Verschnaufpause, als Frank eine Idee hat.

Statt grün oder pink wird die Wand weiß gestrichen, eine LED-Lichterkette eingebaut und abends als einzige Lichtquelle im Raum verwendet – in Grün an Fußballabenden, in Pink am Serienabend. So erstrahlen die Wände abwechselnd grün oder pink, ganz nach Wunsch der betreffenden Person. Und in ihrer Abwesenheit freut sich die gemeinsame Tochter über eingebaute Stroboskopeffekte bei den heimlichen und lautstarken Partys, die sie veranstaltet.

Bild 5.33: RGB-Lichterketten sind vielseitig – man kann beispielsweise einen Scheinwerfer mit einstellbarer Lichtfarbe bauen.

5.8.2 Aufgabenstellung

Es soll eine handelsübliche RGB-Lichterkette an einen Arduino angeschlossen werden, sodass dieser in der Lage ist, beliebige Farben mit der Kette zu erzeugen.

5.8.3 Hintergrundwissen

Vielleicht wundern Sie sich über die Bezeichnung »RGB«, die auf vielen Lichterketten angegeben ist. Dass diese Abkürzung für Rot, Grün und Blau steht, haben Sie vielleicht schon irgendwo aufgeschnappt, aber wissen Sie auch, warum genau diese Farben verwendet werden?

RGB-Farbraum

Wenn Sie sich eine dieser LED-Stripes, die auf Weiß eingestellt ist, einmal genauer ansehen – eventuell mit einer Lupe und einer Sonnenbrille, damit Sie nicht zu sehr geblendet werden –, werden Sie feststellen, dass jede einzelne Lichtquelle des Streifens in Wahrheit aus drei verschiedenen Farben zusammengemischt ist. Sie werden ein rotes, ein grünes und ein blaues Element auf dem Bauteil erkennen. Alternativ hierzu können Sie übrigens auch Ihren Monitor einmal mit einer Lupe betrachten, auch hier werden Sie sehen, dass jedes einzelne Pixel in Wahrheit aus drei Farben – Rot, Grün und Blau – zusammengesetzt sind.

Der Grund dafür, dass genau diese Farben verwendet werden, liegt in unserem Auge: Der Mensch verfügt über drei verschiedene Sinneszellen, die Licht in unterschiedlichen Wellenlängen wahrnehmen können. Eine ist für das rote Empfinden, die zweite für das grüne und die dritte für das blaue Empfinden zuständig. Sind drei räumlich benachbarte Zellen ähnlich stark stimuliert, mischt unser Gehirn daraus die Farbe Weiß, sind nur die Zellen für Rot und Grün stimuliert und die für Blau dagegen kaum, ergibt sich die Farbe Gelb. Auf diese Weise kann das Gehirn viele Millionen Farben erkennen, obwohl es seine Informationen aus nur drei verschiedenen Sinneszellarten bezieht.

Diese natürliche Farbwahrnehmung wurde im Computerzeitalter adaptiert und in den sogenannten RGB-Farbraum übertragen. Um eine Farbe zu definieren, müssen Zahlenwerte für alle drei Primärfarben angegeben werden. Will man beispielsweise einen gelben Farbton erhalten, müssen die Farbanteile für Rot und Grün auf 100 % stehen, während der von Blau auf 0 % steht.

Mathematisch gesehen kann man sich diese drei Farbwerte am einfachsten als drei Dimensionen vorstellen und die aktuelle Farbe als Position innerhalb eines Würfels.

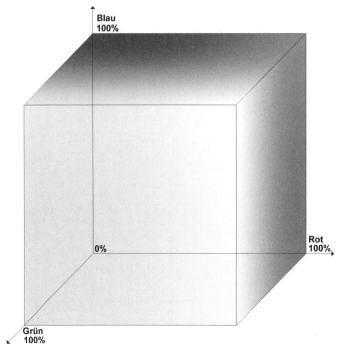

Bild 5.34:
Den RGB-Farbraum kann man sich als dreidimensionalen Würfel vorstellen, in dessen Innerem an jeder Position eine andere Farbe vorherrscht.

Natürlich kann man die drei Farbwerte nicht nur in Prozentangaben, sondern auch in festen Zahlenräumen angeben – sehr gebräuchlich ist dabei die Angabe der Werte in Bereichen zwischen 0 und 255, da diese platzsparend in einem Byte untergebracht werden können. Da für eine vollständige Farbangabe 3 Bytes verwendet werden und jedes Byte 8 Bit hat, spricht man manchmal auch von 24-Bit-Farbwiedergabe.

Hohe Stromstärken

Natürlich addiert sich bei Lichterketten der Stromverbrauch der einzelnen LEDs. Schon ab einem Meter Länge kommen je nach Bauart des Streifens recht hohe Ströme zusammen, sodass es sich nicht empfiehlt, unsere Schaltung auf einem Breadboard aufzubauen: Es verträgt keine hohen Ströme, und mehr als 1 A sollte man seinen Kontakten nicht antun. Auch die in Bild 5.33 weiter unten dargestellten Kabel müssen eine gewisse Dicke haben, um sich nicht übermäßig zu erwärmen. Hier kann die Faustregel »maximal 5 A pro 1 mm² Kabeldurchmesser« angewendet werden, sodass für eine Lichterkette mit einem Stromverbrauch von 6 A mindestens ein Kabel mit einem Durchmesser von 1,5 mm² verwendet werden sollte.

Auch die Verbindungsstellen zwischen Kabeln und den einzelnen Bauelementen müssen die hohen Ströme verkraften können. Wird beispielsweise eine ungeeignete Netzteilbuchse verwendet, kann diese sich stark erwärmen. Aus eigener Erfahrung wissen wir, dass sich eine nicht richtig verschraubte Lüsterklemme bis zum Schmelzen der Plastikhülle erhitzen kann. Soll die Lichterkette über einen längeren Zeitraum betrieben werden, sollten Sie sie testen. Lassen Sie sie mindestens sechs Stunden lang unter Beobachtung bei voller Leistung laufen – sie sollte sich in dieser Zeit nicht übermäßig erhitzen. Achten Sie auch auf die Temperatur des Netzteils, denn billige Netzteile werden auch unterhalb ihrer angegebenen Maximalleistung gern mal sehr warm. In diesem Fall sollte ein leistungsfähigeres und hochwertigeres Netzteil verwendet werden.

Bitte unterschätzen Sie dieses Projekt nicht, es birgt eine hohe Brandgefahr!

Feldeffekttransistoren

Bei so hohen Stromstärken ist es natürlich nicht verwunderlich, dass der Arduino nicht in der Lage ist, diesen Strom durch seine dünnen Chip-Beinchen zu leiten. Es wird also ein Transistor benötigt, der den hohen Strom schaltet, während der Arduino nur das Signal dazu gibt. Doch selbst normale bipolare Transistoren sind mit dieser Aufgabe überfordert, wir benötigen einen wesentlich stärkeren Transistor.

Glücklicherweise gibt es einen Typ von Transistoren, der für diese Aufgabe gut geeignet ist. Die sogenannten Feldeffekttransistoren haben gegenüber den bipolaren Transistoren den Vorteil, dass sie schneller und sparsamer im Verbrauch sind. Dadurch erwärmen sie sich auch deutlich weniger und sind damit grundsätzlich leistungsfähiger. Da sich die bipolaren Transistoren aber besser für die analoge Elektronik eignen, sind auch diese bis heute noch nicht ausgestorben.

Feldeffekttransistoren arbeiten nach einem anderen physikalischen Prinzip, deshalb sind auch die Anschlüsse anders benannt. Was bei den bipolaren Transistoren unsere Basis war, nennt sich nun *Gate*, der Kollektor heißt hier *Source*, und der Emitter wird *Drain* genannt.

Bild 5.35: Feldeffekttransistoren arbeiten nach einem anderen physikalischen Prinzip und haben daher andere Namen für ihre Anschlüsse.

Außerdem haben Feldeffekttransistoren den ungemeinen Vorteil, dass sie keinen Strom benötigen, um einen anderen Strom schalten zu können, stattdessen muss lediglich eine Spannung angelegt werden. Das hat zum Beispiel den Vorteil, dass für einen Feldeffekttransistor auch kein Vorwiderstand benötigt wird.

Diese vergleichsweise kleinen Bauteile leisten fast Unglaubliches: Sie können 30 A schalten, kommen mit bis zu 50 V zurecht und halten eine Belastung von 75 W aus – allerdings müssen sie dazu auch gut gekühlt werden, wozu die Wärme leitende Metallplatte mit dem Kühlkörperbefestigungsloch vorgesehen ist.

Auch wenn durch unsere Schaltung schon einige Ampere strömen – die Feldeffekttransistoren werden sich in unserem Fall kaum erwärmen.

Benötigte Bauteile
- 1 Arduino Uno, Leonardo oder Mega
- 8 Steckbrücken oder dünne Kabel
- 1 Mikrotaster
- 5 dickere Kabel
- 3 N-Kanal-Power-MOSFET-Transistoren BUZ11
- 1 LED-Lichterkette (LED-Stripe) mit RGB-LEDs
- 1 Netzteil mit einer Ausgangsspannung von 12 V
- 1 passende Buchse für den Stecker des Netzteils
- Werkzeug: Lötkolben und Lötzinn

5.8.4 Schaltplan

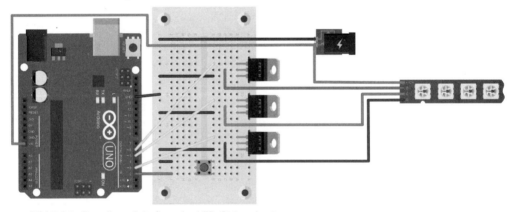

Bild 5.36: Breadboard-Aufbau der LED-Stripe-Ansteuerung.

Eine RGB-Lichterkette besteht aus vielen einzelnen RGB-Bausteinen. Diese Bauteile haben intern je eine rote, grüne und blaue LED verbaut, die wie normale LEDs angesteuert werden können. Zudem befinden sich auf der Lichterkette schon passende Vorwiderstände, die meistens für einen Betrieb mit einer Spannung von 12 V ausgelegt sind. Es gibt nun zwei Möglichkeiten, wie die RGB-LEDs aufgebaut sind:

- Mit einer gemeinsamen Anode: Bei dieser Form wird der Pluspol der drei internen LEDs gemeinsam herausgeführt. Um die einzelnen Leuchtdioden anzuschalten, muss die Masse an die Eingänge gelegt werden.

- Mit einer gemeinsamen Kathode: Hier wird der Minuspol der Leuchtdioden in einer Leitung zusammengefasst. Um die einzelnen LEDs anzuschalten, muss die Versorgungsspannung, meistens 12 V, angelegt werden.

Die meisten RGB-Lichterketten haben eine gemeinsame Anode, daher wird hier vorrangig dieser Fall beschrieben. Falls Sie eine RGB-Lichterkette mit gemeinsamer Kathode besitzen, finden Sie in den Tipps und Tricks eine Beschreibung, auch diese anzuschließen.

Da der Arduino keine 12 V bereitstellt, wird ein externes Netzteil mit einer Ausgangsspannung von 12 V benötigt. Selbst wenn die Lichterkette mit 5 V betrieben wird, sollte aufgrund ihres hohen Strombedarfs der Arduino nicht für die Bereitstellung der Versorgungsspannung der LEDs benutzt werden, da er hierfür nicht ausgelegt ist.

Das Netzteil muss ausreichend Leistung haben, um die Lichterkette mit Strom zu versorgen. Bei einem Stromverbrauch der Kette von beispielsweise 6 A sollte ein Netzteil mit einer Leistung von 72 W bzw. einer entnehmbaren Stromstärke von 8 A verwendet werden, um das Netzteil nicht bis an seine Grenzen zu belasten.

Um das Netzteil mit dem Arduino zu verbinden, müssen an eine passende Buchse für den Stecker des Netzteils zwei Kabel angelötet werden. Im Kapitel 4.11 »Löten wie die Profis« finden Sie eine Anleitung für dieses grundlegende Verfahren der Elektrotechnik. Achten Sie beim Anschließen des Netzteils an die Lichterkette und den Arduino darauf, dass die Polarität stimmt. Wenn die Kabel vertauscht sind und die 12-V-Spannung des Netzteils an die Masse des Arduino sowie die Masse des Netzteils an den V_{IN}-Pin des Arduino angeschlossen werden, wird der Arduino irreparabel beschädigt. Messen Sie deshalb unbedingt vor dem Anschluss des Arduino mit einem Multimeter noch einmal durch, ob alles stimmt.

Um die einzelnen Farbkanäle Rot, Grün und Blau anzusteuern, werden drei Transistoren benötigt. Da gerade bei längeren Lichterketten viel Strom verbraucht wird und deshalb besonders leistungsstarke Transistoren benötigt werden, setzen wir hier Power-MOSFETs ein. Das sind Feldeffekttransistoren (FETs), die große Stromstärken von mehreren Ampere schalten können. Da im Gegensatz zu bipolaren Transistoren bei FETs kein Steuerstrom, sondern nur eine Spannung zum Ansteuern des Transistors benötigt wird, muss kein Widerstand vor dem Transistor platziert werden. So werden dank der auf der RGB-Lichterkette angebrachten Widerstände für die LEDs bei dieser Schaltung außer den Transistoren und dem Taster keine weiteren Bauteile benötigt.

Der Gate-Anschluss eines Transistors steuert, ob der Transistor Strom leitet oder nicht. Wenn an ihm eine um mindestens 3 V höhere Spannung als am Source-Eingang anliegt, leitet der Transistor, ansonsten lässt er keinen Strom durch. Er wird an einen PWM-fähigen Pin des Arduino angeschlossen, um später die Helligkeit der LEDs in mehreren Abstufungen regeln zu können. Bei angelegter Spannung am Gate fließt der Strom durch den Transistor von Drain zu Source. An Drain wird deshalb die Masse angelegt und an Source die Leitung zu den LEDs auf der Lichterkette.

Um die Lichtfarbe ändern zu können, wird noch ein Taster zwischen Masse und Pin 4 des Arduino platziert.

> **Download Source Code**
> LED_Lichterkette.ino
> - *buch.cd*
> - *arduino-handbuch.visual-design.com*

5.8.5 Source Code

```
001  const int Pin_Rot = 3;
002  const int Pin_Gruen = 5;
003  const int Pin_Blau = 6;
004  const int Pin_Taster = 9;
005
006  void setup() {
007    //Initialisiere die Pins
008    pinMode(Pin_Rot, OUTPUT);
009    pinMode(Pin_Gruen, OUTPUT);
010    pinMode(Pin_Blau, OUTPUT);
011    pinMode(Pin_Taster, INPUT);
012    digitalWrite(Pin_Taster, HIGH);
013  }
014
015  int derzeitige_Farbe = 0; //Welche Farbe wird angezeigt?
016  long Zeit = 0;
017
018  void loop() {
019    //Wird der Taster gerade gedrückt?
020    if (!digitalRead(Pin_Taster)) {
021      derzeitige_Farbe++; //Wähle die nächste Farbe aus
022      delay(300); //Warte, damit der Mensch den Taster loslassen kann
023    }
024
025    switch(derzeitige_Farbe) {
026      case 0: //Grün
027        analogWrite(Pin_Rot, 0);
028        analogWrite(Pin_Gruen, 255);
029        analogWrite(Pin_Blau, 0);
030        break;
031      case 1: //Rosa
032        analogWrite(Pin_Rot, 255);
033        analogWrite(Pin_Gruen, 15);
034        analogWrite(Pin_Blau, 80);
035        break;
036      case 2: //Stroboskop
037        if(millis() > Zeit + 500) {
```

```
038        Zeit = millis();
039        analogWrite(Pin_Rot, random(255));
040        analogWrite(Pin_Gruen, random(255));
041        analogWrite(Pin_Blau, random(255));
042      }
043      break;
044    default:
045      derzeitige_Farbe = 0;
046  }
047 }
```

Als Erstes müssen die Pins für die roten, grünen und blauen Leuchtdioden und für den Taster definiert und deklariert werden. Für den Taster muss zudem noch der Pull-up-Widerstand aktiviert werden.

In der `loop()`-Funktion wird nach jedem Tastendruck eine neue Farbe angezeigt. Das Programm startet mit Grün, nach einem Tastendruck wird Violett angezeigt, nach dem zweiten Tastendruck wird jede halbe Sekunde eine zufällige Farbe angezeigt, und beim nächsten Tastendruck folgt wieder Grün.

5.8.6 Tipps und Tricks

Mein Netzteil oder meine Schaltung fiept/brummt/pfeift.

Schaltnetzteile können sich beim Einsatz von PWM-Signalen durch Störgeräusche bemerkbar machen, weil dauernd zwischen Belastung und Ruhezustand umgeschaltet wird. Da selbst ein einfacher Draht sich so wie eine winzige Spule verhält, kann in Verbindung mit einem anderen Metallstück auch in der aufgebauten Schaltung eine Art Lautsprecher entstehen, der unangenehme Geräusche von sich gibt. Es gibt mehrere Möglichkeiten, wie gegen diese Geräusche vorgegangen werden kann, wobei der Erfolg dieser Maßnahmen vom verwendeten Netzteil und der aufgebauten Schaltung abhängt:

- Verwendung eines Kondensators zur Glättung der Spannung: Mithilfe eines Kondensators mit einer Kapazität von mehr als 100 µF, der zwischen die Versorgungsspannung und die Masse platziert wird, können die Störgeräusche unter Umständen verringert werden. Achten Sie hierbei darauf, Elektrolytkondensatoren (Elkos) mit richtiger Polung anzuschließen.
- Verwendung eines anderen Netzteils: Wenn die Störgeräusche vom Netzteil produziert werden, hilft im einfachsten Fall die Verwendung eines anderen Netzteils.
- Veränderung der PWM-Frequenz: Durch Verwendung einer höheren oder niedrigeren PWM-Frequenz können die Störgeräusche vermindert oder ganz beseitigt werden. Mithilfe der PWM_lib-Bibliothek ist dies komfortabel möglich.

Ich habe eine Lichterkette mit gemeinsamer Kathode, wie schließe ich sie an?

● Eine Lichterkette mit gemeinsamer Kathode, also einem gemeinsamen Minuspol der drei Farbkanäle, kann auch mithilfe von Feldeffekttransistoren betrieben werden. Die Ansteuerung ist geringfügig komplizierter: Die FETs werden mit Drain an die Versorgungsspannung des Netzteils und mit Source an den Pluspol der Farbkanäle angeschlossen. Da die oben verwendeten N-Kanal-FETs aber zum Ansteuern an Gate eine um mindestens 3 V höhere Spannung als an Source benötigen, was bei 12-V-Lichterketten 15 V wären, können wir diesen Typ Transistor nicht verwenden. Stattdessen müssen P-Kanal-FETs genutzt werden, die bei einer in Bezug zu Source negativen Gate-Spannung schalten. Um einen P-Kanal-FET anzusteuern, wird deshalb an Gate zum Sperren des Transistors eine anliegende Spannung von 12 V und zum Schalten eine Spannung von weniger als 9 V benötigt. Da sich mit dem Arduino zwar Spannungen unter 9 V realisieren lassen, aber keine Spannung von 12 V, wird noch ein weiterer Transistor benötigt, der die Spannung von 12 V schalten kann. Da dieser Transistor keine Last schalten muss, kann hier ein kleiner Bipolartransistor eingesetzt werden.

5.9 Stoppuhr mit Sieben-Segment-Anzeige

Leider bringen die Arduinos von Haus aus keine Möglichkeit mit, Informationen anzuzeigen. Eine einfache Methode, dies nachzuholen, ist die Verwendung von Sieben-Segment-Anzeigen, die in der Lage sind, Ziffern von 0 bis 9 darzustellen.

Solche Anzeigen begegnen uns allerorten, sei es der antike Radiowecker aus den 1980er-Jahren, die Anzeige am CD-Spieler oder die schicke LCD-Uhr, die es für 2,50 Euro aus dem Kaugummiautomaten gibt. Sie haben alle denselben Aufbau:

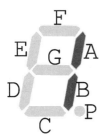

Bild 5.37: Die sieben Segmente der Anzeige werden für dieses Kapitel mit den Buchstaben A bis G bezeichnet.

5.9.1 Fehlende Bedarfsanalyse

Klein Rudi ist stolz wie Oscar! Er hält einen Arduino in der Hand und verkündet: »Schau, ein digitales Hygro- und Barometer, abgefragt über einen Can-Bus, asynchrone Interrupt-Steuerung und Wireless-Webserver, der mit einer 9-V-Batterie zwei Jahre läuft!«

Seine Mutter wirft einen 250-Millisekunden-Blick auf die unscheinbare Platine und dann einen längeren, liebevollen in die Augen ihres Sprösslings, während sie gerade den Kuchenteig ausrollt. »Sehr schön, mein Schatz, wirklich! Reichst du mir bitte mal das Mehl rüber?«

Groß Rudi ist einige Jahre später ein paar Schritte weiter. Mittlerweile hat er Psychologie studiert, seinen Doktor in Wirtschaftspsychologie über Produktdesign gemacht und weiß jetzt, dass ein Anwender M (= seine Mutter) dem Produkt A (= Arduino-Bastelei) nur dann die gewünschte Aufmerksamkeit zollt, wenn das Design kundenorientiert und praxisbezogen ist. Stolz will er seine Next-Generation-Innovation mit Unique-Selling-Point und High-Impact-Potenzial präsentieren: eine Uhr, bei der man in großen Ziffern (Kundenorientiertheit, Mutter ist mittlerweile kurzsichtig) genau ablesen kann, wie lange der Kuchen bereits im Ofen verweilt. Schade nur, dass sie mittlerweile deutlich älter geworden ist, ihr das Backen Mühe bereitet und sie daher auf Fertigkuchen aus dem Supermarktregal umgestiegen ist.

5.9.2 Aufgabenstellung

Wir wollen eine Schaltung aufbauen, die auf einer Sieben-Segment-Anzeige die Zeit in Minuten und Sekunden seit dem Drücken einer Taste anzeigt. Durch erneutes Drücken der Taste soll die Zeitmessung pausiert und wieder aufgenommen werden können. Durch eine andere Taste soll die Zeit auf »00:00« zurückgesetzt werden.

Bild 5.38: Ein Countdown-Zähler mit einer Sieben-Segment-Anzeige.

5.9.3 Hintergrundwissen

Bei einer Sieben-Segment-Anzeige besteht jede Ziffer aus sieben (oder acht) Segmenten. Vier Ziffern sollen angezeigt werden, also hat man die stattliche Anzahl von 28 Leuchtdioden. Ein Arduino Uno hat aber nur maximal 20 Ausgänge, und damit stehen wir vor einem Problem: Wie schließt man eine komplexe Anzeige an den Arduino an und verbraucht dabei so wenig Pins wie möglich?

Multiplexing

Eine Möglichkeit dafür ist das Multiplexverfahren, bei dem nicht das vollständige Display mit allen Ziffern auf einmal angesprochen wird, sondern nur ein Teilbereich. In unserem Fall wird zuerst die erste Ziffer angesteuert, dann, nach einer kleinen Pause, die zweite, dann die dritte und dann die vierte. Das geschieht in einer solch hohen Geschwindigkeit, dass das menschliche Auge die einzelnen Phasen dieser Ansteuerung nicht mehr auseinanderhalten kann. So wird das Display als gleichmäßig beleuchtet wahrgenommen. Bei unserer Sieben-Segment-Anzeige mit mehreren Ziffern ist das Multiplexing schon in das Bauelement integriert. Es werden nur die acht Pins für die sieben Balken und den Dezimalpunkt der Ziffer herausgeführt, zusätzlich gibt es noch vier Pins, über die man angeben kann, welche der vier Ziffern man gerade ansteuert.

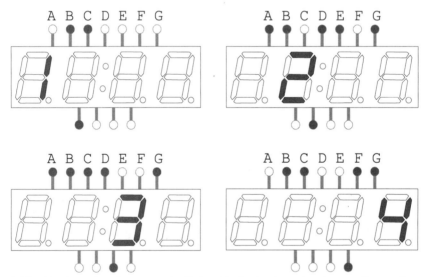

Bild 5.39: Die sieben Segmente der Ziffern (A–G, oben) werden den vier Plätzen (unten) zugewiesen.

Benötigte Bauteile
- 1 Arduino Uno, Leonardo oder Mega
- 1 Breadboard
- 16 Breadboard-Steckbrücken
- 1 Sieben-Segment-Anzeige mit vier Ziffern, beispielsweise TOF-5462BME-B
- 8 Widerstände 1 kΩ
- 2 Mikrotaster

5.9.4 Schaltplan

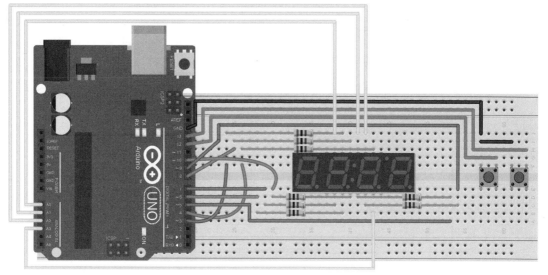

Bild 5.40: Unsere Stoppuhr auf dem Breadboard.

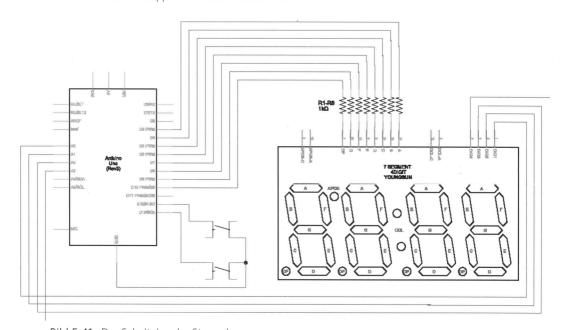

Bild 5.41: Der Schaltplan der Stoppuhr.

Im Datenblatt des Bauteils finden wir die Informationen über die verwendeten LEDs. Im Fall des TOF-5462BME-B wird beispielsweise empfohlen, sie mit einem Strom von 12 mA zu betreiben, während ihre Vorwärtsspannung 2 V beträgt. Alle LEDs einer Ziffer besitzen hier einen gemeinsamen Pluspol (Anode), und es ist auch aufgezeichnet, welcher Pin welche LED ansteuert.

Die genaue Verteilung der Pins am Bauteil findet sich leider nicht immer im Datenblatt, aber hier gibt es einen einfachen Trick: Pin 1 ist immer markiert, entweder mit einem Punkt oder mit einer kleinen Einkerbung. Befindet sich die Markierung an einer Seite ohne Pins, ist Pin 1 der nächste Pin entgegen dem Uhrzeigersinn, wenn Sie von oben auf das Bauteil schauen und die Pins nach unten zeigen. Alle anderen Pins sind dann entgegen dem Uhrzeigersinn nummeriert. Wenn sich Pin 1 also beispielsweise bei einem Bauteil mit 12 Pins unten links befindet, ist Pin 6 unten rechts, Pin 7 oben rechts und Pin 12 oben links.

Bild 5.42: Pinbelegung einer Sieben-Segment-Anzeige.

Im Datenblatt ist ebenfalls beschrieben, welcher Pin welche LED der Segmentanzeige ansteuert. Wenn also Pin 12 mit der Versorgungsspannung verbunden wird, können mit den Pins 1, 2, 3, 4, 5, 7, 10 und 11 die einzelnen Segmente der ersten Ziffer angesteuert werden.

Wie bei jeder LED müssen auch hier Vorwiderstände verwendet werden. Diese werden am besten vor die Eingänge A bis G der Sieben-Segment-Anzeige platziert. Würde man sie an die Eingänge Z1 bis Z4 setzen, würden sie zwar auch den Strom begrenzen, aber alle Segmente einer Ziffer müssten sich dann den Strom teilen. Das hätte zur Folge, dass ein Segment einer 1, die aus nur zwei Segmenten besteht, dreimal so hell leuchten würde wie ein Segment einer 0, das seinen Strom mit fünf anderen Segmenten teilen müsste.

Da die Pins des Arduino eine maximale Stromstärke von 40 mA verkraften, ohne zerstört zu werden, müssen die Vorwiderstände daran angepasst werden. Die maximale Strombelastung tritt auf, wenn bei einer Ziffer alle acht Segmente aufleuchten. In diesem Fall darf jedes Segment 5 mA verbrauchen. Bei einer anliegenden Spannung von 5 V und einem Spannungsabfall von ungefähr 2 V über den Leuchtdioden muss laut dem Ohm'schen Gesetz der Wert der Vorwiderstände (5 V - 2 V) ÷ 5 mA = 600 Ω betragen.

Der nächsthöhere verfügbare Widerstandswert ist 680 Ω. Es können auch problemlos höhere Widerstandswerte verwendet werden, die Helligkeit der LEDs reicht beispielsweise bei 1-kΩ-Widerständen für das Anzeigen der Ziffern aus.

Da die Stoppuhr auch komfortabel bedient werden soll, werden noch zwei Taster benötigt: einer, um die Stoppuhr zu starten und anzuhalten, und ein weiterer, um sie auf 00:00 zurückzusetzen. Diese Taster werden jeweils zwischen einen Pin des Arduino und der Masse platziert.

> **Download Source Code**
> Countdown.ino
> - *buch.cd*
> - *arduino-handbuch.visual-design.com*

5.9.5 Source Code

```
001  //                    A B C D E F G DP
002  int Nummern[11][8] = {{1, 1, 1, 1, 1, 1, 0, 0}, // 0
003                        {0, 1, 1, 0, 0, 0, 0, 0}, // 1
004                        {1, 1, 0, 1, 1, 0, 1, 0}, // 2
005                        {1, 1, 1, 1, 0, 0, 1, 0}, // 3
006                        {0, 1, 1, 0, 0, 1, 1, 0}, // 4
007                        {1, 0, 1, 1, 0, 1, 1, 0}, // 5
008                        {1, 0, 1, 1, 1, 1, 1, 0}, // 6
009                        {1, 1, 1, 0, 0, 0, 0, 0}, // 7
010                        {1, 1, 1, 1, 1, 1, 1, 0}, // 8
011                        {1, 1, 1, 1, 0, 1, 1, 0}, // 9
012                        {0, 0, 0, 0, 0, 0, 0, 0}};//nichts
013
014  const int button_reset = 11; //Zum Einstellen der Countdown-Zeit
015  const int button_start = 12; //Zum Starten der Stoppuhr
016
017  //Initialisiere das Programm.
018  void setup() {
019    //Setze die Pins für die Ansteuerung der Segmente.
020    for (int i = 2; i < 2 + 8; i++)
021    {
022      pinMode(i, OUTPUT);
023      digitalWrite(i, LOW);
024    }
025
026    //Setze die Pins für die Ansteuerung der gemeinsamen Anode/Kathode.
027    pinMode(A1, OUTPUT);
028    pinMode(A2, OUTPUT);
029    pinMode(A3, OUTPUT);
030    pinMode(A4, OUTPUT);
031
032
033    //Setze die Pins für die Taster.
034    pinMode(button_reset, INPUT);
035    pinMode(button_start, INPUT);
```

```
036
037    //Schalte die Pull-up-Widerstände für die Taster an.
038    digitalWrite(button_reset, HIGH);
039    digitalWrite(button_start, HIGH);
040  }
041
042  void schreibe_Ziffer(byte Ziffer, byte Slot_Pin, boolean setzte_Punkt)
043  {
044    //Schalte die Segmente an, die für das Darstellen der Ziffer
045    //benötigt werden.
046    for (int i = 0; i < 7; i++)
047    {
048      digitalWrite(i + 2, !Nummern[Ziffer][i]);
049    }
050
051    //Schalte, wenn gefordert, auch das Segment für den Punkt an.
052    digitalWrite(7 + 2, (setzte_Punkt ? LOW : HIGH));
053
054    //Schalte die gemeinsame Anode/Kathode ein, alle vorher
055    //eingeschalteten Segmente leuchten.
056    digitalWrite(Slot_Pin, HIGH);
057
058    //Warte eine Millisekunde ab.
059    delay(1);
060
061    //Schalte die gemeinsame Anode/Kathode wieder aus.
062    digitalWrite(Slot_Pin, LOW);
063  }
064
065  void schreibe_Zahl(int Zahl, boolean fuehrende_Null, boolean setze_Punkt)
066  {
067    //Schreibe die niedrigste Stelle der Zahl ("1234" -> "4").
068    if (Zahl >= 0 || !fuehrende_Null){
069      schreibe_Ziffer(Zahl % 10, A4, false);
070    }else{
071      schreibe_Ziffer(10, A4, false);
072    }
073
074    //Schreibe die zweitniedrigste Stelle der Zahl ("1234" -> "3").
075    if (Zahl >= 10 || !fuehrende_Null){
076      schreibe_Ziffer((Zahl / 10) % 10, A3, setze_Punkt);
077    }else{
078      schreibe_Ziffer(10, A3, setze_Punkt);
079    }
080
081    //Schreibe die drittniedrigste Stelle der Zahl ("1234" -> "2").
082    if (Zahl >= 100 || !fuehrende_Null){
083      schreibe_Ziffer((Zahl / 100) % 10, A2, setze_Punkt);
```

```
084    }else{
085      schreibe_Ziffer(10, A2, setze_Punkt);
086    }
087
088    //Schreibe die viertniedrigste Stelle der Zahl ("1234" -> "1").
089    if (Zahl >= 1000 || !fuehrende_Null)
090    {
091      schreibe_Ziffer((Zahl / 1000) % 10, A1, false);
092    }else{
093      schreibe_Ziffer(10, A1, false);
094    }
095 }
096
097 boolean Uhr_laeuft = false; //Wurde die Stoppuhr/der Countdown schon
                                gestartet?
098 int Sekunden = 0; //darzustellende Minuten
099 int Minuten = 0; //darzustellende Sekunden
100 int derzeitige_Wartezeit = 0; //Wie lange bis zum nächsten gültigen
                                   Tastendruck?
101 int Wartezeit = 100; //Wie viele Zyklen müssen zwischen zwei
                          Tastendrücken vergehen?
102 long Startzeit;
103
104 void loop() {
105
106    //Darf gerade ein Taster gedrückt werden?
107    if (derzeitige_Wartezeit == 0)
108    {
109      //Tastendruck START/STOP
110      if (!digitalRead(button_start))
111      {
112        running = !running;
113        Startzeit = millis() / 1000 - Sekunden - Minuten * 60;
114
115        derzeitige_Wartezeit = Wartezeit;
116      }
117
118      //Tastendruck RESET
119      if (!digitalRead(button_reset)) {
120        running = false;
121        Sekunden = 0;
122        Minuten = 0;
123      }
124    }
125    else
126    {
127      derzeitige_Wartezeit--;
128    }
```

```
129
130    if (running) {
131      //Wie viel Zeit (in Sekunden) ist seit dem Starten der Stoppuhr
           vergangen?
132      long time = millis() / 1000 - Startzeit;
133      Sekunden = time % 60;
134      Minuten = time / 60;
135    }
136
137    //Schreibe die Zeit auf die Sieben-Segment-Anzeige.
138    schreibe_Zahl(Minuten * 100 + Sekunden, false, (millis() % 1000)
                                                   < 500 || !running);
139  }
```

Als Erstes muss definiert werden, welche Segmente auf der Sieben-Segment-Anzeige eingeschaltet werden müssen, um eine bestimmte Ziffer anzuzeigen. Wir benutzen dafür das zweidimensionale Array int Nummern[11][8]. In der ersten Dimension sind die Ziffern von 0 bis 9 gespeichert sowie eine zusätzliche Position, bei der kein Segment eingeschaltet wird. In der zweiten Dimension sind die acht Segmente gespeichert, die auf der Anzeige angesteuert werden können.

Als Nächstes können in der setup()-Prozedur die Pins zur Ansteuerung der Anzeige und zum Auslesen der Taster initialisiert werden.

Zur Darstellung einer Ziffer müssen in der Methode schreibe_Ziffer die acht Segmente richtig beschaltet sein, dann wird die richtige Stelle eingeschaltet, eine Millisekunde abgewartet und dann wieder ausgeschaltet.

Um eine als Integer vorliegende vierstellige Zahl darzustellen, muss diese erst einmal unterteilt werden. Um die Hunderterstelle einer Zahl zu ermitteln, kann diese durch 100 dividiert werden – was die Einer- und Zehnerstelle beseitigt –, und dann wird der Divisionsrest durch 1000 genommen, was die Tausenderstelle löscht. Dies wird in der Methode schreibe_Zahl erledigt, genau wie Berechnung der übrigen drei Stellen.

Zum Programmieren einer funktionierenden Stoppuhr muss noch berechnet werden, welche Zeit angezeigt werden soll. Außerdem muss die Uhr auf Tastendruck angehalten, gestartet oder zurückgesetzt werden. Damit nicht irrtümlich angenommen wird, dass ein Mensch zweimal den Taster betätigt hat, wenn in zwei hintereinanderfolgenden Durchläufen der loop()-Funktion der Taster gedrückt ist – was bei einer Zykluszeit von vier Millisekunden durchaus passiert –, reagiert der Taster für die nächsten 100 Zyklen nicht auf einen erneuten Tastendruck.

5.9.6 Tipps und Tricks

Bei meiner Sieben-Segment-Anzeige leuchtet kein einziges Segment.

- Ist die Anzeige richtig angeschlossen? Es gibt Anzeigen, bei denen der Minuspol (Kathode) bei den Ausgängen für die einzelnen Segmente liegt, bei anderen liegt dort der Pluspol (Anode).

- Ist der Code ohne Fehlermeldung auf den Arduino geladen worden? Wurden im Menü *Werkzeuge* der Arduino-Oberfläche der richtige Arduino-Typ und der richtige Port ausgewählt?
- Wurden ausreichend dimensionierte Vorwiderstände verwendet? Ohne Vorwiderstände können Pins des Arduino schnell beschädigt werden und sind dann funktionslos.

Auf meiner Anzeige werden komische Sachen ausgegeben.

- Sind alle Kabel korrekt angeschlossen? Falls der Fehler nicht gefunden werden kann, sollten alle Kabel für die einzelnen Segmente abgesteckt und eins nach dem anderen auf die richtige Position aufgesteckt werden. Die richtige Position können Sie mithilfe der Zifferndefinition im oberen Teil des Quelltexts ermitteln.
- Ist die verwendete Anzeige pinkompatibel zur hier verwendeten? Hierbei hilft ein Blick in das Datenblatt des Bauelements, das Sie im Internet suchen können oder bei Ihrem Händler finden, bei dem Sie das Element gekauft haben.

Bei Benutzung der Stoppuhr werden die falschen Stellen hochgezählt!

- Sind die Kabel zur Ansteuerung der einzelnen Stellen richtig angeschlossen? Mit A0 muss die erste Ziffer angesteuert werden, mit A1 die zweite, mit A2 die dritte und mit A3 die vierte.

Mein Display ist zu hell oder zu dunkel!

- Wenn Sie ein dunkleres Display haben wollen, müssen Sie nur größere Vorwiderstände benutzen. Bedenken Sie hierbei, dass das menschliche Auge kleine Unterschiede nicht bemerkt und ein Wechsel beispielsweise von 680 Ω auf 820 Ω kaum wahrnehmbar ist.
- Um ein helleres Display zu bekommen, können die Vorwiderstände nicht nennenswert verringert werden. Während die Leuchtdioden in der Anzeige zwar bedeutend mehr vertragen können als 5 mA, sollten die Pins des Arduino nicht mit mehr als 40 mA belastet werden. Wie Sie vielleicht schon im Kapitel 5.7 »Kameraauslöser« gelesen haben, kann man Strom und Spannung mithilfe eines Transistors auch verstärken, wodurch Sie die einzelnen Leuchtdioden auch mit dem maximal zulässigen Strom betreiben können.

Meine Stoppuhr kann zu wenig – ich will, dass sie auch ...

- Die Stoppuhr kann um viele Komponenten erweitert werden. Sie könnte zusätzlich noch die verstrichenen Stunden und Millisekunden anzeigen oder als Countdown fungieren. Sicher fallen Ihnen noch weitere Möglichkeiten ein. Experimentieren Sie mit der aufgebauten Schaltung! Solange Sie beachten, dass die Pins des Arduino und die Leuchtdioden nur einen gewissen Strom vertragen und deshalb mit Vorwiderständen geschützt werden müssen, kann wenig schiefgehen.

5.10 Serielle LED-Lichterkette

Im vorletzten Kapitel haben wir eine Lichterkette so angesprochen, dass sie jede beliebige Farbe darstellen kann. Ein bisschen schade war dabei immer, dass nur die gesamte Lichterkette in einer Farbe erstrahlte. Viel interessanter wäre es doch, hätte man die Möglichkeit, jede einzelne LED innerhalb dieser Lichterkette in einer anderen Farbe zum Leuchten zu bringen.

Geht nicht? Denkste! Es gibt sie tatsächlich, diese Leuchtstreifen, bei denen man jede einzelne LED ansteuern kann. Und die Verwendungsmöglichkeiten sind wahrlich vielfältig: Sie können damit ein einzelnes Licht entlang der Lichterkette hin- und herwandern lassen, Sie können Farbübergänge programmieren, und mit genügend Leuchtdioden und einiger Programmierarbeit ist es sogar möglich, eine Laufschrift herzustellen – wohlgemerkt, immer in jeder erdenklichen Farbe, denn diese Leuchtdioden beherrschen RGB.

Ein besonders schönes Beispiel für den Einsatz dieser Leuchtdioden ist der Wohnzimmertisch unseres Freundes Sven, der ganz ähnliche Leuchtdioden verwendet hat. Sein Tisch besitzt 12 x 8 Felder, hinter denen jeweils eine einzeln ansteuerbare Leuchtdiode sitzt. Ein kleiner Einplatinencomputer (Raspberry Pi) steuert diese LEDs über nur drei Kabel an und kann so jedes Feld des Tischs in einer beliebigen Farbe erstrahlen lassen. Ertönt Musik, zeigt der Tisch hierzu passende, sich verändernde Farbmuster an. Man kann damit auch über eine Funktastatur Tetris spielen – wenn nicht gerade zu viele Kuchenteller darauf stehen.

Bild 5.43: Ein Wohnzimmertisch mit einzeln ansteuerbaren LEDs – Tetris inklusive.

5.10.1 Kaufen Sie die neue RitterReiter™

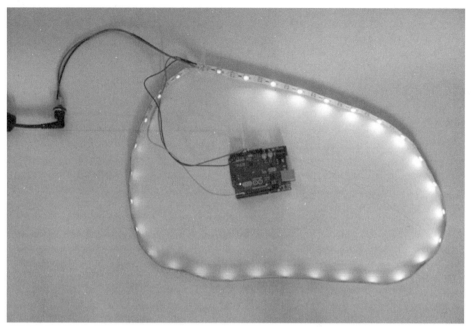

Bild 5.44: Die RitterReiter™ im Einsatz, DER Hingucker an Ihrem Auto.

Kennen Sie die Fernsehserie »Knight Rider«? David Hasselhoff als unkonventioneller Cop einer Spezialeinheit mit seinem sprechenden Computerauto K.I.T.T.? Dann wissen Sie auch, wer der eigentliche Star der Serie war: Es ist natürlich K.I.T.T.s Lauflicht, das psychedelisch immer von links nach rechts und zurückwanderte, alles im stylischen Rot der 1980er-Jahre.

Dieses kleine Kunstwerk können Sie nun ganz für sich allein zu Hause genießen! Kaufen Sie die neue RitterReiter™ für nur 89,99 Euro und beeindrucken Sie Ihre Freunde mit dem Charme der 80er, verbunden mit der neuesten LED-Technologie des 21. Jahrhunderts! 30 LEDs! Wechselnde Farben! Garantierter Neidfaktor!

5.10.2 Aufgabenstellung

Wir haben uns also vorgenommen, eine RitterReiter-Leuchtanzeige zu bauen, die einen hellen Punkt von der einen Seite eines LED-Streifens zur anderen und wieder zurück wandern lässt. Die anderen LEDs sollen dabei stets von hell nach dunkel abblenden, sodass nur der wandernde Punkt die stärkste Leuchtintensität hat.

Natürlich sind wir nicht mehr in den 1980er-Jahren, sodass wir uns farblich nicht mehr auf Rot beschränken müssen – stattdessen verwenden wir das volle Farbspektrum der RGB-Leuchtdioden, um zu verdeutlichen, dass wir im nächsten Jahrtausend angekommen sind.

5.10.3 Hintergrundwissen

Die Farbwechsel werden über den sogenannten HSV-Farbraum gesteuert.

Der HSV-Farbraum

Das H steht dabei für das englische Wort Hue, das man hier am besten mit Farbwert übersetzen kann. Die Farben des gesamten Spektrums sind darin zu finden, wobei der Wert von Rot über Gelb, Grün und Blau wieder zu Rot wandert. Wie Sie vielleicht bemerkt haben, ist der Wert zyklisch, an Anfang und Ende steht die Farbe Rot, man kann also das gesamte Farbspektrum durchlaufen, ohne einen spürbaren Übergang zu bemerken.

Das S steht für Saturation und gibt die Sättigung des Farbtons an, also wie leuchtend das Grün im Beispiel sein soll. Je geringer die Sättigung, desto größer ist der Weißanteil der Farbe.

Das V steht für Value, einen recht unpassenden englischen Namen, den man am besten mit dem Wort Helligkeit interpretiert. Je niedriger der Wert, desto dunkler ist die resultierende Farbe, je größer, desto heller ist auch die Farbe.

Alle H-, S- und V-Werte zusammen ergeben eine Farbe, die die RGB-LED darstellen kann. Aber Moment mal, die LED arbeitet doch mit roten, grünen und gelben LEDs, wie soll sie denn etwas anfangen können mit HSV-Farben? Die Lösung ist einfach: Sie kann es nicht. Die Farben müssen vom HSV-System in RGB umgerechnet werden, was freundlicherweise die FastLED-Bibliothek für uns übernimmt.

Warum also der ganze Aufwand mit den HSV-Farben, wenn man doch genauso gut RGB-Farben verwenden könnte? Nun, da wir alle Farben des Spektrums anzeigen möchten und diese auch angenehm ineinander übergehen sollen, ist das mit HSV-Farben wesentlich leichter zu bewerkstelligen: Um den gesamten Farbraum zu durchlaufen, müssen wir nur den H-Wert von 0 bis 255 aufsteigen lassen, während S und V dauerhaft auf 255 stehen, um eine kräftige, helle Farbe zu erzeugen – diese Animation wäre in RGB-Farben ungleich komplizierter.

Außerdem werden wir in diesem Projekt die sehr gelungene FastLED-Library von Daniel Garcia verwenden, die uns die gesamte Kommunikation mit dem LED-Streifen abnimmt und ganz nebenbei auch noch die Farbumrechnungen von HSV in RGB übernimmt.

Die Kommunikation mit dem LED-Streifen

Um es gleich klarzustellen: Sie müssen sich nicht wirklich mit der Kommunikation des Arduino mit dem LED-Streifen beschäftigen, alle wichtigen Funktionen übernimmt die Bibliothek FastLED für Sie. Dennoch hilft es, zu wissen, wie die Kommunikation grundsätzlich funktioniert, wenn man das Arduino-Programm wirklich verstehen möchte.

Wir werden in unserer RitterReiter-Leuchtanzeige das Bauteil WS2812B verwenden, das neben den drei Leuchtdioden für rotes, grünes und blaues Licht auch einen Controller (WS2811) besitzt, der diese drei LEDs ansprechen kann. Er besitzt drei Eingänge, auf die wir über den Leuchtstreifen zugreifen können: einen für die Masse, einen weiteren für die Versorgungsspannung von 5 V und einen, über den die Daten geleitet werden.

Diese drei Leitungen gehen nun bei dem Controller auf der einen Seite hinein und werden auf der anderen Seite wieder hinausgeleitet, die einzelnen Bausteine sind also in Reihe geschaltet.

Möchte man nun, dass alle LEDs des Streifens ausgeschaltet sind bis auf die ersten drei, die jeweils grün, blau und rot aufleuchten sollen, muss man zuerst den Farbwert des Rottons über die Datenleitung an den LED-Streifen schicken. Das geschieht, indem man den gewünschten Ton in die Grundfarben Rot, Grün und Blau zerlegt. Jede Grundfarbe kann dabei einen Wert von 8 Bit (0–255) haben und muss in der Reihenfolge Grün, Rot, Blau verschickt werden, wobei das höherwertige Bit zuerst gesendet werden muss.

Nach dem Senden einer solchen Bitfolge würde die erste Leuchtdiode rot aufleuchten. Senden wir nun den zweiten Farbton Grün, überträgt der erste Chip des LED-Streifens seinen Farbton (Rot) auf den ihm folgenden Controller, während er die Farbe des zweiten gesendeten Farbtons (Grün) annimmt. Nach diesem Vorgang leuchtet also die erste LED grün, während die zweite rot aufleuchtet. Senden wir nun einen blauen Farbton, geschieht das alles nochmals, die erste LED nimmt den neuen Farbton an (Blau), übergibt ihren Farbton an die zweite LED (Grün), die das wiederum auch tut und ihren Farbton an die dritte LED (Rot) weitergibt.

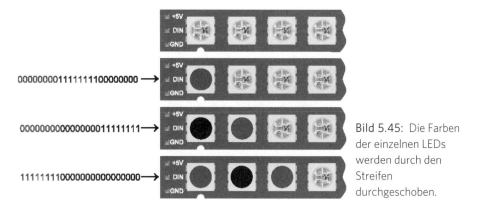

Bild 5.45: Die Farben der einzelnen LEDs werden durch den Streifen durchgeschoben.

Die Geschwindigkeit, mit der das passiert, ist sehr hoch, es können bis zu 800 kBit/s versendet werden. Wenn Sie also einen besonders langen Lichtstreifen haben, der ca.

34.000 LEDs aufnimmt, würde es nur eine Sekunde dauern, bis jede LED des Streifens ihren Farbwert empfangen hat. Wenn Sie besonders häufig die Farbwerte Ihres Streifens ändern möchten, ist das auch möglich: Nehmen wir an, Sie möchten eine Laufschrift mit diesen LEDs herstellen und diese 30 Mal in der Sekunde aktualisieren, dann kann Ihr Leuchtstreifen bis zu 1.100 LEDs lang sein.

Stromverbrauch

Natürlich verbraucht eine LED auch Strom, und viele LEDs verbrauchen logischerweise viel Strom. Wenn Sie nur einen Meter eines solchen Leuchtstreifens haben, der 30 LEDs besitzt, werden so aus den 120 mA pro einzelne LED schnell 3,6 A. Es ist also unbedingt erforderlich, dass ein geregeltes Netzteil in den Schaltkreis eingebracht wird, das den notwendigen Strom liefert. Aber auch hier sollten Sie aufpassen, dass das Netzteil diesen Strom überhaupt liefern kann, sonst wird dieses schnell heiß und kann im Extremfall sogar Feuer fangen.

Aber auch die Arduino-Platine will nicht gern mit einem hohen Strom betrieben werden: Die Diode, die nach dem Steckereingang für das Netzteil platziert ist, ist nur bis zu einer Stromstärke von 1 A spezifiziert. Gerade bei einem längeren Betrieb der Lichterkette bei einem höheren Strom sollte stattdessen ein extra Stecker mit angelöteten Kabeln verwendet werden, der die LED-Kette separat versorgt.

Falls Sie ein ausgedientes PC-Netzteil besitzen, ist das sehr gut geeignet, denn es bietet die benötigte Spannung von 5 V in ausreichenden Stärken, sodass Sie durchaus mehrere Meter problemlos betreiben können.

Benötigte Bauteile
- 1 Arduino Uno, Leonardo oder Mega
- 1 LED-Streifen mit WS2812B-Controllern
- 1 Buchse für das externe Netzteil
- 1 Netzteil mit 5 V Ausgangsspannung und 4 A Leistung (für 30 LEDs)

5.10.4 Schaltplan

Wenn man eine Lichterkette mit WS2812B-Controllern verwendet, gestaltet sich der Anschluss an den Arduino sehr einfach. Man braucht lediglich drei Kabel: einmal Masse, einmal die Versorgungsspannung von 5 V und einmal eine Datenleitung.

Wie bereits angesprochen, wird auch ein separates Netzteil benötigt, das 5 V Spannung und genügend Strom liefern kann – bei 30 LEDs beispielsweise 3,6 A. Das Netzteil wird über eine Anschlussbuchse angeschlossen.

5.10 Serielle LED-Lichterkette

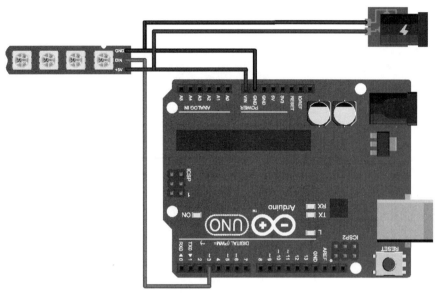

Bild 5.46: Der Schaltplan für unseren seriellen LED-Streifen.

Leider ist es recht schwierig, an einen steckbaren Anschluss für den LED-Streifen zu kommen. Die leichtere Methode ist es daher, Kabel direkt an den Leuchtstreifen zu löten.

Falls Sie einen längeren Leuchtstreifen verwenden möchten, empfiehlt es sich, alle ein bis zwei Meter erneut die Versorgungsspannung auf den Leuchtstreifen zu löten, damit die hohen Ströme nicht durch alle Chips des Streifens fließen müssen, wodurch es zum Flackern einzelner LEDs käme.

> **Download Source Code**
> Stripe.ino
> - *buch.cd*
> - *arduino-handbuch.visual-design.com*

5.10.5 Source Code

Um die FastLED-Bibliothek von Daniel Garcia zu benutzen, müssen Sie sie zuerst unter *fastled.io* herunterladen und dann in Ihren Arduino einbinden.

```
001  #include "FastLED.h"
002
003  const int Anzahl_LEDs     = 30;
004  const int AnschlusPin     = 3;
005  const int Ausblendfaktor  = 25;   // 25 / 256 = 10%
006  const int Verzoegerung    = 30;   // in Millisekunden
007
```

```
008  CRGB LEDs[Anzahl_LEDs];      //Ein Array für die LEDs definieren
009
010  void setup() {
011    //Initialisierung der Library
012    FastLED.addLeds<WS2812B, AnschlusPin, RGB>(LEDs, Anzahl_LEDs);
013  }
014
015  boolean Richtung = false;
016  boolean Position = 0;
017  byte Hue = 0;
018
019  void loop() {
020
021    //Richtungswechsel berücksichtigen
022    if (Position == 0) {
023      Richtung = false;
024    } else if (Position == Anzahl_LEDs - 1) {
025      Richtung = true;
026    }
027
028    //Abhängig von Richtung eine LED weiter- oder zurückgehen
029    if (Richtung == true) {
030      Position--;
031    } else {
032      Position++;
033    }
034
035    // Alle LEDs um 10 % dimmen
036    for (int i = 0; i < Anzahl_LEDs; i++) {
037      LEDs[i].fadeLightBy(Ausblendfaktor);
038    }
039
040    LEDs[Position].setHSV(Hue++, 255, 255);   //Hellste LED setzen
041
042    FastLED.show();                           //Daten an LED-Streifen
                                                            übertragen
043    delay(Verzoegerung);                      //Ein bisschen warten
044
045  }
```

Im Kopfbereich des Listings wird die sehr gelungene FastLED-Library von Daniel Garcia eingebunden, und einige Variablen werden definiert. Hierzu gehören die Anzahl der LEDs, die in Ihrem LED-Streifen enthalten sind – bei uns sind das 30 LEDs –, sowie der verwendete Anschlusspin 3. Außerdem wird eine Verzögerung (in Millisekunden) definiert und ein Array erstellt, das die Farbwerte für alle LEDs aufnehmen kann.

Anschließend wird im `setup()`-Bereich die FastLED-Library durch den Aufruf der `addLEDs`-Methode initialisiert. Hier müssen der Typ der Leuchtdioden, der Anschlusspin und der Farbmodus angegeben werden, außerdem das Array mit den Farbwerten für die LEDs und die Gesamtanzahl der LEDs.

Nachdem das geschafft ist, kann die Library genutzt werden. Nach der Definition einiger Variablen wird im `loop()`-Bereich zuerst einmal geprüft, ob die Position des Lichtpunkts den Anfang bzw. das Ende des Lichtstreifens erreicht hat. Ist das der Fall, wird die Bewegungsrichtung umgedreht.

Je nachdem, in welcher Richtung der Lichtpunkt unterwegs ist, wird dann seine Position bei jedem Durchgang um eine Stelle erhöht oder erniedrigt.

Anschließend wird in einer Schleife die Helligkeit aller LEDs des Streifens um jeweils 10 % gedimmt bzw. abgedunkelt. Das erledigt für uns dankenswerterweise die Funktion `fadeLightBy()` der FastLED-Bibliothek schnell und unkompliziert.

Nun wird der Lichtpunkt gesetzt – die LED an der betreffenden Position wird auf den Farbwert `Hue` gesetzt, wobei als Sättigung und Helligkeit jeweils 255 angegeben wird. Man erhält also stets volle, kräftige Farben, genau das, was unsere RitterReiter benötigt.

Zum Abschluss muss die FastLED-Bibliothek noch angewiesen werden, alle Daten aus dem LED-Array an den Streifen zu senden, was mit dem Befehl `show()` ausgelöst wird. Und damit wir die Geschwindigkeit des Lauflichts steuern können, lassen wir den Arduino noch einige Millisekunden warten, bevor der `loop`-Bereich in eine neue Runde geht.

5.11 Rotationsmonitor

Wenn man eine Reihe von Leuchtdioden hat und diese in Bewegung bringt, ist man bereits in der Lage, flächige Lichtspiele herzustellen. Die einfachste Variante ist, eine Leuchtdiodenreihe in Rotation zu versetzen.

5.11.1 Dinge, die die Welt nicht braucht

Es gibt viele Dinge in der heutigen Zeit, die die Welt nicht wirklich braucht. Servietten mit Schachmuster, Smartphone-Apps, die mitteilen, wann ein Film so langweilig ist, dass sich eine Pinkelpause lohnt, Apparate, die die Krone eines Biers neu aufschäumen, wenn diese zu unansehnlich geworden ist.

Auch wir haben uns entschlossen, die Welt um eine solche Erfindung zu bereichern. In die nähere Auswahl kamen ein autonomer Schubladenschließer, ein vollautomatischer Knopfdrücker (der sich über das Handy bedienen lässt), ein überdimensionaler Kerzenlöschautomat und ein Käselochfüller. Aber geht es noch nutzloser? Wie wäre es mit einer digitalen Blume?

Bild 5.47: Die Digitale Blume™ schließt eine oft unterschätzte Lücke im Produktportfolio eines Blumenladens.

5.11.2 Aufgabenstellung

Wir wollen eine LED-Leiste bauen, die mithilfe eines Motors im Kreis gedreht wird und auf der dann einfache Muster dargestellt werden sollen. Mit der Darstellung von Texten wollen wir uns hier nicht befassen, interessierte Leser können sich hierzu in Kapitel 5.6 »Wedelstab« informieren.

5.11.3 Hintergrundwissen

Da sich der Arduino in diesem Kapitel auf einem Motor befindet und sich mehrmals pro Sekunde um die Motorachse dreht, ist eine Stromversorgung per USB-Anschluss oder Netzteil nicht möglich, will man nicht gleichzeitig in das Metier des Kabelstrickens eintauchen. Besser ist die Verwendung von Batterien oder Akkus.

Batterien und Akkus

Batterien sind Bauelemente, die elektrische Energie über einen langen Zeitraum, meistens über mehrere Jahre, speichern können. Die Energie wird dabei als chemische Energie gespeichert und bei Bedarf durch elektrochemische Reaktionen in für uns nutzbare elektrische Energie umgewandelt. Bei klassischen Batterien – auch Primärelemente genannt – ist dieser Vorgang nicht oder nur schwer umkehrbar, eine einmal benutzte Batterie kann also nicht wieder aufgeladen werden. Akkumulatoren (Akkus) – auch Sekundärelemente genannt – können stattdessen mehrere Male wieder neu aufgeladen werden.

Anders als bei Kondensatoren wird bei Batterien nicht die enthaltene Ladungsmenge als Kapazität bezeichnet, sondern die verfügbare Strommenge in Amperestunden

(Ah). Eine Batterie mit einer Kapazität von 2 Ah kann beispielsweise 20 Stunden lang ein Gerät mit 100 mA betreiben oder 2 Stunden lang eine Stromstärke von 1 A bereitstellen.

Wie bei Netzteilen gibt es auch bei Batterien einen maximalen Entladestrom. Wenn dieser überschritten wird, sinkt die Kapazität der Batterie, sie kann sich stark erwärmen und sogar zerstört werden. Dieser maximale Entladestrom wird meist in Anteilen der Kapazität angegeben. Mit der Angabe des Entladestroms von 1 C ist bei einer Batteriekapazität von 2 Ah gemeint, dass die Batterie mit einem Strom von 2 A belastet werden kann. Bei einer Angabe von 4 C kann eine 2-Ah-Batterie mit 8 A und bei 0,5 C mit 1 A belastet werden.

Eine andere wichtige Kenngröße von Batterien ist die Leerlaufspannung. Das ist die Spannung, die ohne anliegende Last zwischen Minus- und Pluspol der Batterie gemessen werden kann. Diese Spannung hängt von der chemischen Funktionsweise der Batterie und dem derzeitigen Ladezustand der Batterie ab. Eine Alkaline-Batteriezelle hat beispielsweise eine Leerlaufspannung von 1,5 V, eine 9-V-Blockbatterie beinhaltet sechs einzelne 1,5-V-Zellen.

Anforderungen an die Batterien

Da auf dem Arduino ein Spannungswandler integriert ist, der eine höhere Spannung in eine 5-V-Spannung überführt, können Batterien mit einer Spannung größer als 5 V gefahrlos an den Netzteilanschluss oder den V_{in}-Pin des Arduino angeschlossen werden. Das hat den zusätzlichen Vorteil, dass auch bei abnehmender Batteriespannung immer konstant 5 V für den Arduino und die LEDs bereitgestellt werden und diese somit immer gleichmäßig leuchten.

Am Spannungswandler fallen 1,2 V ab, weshalb Batterien mit einer Spannung von mindestens 6,2 V angeschlossen werden müssen, damit noch 5 V für den Arduino übrig bleiben. Wenn der mit einer Diode gegen ein versehentliches Verpolen abgesicherte Netzteilstecker des Arduino verwendet werden soll, muss für diese Diode ebenfalls noch 1 V Batteriespannung addiert werden. Zusammengefasst kann mal also sagen, dass Batterien mit einer Spannung von mindestens 7 V verwendet werden müssen, wenn am Arduino 5 V anliegen sollen.

Da der Spannungswandler in seiner Funktionsweise einem variablen Widerstand entspricht, der seinen Wert immer genau so ändert, dass am Ausgang 5 V anliegen, wird die Differenz zwischen der Batteriespannung und 5 V in Wärme umgewandelt. Wenn beispielsweise Batterien mit einer Spannung von 12 V angeschlossen sind, fallen über dem Spannungswandler und der Schutzdiode des Arduino 7 V ab. Das ist mehr als die Hälfte der Batteriespannung, die hier ungenutzt verpufft. Daher lohnt es sich, Batterien mit einer möglichst geringen Spannung zu verwenden, die die Anforderungen gerade noch erfüllen. Idealerweise sollte die Batteriespannung deswegen zwischen 7 V und 9 V liegen.

Wenn das Rotationsdisplay über einen längeren Zeitraum betrieben werden soll, muss die Kapazität der Batterien groß genug sein, um das Display und den Arduino während dieser Zeit mit Strom zu versorgen. Der Arduino Uno benötigt im Betrieb ungefähr 20 mA, wenn durchschnittlich noch vier LEDs mit einem Stromverbrauch von 20 mA eingeschaltet sind, beträgt der Gesamtverbrauch der Schaltung 100 mA. Um das Display eine Stunde lang zu betreiben, werden also 100 mAh benötigt.

Alkaline-Batterien

Alkali-Mangan-Batterien (auch Alkaline-Batterien genannt) sind die heute am weitesten verbreiteten Primärelemente. Sie sind günstig, und eine typische AA-Batterie hat eine hohe Kapazität von mindestens 2,5 Ah. Alkaline-Batteriezellen haben eine Nennspannung von 1,5 V, diese Spannung verringert sich aber mit zunehmender Entladung. Um sie vollständig nutzen zu können, muss ein Gerät deshalb in der Lage sein, selbst mit der halbierten Batteriespannung zurechtzukommen. Wenn in unserer Schaltung eine 9-V-Blockbatterie verwendet werden soll und die Batterie zu drei Vierteln entladen ist, wird die Batteriespannung unter 7 V sinken. Da die auf dem Arduino Uno verbauten Mikrocontroller selbst mit einer Spannungsversorgung von nur 2,7 V ohne Abzüge in der Funktionalität arbeiten, wird das Display noch immer funktionieren. Die LEDs werden zwar mit abnehmender Versorgungsspannung schwächer leuchten, aber immer noch gut sichtbar sein.

Nickel-Metallhydrid-Akkus

NiMH-Akkus sind die heute günstigste und am weitesten verbreitete Form von Akkus. Im Gegensatz zu Alkaline-Batterien bleibt ihre Spannung von 1,2 V während des Entladevorgangs weitgehend konstant und fällt erst bei fast leerem Akku stark ab. Sobald man das bemerkt, sollte das mit dem Akku betriebene Gerät auch abgeschaltet werden, weil der Akku bei zu geringer Spannung beschädigt wird und beim nächsten Aufladevorgang nicht mehr die volle Kapazität erhält (Tiefentladung).

Ein ebenfalls bei NiMH-Akkus verbreitetes und gefürchtetes Phänomen ist der sogenannte Memory-Effekt: Wenn NiMH-Akkus einige Male nicht vollständig entladen, sondern schon nach einer leichten Benutzung wieder aufgeladen werden, dann »merken« sich die Akkus die von Ihnen verlangte Kapazität und lassen sich nur bis zu dieser wieder aufladen. NiMH-Akkus sollten deshalb immer zuerst vollständig entladen werden – natürlich nicht bis zur Tiefentladung –, bevor sie im Ladegerät wieder aufgeladen werden.

Lithium-Ionen-Akkus

LiIon-Akkus und ihre Unterkategorie, die LiPo-Akkus (Lithium-Polymer-Akkus), sind die leichtesten und kleinsten Akkus, die heutzutage verfügbar sind. Deshalb sind sie auch oft in Smartphones, Laptops und anderen mobilen Elektrogeräten verbaut. Da sich die Spannung von LiIon-Zellen mit 3,8 V deutlich von den sonst üblichen Spannungen von 1,2 V bei NiMH-Akkus und 1,5 V bei Alkaline-Batterien unterscheidet und sie deshalb nicht die heute üblichen AA- und AAA-Batterien ersetzen können, sind sie als einzeln zu kaufende Batterien nicht sehr verbreitet. Dass zum Laden auf keinen

Fall ein NiMH-Ladegerät verwendet werden darf und es nur wenige verbreitete standardisierte Batteriegrößen gibt, trägt auch nicht gerade zu ihrer Verbreitung bei.

Ähnlich wie bei NiMH-Akkus bleibt auch die Spannung der Lithium-Ionen-Akkus über einen weiten Bereich konstant, und sie dürfen auf keinen Fall tiefentladen werden. Da es bei diesem Akkutyp keinen Memory-Effekt gibt, sollten sie, um eine Tiefentladung zu verhindern, nicht erst nach einer vollständigen Entladung wieder aufgeladen werden, sondern schon bei einem Ladungsstand von ¼. Da Lithium-Ionen-Akkus empfindlich auf mechanische und thermische Belastungen reagieren, sollten sie beim Rotationsdisplay nicht unbedingt benutzt werden.

Benötigte Bauteile
- 1 Arduino Uno oder Leonardo
- 1 9-V-Blockakku (NiMH) oder Alkaline-Batterie
- 1 Batterieclip für den Akkublock
- 1 Stecker für den Arduino, Außendurchmesser 2,1 mm, ohne Innenstift
- 1 Blinkenlight-Shield
- Alternativ: ungefähr 20 3-mm-LEDs und passende Vorwiderstände
- 1 großer, möglichst langsam laufenden PC-Lüfter
- 1 12-V-Stromversorgung für den Lüfter
- 1 Buchse für die Stromversorgung des Lüfters
- 1 kurzes, zweiadriges, zweifarbiges Kabel
- Kleber oder Schrauben zur Befestigung des Arduino und der Batterie

5.11.4 Schaltplan

Wenn Sie ein Blinkenlight-Shield zur Verfügung haben, müssen Sie dieses nur auf den Arduino aufstecken und haben dann 20 LEDs zur Verfügung, die direkt mit den digitalen und analogen Pins des Arduino angesprochen werden können.

Falls Sie kein solches Shield verwenden wollen, müssen Sie selbst einige LEDs anschließen. Wir haben für Sie die Schaltung in Bild 5.48 der Übersichtlichkeit halber auf einem Breadboard aufgebaut, aber für ein Projekt, das sich mehrmals pro Sekunde um die eigene Achse dreht, ist dieser Aufbau weniger geeignet. Stattdessen sollten Sie die LEDs auf einer Lochrasterplatine oder am besten auf einem Arduino-Prototyping-Shield festlöten. Eine Anleitung zum Löten finden Sie im Kapitel 4.11 »Löten wie die Profis«.

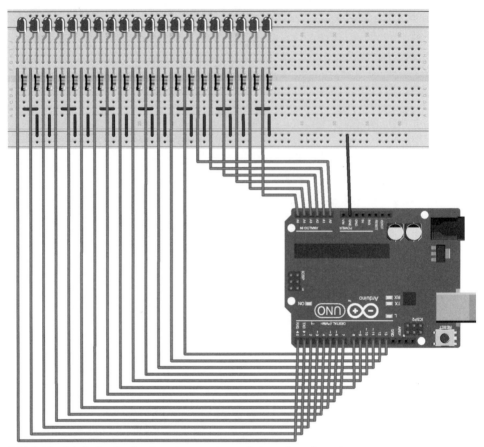

Bild 5.48: Schaltplan für den Rotationsmonitor auf einem Breadboard.

Setzen Sie eine Lochrasterplatine ein, sollten Sie zuerst die Stiftleisten für die Verbindung zwischen Platine und Arduino anlöten. Schieben Sie dafür als Erstes die Plastikabstandshalter der Stiftleisten ganz ans Ende und schieben Sie sie dann durch die Lochrasterplatine, sodass die Abstandshalter auf der hinteren, unbeschichteten Seite der Platine liegen. Bedenken Sie hierbei auch, dass die rechte obere Pinleiste des Arduino um ein halbes Loch versetzt ist. Sie können entweder durch vorsichtiges Biegen der einzelnen Pins mit einer feinen Zange diese Pinleiste in Funktion nehmen, oder Sie verzichten auf die sechs digitalen Ausgänge des Arduino, die sich auf ihr befinden. Bei der Verwendung eines Prototyping-Shields haben Sie all diese Probleme nicht.

Als Nächstes müssen Sie die LEDs und die benötigten Vorwiderstände festlöten und mit der Stiftleiste verbinden. Verlöten Sie hierbei jeweils den Minuspol der LED – das ist die abgeflachte Seite der LED – mit dem Massepin, und löten Sie die Vorwiderstände zwischen einen digitalen Pin des Arduino und den Pluspol der LED – das ist die Seite mit dem längeren Draht. Was für Widerstände Sie benötigen, hängt von den verbauten LEDs ab, vor allem von ihrer Lichtfarbe. Im Kapitel 5.6 »Wedelstab« finden Sie eine Tabelle mit Vorwiderständen für LEDs, die Ihnen hierbei weiterhelfen sollte.

Nachdem Sie die LEDs und die Widerstände festgelötet und verbunden haben, benötigen Sie noch eine mobile Stromversorgung für den Arduino. Wir benutzen hier einen 9-V-Blockakku. Am sichersten und einfachsten schließen Sie diesen über den Stromversorgungsstecker des Arduino an. Dafür müssen Sie das Kabel des Akkuclips, mit dem der Akku später verbunden wird, mit einem Arduino-kompatiblen Stecker verlöten – dieser hat einen Außendurchmesser von 2,1 mm und keinen innen liegenden Stift. Schrauben Sie dazu den Stecker auf, dann löten Sie das rote Kabel des Akkuclips an den innen liegenden, kleineren Anschluss und das schwarze Kabel an den außen liegenden. Die beiden Anschlüsse dürfen sich nicht berühren, verwenden Sie deshalb am besten Schrumpfschlauch, um sie voneinander zu isolieren. Vergessen Sie auch nicht, die Plastikummantelung des Steckers über das Kabel zu schieben, bevor Sie mit dem Löten beginnen.

Bild 5.49: Solch ein einfaches Kabel macht einen Arduino mobil.

Zu diesem Zeitpunkt sollten Sie – nachdem Sie noch einmal überprüft haben, ob alles richtig miteinander verlötet wurde – einen Funktionstest der Schaltung durchführen, indem Sie ein Arduino-Programm schreiben, in dem alle benutzten Arduino-Pins eine halbe Sekunde angeschaltet und dann eine halbe Sekunde ausgeschaltet werden. Wenn eine LED nicht funktioniert, ist vermutlich eine Lötverbindung nicht leitend.

Als Nächstes benötigen Sie einen geeigneten Lüfter oder sonstigen Motor, auf dem die Schaltung rotieren soll. Große PC-Lüfter sind hierfür ideal geeignet. Um die Schaltung auf dem Lüfter befestigen und den Arduino später trotzdem wiederverwenden zu können, kleben Sie ein kleines, dünnes Holzbrettchen mit Heißkleber auf dem Lüfter fest und befestigen den Arduino dann mit Holzschrauben auf diesem. Die Leuchtdioden sollten dabei in einer Linie vom Drehpunkt des Lüfters nach außen verlaufen. Platzieren Sie jetzt die Batterie auf der anderen Seite des Lüfters und versuchen Sie, Batterie und Arduino so gut wie möglich auszubalancieren, damit der Lüfter später rund läuft. Nachdem Sie wissen, wie weit die Batterie als Gegengewicht vom Drehpunkt des Lüfters entfernt sein muss, können Sie sie ebenfalls mit Heißkleber, Kabelbindern oder sonstigen Mitteln befestigen.

Damit ist die Arduino-Schaltung komplett, und es muss nur noch der Lüfter in Betrieb genommen werden. Um einen 12-V-Lüfter an ein 12-V-Netzteil anzuschließen, muss erneut gelötet werden: Das Netzteil besitzt vermutlich einen Stecker, während das Lüfterkabel in einer Buchsenleiste endet. Sie müssen also eine für den Netzteilstecker passende Buchse über ein Kabel mit einer Stiftleiste verlöten. Nachdem Sie gemessen haben, welcher der beiden Stifte der verlöteten Leiste der Pluspol ist, können Sie den Lüfter anschließen.

Im Idealfall sollte der Lüfter jetzt mit einer konstanten Geschwindigkeit gleichmäßig laufen. Sollte das nicht der Fall sein, können Sie mit ein paar kleinen Gewichten – Magneten, Metallstücken, Schrauben – die Gewichtsverteilung optimieren.

Bild 5.50: Der Rotationsmonitor in Blinkenlight-Shield-Ausführung in voller Aktion.

> **Download Source Code**
> Rotations_Monitor.ino
> - buch.cd
> - arduino-handbuch.visual-design.com

5.11.5 Source Code

Damit auf dem Rotationsdisplay, das sich mehrmals pro Sekunde dreht, etwas angezeigt werden kann, muss bei jeder Umdrehung dieselbe LED an derselben Stelle eingeschaltet sein. Um so etwas Einfaches wie eine Blumenblüte darzustellen, reicht es aus, einen Lichtpunkt fünfmal pro Umdrehung von der Mitte des Displays zum Rand und wieder zurück laufen zu lassen. Woher wissen wir aber, wie lang eine Umdrehung dauert? Wir haben in unserer Schaltung keinen Sensor verbaut, der uns sagt, wo sich das Display gerade befindet.

Wenn die Geschwindigkeit des Lüfters bekannt ist, kann berechnet werden, wann die LED ein- und ausgeschaltet werden muss. Dreht sich der Lüfter beispielsweise mit 600 Umdrehungen pro Minute bzw. mit 10 Umdrehungen pro Sekunde, befindet sich die LED alle 100 ms an derselben Position. Die Geschwindigkeit des Lüfters ist aber vermutlich nicht bekannt, selbst wenn die nominelle Drehzahl auf dem Lüfter aufgedruckt ist, wird das Gewicht unseres Aufbaus diesen deutlich verlangsamen. Am einfachsten kann die Umdrehungsgeschwindigkeit durch »Versuch und Irrtum« herausgefunden werden.

Wenn im Programmcode die Zeilen 50 und 51 sowie 58 bis 63 auskommentiert werden, wird die angenommene Drehzahl zehn Sekunden nach Programmstart alle zwei Sekunden um 50 erhöht. Wenn man also das Programm startet, dann den Lüfter anschaltet und nach zehn Sekunden so lange die einzelnen Phasen zählt, bis fünf Blütenblätter angezeigt werden, weiß man ungefähr, wie schnell sich der Lüfter dreht, und kann diesen Wert in das Programm einfügen. Durch Verkleinerung der Schrittweite von 50 auf 10 und danach auf 5 kann ermittelt werden, wie schnell sich der Lüfter genau dreht. Wenn die richtige Drehzahl ermittelt wurde, werden auf dem Display genau fünf Blütenblätter dargestellt, die sich nur sehr langsam drehen.

Wenn Sie nicht das Blinkenlight-Shield verwenden, sondern selbst etwas löten, werden die LEDs vermutlich in einer anderen Reihenfolge geschaltet werden. Durch Anpassen der `zeigeLEDs()`-Methode kann hierfür festgelegt werden, an welcher Position sich welche LED befindet.

```
001 int Drehzahl = 605; //Umdrehungen pro Minute
002 const int AnzahlBlaetter = 5;
003 boolean Leds[14 + 6];
004 int ZeitProBlatt; //in us
005    //unsigned long Start = 0;
006 byte Stelle = 0;
007 boolean RichtungRand = true;
008
009 void BerechneWartezeit() {
010    float UmdrehungProSekunde = (float)Drehzahl / 60.0;
011    ZeitProBlatt = 1.0f / (UmdrehungProSekunde
012             * (float)AnzahlBlaetter) * 1000000.0f;
013 }
014
015 void AlleLoeschen() {
016    for (int i = 0; i < 20; i++) {
017       Leds[i] = false;
018    }
019 }
020
021 void ZeigeLeds() {
```

```
022    digitalWrite(A5, Leds[0]);
023    digitalWrite(A4, Leds[1]);
024    digitalWrite(A3, Leds[2]);
025    digitalWrite(A2, Leds[3]);
026    digitalWrite(A1, Leds[4]);
027    digitalWrite(A0, Leds[5]);
028
029    for (int i = 6; i < 14 + 6; i++) {
030      digitalWrite(14 - (i - 5), Leds[i]);
031    }
032  }
033
034  void setup() {
035    //Berechne die Zeit, innerhalb der
036    //ein Blatt angezeigt werden soll.
037    BerechneWartezeit();
038
039    //Setze alle Ausgänge als Ausgang.
040    for (int i = 0; i < 14; i++) {
041      pinMode(i, OUTPUT);
042    }
043    pinMode(A0, OUTPUT);
044    pinMode(A1, OUTPUT);
045    pinMode(A2, OUTPUT);
046    pinMode(A3, OUTPUT);
047    pinMode(A4, OUTPUT);
048    pinMode(A5, OUTPUT);
049
050    //Zum Herausfinden der Drehzahl.
051    //  delay(10000);
052    //  Start = millis();
053  }
054
055  void loop() {
056
057    //Wird zum Herausfinden der Drehzahl benutzt.
058    //  if(millis() - Start > 2000) {
059    //    Drehzahl += 10;
060    //    BerechneWartezeit();
061    //    delay(500);
062    //    Start = millis();
063    //  }
064
065    //Lasse einen Lichtpunkt von außen nach innen
066    //und wieder nach außen wandern.
067    if(Stelle == 0)
068      RichtungRand = true;
069    if(Stelle == 19)
```

```
070      RichtungRand = false;
071
072    if(RichtungRand) {
073      Stelle++;
074    }else {
075      Stelle--;
076    }
077
078    AlleLoeschen();      //Schalte alle Leds aus.
079
080    Leds[Stelle] = true; //Zeichne ein Blütenblatt.
081    //Das innere Blatt soll nicht überdeckt werden.
082    if((19 - Stelle) / 2 > Stelle)
083      //Zeichne ein äußeres Blütenblatt.
084      Leds[(19 - Stelle) / 2] = true;
085    Leds[0] = true;      //Zeichne einen Ring in der Mitte.
086
087    ZeigeLeds();         //Schalte die gewünschten Leds ein.
088
089    //Warte, bis die nächste Position erreicht ist.
090    delayMicroseconds(ZeitProBlatt / 40);
091 }
```

Nach der Definition einiger globaler Variablen wird in der Prozedur `BerechneWartezeit()` die Zeit berechnet, die der Arduino zum Darstellen eines einzelnen Blütenblatts zur Verfügung hat. Die Prozedur `AlleLoeschen()` stellt eine Funktion zur Verfügung, die alle LEDs abschaltet, während mit `ZeigeLeds()` der Inhalt des Arrays `Leds` auf den LEDs abgebildet wird. Im `setup()`-Bereich werden sämtliche verwendeten Pins des Arduino als Ausgänge initialisiert. Im `loop()`-Bereich findet dann die eigentliche Berechnung des Blütenblatts statt, wobei in den ersten beiden if-Abfragen die Laufrichtung der »zeichnenden« LED bestimmt wird – erreicht sie den Rand, wird die Variable `RichtungRand` auf `true` gesetzt, erreicht sie das Zentrum, wird sie auf `false` gestellt.

Bei jedem Durchgang des `loop`-Bereichs wird abhängig von dieser Variablen dann auch `Stelle` entsprechend erniedrigt oder erhöht, sodass der zeichnende Punkt nach außen oder nach innen wandert.

Anschließend werden sämtliche LEDs abgeschaltet, die innere LED wird dauerhaft angeschaltet, und der wandernde Punkt wird gesetzt – unter Berücksichtigung des inneren Blatts. Dann wird der Inhalt des Arrays über die Prozedur `ZeigeLeds()` an die LEDs ausgegeben und bis zum Erreichen der nächsten Anzeigeposition gewartet.

5.11.6 Tipps und Tricks

Der Lüfter läuft unrund.

- Kann die Gewichtsverteilung durch ein kleines Gewicht verbessert werden? Wenn die Batterie nicht schwer genug ist, um die Schaltung auszugleichen, kann ihr vielleicht mit einem kleinen Metallstück ausgeholfen werden, das auf ihrer Seite befestigt wird. Hier gilt: Je weiter das Gewicht vom Zentrum entfernt ist, desto größer ist der Effekt.

- Kann die Drehzahl des Lüfters verringert werden? Bei kleineren Geschwindigkeiten wirkt sich eine Unwucht des Lüfters weniger stark aus. Ein älterer Lüfter mit zwei oder drei Anschlusskabeln kann langsamer arbeiten, indem er mit einer geringeren Spannung betrieben wird.

- Kann der Lüfter irgendwie befestigt werden? Bei einem Lüfter, der auf einem schweren Holzbrett aufgeschraubt wird, sind Unregelmäßigkeiten im Lauf weniger stark sichtbar.

Die Anzeige auf meinem Display dreht sich, oder es wird die falsche Anzahl von Blütenblättern angezeigt.

- Die Geschwindigkeit des Lüfters stimmt nicht mit den im Programm eingetragenen Zeiten überein, und Sie müssen im Code die Variable Drehzahl anpassen. Entweder haben Sie noch nicht die Drehzahl Ihres Lüfters mit der im Codeteil genannten Methode gemessen, oder der Lüfter wird unter anderen Bedingungen betrieben. Wenn die Drehzahl beispielsweise mit flach am Boden liegendem Lüfter ermittelt wurde, wird ein an die Wand gehängter Lüfter sich mit einer anderen Geschwindigkeit drehen. Die Drehzahl muss deshalb in diesem Fall bei hängendem Lüfter gemessen werden.

5.12 LCD-Textdisplay

LCD-Displays begegnen uns allerorten: in Digitaluhren, Radios, Waschmaschinen, im Wecker oder in Autodisplays, aber auch als Computermonitore oder Fernseher. Sie sind günstig in der Herstellung, genügsam im Stromverbrauch und können einfach angesteuert werden. Kein Wunder, dass sie auch bei Arduino-Anhängern gern gesehene Komponenten sind, die nicht viel kosten, gut anzusteuern sind und erstaunlich viele Möglichkeiten bieten.

5.12.1 Das Henne-Ei-Problem

Die Werkstatt von Günter gleicht einem Schlachtfeld. Hoch türmen sich Lötkolben, Schraubenzieher, Zangen und Inbusschlüssel auf, begraben unter sich Bauelemente, Kabel und garantiert immer genau das Werkzeug, das Günter gerade in dem Moment sucht.

»Wo ist denn nur mein Multimeter?« – Sätze wie diesen und die zugehörigen Flüche hört man häufiger aus seiner Werkstatt kommen, er redet manchmal gern mit sich selbst. Nach einigen Minuten intensiver Umgrabarbeiten auf der Werkbank kann man den Satz »Na ja okay, dann bastele ich mir halt eines selber.« vernehmen, gefolgt von einigen Minuten intensiver Stille, die nur durch gemurmelte »Und das jetzt da hin ...«-Sätze unterbrochen wird. Dann endlich: »Ja prima, fertig!« und kurz darauf »Hmm, warum funktioniert das nicht? Da müsste ich mal den Widerstand hier nachmessen – wo ist mein Multimeter?«.

Bild 5.51: Ein Eigenbau-Ohmmeter – ganz rechts kann man den zu messenden Widerstand sehen.

5.12.2 Aufgabenstellung

Wir wollen ein LCD-Textdisplay mit einem Arduino ansteuern und darauf den Wert eines angeschlossenen Widerstands ausgeben. Das Display soll voll angesteuert werden, sodass auch der Kontrast einstellbar ist und die Hintergrundbeleuchtung verwendet wird.

5.12.3 Hintergrundwissen

Die Abkürzung LCD steht für »Liquid Crystal Display«, was auf Deutsch mit Flüssigkristallanzeige übersetzt werden kann. Schon im Jahr 1968 wurde das erste Display gebaut, das mit einer speziellen Substanz betrieben wird, die einerseits flüssig ist, andererseits aber auch richtungsabhängige physikalische Eigenschaften aufweist wie ein Kristall. Vor allem aber hat diese organische Verbindung die Eigenschaft, die Richtung von polarisiertem Licht zu drehen, was an ihrer verdrehten Molekülstruktur liegt.

Wie funktioniert ein LCD-Display?

Interessant wird diese Flüssigkeit aber vor allem dadurch, dass sie zum einen die Eigenschaft hat, polarisiertes Licht zu drehen, und zum anderen genau diese Eigenschaft wieder verliert, wenn man eine Spannung anlegt, da dann die Moleküle innerhalb dieser Flüssigkeit gerade ausgerichtet werden, und so das Licht unverändert durchgelassen wird.

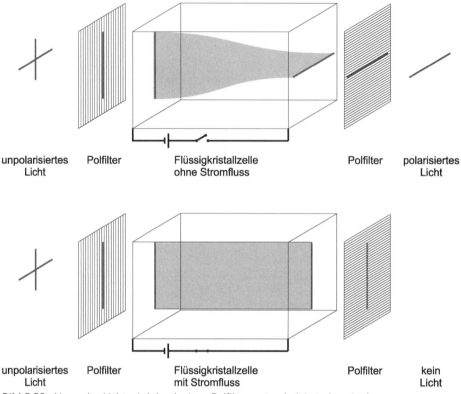

Bild 5.52: Normales Licht wird durch einen Polfilter erst polarisiert, dann in der Flüssigkeitskristallanzeige gedreht und schließlich durch den um 90 Grad gedrehten Polfilter durchgelassen, sodass die Anzeige hell erscheint. Wenn man den Strom einschaltet, bleibt die Drehung des polarisierten Lichts aus, und das Display wird dunkel.

Durch eine geschickte Anordnung von Polarisationsfiltern, Lichtquelle und Flüssigkristallfilmen ist es möglich, ein Display herzustellen, das ohne Strom Licht hindurchlässt, während es beim Anlegen einer Spannung dunkel bleibt.

Potenziometer

An einem der Anschlüsse des Displays muss eine Spannung zwischen 0 V und 5 V angelegt werden. Eine Möglichkeit, diese Spannung zu erzeugen, wäre, einen Spannungsteiler aus zwei Widerständen aufzubauen. Damit kann aber nur eine konstante, nicht nachträglich veränderbare Spannung erzeugt werden. Für eine einstellbare Spannung wird ein Spannungsteiler mit variablen Widerständen benötigt. Genau diesen Zweck erfüllt ein Potenziometer, in Elektronikerkreisen auch kurz »Poti« genannt.

Einfache Potenziometer bestehen aus einem mit einem elektrisch leitfähigen Material beschichteten Kreissegment und einem Schleifer, der von außen beliebig über dem Kreissegment positioniert werden kann. Das Kreissegment hat an beiden Enden einen Anschluss und durch die Beschichtung einen festen elektrischen Widerstand. Der Schleifer aber teilt diesen Widerstand in zwei kleinere Widerstände auf, deren Größe mit der Position des Schleifers beeinflusst werden kann, wodurch man einen variablen Spannungsteiler erhält.

Potenziometer werden in vielen Bereichen eingesetzt, vom einfachen Trimmpotenziometer in Schaltungen, der nur mit einem Schraubenzieher eingestellt werden kann, bis zum Stereopotenziometer inklusive Motoransteuerung in hochqualitativen Stereoanlagen.

Bild 5.53: Ein Schleifer fährt über das Kreissegment. Zwischen den Anschlüssen entsteht so ein regelbarer Widerstand.

Benötigte Bauteile
- 1 Arduino Uno, Leonardo oder Mega
- 1 LCD-Zeichendisplay mit Displaycontroller HD44780 oder kompatibel
- 1 Potenziometer 10 kΩ
- 1 Breadboard
- 18 Kabelsteckbrücken
- 1 Widerstand 100 Ω
- 1 Widerstand 270 Ω

5.12.4 Schaltplan

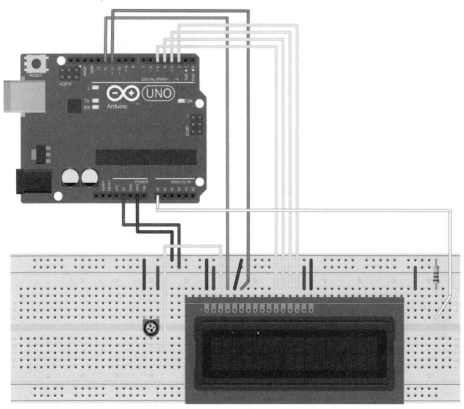

Bild 5.54: Ein Zeichendisplay an einen Arduino anzuschließen, ist vergleichsweise einfach.

Um ein Zeichendisplay an einen 5-V-Arduino anzuschließen, wird außer einigen Kabeln und zwei Widerständen nichts weiter benötigt. Je nach gekaufter Displayplatine ist entweder schon eine Stiftleiste auf die Verbindungspins gelötet, oder es muss selbst noch eine angelötet werden. Wenn das Display auf ein Breadboard gesteckt werden soll, müssen die Stifte der Stiftleiste auf der Rückseite der Platine angelötet werden.

Im Folgenden sind die einzelnen Pins der Displayplatine, beginnend von links, und ihre Verdrahtung aufgelistet. Da mehrere Verbindungen zwischen dem Display und der Masse bzw. dem 5-V-Pin des Arduino gezogen werden müssen, sollten diese beiden Arduino-Pins als Erstes mit den seitlich auf dem Breadboard verlaufenden durchgehenden Leitungen verbunden werden.

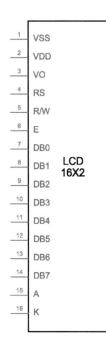

● *VSS*: Die negative Versorgungsspannung des Displaycontrollers. Sie wird an die Masse angeschlossen.

● *VCC*: Die positive Versorgungsspannung des Displaycontrollers. Sie wird an den 5-V-Pin des Arduino angeschlossen.

● *V0*: Über die hier angelegte Spannung kann die Helligkeit der Schrift auf dem Display eingestellt werden. Eine zu geringe Helligkeit führt dazu, dass die Schrift nicht erkennbar ist, während eine zu große Einstellung unter Umständen das gesamte Display aufleuchten lässt, wodurch ebenfalls keine Schrift erkannt werden kann. Um die optimale Einstellung (die manchmal auch von der Umgebungstemperatur abhängt) vornehmen zu können, wird ein Potenziometer benutzt. Einer der äußeren Pins des Potenziometers wird hierfür an die Masse angeschlossen, der andere an 5 V. Der mittlere Pin wird dann mit *V0* verbunden.

● *RS*: Mit dieser Signalleitung wird festgelegt, ob gerade auf dem Display darzustellende Daten gesendet werden, beispielsweise der Schriftzug *Arduino*, oder ob dem Displaycontroller ein Befehl übermittelt wird wie *lösche alles auf dem Display*. Der Pin wird mit Pin 12 des Arduino verbunden.

● *R/W*: Je nach angelegtem Signal werden Daten vom Display gelesen oder geschrieben. Da der Arduino keine Daten vom Display empfangen muss, kann diese Leitung mit Masse verbunden werden, was das Display dauerhaft in den Lesemodus versetzt.

● *DB0-DB7*: Über diese Datenleitungen können Daten und Befehle zum Display übermittelt werden. Der Displaycontroller ist in der Lage, sowohl über alle acht Leitungen Daten zu beziehen als auch nur mit vier Leitungen auszukommen, in diesem Kapitel werden nur vier Leitungen verwendet. Dabei wird *DB0* mit dem Arduino-Port 2 verbunden, *DB1* mit 3, *DB2* mit 4 und *DB3* mit Port 5. Beachten Sie hierbei, dass die Signalleitungen absteigend nummeriert sind, *DB7* befindet sich links und *DB0* rechts.

● *A*: Dies ist die positive Versorgungsspannung der Hintergrundbeleuchtung. Je nach Modell ist für die LED der Hintergrundbeleuchtung schon ein Vorwiderstand auf der Platine verbaut oder nicht. Sie können das herausfinden, indem Sie die Leitung von *BL+* auf der Platine begutachten. Endet diese an einem Widerstand oder direkt an der LED? Wenn sie direkt an der LED endet oder Sie sich unsicher sind, dann verbinden Sie diesen Pin vorsichtshalber über einen 100-Ω-Widerstand mit 5 V.

● *K*: Dies ist die negative Versorgungsspannung der Hintergrundbeleuchtungs-LED. Verbinden Sie diesen Pin mit der Masse.

Haben Sie diese Schaltung aufgebaut, können Sie das Beispielprogramm *HelloWorld* über *Datei/Beispiele/LiquidCrystal* unverändert auf den Arduino laden. Vermutlich sehen Sie noch nichts auf dem Display und müssen erst durch Drehen des Potenziometers die richtige Schrifthelligkeit einstellen.

Weil die reine Ausgabe von Text wenig herausfordernd ist, soll die Schaltung so erweitert werden, dass der Wert eines Widerstands gemessen und auf dem Display angezeigt wird. Um den Wert eines Widerstands zu messen, kann ein Spannungsteiler benutzt werden.

Da U_{ges} bei dem Arduino konstant 5 V ist und U_1 mit dem analogen Pin A1 gemessen werden kann, kann mithilfe eines bekannten Widerstands R1 ein unbekannter Widerstand R2 vermessen werden. Dafür wird die Formel umgestellt, indem auf beiden Seiten mit R1 + R2 multipliziert und durch U1 dividiert wird und danach R1 abgezogen wird:

$$U_{ges}/U_1 = \frac{R_1+R_2}{R_1} \Rightarrow R_2 = \left(\frac{U_{ges}}{U_1} - 1\right) \times R_1$$

Um bei einem sehr kleinen Widerstandswert von R2 den Stromfluss durch R1 auf 20 mA und die Wärmeentwicklung auf 100 mW zu begrenzen, muss R1 laut Ohm'schem Gesetz mindestens 5 V / 20 mA = 250 Ω betragen. R1 wird dann an einem Ende mit Masse verbunden, am anderen Ende mit dem analogen Pin A0 des Arduino. An dieses Ende soll später auch der zu messende Widerstand R2 angeschlossen werden, das andere Ende von R2 wird mit 5 V verbunden. Um Widerstände schnell und komfortabel messen zu können, ohne sie in das Breadboard stecken zu müssen, bietet es sich an, aus Draht zwei Schlaufen zu formen, auf die R2 gelegt oder gehalten werden kann.

> **Download Source Code**
> Zeichendisplay.ino
> - *buch.cd*
> - *arduino-handbuch.visual-design.com*

5.12.5 Source Code

```
001 #include <LiquidCrystal.h>
002
003 //Definition des Omega-Zeichens
004 byte Omega[8] = {
005   0b00000, //
006   0b00000, //
007   0b01110, //  XXXXXX
008   0b10001, //XX    XX
009   0b10001, //XX    XX
010   0b01010, // XX  XX
011   0b11011, //XXXX XXXX
```

```
012   0b00000   //
013 };
014
015 LiquidCrystal Lcd(12, 11, 5, 4, 3, 2);
016 const int PinMessung = A0;       //Pin, der für Messung verwendet wird
017 const int Messdauer = 1000;      //Wie viele Messungen pro Zeitschritt?
018 float Messwiderstand = 270;      //Ohm-Wert des bekannten Widerstands
019
020 float WiderstandAusmessen() {
021   float Summe = 0.0f;                      //Summiere über alle Messungen
022   for (int i = 0; i < Messdauer; i++) {
023     float Messwert = analogRead(PinMessung);
024     //Wandle den 10-Bit-Wert (0-1023) in eine Spannung um.
025     float GemesseneSpannung = Messwert / 1023.0f * 5.0f;
026     //Berechne R2 = Uges * R1 / U1 - R1
027     float Resultat = 5.0f * Messwiderstand / GemesseneSpannung - Messwiderstand;
028     Summe += Resultat;
029   }
030   return (Summe / (float)Messdauer); //Berechne den Durchschnitt
031 }
032
033 void setup() {
034   pinMode(PinMessung, INPUT);
035   Lcd.begin(16, 2);  //Wie viele Spalten und Zeilen hat das Display?
036   Lcd.createChar(0, Omega);    //Erstelle das Ohm-Zeichen.
037 }
038
039 void loop() {
040   //Warte, um Flimmern des Displays zu verhindern.
041   delay(100);
042
043   //Berechne den Wert des Widerstands R2.
044   int Messergebnis = (int)WiderstandAusmessen();
045
046   Lcd.clear();              //Lösche den Inhalt des Displays.
047   Lcd.setCursor(0, 0);      //Schreibe oben links.
048   Lcd.print("Widerstand:");
049   Lcd.setCursor(0, 1);      //Schreibe unten links.
050
051   if (Messergebnis > 0)
052   {
053     Lcd.print(Messergebnis); //Schreibe das Ergebnis.
054     Lcd.write((byte)0);      //Zeichne das Ohm-Zeichen.
055   }
056 }
```

Um einen möglichst genauen Wert des Widerstands zu erhalten, werden mehrere Messungen hintereinander durchgeführt, und der Durchschnittswert aller Messungen wird ausgegeben. Dies geschieht in der Prozedur `WiderstandAusmessen()`: Nachdem eine einzelne Messung durchgeführt wurde, muss der vom Analog-Digital-Wandler (ADC) gemessene Wert zuerst in eine Spannung umgerechnet werden. Der ADC misst die am analogen Pin anliegende Spannung mit einer Genauigkeit von 10 Bit, eine anliegende Masse wird als `0` gemessen, und bei einer Verbindung zur Versorgungsspannung von 5 V wird eine `1023` zurückgegeben.

Die Versorgungsspannung des Arduino wird vom ADC auch als Referenzspannung benutzt, das bedeutet, dass bei voll anliegender Versorgungsspannung immer eine `1023` gemessen wird, auch wenn die Versorgungsspannung nicht genau 5 V beträgt, sondern beispielsweise 5,1 V. Da mit dieser Schaltung keine absolute Spannung gemessen werden soll, sondern nur, in welchem Verhältnis U_{ges} und U_1 stehen, bereitet uns dies keine Probleme.

Nachdem die gemessene Spannung bekannt ist, wird mithilfe der oben genannten Formel der Widerstandswert von `R2` berechnet und über den Rückgabewert übergeben.

Wurde der Widerstand von `R2` berechnet, soll er natürlich auch noch angezeigt werden. Schön wäre es hierbei, wenn hinter dem Wert auch die Einheit Ω stünde. Leider beinhaltet der Standardzeichensatz ASCII (American Standard Code for Information Interchange), der vom Zeichendisplay und vielen anderen Geräten benutzt wird, nicht das griechische Zeichen Omega (Ω). Um es trotzdem verwenden zu können, muss es als benutzerdefiniertes Zeichen dem Display bekannt gemacht werden. Dafür wird zuerst eine Zeichnung des Buchstabens erstellt, die sich im Array `Omega` befindet. Eine `1` bedeutet hier, dass ein Pixel auf dem Display bei einer Darstellung des Zeichens leuchten soll.

Im `setup`-Bereich wird zuerst Pin A0 als Eingang initialisiert und das LCD-Display mit der Anzahl der Spalten und Zeilen initialisiert. Dann wird das selbst gestaltete Omega-Zeichen an das Display übertragen, wo es als Zeichen null abgespeichert wird und in Zukunft verwendet werden kann.

Im `loop()`-Bereich wird dann alle 100 ms eine Messreihe durchgeführt. Hierzu wird zuerst die Prozedur `WiderstandAusmessen()` aufgerufen, anschließend wird der Inhalt des Displays gelöscht und der Cursor in die linke obere Ecke gesetzt. Dort wird dann das Wort *Widerstand* ausgegeben, und der Cursor wird in die Zeile darunter platziert. Sofern ein brauchbares Messergebnis vorhanden ist, wird dieses dann über den Befehl `Lcd.print()` auf dem Display ausgegeben. Anschließend wird über den Befehl `Lcd.write((byte)0)` das Ohm-Zeichen ausgegeben, das ja dem LCD-Display als Zeichen null bekannt ist. Da das Zeichen 0 im Editor der Arduino-Entwicklungsumgebung nicht dargestellt werden kann, muss hier diese eigenwillige Schreibweise verwendet werden. Sie besagt, dass die Zahl 0 als Byte an die Methode `Lcd.write()` übergeben wird, die darauf ausgelegt ist, einzelne Zeichen auf dem Display auszugeben.

5.12.6 Tipps und Tricks

Der falsche Widerstandswert wird angezeigt.

- Ist der Referenzwiderstand R1 angemessen? Wenn mit einem Referenzwiderstand von 270 Ω gearbeitet wird und ein Widerstand von ungefähr 1 MΩ vermessen werden soll, muss vom Arduino eine Spannung von 1,3 mV gemessen werden. Da der Analog-Digital-Wandler des Arduino aber nur in 4,9-mV-Schritten messen kann, wird der Widerstand entweder gar nicht erkannt oder als 276 kΩ angezeigt. Für solche hohen Widerstände muss deshalb auch ein hochohmiger Referenzwiderstand verwendet werden.

- Eine gewisse Messungenauigkeit ist normal und wird auch bei Ihrem Multimeter auftreten, wenn Sie damit einen Widerstand messen wollen. Zudem sind Widerstände selbst nicht fehlerfrei. Die für Bastelzwecke meistgenutzten Widerstände haben eine Toleranz von 2 %, ein 1-kΩ-Widerstand kann also beispielsweise auch einen Wert von 980 Ω oder von 1,02 kΩ haben.

5.13 Breakout auf TFT-Display

Zeichendisplays sind schon eine sehr gute Methode, vom Arduino gesammelte Informationen auszugeben. Zugegebenermaßen erscheint diese Darstellung jedoch mittlerweile recht puristisch, ist man doch durch die hochauflösende Vollfarbdarstellung von Handys und Tablets bereits sehr verwöhnt.

Hier kann ein TFT-Display weiterhelfen, das mittlerweile für sehr wenig Geld über eBay, Alibaba oder andere Marktplätze aus Fernost bezogen werden kann. Es ist zum Teil erstaunlich, wie günstig diese Displays sind. Schon für weniger als 10 Euro kann man hier fündig werden – vermutlich ist die Handyproduktion der letzten Jahre hierfür verantwortlich, deren Restbestände nicht selten online verkauft werden. So kann man mit etwas Bastelgeschick anspruchsvolle Displayausgaben für Messwerte und andere Informationen, Wetterstationen und in Zusammenhang mit Schaltern sogar ganze Spiele auf einem Arduino laufen lassen – der Fantasie sind hier kaum Grenzen gesetzt.

5.13.1 Notfallspiel aus dem Nichts

Rüdiger bricht der kalte Schweiß aus. »Ich will Computa spieeeelen!« Sein kleiner Neffe hat ein besonderes Talent dafür, die nervigsten Töne der Tonleiter in einer Lautstärke zu treffen, die Rüdiger früher nicht für möglich gehalten hätte. Die Tatsache, dass Rüdiger sich für Spielkonsolen niemals erwärmen konnte und demzufolge auch keine besitzt, stört den Kleinen herzlich wenig, und die Zeit, die er seiner Schwester versprochen hat, auf ihn aufzupassen, muss leider noch in Stunden gemessen werden – Sekunden wären ihm im Moment deutlich lieber. Jegliche Ablenkungsversuche scheitern, die Langeweile hat den Kleinen fest im Griff.

Doch als ausgebildeter Informatiker begreift Rüdiger das Problem als Herausforderung und beginnt mit Arduino und diversen Einzelteilen seine Arbeit. Hoch konzentriert produziert er Code am laufenden Meter, er kommt in den Flow, nichts und niemand kann ihn mehr davon abhalten, als Retter in der Not dem Kleinen sein Spiel zu programmieren, nichts kann ihn mehr ablenken auf seiner ritterlichen Mission.

Erst Stunden später, als seine Schwester bereits an der Tür klingelt und er durchs Wohnzimmer watet, merkt er, dass sich der Kleine dann doch ganz ohne sein Mitwirken anderweitig beschäftigt hat – mit dem Aquarium, den Fischen und dem Teppichboden …

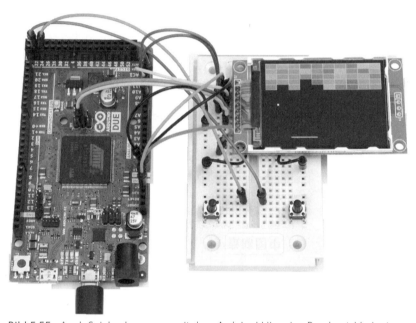

Bild 5.55: Auch Spielen kann man mit dem Arduino! Hier eine Breakout-Variante.

5.13.2 Aufgabenstellung

Wir wollen ein TFT-Display an einen Arduino anschließen, dazu einige Tasten, und dann wollen wir auf dem Gerät eine Breakout-Variante programmieren.

5.13.3 Hintergrundwissen

Ein TFT-Display (TFT = Thin Film Transistor, Dünnschichttransistor) arbeitet grundsätzlich ganz ähnlich wie ein LCD-Display. Auch hier wird Licht durch Polarisationsfilter ausgerichtet und durch Flüssigkeitskristalle gedreht, sodass wieder Bereiche entstehen, die durch eine elektrische Spannung an- oder ausgeschaltet werden können.

Neu ist hier allerdings die Möglichkeit, Farben darzustellen. Da eine normale Flüssigkeitsanzeige lediglich in der Lage ist, die Helligkeit von Licht zu verändern, nicht aber dessen Farbe, muss das Display hierzu erweitert werden. Man nutzt den Umstand aus, dass das menschliche Auge eigentlich nur in der Lage ist, drei verschiedene Farben wahrzunehmen, nämlich Rot, Grün und Blau. Die übrigen Farben werden vom Gehirn als Mischung dieser drei Farben zusammengesetzt.

Wie funktioniert ein TFT-Display?

Um mit Flüssigkeitsanzeigen Farben darstellen zu können, wird eine Fläche, die in einer Farbe strahlen soll, in kleinste Bereiche (Subpixel) unterteilt, die jeweils eine der drei Grundfarben in unterschiedlicher Helligkeit darstellen können. Wenn die Fläche eines Pixels, das sich aus drei Subpixeln zusammensetzt, so klein ist, dass das menschliche Auge nicht mehr in der Lage ist, die noch kleineren farbigen Bereiche auseinanderzuhalten, verschwimmen die drei Grundfarben zu der gewünschten Farbe.

Damit nun auch Zeichen oder Grafiken auf der Anzeige dargestellt werden können, werden ungemein viele dieser Flächen aneinandergereiht.

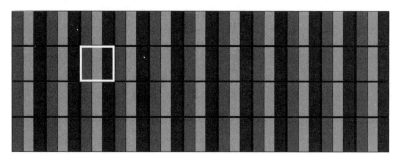

Bild 5.56: Drei Subpixel in den Farben Rot, Grün und Blau ergeben zusammen ein Pixel (weißer Kasten). Viele Tausend Pixel zusammen ergeben ein Display.

Die kleinsten Elemente der Bildschirmdarstellung nennt man auch Subpixel, und schon auf kleinen Displays findet man Tausende davon. Ein relativ kleines Display mit beispielsweise 320 × 240 Pixeln hat 76.800 einzelne Pixel, die jeweils noch mal in drei Farbbereiche unterteilt sind, also insgesamt 230.400 Subpixel. Auch HDTV-Fernseher arbeiten oft mit TFT-Displays, haben aber 1.920 × 1.080 Pixel und damit 6.220.800 Subpixel, bei den ganz neuen 4k-Fernsehern sind es sogar 4.096 × 2.304 Pixel und damit unglaubliche 28.311.552 Subpixel.

Nun müssen derart viele Pixel ja auch berechnet und gehandhabt werden, was einen Arduino Uno sehr schnell an seine Grenzen bringt. Zwar kann man mit ihm durchaus ein TFT-Display ansteuern, aber der Bildschirmaufbau ist dann langsam und gerät schnell zur Geduldsprobe. Besser geeignet ist hier der Arduino Due, der deutlich schneller arbeitet und besser in der Lage ist, die hohen Pixelzahlen zu bearbeiten.

Das SPI-Protokoll

Um mit dem Display zu kommunizieren, wird das »Serial Peripheral Interface«-Protokoll (SPI-Protokoll) benutzt. Dieses Protokoll besteht physikalisch aus vier Datenleitungen, die die einzelnen Geräte verbinden. Es können beliebig viele Geräte miteinander verbunden werden, aber nur ein Gerät – der sogenannte Master – darf eine Kommunikation mit anderen Geräten starten. In unserem Fall ist der Arduino der Master, der mit Sensoren, Displays und anderen Geräten – sogenannten Slaves – kommunizieren will.

- *SS/CS* (Slave Select, Zielgeräteauswahl/Chip Select, Chip-Auswahl) gibt an, welches Zielgerät vom Master angesprochen werden soll. Diese Verbindung ist »low-active«, was bedeutet, dass eine niedrige Spannung dazu führt, dass ein Gerät angesprochen wird. Der Arduino als Master benötigt für jedes Gerät eine eigene Leitung, mit der es aktiviert werden kann.
- *MOSI* (Master Out, Slave In) ist die Datenleitung, auf der Daten vom Arduino zum Slave gesendet werden, beispielsweise bei einem Display, dem der Arduino Daten zum Darstellen übermittelt.
- *MISO* (Master In, Slave Out) ist die Datenleitung, auf der Daten vom Slave zum Arduino gesendet werden, beispielsweise bei einem Sensor, der dem Arduino einen Messwert übergibt.
- *SCLK* (Serial Clock, serielles Taktsignal) dient der Synchronisation zwischen Master und Slave. Bei jeder steigenden Taktflanke – also jedes Mal, wenn das Signal von LOW auf HIGH wechselt – liegt an *MOSI* und *MISO* das nächste Bit an, das übermittelt werden soll.

Benötigte Bauteile
- 1 Arduino Due
- 1 Breadboard
- 1 TFT-Display mit 240 × 320 Pixeln, SPI-Anschluss und dem Displaycontroller ILI9341
- 1 Widerstand 100 Ω
- 2 Mikrotaster
- 11 Steckbrücken

5.13.4 Schaltplan

Um ein Display mithilfe von SPI an den Arduino Due anzuschließen, müssen einige Leitungen verbunden werden. Da zwei der Anschlüsse des Displays mit Arduino-Pins verbunden werden müssen, die sich nur auf der SPI-Stiftleiste des Arduino Due finden lassen, müssen hierfür Kabel gelötet oder besorgt werden, die auf einer Seite mit einem Stecker und auf der anderen Seite mit einer Buchse ausgestattet sind.

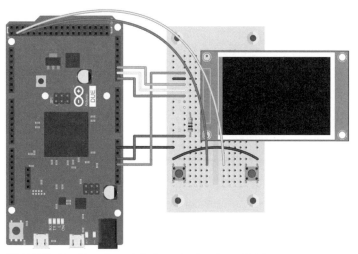

Bild 5.57: Der Breadboard-Aufbau des Breakout-Spiels.

- *VCC*: Dies ist die Spannungsversorgung für den Controller, der das Display ansteuert. Achten Sie darauf, den 3,3-V-Pin und keinen 5-V-Pin des Arduino anzuschließen, da sonst das Display beschädigt werden kann.
- *GND*: Dieser Anschluss wird mit einem beliebigen Massepin des Arduino verbunden.
- *CS*: Diese Signalleitung dient dazu, bei mehreren über SPI angeschlossenen Geräten das richtige auszuwählen. Wenn auf diese Leitung Masse gelegt wird, reagiert das Display auf SPI-Kommunikation. Sie können diese Leitung entweder an Pin A10 des Arduino anlegen oder – da wir sonst kein Gerät über SPI ansprechen wollen – an einen beliebigen Massepin.
- *RESET*: Mit dieser Leitung wird der Displaycontroller auf den Ursprungszustand zurückgesetzt. Wir benötigen diese Funktionalität zwar nicht, da das auch per Software erledigt werden kann, müssen die Leitung aber trotzdem an einen digitalen Pin des Arduino anschließen. Wir benutzen hierfür den Pin A9.
- *D/C*: Mit dieser Leitung wird ausgewählt, ob eine gesendete Nachricht als Kommando für den Displaycontroller interpretiert werden soll oder ob sie Daten beinhaltet, die auf dem Display angezeigt werden sollen. Wir schließen diese Leitung an Pin A8 an.
- *MOSI*: Der Arduino sendet auf dieser Leitung Daten an das Display. Der Mikroprozessor des Arduino bietet hierfür hardwareseitige Unterstützung, die auch benutzt werden sollte, da so eine höhere Geschwindigkeit erreicht werden kann. Der dafür notwendige Pin befindet sich auf dem Arduino Due leider nur auf der SPI-Stiftleiste, deshalb muss hier eines der Stift-auf-Buchse-Kabel verwendet werden. Der benötigte Pin befindet sich mittig links auf der SPI-Stiftleiste, die wiederum auf der rechten Seite des Atmel-Mikroprozessors auf dem Arduino Due

zu finden ist. Da wir vom Display keine Daten lesen wollen, wird die MISO-Datenleitung des SPI-Protokolls nicht benötigt.

- *SCK*: Das für die Kommunikation zwischen Display und Arduino nötige Taktsignal wird vom Arduino generiert und auf dieser Leitung übertragen. Wie die MOSI-Leitung muss auch diese auf der SPI-Stiftleiste angeschlossen werden, der dafür benötigte Pin befindet sich hier mittig rechts.
- *LED*: Die Hintergrundbeleuchtung des Displays wird hier mit Spannung versorgt. Da sich auf der Platine noch kein Vorwiderstand für die Hintergrundbeleuchtungs-LED befindet, muss noch ein Widerstand von 100 Ω zwischen dem Anschlusspin und der Verbindung zu dem 5-V-Pin des Arduino platziert werden.

Da wir uns nicht nur etwas auf dem Display anzeigen lassen möchten, sondern Breakout spielen wollen, benötigen wir noch zwei Taster für die Interaktion mit dem Spiel. Diese werden jeweils zwischen Masse und die Pins 22 und 24 gelegt.

Falls Ihnen die von uns gewählte Pinbelegung nicht zusagt, können Sie natürlich auch andere Pins im Code ansprechen. Einzige Ausnahme hierbei bilden die SPI-Pins MOSI und SCK, die nicht verändert werden können.

> **Download Source Code**
> breakout.ino
> - buch.cd
> - arduino-handbuch.visual-design.com

5.13.5 Source Code

Um das Display per SPI anzusteuern, wird die Library UTFT von Henning Karlsen verwendet, die Sie unter *henningkarlsen.com/electronics/library.php?id=52* finden. Nachdem sie eingebunden ist, kann mit einigen einfachen Befehlen auf dem Display gezeichnet werden.

Dieser Teil des Spiels fällt uns damit fast schon in den Schoß – komplizierter wird es bei der Spiellogik:

Bei dem Spiel Breakout muss ein kleiner Ball mit einem Schläger im Spielfeld gehalten werden, und es müssen möglichst viele Blöcke vom Ball getroffen werden, die bei einem Treffer verschwinden und Punkte geben. Der Ball prallt von dem Schläger, den Blöcken, den Spielfeldrändern und dem oberen Ende des Spielfelds ab. Der Schläger ist von der Höhe her am unteren Ende des Spielfelds fixiert. Wenn der Ball nicht mit dem Schläger getroffen wird und am unteren Ende aus dem Spielfeld fällt, ist das Spiel verloren.

Ausgereiftere Varianten des Spiels beinhalten verschiedene Arten von Blöcken, die beispielsweise unsichtbar sind, erst nach zwei oder mehr Treffern verschwinden oder bei einem Treffer andere Blöcke in der Umgebung ebenfalls vernichten. Wir beschränken uns hier darauf, die einfachste Variante von Breakout zu implementieren – ohne zusätzliche Blockvariationen oder ähnliche Spielereien.

Um den Code für Breakout zu schreiben, müssen erst einmal die drei Spielelemente beschrieben werden:

❶ Der Ball
Der Ball ist ein kleines Objekt, das sich mit einer konstanten Geschwindigkeit durch das Spielfeld bewegt. Die Richtung, in der sich der Ball bewegt, kann variieren, je nachdem, wie und wo er mit dem letzten Objekt kollidiert ist. Er prallt von jedem Objekt außer dem unteren Spielfeldrand zurück.

```
001 struct ball
002 {
003   int x, y;
004   int geschwindigkeit_x, geschwindigkeit_y;
005   int geschwindigkeit;
006 };
```

❷ Der Schläger
Der Schläger ist ein Objekt, das in der Höhe am unteren Spielfeldrand fixiert ist. Durch zwei Knöpfe kann er nach links und rechts bewegt werden, aber nie so weit, dass er das Spielfeld verlässt.

```
001 struct schlaeger
002 {
003   int x, y;
004   int breite, hoehe;
005 };
```

❸ Der Block
Ein Spielfeld beinhaltet mehrere Blöcke, die bei einer Kollision mit dem Ball aus dem Spiel verschwinden. Ein Block ist in unserem Spiel immer 32 Pixel breit und 16 Pixel hoch.

```
001 struct block
002 {
003   int x, y;
004   int punktwert;
005   boolean im_spiel;
006 };
```

Zusätzlich benötigen wir noch die Pinzuordnung für das Display und die zwei Knöpfe. Wir können bei dieser Gelegenheit gleich das Display softwareseitig definieren und einige Variablen setzen, die wir später brauchen werden.

```
001 #include <UTFT.h>
002
003 const int spi_CS = A10;
004 const int spi_SCK = 76;
```

```
005  const int spi_MOSI = 75;
006  const int spi_DC = A8;
007  const int spi_RST = A9;
008  UTFT myGLCD(ILI9341_S5P, spi_MOSI, spi_SCK,
009               spi_CS, spi_RST, spi_DC);
010
011  const int pin_links = 24; //Der linke Knopf.
012  const int pin_rechts = 22;//Der rechte Knopf.
013
014  struct ball ball;
015  struct schlaeger schlaeger;
016  struct block bloecke[10 * 5];
017  int schlaeger_geschwindigkeit = 7;
```

Initialisierung des Spiels

Bevor mit dem Spiel begonnen werden kann, muss zunächst das Spielfeld vorbereitet werden. Da wir zum Starten eines neuen Spiels die Reset-Taste des Arduino benutzen, können wir die Vorbereitung in der `setup()`-Methode erledigen. Als Erstes werden Ball und Schläger auf das Spielfeld gesetzt.

```
001  void setup()
002  {
003    //Setze den Ball auf das Spielfeld.
004    ball.x = 160;
005    ball.y = 100;
006    ball.geschwindigkeit_x = 2;
007    ball.geschwindigkeit_y = 6;
008    ball.geschwindigkeit = ball.geschwindigkeit_x + ball.geschwindigkeit_y;
009
010    //Setze den Schläger in die Mitte des Spielfelds.
011    schlaeger.x = 320 / 2;
012
013    schlaeger.y = 240 - 20;
014    schlaeger.breite = 70;
015    schlaeger.hoehe = 2;
```

Anstatt jeden Block einzeln zu erstellen, werden alle Blöcke auf einmal in der oberen Hälfte des Spielfelds platziert. Es werden zehn Blöcke nebeneinander in der Breite und fünf Blöcke aufeinander in der Höhe erstellt. Um auch das volle Farbspektrum des Displays auszureizen, wird jeder Block mit einer zufälligen Farbe ausgestattet.

```
001    //Erstelle die Blöcke auf dem Spielfeld.
002    for (int i = 0; i < 10; i++) {
003      for (int j = 0; j < 5; j++) {
004        bloecke[i + j * 10].x = i * 32;
005        bloecke[i + j * 10].y = j * 16;
006        bloecke[i + j * 10].im_spiel = true;
007        bloecke[i + j * 10].punktwert = 1;
008        bloecke[i + j * 10].red = random(64, 150);
```

5.13 Breakout auf TFT-Display

```
009       bloecke[i + j * 10].green = random(64, 150);
010       bloecke[i + j * 10].blue = random(64, 150);
011     }
012   }
```

Damit auch das Display und die Knöpfe benutzt werden können, müssen diese ebenfalls in der `setup()`-Methode vorbereitet werden.

```
001   //Initialisiere die Knöpfe.
002   pinMode(pin_links, INPUT);
003   pinMode(pin_rechts, INPUT);
004   digitalWrite(pin_links, HIGH);
005   digitalWrite(pin_rechts, HIGH);
006
007   //Initialisiere das Display.
008   myGLCD.InitLCD();
009   myGLCD.setFont(BigFont);
010   myGLCD.setBackColor(0, 0, 0);
011   myGLCD.clrScr();
```

Als Letztes wird nun das Spielfeld gezeichnet, und es wird eine Sekunde gewartet, damit der Spieler am Anfang des Spiels genügend Zeit hat, sich auf das Spiel einzustellen. Um ein Objekt zu zeichnen, wird zuerst mit `myGLCD.setColor(Rot, Grün, Blau)` vorgegeben, mit welcher Farbe das Objekt gefüllt sein soll, dann kann beispielsweise mit `myGLCD.fillRect(Anfang_X, Anfang_Y, Ende_X, Ende_Y)` ein Rechteck gezeichnet werden, das sich über eine Teilfläche des Displays erstreckt.

```
001   for (int i = 0; i < 10 * 5; i++)
002   {
003     zeichne_block(bloecke[i]);
004   }
005
006   //Zeichne den Ball.
007   myGLCD.setColor(255, 255, 0);
008   myGLCD.fillRect(ball.x - 2, ball.y - 2, ball.x + 2, ball.y + 2);
009
010   //Zeichne den Schläger.
011   zeichne_schlaeger();
012 }
```

Überlegungen zur Geschwindigkeit des Displays

Selbst mit einem Arduino Due mit einer Taktfrequenz von 84 MHz und Hardware-SPI-Unterstützung ist das Zeichnen auf dem Display ein äußerst langsamer Vorgang. Um die gesamte Fläche des Displays mit einer Farbe neu zu überzeichnen, wird beispielsweise eine ganze Sekunde benötigt. Auch das Zeichnen von 50 Blöcken dauert ungefähr eine halbe Sekunde. Das Spielfeld mehrmals in der Sekunde neu zu zeichnen, kommt deshalb nicht infrage.

Da die Blöcke meistens nicht neu gezeichnet werden müssen, kann man darauf auch einfach verzichten und begnügt sich damit, Ball und Schläger neu zu zeichnen. Dabei muss beachtet werden, dass die alte Version des Schlägers und des Balls mit der Hintergrundfarbe überzeichnet werden, sodass nur die aktuellste Position des Schlägers sichtbar ist und nicht jede Position, an der er sich jemand befand.

```
void zeichne_schlaeger() {
  //Überzeichne die alte Position des Schlägers
  myGLCD.setColor(0, 0, 0);
  myGLCD.fillRect(schlaeger.x - schlaeger.breite / 2, schlaeger.y,
      schlaeger.x + schlaeger.breite / 2, schlaeger.y + schlaeger.hoehe);

  //Bewege den Schläger.
  if (!digitalRead(pin_links))
    schlaeger.x = max(schlaeger.x - schlaeger_geschwindigkeit,
        schlaeger.breite / 2);
  if (!digitalRead(pin_rechts))
    schlaeger.x = min(schlaeger.x + schlaeger_geschwindigkeit, 320 -
        schlaeger.breite / 2);

  //Zeichne den Schläger an die neue Position.
  myGLCD.setColor(50, 150, 100);
  myGLCD.fillRect(schlaeger.x - schlaeger.breite / 2, schlaeger.y,
      schlaeger.x + schlaeger.breite / 2, schlaeger.y + schlaeger.hoehe);
}

void zeichne_block(struct block block)
{
  if (block.im_spiel) {
    //Zeichne das Innere des Blocks.
    myGLCD.setColor(block.red, block.green, block.blue);
    myGLCD.fillRect(block.x, block.y, 31 + block.x, 15 + block.y);
    //Zeichne einen weißen Rand um das Innere.
    myGLCD.setColor(155, 155, 155);
    myGLCD.drawRect(block.x, block.y, 31 + block.x, 15 + block.y);
  } else {
    //Wenn der Block sich nicht im Spiel befindet, überzeichne ihn.
    myGLCD.setColor(0, 0, 0);
    myGLCD.fillRect(block.x, block.y, 31 + block.x, 15 + block.y);
  }
}
```

Kollisionserkennung

Wenn der Ball mit einem Objekt auf dem Spielfeld kollidiert, soll er zurückgeworfen werden, und falls er einen Block getroffen hat, soll dieser verschwinden. Wir gehen hier davon aus, dass der Ball fünf Pixel breit und hoch ist, sich das Zentrum des Balls also zwei Pixel von seinen Rändern entfernt befindet. Die Kollision mit den Rändern des Spielfelds ist der einfachste Fall, um den wir uns kümmern müssen. Wenn der

Ball an die linke oder rechte Spielfeldkante stößt, muss seine Geschwindigkeit in der x-Achse negiert werden, bei einer Kollision mit der oberen Spielfeldkante seine Geschwindigkeit in der y-Achse.

```
001  void bewege_ball() {
002    //Berechne die neue Ballposition.
003    ball.x += ball.geschwindigkeit_x;
004    ball.y += ball.geschwindigkeit_y;
005
006    //Wenn der Ball an die linke, rechte oder obere Kante
007    //stößt, dann drehe seine Richtung um.
008    if (ball.x - 2 <= 0 || ball.x + 2 >= 320) {
009      ball.geschwindigkeit_x = -ball.geschwindigkeit_x;
010    }
011    if (ball.y - 2 <= 0) {
012      ball.geschwindigkeit_y = -ball.geschwindigkeit_y;
013    }
014  }
```

Die Kollisionsprüfung zwischen Ball und Block ist ähnlich einfach. Zuerst wird berechnet, wie weit das Zentrum des Balls in der x- und in der y-Richtung von den Seitenwänden des Blocks entfernt ist. Wenn das Zentrum des Balls weniger als zwei Pixel vom Block entfernt ist, berührt eine Seite des Balls den Block. Nachdem die Richtung des Balls in der Richtung, in der die Kollision stattfand, umgedreht wurde, kann in diesem Fall zurückgegeben werden, dass eine Kollision stattgefunden hat.

```
001  boolean pruefe_blockkollision(struct block block)
002  {
003    //Wie weit ist der Ball vom Block entfernt?
004    int distanzX = max(block.x - ball.x,
005                       ball.x - block.x - 31);
006    int distanzY = max(block.y - ball.y,
007                       ball.y - block.y - 15);
008
009    if (distanzX < 2 && distanzY < 2)
010    {
011      //Lasse den Ball vom Block abprallen.
012      if (distanzX > distanzY)
013      {
014        ball.geschwindigkeit_x = -ball.geschwindigkeit_x;
015      }
016      else
017      {
018        ball.geschwindigkeit_y = -ball.geschwindigkeit_y;
019      }
020      return true;
021    }
022    return false;
023  }
```

In folgendem Codefragment wird die Kollisionserkennung für alle Blöcke im Spielfeld ausgeführt. Dabei wird maximal ein Block entfernt, und alle anderen getroffenen Blöcke werden neu gezeichnet.

```
void pruefe_bloeckekollision() {
  boolean kollision_stattgefunden = false;

  //Überprüfe, ob der Ball einen Block getroffen hat.
  for (int i = 0; i < 10 * 5; i++)
  {
    if (bloecke[i].im_spiel)
      if (pruefe_blockkollision(bloecke[i]))
      {
        //Stelle sicher, dass immer nur ein Block
        //getroffen werden kann.
        if (!kollision_stattgefunden) {
          //Entferne den Block aus dem Spiel.
          bloecke[i].im_spiel = false;
        }
        zeichne_block(bloecke[i]);
        kollision_stattgefunden = true;
      }
  }
}
```

Als Nächstes muss geprüft werden, ob der Ball vom Schläger getroffen wurde. Würde der Ball einfach nur vom Schläger abprallen, egal wo auf dem Schläger er getroffen wird, würde der Spielverlauf einzig von der Startposition des Balls abhängen. Bei einer festen Startposition würde also immer derselbe Spielverlauf zu sehen sein, der Spieler hätte keine Kontrolle über das Spiel. Deshalb soll die Richtung, in die der Ball vom Schläger zurückgeworfen wird, davon abhängen, wo der Schläger ihn trifft. Trifft der Ball beispielsweise links außen am Schläger auf, bewegt er sich danach stark nach links und weniger stark nach oben, trifft er rechts mittig am Schläger auf, bewegt er sich gleich stark nach rechts und nach oben.

```
void pruefe_schlaeger() {
    //Ist der Ball in der Höhe des Spielfelds, in dem der Schläger ist?
  if (ball.y > schlaeger.y - 2) {
    //Wo befindet sich der Ball, links oder rechts?
    int distanz = ball.x - schlaeger.x;
    //Wenn der Ball vom Schläger getroffen wird, dann:
    if (abs(distanz) < schlaeger.breite / 2 + 2) {
      //Lasse den Ball in die Breite zurückspringen, je weiter am
      //Rand des Schlägers er getroffen wurde, desto mehr wird er
      //zur Seite hin beschleunigt.
      ball.geschwindigkeit_x = min((ball.geschwindigkeit - 2) *
                        abs(distanz) / (schlaeger.breite / 2) + 1,
                        ball.geschwindigkeit - 2);
```

```
014
015        if (distanz < 0)
016          ball.geschwindigkeit_x = -ball.geschwindigkeit_x;
017        //Berechne, wie weit der Ball nach oben beschleunigt wird.
018        ball.geschwindigkeit_y = - (ball.geschwindigkeit -
019                                    abs(ball.geschwindigkeit_x));
020      } else if (ball.y > 240) {
021        //Wenn der Ball aus dem Spielfeld verschwinden ist,
022        //dann zeige den Spielstand an.
023        printGameScreen();
024      }
025    }
026  }
```

Das Spiel soll beendet werden, wenn der Ball die untere Kante des Spielfelds berührt oder sich keine Blöcke mehr im Spiel befinden.

```
001  void pruefe_gameOver() {
002    boolean bloecke_im_feld = false;
003    //Befindet sich noch ein Block auf dem Spielfeld?
004    for (int i = 0; i < 10 * 5; i++) {
005      if (bloecke[i].im_spiel)
006        bloecke_im_feld = true;
007    }
008    if (ball.y > 240 || !bloecke_im_feld) {
009      //Wenn der Ball aus dem Spielfeld verschwunden ist oder
010      //sich keine Blöcke mehr im Spiel befinden,
011      //dann zeige den Spielstand an.
012      printGameScreen();
013    }
014  }
```

Nach dem Ende des Spiels soll auf dem Display in der Mitte der Schriftzug *GAME OVER* angezeigt werden und darunter die erreichte Punktzahl. Durch einen Reset des Arduino kann dann ein neues Spiel gestartet werden.

```
001  void printGameScreen() {
002    //Lösche das Spielfeld vom Bildschirm.
003    myGLCD.setBackColor(0, 0, 0);
004    myGLCD.clrScr();
005    //Schreibe "GAME OVER!".
006    myGLCD.setColor(255, 255, 255);
007    myGLCD.print("GAME OVER!", CENTER, 100);
008
009    //Berechne die Punktzahl.
010    int score = 0;
011    for (int i = 0; i < 10 * 5; i++) {
012      if (!bloecke[i].im_spiel) {
013        score += bloecke[i].punktwert;
```

```
014      }
015    }
016    //Schreibe die Punktzahl auf den Bildschirm.
017    myGLCD.print("Score: ", CENTER, 150);
018    myGLCD.print(String(score), CENTER, 175);
019    //Warte auf einen Reset.
020    while (true) {}
021 }
```

Im `loop()`-Bereich wird die alte Position des Balls mit Schwarz übermalt, der Ball wird bewegt, und alle Kollisionsabfragen werden aufgerufen. Dann wird der Ball an seine neue Position gezeichnet, und das Spiel wird 20 ms pausiert, damit das Spiel in einer spielbaren Geschwindigkeit vorliegt und der Ball nicht in einer halben Sekunde aus dem Spielfeld fliegt.

```
001 void loop()
002 {
003    //Überzeichne den Ball mit Schwarz.
004    myGLCD.setColor(0, 0, 0);
005    myGLCD.fillRect(ball.x - 2, ball.y - 2, ball.x + 2, ball.y + 2);
006
007    bewege_ball();
008    pruefe_bloeckekollision();
009
010    zeichne_schlaeger();
011    pruefe_schlaeger();
012
013    pruefe_gameOver();
014
015    //Zeichne den Ball an seine neue Position.
016    myGLCD.setColor(255, 255, 0);
017    myGLCD.fillRect(ball.x - 2, ball.y - 2, ball.x + 2, ball.y + 2);
018
019    delay(20);
020 }
```

5.13.6 Tipps und Tricks

Mein Display zeigt nichts an.
- Werden die korrekten Pins für Hardware-SPI verwendet? Diese befinden sich bei allen Arduinos auf dem SPI-Header. Beim Arduino Uno und beim Mega können sie auch über die gewohnten digitalen Ausgänge des Arduino benutzt werden. Diese Pins sollten dann natürlich für nichts anderes benutzt werden.
- Wird die korrekte Spannung für das Display verwendet? Bei einem Displaycontroller, der mit 3,3 V betrieben wird, kann eine Spannung von 5 V zur Zerstörung des

Displays führen. Soll trotzdem ein 5-V-Arduino benutzt werden, können die SPI-Signalleitungen mithilfe eines Spannungsteilers auf 3,3 V gebracht werden.

- Wurde das richtige Display in der Software ausgewählt? Die Bibliothek UTFT unterstützt viele verschiedene Displaycontroller, für eine korrekte Funktion muss der richtige ausgewählt werden.
- Ist die Hintergrundbeleuchtung korrekt angeschlossen? Wenn das Display dunkel bleibt, ist die Hintergrundbeleuchtung nicht oder falsch angeschlossen. Beachten Sie hierbei, dass sich nicht auf allen Displayplatinen schon ein Vorwiderstand für die LEDs der Hintergrundbeleuchtung befindet.

Das Spiel wird nicht korrekt auf dem Display angezeigt.

- Das hier vorgestellte Programm wurde für ein Display mit der Auflösung 240 × 320 entworfen. Wenn nur ein Teil des Spielfelds angezeigt wird oder das Spielfeld nicht das gesamte Display bedeckt, benutzen Sie ein Display mit einer anderen Auflösung. In diesem Fall müssen Sie das Programm auf die gewünschte Displaygröße anpassen.

Das Spiel läuft zu schnell oder zu langsam.

- Falls Sie eine andere Spielgeschwindigkeit wünschen, können Sie den Befehl `delay(20);` am Ende der `loop()`-Methode anpassen.

5.14 Wetterstation

Die Krönung der Sensorik ist sicherlich die Wettervorhersage. Kaum etwas ist so schwer zu erfassen wie die chaotischen Kapriolen, die die Meteorologen nur mit Satelliten, tausenden Wetterstationen und kompliziertesten mathematischen Formeln für einige Tage halbwegs sicher vorhersagen können.

5.14.1 Augen auf!

Rüdiger nimmt das Paket vom Zusteller entgegen. Der hätte sich mal besser eine regendichte Jacke angezogen, aber Rüdiger schaut nur gebannt auf sein Paket, bedankt sich kurz und schließt die Haustür. Endlich ist sie da, die neue Wetterstation, die er sich aus Fernost bestellt hat! Vier Wochen musste er ausharren, aber jetzt, um 13:30 Ortszeit, kann er endlich in das Metier der Wettervorhersage einsteigen! Voller Ungeduld reißt er die Verpackung auf. Er macht das Licht an und versucht sein Glück mit der Anleitung. »Verbringen Sie den Plug in freundlicherweise«. Hm, okay, geht vielleicht auch ohne.

Auch dunkles Donnern kann ihn nicht abhalten, die Station selbst zu erkunden. Das Display, die Tasten, alles ist toll, es gibt unglaublich viele Funktionen, die Station meldet strahlenden Sonnenschein. Rüdiger ist glücklich. Nur im Kaffee fehlt die Milch.

Na gut, geht er mal schnell in den Laden um die Ecke – passend gekleidet ist er ja auch, kurze Hosen und Sandalen.

Drei Meter von der Haustür entfernt holt ihn der Platzregen ein.

5.14.2 Aufgabenstellung

Was war nun Rüdigers Fehler? Na, ganz klar, er hatte eine schlechte Wetterstation gekauft!

Wir wollen ihm nun eine bessere bauen – mit Luftdruckmesser, Thermometer und Luftfeuchtigkeitsmesser. Und damit er nicht mehr von seinem Schreibtisch aufstehen muss (der übrigens am Fenster steht), sollen die Daten auch über WLAN im Webbrowser abfragbar sein.

Bild 5.58: Die unscheinbare Wetterstation bietet Temperatur-, Luftfeuchtigkeits- und Luftdruckmesser – und einen WLAN-Webserver.

5.14.3 Hintergrundwissen

In diesem Projekt verwenden wir das Arduino-Wi-Fi-Shield. Dieses besitzt einen eigenen Prozessor und eigene Software, die bei manchen Shields noch nicht auf dem neuesten Stand ist. Wenn es Ihnen also passiert, dass Sie keine Verbindung zu Ihrem WLAN-Netzwerk aufbauen können oder gar die rote Fehler-LED auf dem Shield häufiger aufleuchtet, kann Ihnen ein Firmware-Update weiterhelfen.

Update der Firmware des Wi-Fi-Shields

Der Prozess zum Update ist auf der Seite *http://arduino.cc/en/pmwiki.php?n=Hacking/WiFiShieldFirmwareUpgrading* gut und ausführlich beschrieben – leider auf Englisch.

Bedauerlicherweise haben die Autoren dieser Anleitung auch noch eine wichtige Sache vergessen: Wenn das Shield an den Computer angeschlossen wird, kann dieser das Gerät erst einmal nicht als USB-Gerät erkennen, da ihm der notwendige Treiber fehlt. Unter Windows müssen Sie dazu nach dem Anschluss des Geräts den Geräte-Manager aufrufen und dort unter *Andere Geräte* den Eintrag *AT32UC3A DFU* suchen. Mit der rechten Maustaste klicken Sie dann darauf und wählen *Treibersoftware aktualisieren* aus.

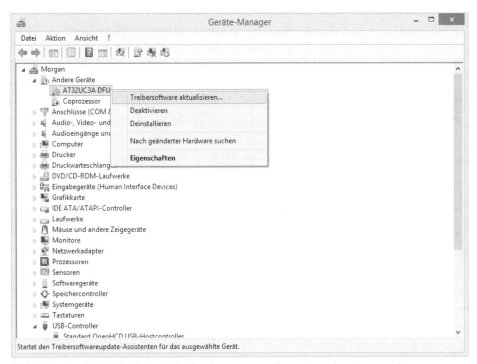

Bild 5.59: Das Wi-Fi-Shield benötigt Treiber, um vom Computer erkannt zu werden.

Dann klicken Sie auf *Auf dem Computer nach Treibersoftware suchen* und geben das Verzeichnis der zuvor laut Anleitung installierten Flip-Software ein – in unserem Fall war es *C:\Program Files (x86)\Atmel*. Der Computer sucht nun in den Unterverzeichnissen nach dem passenden Treiber und installiert ihn.

Der Sensor DHT22

Der DHT22-Sensor misst die Luftfeuchtigkeit und die Lufttemperatur. Er ist in einem kleinen Gehäuse verbaut, das Luft ungehindert ein- und austreten lässt. Auf einer kleinen Platine innerhalb des Gehäuses befindet sich neben den beiden Sensoren für Temperatur und Feuchtigkeit auch ein kleiner Mikrocontroller. Dieser Mikrocontroller interpretiert die Daten des Sensors und liefert uns so die fix und fertigen Lufttemperatur- und Luftfeuchtigkeitswerte in physikalischen Einheiten, ohne dass wir umständliche Umrechnungen vornehmen müssen.

Außerdem überträgt er die Daten seriell in einem digitalen Protokoll, sodass für die Übertragung der Daten lediglich eine Datenleitung benötigt wird. Das Protokoll ist proprietär und folgt keinem übergeordneten Standard, aber glücklicherweise gibt es eine Bibliothek, die die Kommunikation mit dem Sensor für uns übernimmt.

Der Sensor BMP085

Um den Luftdruck zu messen, wird ein weiterer Sensor benötigt. In unserem Fall wird das Bauelement BMP085 verwendet, ein 5 × 5 mm kleines SMD-Bauteil. Damit es möglich ist, dieses Bauteil leicht mit dem Arduino zu verbinden, kann es auf einer eigenen kleinen Platine gekauft werden, die auch Breadboard-kompatible Anschlüsse aufweist.

Auch hier ist wieder ein Mikroprozessor auf dem Bauteil integriert, sodass die Kommunikation ebenfalls über ein serielles Protokoll erfolgt. Hier wird das 1982 von Philips entwickelte I^{2}C-Protokoll verwendet, das zwei Datenleitungen aufweist, ein Taktsignal und die eigentliche Datenleitung, sodass insgesamt vier Kabel – zwei Datenleitungen sowie Masse und Versorgungsspannung – zum Bauteil geführt werden müssen.

Das Schöne daran ist, dass wir uns in keiner Weise damit auseinandersetzen müssen, wie die Luftdruckdaten in den Arduino kommen, da es eine Bibliothek von Adafruit gibt, die uns diese Arbeit komplett abnimmt. Es muss einzig darauf geachtet werden, dass der im Arduino hardwareseitige I^{2}C-Bus für den Anschluss des Sensors verwendet wird. An welchen Pins der I^{2}C-Bus anliegt, hängt vom verwendeten Arduino ab. Beim Arduino Uno liegt dieser Bus an den Pins A4 und A5.

Benötigte Bauteile
- 1 Arduino Uno (durch I^{2}C-Anpassung können auch andere Arduinos verwendet werden)
- 1 Arduino-Wi-Fi-Shield
- 1 Temperatur- und Luftfeuchtigkeitssensor DHT22(AM2302) oder DHT11
- 1 Barometer BMP085
- 7 Steckbrücken

5.14.4 Schaltplan

Um den Arduino in das lokale WLAN einzubinden, muss das Arduino-Wi-Fi-Shield auf den Arduino Uno aufgesteckt werden. Legen Sie hierfür das Shield erst leicht auf den Arduino auf und kontrollieren Sie, ob sich alle Stecker des Shields in den passenden Buchsen auf dem Arduino befinden. Durch den asymmetrischen Aufbau der

Buchsenleisten auf dem Arduino kann das Shield nur in der korrekten Richtung aufgesetzt werden. Drücken Sie dann Shield und Arduino zusammen, bis beide fest verbunden sind.

Um die Luftfeuchtigkeit und die Temperatur zu messen, wird der Sensor DHT11 verwendet. Neben der Stromversorgung über den 5-V-Anschluss des Arduino und der Masse wird noch ein Kabel für die Kommunikation mit dem Mikrocontroller des Sensors benötigt. Dieses Kabel wird an den digitalen Pin 5 des Arduino angeschlossen.

Da der DHT11 nicht den Luftdruck messen kann, wird noch ein weiterer Sensor benötigt, in unserem Fall verwenden wir den BMP085.

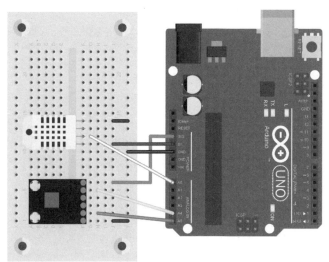

Bild 5.60: Breadboard-Aufbau der Wetterstation.

Der Anschluss *VCC* dieser Platine muss mit dem 3,3-V-Pin des Arduino verbunden werden, da der Sensor nur für diesen Signalpegel konzipiert ist. Wird aus Versehen ein Pin mit 5 V verwendet, kann der Sensor dadurch zerstört werden, kontrollieren Sie diese Leitung deshalb lieber zweimal. Der *GND*-Anschluss wird mit einem Masseanschluss des Arduino verbunden. Da dieser Sensor über das I²C-Protokoll kommuniziert, müssen die I²C-Pins des Arduino verwendet werden. Auf dem Arduino Uno wird deshalb der *SCL*-Anschluss mit Pin A5 des Arduino verbunden und der *SDA*-Anschluss mit Pin A4.

Download Source Code
Wetterstation.ino
- buch.cd
- arduino-handbuch.visual-design.com

5.14.5 Source Code

Um die Sensoren einfach und komfortabel anzusprechen, werden folgende Bibliotheken benutzt:

- DHT11: *http://github.com/RobTillaart*

  Die Bibliothek DHTLib von Rob Tillaart erleichtert den Umgang mit dem Temperatur- und Feuchtigkeitssensor, indem sie dessen spezialisiertes Protokoll unterstützt.

- BMP085: *http://github.com/adafruit/Adafruit-BMP085-Library*

  Der Webshop Adafruit bietet die Bibliothek AdaFruit_BMP085 für das Auslesen und Auswerten des Luftdruck- und Temperatursensors.

Um eine Verbindung zu Ihrem WLAN herzustellen, muss der Arduino wissen, wie Ihr Netzwerk heißt und mit welchem Passwort es abgesichert ist. Tragen Sie deshalb in die Zeilen 7 und 8 Ihren WLAN-Namen und Ihr Passwort ein. Achten Sie hierbei auf die Groß- und Kleinschreibung.

```
001  #include <Wire.h>  //Für Adafruit_BMP085.h
002  #include <SPI.h>   //Für WiFi.h
003  #include <WiFi.h>
004  #include <Adafruit_BMP085.h>
005  #include <dht.h>
006
007  char ssid[] = " Netzwerkname ";// der Netzwerkname
008  char pass[] = "Passwort";      // das Netzwerkpasswort
009  int keyIndex = 0;              // Netzwerkschlüsselindex (nur WEP)
010  int status = WL_IDLE_STATUS;   //Status des Wi-Fi-Shields
011  WiFiServer server(80);         //der Webserver
012
013  Adafruit_BMP085 bmp;           //der BMP085-Sensor
014  const int DHT11_PIN = A0;      //Pin für den DHT11-Sensor
015  dht DHT;                       //der DHT11-Sensor
016  int dht_zustand;               //Zustand des DHT11-Sensors
017
018  float temperatur_bmp = 0.0f;
019  float temperatur_dht = 0.0f;
020  float temperatur = 0.0f;
021  float luftfeuchtigkeit = 0.0f;
022  float luftdruck = 0.0f;
023
024  float temperatur_maximum = -1000.0f;
025  float temperatur_minimum = 1000.0f;
026  float luftfeuchtigkeit_maximum = 0.0f;
027  float luftfeuchtigkeit_minimum = 100.0f;
028  float luftdruck_maximum = 0.0f;
029  float luftdruck_minimum = 10000000.0f;
030
```

```
031
032  void setup() {
033    Serial.begin(9600);
034    while (!Serial) { } //Wird für den Arduino Leonardo benötigt.
035
036    if (!bmp.begin()) {Serial.println("Kein BMP085 gefunden!"); }
037
038    //Prüfe, ob das Wi-Fi-Shield korrekt verbunden ist.
039    if (WiFi.status() == WL_NO_SHIELD) {
040      Serial.println("WiFi-shield konnte nicht gefunden werden!");
041      while (true); //Mache sonst nichts.
042    }
043
044    //Prüfe, ob die Firmware des Wi-Fi-Shields aktuell ist.
045    if ( WiFi.firmwareVersion() != "1.1.0" )
046      Serial.println("Firmware ist veraltet!");
047
048    //Versuche, die Verbindung zum WLAN herzustellen.
049    while ( status != WL_CONNECTED) {
050      Serial.print("Verbindungsversuch mit SSID: ");
051      Serial.println(ssid);
052      status = WiFi.begin(ssid, pass);
053      Serial.println("Warte 10 Sekunden auf eine Verbindung...");
054      delay(10000);
055    }
056    server.begin();
057    printWifiStatus(); //Gebe IP-Adresse und Netzwerkname aus.
058  }
059
060
061  void loop() {
062    WiFiClient client = server.available();
063    if (client) { //Hat sich ein Client verbunden?
064      Serial.println("Neuer Client");
065      //Hat der Client zuletzt etwas geschrieben?
066      boolean nichts_geschrieben = true;
067      while (client.connected()) { //Solange der Client verbunden ist
068        if (client.available()) {  //und verfügbar ist
069          char c = client.read();   //Schaue nach, was er geschrieben hat.
070
071          //Er hat 2-mal nichts geschrieben, wir dürfen antworten.
072          if (c == '\n' && nichts_geschrieben) {
073            //Sende eine HTTP-Antwort.
074            client.println("HTTP/1.1 200 OK");
075            client.println("Content-Type: text/html");
076            //Beende die Verbindung nach dem Laden der Seite.
077            client.println("Connection: close");
078            //Lade die Seite alle 30 Sekunden neu.
```

```
079            client.println("Refresh: 30");
080            client.println();
081            client.println("<!DOCTYPE HTML>");
082
083            daten_updaten();
084            seite_aufbauen(client);
085
086            break;
087          }
088          //Der Client hat nichts geschrieben.
089          if (c == '\n') {
090            nichts_geschrieben = true;
091          } else if (c != '\r') {     //Er hat etwas geschrieben.
092            nichts_geschrieben = false;
093          }
094        }
095      }
096      delay(1); //Warte, bis der Webbrowser die Daten empfangen hat.
097      client.stop(); //Beende die Verbindung.
098    }
099 }
100
101 void daten_updaten() {
102   //Luftfeuchtigkeit
103   dht_zustand = DHT.read11(DHT11_PIN);
104   luftfeuchtigkeit = DHT.humidity;
105   luftfeuchtigkeit_maximum = max(luftfeuchtigkeit,
106       luftfeuchtigkeit_maximum);
107   luftfeuchtigkeit_minimum = min(luftfeuchtigkeit,
108       luftfeuchtigkeit_minimum);
109
110   //Temperatur
111   temperatur_dht = DHT.temperature;
112   temperatur_bmp = bmp.readTemperature();
113   temperatur = temperatur_dht; //Benutze die Temperatur des DHT11
114   temperatur_maximum = max(temperatur, temperatur_maximum);
115   temperatur_minimum = min(temperatur, temperatur_minimum);
116
117   //Luftdruck
118   luftdruck = bmp.readPressure();
119   luftdruck_maximum = max(luftdruck, luftdruck_maximum);
120   luftdruck_minimum = min(luftdruck, luftdruck_minimum);
121 }
122
123 void seite_aufbauen(WiFiClient client) {
124   client.print("<html>");
125   client.print("<h2> Wetterstation </h2>");
126
```

```
127    client.print("<b> Temperatur      </b>"); //Temperatur
128    client.print(temperatur);
129    //Schreibe min und max in grauer Schrift
130    client.print(" &deg;C    <font color=\"LightGray\"> min: ");
131    client.print(temperatur_minimum);
132    client.print(" &deg;C    max: ");
133    client.print(temperatur_maximum);
134    client.print(" &deg;C</font><br />");
135
136    client.print("<b>Luftfeuchtigkeit   </b>"); //Luftfeuchtigkeit
137    client.print(luftfeuchtigkeit);
138    client.print(" %    <font color=\"LightGray\"> min: ");
139    client.print(luftfeuchtigkeit_minimum);
140    client.print(" %    max: ");
141    client.print(luftfeuchtigkeit_maximum);
142    client.print(" %</font><br />");
143
144    client.print("<b> Luftdruck     </b>"); //Luftdruck
145    client.print(luftdruck / 100.0f);
146    client.print(" HPa    <font color=\"LightGray\"> min: ");
147    client.print(luftdruck_minimum / 100.0f);
148    client.print(" HPa    max: ");
149    client.print(luftdruck_maximum / 100.0f);
150    client.print(" HPa</font><br />");
151
152    client.println("</html>");
153 }
154
155 void printWifiStatus() {
156    Serial.print("SSID: ");
157    Serial.println(WiFi.SSID()); //der Netzwerkname
158
159    Serial.print("IP-Addresse: ");
160    //Unter dieser IP ist die Wetterstation vom WLAN aus erreichbar.
161    Serial.println(WiFi.localIP()); //Die IP
162 }
```

Zuerst wird in der `setup()`-Funktion das Wi-Fi-Shield initialisiert und eine Verbindung aufgebaut. Sobald die Verbindung steht, wird in der `loop()`-Prozedur auf einen Verbindungsversuch gewartet. Hat sich ein Client verbunden und ist bereit zum Empfang von Daten, werden die Sensoren in der Funktion `daten_updaten()` abgefragt und das Minimum und Maximum der einzelnen Werte berechnet. Aus diesen Werten wird dann in `seite_aufbauen(WiFiClient client)` eine HTML-Seite aufgebaut und an den Client geschickt, die dann auf dessen Browser angezeigt wird.

Nachdem Sie den Code auf den Arduino hochgeladen haben, können Sie den seriellen Monitor öffnen, um zu überprüfen, ob die WLAN-Verbindung hergestellt wird.

Jetzt können Sie die im seriellen Monitor stehende IP-Adresse als Adresse in den Browser Ihrer Wahl eingeben und sehen eine Internetseite, auf der Temperatur, Luftfeuchtigkeit und Luftdruck sowie die jeweils kleinsten und größten bisher gemessenen Werte angezeigt werden.

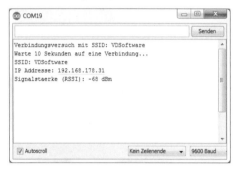

Bild 5.61: Über den seriellen Monitor können Sie sehen, ob eine WLAN-Verbindung etabliert und welche IP-Adresse der Wetterstation zugewiesen wurde.

Bild 5.62: Die Wetterstation kann über einen Browser problemlos abgefragt werden.

5.14.6 Tipps und Tricks

Der Arduino stellt keine Verbindung zum WLAN her.

- Ist das Netzwerk in Empfangsreichweite? Versuchen Sie, das Wi-Fi-Shield näher an Ihrem Router zu betreiben, um ein besseres Signal zu empfangen.

- Ist die Firmware auf dem aktuellsten Stand? Falls Sie noch keines vorgenommen haben, kann ein Update der Firmware viele Probleme beseitigen.

- Sind der Name des Netzwerks (die SSID) und das Passwort richtig im Code eingetragen? Falls hier Umlaute oder andere Sonderzeichen vorhanden sind, kann das zu Problemen führen. Wenn andere Netzwerke problemlos erkannt werden, müssen Sie Ihr Netzwerk umbenennen, um das Wi-Fi-Shield benutzen zu können.

5.15 Automatische Gießanlage

Nichts ist dem gepflegten Nerd so zuwider wie die Pflege seiner Zimmerpflanzen. Mit diesem Projekt wollen wir die lästige Pflicht standesgemäß lösen.

5.15.1 Karlsruher Student konserviert Zimmerpflanzen!

Bild 5.63: Eine handelsübliche Zimmerpflanze vor und nach der Behandlung mit H_2O.

WG-erfahrene Studenten haben eine erstaunliche Entdeckung gemacht: Zimmerpflanzen lassen sich mit der Chemikalie H_2O erstaunlich lange konservieren, oft halten die im Baumarkt frisch erstandenen Objekte hundertmal länger als herkömmlich behandelte.

Philip Caroli steht in seiner Wohnung und zeigt dem ungläubigen Publikum seine Ocimum basilicum. Sie hat auch nach zehn Wochen noch grüne Blätter, steht aufrecht und zeigt sogar am Stamm neue Triebe. Das daneben befindliche Exemplar sieht dagegen so aus, wie man es erwartet: kaum noch Blätter am Stamm, trocken und staubig. Es ist ein Exemplar der Kontrollgruppe, das ohne das Wunder vollbringende H_2O auskommen musste.

»Es war nichts weniger als ein Paradigmenwechsel: Anstatt eine Pflanze vor Feuchtigkeit und damit vor Schimmelbefall zu schützen, setzten wir gezielt destilliertes Wasser (H_2O) ein«, sagt Caroli. »Die Ergebnisse überraschten uns selbst, die Pflanze sog förmlich die Flüssigkeit auf und integrierte sie in ihre Zellstruktur. Doch damit nicht genug, veränderte sich das Untersuchungsobjekt und bildete neue Blätter aus – wir nennen das ‚Wachstum'. Wir können aber noch nicht ganz einordnen, ob das Verhalten gutartiger oder bösartiger Natur ist, das wird erst die Zukunft zeigen.«

Ursprünglich wurde das Phänomen entdeckt, als eine drei Wochen alte Pflanze am offenen Fenster durch den unfreiwilligen Kontakt mit Regen eine deutlich sichtbare Verbesserung ihrer Vitalwerte erfuhr. Nur durch die eigens von Caroli konstruierte Wasserzufuhranlage konnte dieser Zufallstreffer unter Laborbedingungen nachgestellt werden. Diese Anlage wird Caroli nun in seinem neuen Start-up-Unternehmen zur Serienreife weiterentwickeln und dann auf den Markt bringen. »Wir glauben, dass normales Leitungswasser einen fast ebenso guten Effekt auf die Pflanzen hat wie gereinigtes H$_2$O. Bedenken Sie, welche Gelder durch die hundertfach längere Verwendung von Pflanzen gespart werden könnten!«

5.15.2 Aufgabenstellung

Um eine automatische Bewässerungsanlage zu realisieren, muss der Arduino zu bestimmten Zeiten eine Wasserpumpe einschalten – so viel ist klar.

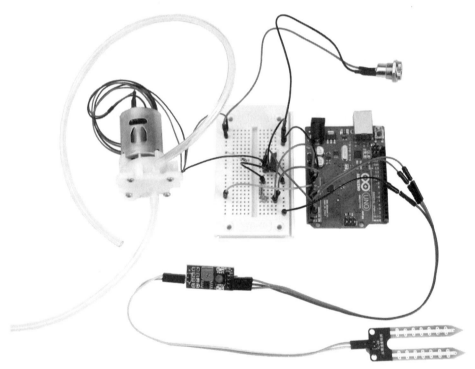

Bild 5.64: Unsere vollautomatische Gießanlage mit Pumpe und Feuchtigkeitssensor.

Aber wann soll bewässert werden? Vermutlich nicht, wenn der Blumentopf bereits vor Wasser überquillt – daher soll ein Feuchtigkeitssensor eingesetzt werden, der den Wassergehalt im Blumentopf misst. Zusätzlich soll die Lichtintensität gemessen werden, um herauszufinden, ob es gerade Tag oder Nacht ist, wodurch störende Bewässerungsaktionen mitten in der Nacht vermieden werden können.

5.15.3 Hintergrundwissen

Elektromotoren bestehen aus einer oder mehreren Spulen, also Drähten, die dicht aneinandergepackt aufgewickelt werden.

Elektromotoren

Wenn durch eine Spule ein Strom fließt, wird ein magnetisches Feld aufgebaut. Das passiert selbst bei einem einzelnen von Strom durchflossenen Draht, dort aber ist das Magnetfeld zu schwach, um spürbare Auswirkungen zu haben. In einer Spule hingegen wird ein starkes Magnetfeld aufgebaut, und wenn die Spule um ein Stück Eisen gewickelt ist, wird das Magnetfeld zusätzlich noch verstärkt.

Durch eine Spule kann man mit elektrischem Strom also einen Dauermagneten nachbilden, aber durch einen Wechsel der Stromrichtung kann man zudem noch das Magnetfeld umkehren.

Wenn man nun einen Dauermagneten und eine Spule geschickt kombiniert, kann man es einrichten, dass die Spule rotiert, während der Dauermagnet stillsteht – und schon hat man einen einfachen Elektromotor.

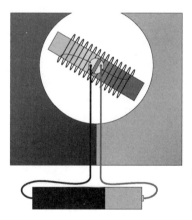

Bild 5.65: Die Schleifkontakte an der Drehachse sorgen dafür, dass sich die Polarität der Spule ändert, wenn sich der Motor dreht.

In der Skizze kann man sehen, dass ein großer Dauermagnet ein Magnetfeld aufbaut, in dem die Spule sitzt. Diese wird durch die Batterie mit Strom versorgt, sodass sich auch in der Spule ein Magnetfeld aufbaut. Die Spule richtet sich dann so aus, dass sich beide Magnetfelder anziehen, wodurch die Achse bewegt wird.

Nach dieser kurzen Bewegung stünde der Motor allerdings still, wenn es nicht den Schleifkontakt gäbe. Dieser ist so aufgebaut, dass er die Stromrichtung in der Spule umdreht, wenn die sich bewegende Spule eine bestimmte Position erreicht hat. Sobald der Motor also den Punkt der maximalen Anziehung von Magnet und Spule erreicht hat, wird die Stromrichtung umgedreht, und die Spule strebt die gegenüberliegende Seite an.

Das passiert dann immer wieder, wodurch eine dauerhafte Bewegung entsteht – ganz ohne elektronische Bauteile.

Freilaufdiode

Spulen in der Elektronik sind nicht einfach zu begreifen. Sie verhalten sich ein bisschen wie Kondensatoren und speichern Strom. Der wird allerdings nicht wie beim Kondensator direkt gespeichert, sondern indirekt in genau dem magnetischen Feld, das die Spule aufbaut. Wenn die Spule nicht mehr unter Strom steht, baut sich dieses Magnetfeld wieder ab, und es wird Strom zurückgegeben. Im Gegensatz zum Kondensator wird dieser Strom aber in die entgegengesetzte Richtung abgegeben – wo also vorher +5 V anlagen, liegen kurz nach dem Abschalten -5 V an.

Das hat den unangenehmen Effekt, dass ein Elektromotor, der abgeschaltet wird, einen recht hohen Strom abgibt, der zudem noch in der falschen Richtung unterwegs ist und so leicht Teile unserer Schaltung zerstören kann, wenn man ihn nicht handhabt.

Die übliche Methode, mit diesem Strom umzugehen, ist es, eine sogenannte Freilaufdiode in den Schaltplan einzubauen. Diese wird parallel zur Spule bzw. dem Motor geschaltet, und zwar so, dass sie normalerweise den Strom sperrt. Wird dann der Motor ausgeschaltet, fließt ja der Strom in die entgegengesetzte Richtung und kann so die Diode ungehindert passieren. Dadurch entsteht ein Kurzschluss, der den Strom wirkungsvoll vernichtet.

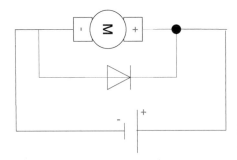

Bild 5.66: Eine Freilaufdiode schützt die Schaltung vor Ausschaltströmen.

Natürlich muss die Freilaufdiode auch in der Lage sein, die Ströme zu verarbeiten, die bei diesem Kurzschluss entstehen, aber da die Energiemenge begrenzt ist und ziemlich schnell »verbrannt« wird, genügen oft recht kleine Exemplare. Anders ist das aber, wenn der Motor per Pulsweitenmodulation angesteuert wird – dann treten diese Ströme viele Hundert Mal in der Sekunde auf, was die Diode deutlich mehr belastet, da sie sich nicht mehr zwischen zwei Belastungen abkühlen kann. Betreiben Sie also den Motor möglichst nicht mit PWM oder dimensionieren Sie Ihre Diode dementsprechend.

Einen angenehmen Nebeneffekt hat die Diode noch: Da Elektromotoren auch als Generatoren fungieren, könnte man durch manuelles Bewegen des Motors die

Schaltung schädigen, wenn man in die falsche Richtung dreht – durch die Diode werden dann die Ströme wirkungsvoll vernichtet.

Benötigte Bauteile
- 1 Arduino Uno oder Mega
- 1 Netzteil 5 V, 3 A
- 1 Buchse für externes Netzteil
- 1 Wasserpumpe RS-360SH
- 1 N-Kanal-Feldeffekttransistor BUZ11
- 1 lichtabhängiger Widerstand (LDR) LDR03
- 1 Widerstand 4,7 kΩ
- 1 Diode IN4148
- 1 Bodenfeuchtigkeitssensor (Hygrometer)
- 9 Steckbrücken
- 2 Wasserschlauchstücke, 4 mm Innendurchmesser
- 1 zu wässernde Pflanze
- 1 Wasserbehälter

5.15.4 Schaltplan

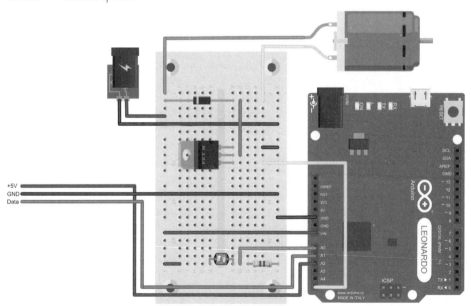

Bild 5.67: Breadboard-Aufbau der automatischen Gießanlage.

Um eine automatische Gießanlage zu bauen, benötigen wir eine Wasserpumpe, die mit genügend Leistung versorgt wird, einen Helligkeitssensor, um zu messen ob gerade Tag oder Nacht ist, und einen Feuchtigkeitssensor, um zu ermitteln, ob die Pflanze gegossen werden muss.

Anschließen der Wasserpumpe

Im Gegensatz zu normalen Elektromotoren, bei denen es egal ist, in welche Richtung sie gedreht werden, muss sich eine Wasserpumpe in die richtige Richtung drehen. Wenn sie falsch herum angeschlossen wird, kann sie ihre Funktion als Pumpe nicht erfüllen. Aus diesem Grund ist entweder ein schon vorhandenes Anschlusskabel klar mit den Farben Rot und Schwarz markiert, oder auf der Pumpe selbst befindet sich eine Markierung, die zeigt, wie sie angeschlossen werden muss.

Zum Ansteuern der Pumpe wird ein Power-MOSFET verwendet. Diese Feldeffekttransistoren können problemlos große Ströme und Spannungen schalten. Die Wasserpumpe wird dafür mit dem Pluspol an die Versorgungsspannung des Netzteils und mit dem Minuspol an den Drain-Ausgang des Transistors angeschlossen. Der Source-Eingang des Transistors wird dann mit der Masse verbunden. Um den Transistor steuern zu können, wird der Gate-Eingang mit Pin A5 des Arduino verbunden.

Anschluss des Helligkeitssensors

Mithilfe eines LDR (Light-Dependent Resistor, lichtabhängiger Widerstand) kann auf einfache Weise gemessen werden, wie hell es gerade ist. Solch ein Messwiderstand ist zwar nicht so schnell und empfindlich wie eine Fotodiode oder ein Fototransistor, dafür ist er einfach auszuwerten und kann die Helligkeit über einen weiten Bereich messen – von »vollkommen dunkel« bis »blendend hell«. Um den Widerstandswert zu messen, wird zusammen mit einem festen Widerstand ein Spannungsteiler aufgebaut und die Spannung gemessen, die über diesem abfällt. Da wir hier nur grob zwischen Tag und Nacht unterscheiden wollen, ist der Wert des Festwiderstands flexibel – von 1 kΩ bis 100 kΩ kann jeder Wert verwendet werden, wir haben in dieser Schaltung einen 4,7-kΩ-Widerstand benutzt. Der Widerstandsteiler wird zwischen der Masse und der 5-V-Spannung des Arduino aufgebaut, die Verbindungsstelle der zwei Widerstände wird mit Pin A0 verbunden.

Anschluss des Feuchtigkeitssensors.

Unter den Bezeichnungen *Feuchtigkeitssensor*, *Hygrometer*, *Soil Moisture Sensor* und *Bodenfeuchtesensor* finden sich im Internet diverse Sensoren, die den Wassergehalt in der Erde eines Blumentopfs messen können. Während einige Sensoren ein analoges Signal ausgeben, das mit dem Arduino verarbeitet werden kann, besitzen andere ein Potenziometer, mit dessen Hilfe ein Schwellenwert eingestellt werden kann, ab dem eine digitale 1 übermittelt wird. Der verwendete Sensor wird über den 5-V-Ausgang des Arduino und die Masse mit Energie versorgt, die Datenleitung wird an Pin A1 des Arduino angeschlossen. Wenn der Sensor helle Leuchtdioden besitzt, die nachts nicht leuchten sollen, kann der Sensor statt mit dem 5-V-Pin des Arduino auch über Pin A2 mit Strom versorgt werden und somit von der Software ein- oder ausgeschaltet werden.

Download Source Code
Giessanlage.ino
- *buch.cd*
- *arduino-handbuch.visual-design.com*

5.15.5 Source Code

```
001 const int Pin_Motor = A5;
002 const int Pin_LDR = A0;
003 const int Pin_Sensor = A1;
004 const int Pin_Sensor_Vcc = A2;
005
006 void setup() {
007   //Initialisiere die Pins.
008   pinMode(Pin_Motor, OUTPUT);
009   pinMode(Pin_Sensor_Vcc, OUTPUT);
010   digitalWrite(Pin_Motor, LOW);
011   digitalWrite(Pin_Sensor_Vcc, HIGH);
012   Serial.begin(9600);
013
014   //Warte 10 s, damit der Sensor eingestellt werden kann.
015   delay(10000);
016 }
017 const int Schwellwert_Nacht = 10;
018
019 boolean soll_gegossen_werden() {
020   boolean tag = analogRead(Pin_LDR) > Schwellwert_Nacht;
021   if (tag) {
022     Serial.println("Es ist Tag.");
023   } else {
024     Serial.println("Es ist Nacht.");
025   }
026
027   if (tag) {
028     digitalWrite(Pin_Sensor_Vcc, HIGH);
029     delay(10);
030     boolean trocken = digitalRead(Pin_Sensor);
031     digitalWrite(Pin_Sensor_Vcc, LOW);
032
033     if (trocken) {
034       Serial.print("Die Erde ist trocken. ");
035     } else {
036       Serial.print("Die Erde ist feucht. ");
037     }
038
039     //Gieße, wenn die Erde tagsüber trocken ist.
040     if (trocken)
```

```
041       return true;
042   }
043   return false;
044 }
045 void giesse(int Dauer) {
046   digitalWrite(Pin_Motor, HIGH);
047   delay(Dauer);
048   digitalWrite(Pin_Motor, LOW);
049 }
050
051 void loop() {
052   if (soll_gegossen_werden()) {
053     Serial.println("Es wird gegossen");
054     giesse(250);   //Gieße kurz.
055     delay(5000); //Warte ein paar Sekunden.
056   }
057 }
```

Nach der üblichen Pindefinition wird erst einmal zehn Sekunden gewartet, bis das Programm abgearbeitet wird. Bei einem Sensor, der mit einem Potenziometer ausgestattet ist, kann innerhalb dieser Zeit der Sensorwert eingestellt werden.

Um herauszufinden, ob die Pflanze gegossen werden soll, wird in der Funktion `soll_gegossen_werden()` als Erstes überprüft, ob es Tag oder Nacht ist. Dafür wird die über dem LDR abfallende Spannung gemessen. Wenn sie einen gewissen Schwellenwert überschritten hat, wird angenommen, dass es Tag ist. Der Schwellenwert kann durch Experimentieren herausgefunden werden. Wenn es Tag ist, kann dann ermittelt werden, ob die Erde trocken genug ist, um gegossen zu werden.

Zum Gießen der Pflanze muss die Wasserpumpe, über den Transistor gesteuert, kurz angeschaltet werden. Eine leistungsfähige Pumpe muss nur einen Sekundenbruchteil angeschaltet werden, um eine ausreichende Menge Wasser zu fördern.

Danach wird eine Minute lang gewartet, und erst dann wird wieder gemessen, ob gegossen werden soll. Dies hat den Vorteil, dass sich das vergossene Wasser in dieser Minute gleichmäßig im Blumentopf verteilen kann. Dadurch wird verhindert, dass wir in kurzer Zeit viel Wasser zugeben, ohne dass der Sensor ausschlägt, der vielleicht am anderen Ende des Blumentopfs platziert ist.

5.15.6 Tipps und Tricks

Sobald mein Motor anläuft, stürzt der Arduino ab.

- Wenn Sie einen leistungsfähigen Motor verwenden, entspricht das einer großen Spule. Da diese ja beim Einschalten erst einmal ein Magnetfeld aufbaut, verbraucht sie zu diesem Zeitpunkt viel Energie, die dann an anderer Stelle nicht mehr zur Verfügung steht. So kann es sein, dass der Arduino beim Einschalten des Motors nicht mit genügend Strom versorgt wird und sich infolgedessen zurücksetzt.

- Um diesen Effekt zu beheben, können Sie einen (möglichst großen) Kondensator zwischen die Spannungsversorgung des Motors und der Masse platzieren. Sobald der Motor eingeschaltet wird, liefert dieser Kondensator einen Extraschub an Energie, die die Spule des Motors auflädt und die Stromversorgung des Arduino sicherstellt.

Das Wasser fließt auch ohne Motor durch meine Pumpe hindurch.

Leider ist eine Wasserpumpe meistens nicht wasserdicht schließend, sodass auch ohne angeschalteten Motor Wasser durch sie hindurchfließt. Um eine richtig funktionierende Bewässerungsanlage zu bauen, muss deshalb einiges beachtet werden.

- Die Pumpe muss sich unterhalb des Wasserspiegels befinden, damit das Wasser nicht rückwärts durch die Pumpe zurückfließt und sie in diesem Fall Luft statt Wasser ansaugen würde.
- Die Pflanze muss sich oberhalb des Wasserspiegels befinden, damit sie nicht dauerhaft gegossen wird.
- Der Schlauch und auch die Pumpe können sich oberhalb des Wasserspiegels befinden, und das Wasser läuft trotzdem hindurch.

5.16 Der Arduino™ Robot

Wenn Sie immer schon mal einen Roboter in Bewegung bringen wollten, aber keine Zeit oder kein Geschick hatten, selbst einen zu konstruieren, ist vielleicht der Arduino Robot genau das Richtige für Sie. Er kommt betriebsfertig aus der Schachtel, hat Räder, Akkus und alle notwendigen Sensoren bereits installiert und muss nur noch programmiert werden.

Das allerdings ist nicht ganz so trivial, wie wir während der Recherchen zu diesem Buch feststellen mussten. Die Dokumentation ist dürftig, und manch wichtiger Tipp steht irgendwo ganz versteckt im Source Code irgendeines Beispielprojekts. Daher werden wir in diesem Kapitel kleine Brötchen backen und nur mit den Hausmitteln des Roboters arbeiten – keine Hardwareerweiterung diesmal, sorry, folks!

5.16.1 Kaufen Sie die Virtual Robo-Leash™

Kennen Sie das? Ihr Roboter tanzt Ihnen auf der Nase herum, fährt, wohin er will, richtet sich nicht nach Ihren Wünschen, pfeift auf Ihre Programmierung? Dann legen Sie ihm endlich die virtuelle Leine an und zeigen Sie ihm, wer der Herr im Hause ist!

Die »Virtual Robo-Leash™« unterstützt Sie dabei, dass Ihr Roboter endlich brav und folgsam Ihren Kommandos Folge leistet! Denn aufgrund seiner natürlichen Abneigung gegen PVC kann Ihr Roboter die »VRL™« nicht überqueren. Er wendet sich angeekelt ab, sucht ein neues Schlupfloch – doch er findet keines.

Bild 5.68: Der Arduino Robot in seinem virtuellen Käfig.

Nur fünf Minuten im klaustrophobischen Roboterzwinger disziplinieren Ihr elektronisches Haustier und geben Ihnen den Respekt zurück, der Ihnen zusteht!

5.16.2 Aufgabenstellung

Als Aufgabe stellen wir uns diesmal, den Roboter frei in einem abgegrenzten Bereich fahren zu lassen, den wir zuvor mit Markierungen auf dem Boden bestimmt haben. Diese Markierungen werden von den Sensoren des Roboters erkannt, und sobald der Roboter eine davon berührt, stoppt er seine Bewegung und dreht sich von der Markierung weg. So sucht er einen neuen Weg, den er befahren kann, ohne die Markierung zu berühren. Die Geschwindigkeit, mit der der Roboter durch das Gehege fährt, ist dabei über den Drehknopf des Geräts einstellbar und sollte nicht zu hoch sein, da er sonst die Absperrung durchbrechen kann.

5.16.3 Hintergrundwissen

Die zwei Herzen des Arduino Robots

Wenn man den Arduino Robot auspackt, fällt einem zuerst ins Auge, dass er aus zwei Platinen besteht. Die untere nimmt die Räder, deren Motoren, das Akkupack und die Infrarotsensoren auf, die zum Boden hin ausgerichtet sind und mit denen der Roboter seinen Weg erkennen kann.

Die obere Platine besitzt neben fünf Drucktastern und einem Drehregler auch ein TFT-Display und einen Lautsprecher.

Vor allem aber – und darin unterscheidet sich dieses Arduino-Gerät von allen anderen – hat der Arduino Robot zwei Herzen, denn sowohl auf der oberen als auch auf der unteren Platine sitzt ein Mikrocontroller. Beide sind vollwertige Arduino-Platinen, beide haben einen eigenen USB-Anschluss, beide lassen sich mit Programmen bespielen, beide laufen unabhängig voneinander.

Verbunden sind beide Platinen über ein Flachbandkabel, über das die beiden Mikrocontroller Daten und Befehle austauschen können. Während der Controller der unteren Platine die Steuerung des Motors und die Auswertung der Sensoren übernimmt, also eher niedere Arbeiten verrichtet, dient der Controller der oberen Platine den höheren Funktionen. Er ist in der Lage, dem anderen Controller Befehle zu erteilen, und beherbergt üblicherweise die eigentliche Programmlogik.

Für Sie als Anwender ist vor allem die obere Platine von Interesse. Auf ihr werden Sie üblicherweise Ihre Programme laden und ausführen, die untere Platine werden Sie nur in Ausnahmefällen programmieren.

Auch in der Arduino-Oberfläche gibt es zwei Boards, zwischen denen Sie auswählen können: *Arduino Robot Motor* (untere Platine) und *Arduino Robot Control* (obere Platine).

Motoren justieren

Will man den Arduino Robot sofort einsetzen, wird man schnell feststellen, dass er dazu neigt, im Kreis zu fahren. Das liegt daran, dass die Motoren, die die Räder antreiben, ganz normale Gleichstrommotoren sind, die normalerweise noch nicht aufeinander abgestimmt sind.

Bevor man also sinnvolle Bewegungen mit dem Roboter durchführen kann, sollte man die Motoren justieren, sodass sie gleich schnell arbeiten.

Hierzu muss man das Beispielprogramm *R06_Wheel_Calibration* aus dem Menü *Datei/ Beispiele/Robot Control/Explore* öffnen und auf die obere Platine des Robots laden.

Wenn man anschließend den Roboter über den Schalter auf dem unteren Board einschaltet, werden die Motoren mit gleichen Werten aktiviert. Die Geschwindigkeit der Motoren kann man dabei über den Drehregler auf der oberen Platine einstellen.

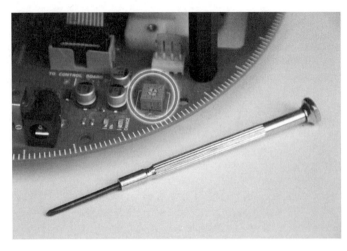

Bild 5.69: Über diese Stellschraube kann man die Motoren justieren.

Wenn man jetzt den Roboter auf einer ebenen Fläche aufsetzt, fährt dieser los und wird aller Wahrscheinlichkeit nach einen mehr oder weniger engen Kreis beschreiben. Mithilfe des auf der unteren Platine befestigten Potenziometers kann man die Motoren untereinander abstimmen. Dazu nimmt man am besten einen kleinen Schraubenzieher und dreht vorsichtig am Stellrad. Bitte beachten Sie, dass es nicht möglich ist, das Stellrad um 360 Grad zu drehen. An irgendeiner Stelle ist eine Arretierung, die man nicht überwinden kann, ohne das Potenziometer zu zerstören – drehen Sie also nur mit Vorsicht.

Versuchen Sie nun, den Roboter dazu zu bewegen, möglichst geradeaus zu fahren. Dazu werden Sie ihn des Öfteren vom Boden anheben und das Stellrad neu ausrichten müssen, bis Sie die richtige Einstellung gefunden haben.

Infrarotsensoren und PVC

Der Arduino Robot hat an seiner Unterseite mehrere Infrarotsensoren, die ihn in die Lage versetzen, einer optischen Markierung auf dem Boden zu folgen. In der Theorie ist das ganz einfach: Man malt eine Linie auf den Boden, die sich gut optisch vom Untergrund abhebt und über eine gewisse Dicke verfügt. Anschließend setzt man den Arduino Robot auf diese Linie und gibt ihm die Anweisung, dieser Linie zu folgen, was er auch anstandslos tut.

So dachten wir zumindest, bis wir es tatsächlich ausprobiert haben. Wir nahmen ein großes Stück Papier, malten mit Filzstift eine schöne, schwarze und dicke Linie darauf, luden das Demoprogramm R02_Line_Follow auf die obere Platine und warteten darauf, dass der Robot der Linie folgte. Nichts passierte. Auch nach mehreren Versuchen nicht, was recht frustrierend war und etliche Stunden kostete. Dann endlich fiel unser Blick auf die Beschreibung im Source Code, wo lapidar geschrieben stand, dass man ein schwarzes Elektriker-Isolierband verwenden solle. Als wir das dann taten, reagierte der Roboter auch endlich.

Bild 5.70: Deutliche Unterschiede zwischen Filzschreiber und PVC-Band – nur bei Letzterem leuchtet die Sensor-LED auf.

Jetzt fragen Sie sich vielleicht genau wie wir, wo denn der Unterschied liegt zwischen einem gut sichtbaren schwarzen Streifen eines Filzmarkers und einem ebenso schwarzen Isolierband. Nach einigen Recherchen und dem Tipp eines Freundes kam schließlich heraus: Das in Elektriker-Isolierband verwendete PVC gibt besonders viel Infrarotstrahlung ab. Aus Sicht eines Infrarotsensors leuchtet es also wie ein Lagerfeuer in tiefster Nacht und hebt sich damit besonders gut von der Umgebung ab. Wir lagen also mit unserer Annahme, der schwarze Streifen würde Licht absorbieren, komplett falsch, das Gegenteil war vielmehr der Fall.

Benötigte Bauteile
- Arduino Robot
- Schwarzes PVC-Band (Elektroisolierband)

Download Source Code
Robot_Virtueller_Kaefig.ino
- buch.cd
- arduino-handbuch.visual-design.com

5.16.4 Source Code

Das Programm soll dafür sorgen, dass der Roboter beim Erkennen der PVC-Klebebandmarkierung anhält und sich von dem Klebeband wegdreht:

```
001 #include <ArduinoRobot.h>
002 #include <Wire.h>
003 #include <SPI.h>
004
005 void setup() {
006   Robot.begin();       //Roboter initialisieren.
007   Serial.begin(9600); //Seriellen Port initialisieren.
008 }
```

```
009
010
011  //Globale Variablen für die zuletzt gewählte Geschwindigkeit.
012  int LGeschw = 0;
013  int RGeschw = 0;
014
015  void loop() {
016    //Geschwindigkeit anhand des Potenziometers setzen.
017    int Geschwindigkeit = map( Robot.knobRead(), 0, 1024, 0, 255);
018
019    Robot.updateIR(); //Infrarotsensoren einlesen.
020
021    //Minimaler Wert aller Sensoren und dazugehörigen Sensor finden.
022    int Min = 1024;
023    int MinPos = -1; // 1 = rechts, 5 = links
024    for (int i = 0; i < 5; i++) {
025      if (Robot.IRarray[i] < Min) {
026        Min = Robot.IRarray[i];
027        MinPos = i;
028      }
029      Serial.print(Robot.IRarray[i]); //Ausgabe an serielle Schnittstelle
030      Serial.print(" ");              //zur Fehlerbehebung
031    }
032    Serial.println("");
033
034    if (Min >= 700) {
035      //Keine Auffälligkeiten, geradeaus fahren.
036      LGeschw = Geschwindigkeit;
037      RGeschw = Geschwindigkeit;
038      Robot.motorsWrite(LGeschw, RGeschw );
039    } else {
040      //Randmarkierung gefunden.
041      int Richtung = 1;
042      if (MinPos >= 3 ) {
043        Richtung = -1;
044      }
045
046      //Roboter stoppen (mit invertierten alten Werten).
047      Robot.motorsWrite(-LGeschw, -RGeschw );
048      delay(20);
049
050      //Roboter in berechnete Richtung drehen.
051      LGeschw = -Geschwindigkeit * Richtung;
052      RGeschw = Geschwindigkeit * Richtung;
053      Robot.motorsWrite(LGeschw, RGeschw );
054      delay(200);
055    }
056  }
```

Im `setup()`-Bereich werden der Roboter und die serielle Schnittstelle initialisiert. Der `loop()`-Bereich fragt zuerst den Drehregler ab und benutzt diesen Wert als Motorgeschwindigkeit, wobei der Wert des Knopfs (0–1024) auf den der Motorgeschwindigkeit (0–255) umgerechnet wird.

Anschließend werden die Infrarotdaten eingelesen, die ja von der unteren Platine zur oberen durchgereicht werden müssen. Sie befinden sich dann in dem Feld `Robot.IRarray`, das in der darauffolgenden Schleife durchgegangen wird. Sobald ein Messwert kleiner als der kleinste zuvor gemessene Wert ist, wird er als neuer kleinster Messwert in der Variablen `Min` eingetragen. Die Nummer des Sensors wird gespeichert in `MinPos`. Wenn die Schleife alle Sensordaten analysiert hat, haben wir also in diesen beiden Variablen den kleinsten aller Messwerte und die Nummer des Sensors. Zur eventuellen Fehlerbehebung werden die Daten zudem noch über die serielle Schnittstelle ausgegeben.

Anschließend wird abgefragt, ob der kleinste Messwert über einem Schwellenwert von 700 liegt. Bei Werten über dieser Zahl kann man davon ausgehen, dass keiner der Sensoren das PVC-Band erkennt und somit der Weg frei ist. Die Motoren werden in diesem Fall auf Vorwärtsbetrieb geschaltet, indem beide Parameter des Befehls `Robot.motorsWrite` positive Werte aufweisen, beide Motoren also nach vorne laufen.

Wird ein Wert kleiner als 700 bei einem der Sensoren festgestellt, kann man davon ausgehen, dass eine Markierung in den Sensorbereich gelangt ist. Ist die Nummer des Sensors dabei größer oder gleich 3, ist die Markierung im rechten Bereich des Sensorfelds aufgetaucht, und der Roboter muss sich nach links drehen, andernfalls soll er sich nach rechts drehen. Gespeichert wird die gewünschte Drehrichtung in der Variablen `Richtung`.

Da sich der Roboter in Bewegung befindet, wird jetzt erst einmal ein kurzer Gegenimpuls auf die Motoren ausgeübt, damit diese besonders schnell zum Anhalten gebracht werden. Dazu nehmen wir die zuletzt eingestellte Geschwindigkeit, verkehren sie ins Gegenteil und lassen die Motoren für 20 ms drehen.

Anschließend wird die Geschwindigkeit des linken und des rechten Motors anhand der Variablen `Richtung` und `Geschwindigkeit` berechnet, und die Motoren werden für 200 ms gestartet. Das bewirkt eine Drehung des Roboters, da in diesem Fall beide Motoren gegenläufig arbeiten. Dieser ganze Vorgang wird dann endlos wiederholt, was den Roboter dazu bringt, die Grenzen seines virtuellen Käfigs immer wieder auszutesten und sich entlang der Markierung vorzutasten. Es wirkt etwas wie Hospitalismus, aber wir wissen ja, dass es keine bleibenden Schäden hinterlässt.

5.16.5 Tipps und Tricks

Die Kommunikation zum Robot ist gestört.
Bei unseren Recherchen ist es häufiger vorgekommen, dass wir auf den Arduino ein Programm geladen hatten, das die Kommunikation mit der Arduino-Softwareent-

wicklungsumgebung störte. Wir waren dann nicht mehr in der Lage, ein neues Programm hochzuladen, was natürlich schon den einen oder anderen Verzweiflungsschrei und die Furcht auslöste, das gesamte Gerät wegwerfen zu müssen.

Doch freundlicherweise haben die Entwickler auch daran gedacht und einen besonderen Modus eingerichtet, den man durch zweimaliges Drücken des Reset-Tasters einschaltet. Sieht man sich unter Windows im Geräte-Manager die Abteilung *Anschlüsse (COM & LPT)* an, erkennt man bei angeschlossener oberer Platine normalerweise den Eintrag *Arduino Robot*, gefolgt von der COM-Portnummer. Drückt man den Reset-Schalter zweimal, erscheint hier *Arduino Robot Control Bootloader*, gefolgt von einer anderen Portnummer. Leider ist dieser Modus nur für eine Zeit von einigen Sekunden aktiv, in der man in der Oberfläche die Portnummer unter *Werkzeuge/Port* eintragen muss.

Startet man dann den Hochladevorgang und drückt während des Kompilierens den Reset-Knopf zweimal, funktioniert der Uploadvorgang, wenn man das richtige Timing erwischt – denn der Bootloader muss dann aktiv sein, wenn die Oberfläche gerade den Code senden möchte. Es ist recht trickreich, den richtigen Zeitpunkt herauszufinden, aber nach einigen Versuchen sollte es klappen.

5.17 Analoge Uhr

Elektromotoren kennt jeder. Legt man bei ihnen eine Spannung an, beginnen sie, sich zu drehen. Je mehr Spannung man ihnen gibt, desto schneller drehen sie sich, und so kommen schnell 1.000 oder mehr Umdrehungen pro Minute zusammen.

Was ist aber, wenn man nur eine einzige Umdrehung haben will? Bei einem Gleichstrommotor müsste man dann dafür sorgen, dass der Motor erst beschleunigt und dann wieder abbremst, um punktgenau bei exakt einer Umdrehung anzuhalten. Das ist nicht so einfach, denn zum einen müsste man das exakte Beschleunigungsverhalten des Motors kennen, um dann eine Elektronik zu entwerfen, die die Beschleunigung und das Abbremsen vornimmt, und zum anderen müsste man noch wissen, wann eine Umdrehung tatsächlich abgeschlossen ist. Wenn Sie jetzt sagen, dass das kompliziert klingt, dann haben Sie vollkommen recht – und selbst wenn Sie diesen ganzen Aufwand betreiben, ist es noch höchst fraglich, wie genau die gesamte Schaltung arbeiten würde.

Glücklicherweise brauchen Sie das alles gar nicht zu machen, denn es gibt Schrittmotoren. Diesen begegnen Sie häufiger im Alltag, als Sie vielleicht denken: Jeder Drucker, jeder Scanner und viele Autos benutzen sie, um den Druck- oder Scankopf, Klappen oder andere Elemente genau zu bewegen.

Schrittmotoren unterscheiden sich von normalen Elektromotoren dadurch, dass sie zwar in der Lage sind, eine volle Umdrehung durchzuführen, diese aber in etliche Unterschritte unterteilen, die einzeln angefahren werden. Wenn ein handelsüblicher Schrittmotor beispielsweise 200 Schritte hat, muss die Elektronik, die diesen Motor ansteuert, ihn dazu bringen, 200 Einzelschritte auszuführen, bis eine volle Umdrehung zusammenkommt.

So eine Ansteuerung ist wesentlich komplizierter als das Betreiben eines normalen Elektromotors, hat aber den großen Vorteil, dass man nicht nur Teilumdrehungen durchführen kann, sondern auch gleichzeitig weiß, in welcher Position der Motor sich befindet: Hat man 100 Schritte durchgeführt, weiß man, dass der sich Motor exakt eine halbe Umdrehung bewegt hat, wurden 50 Schritte gemacht, kann man sicher sein, eine Viertelumdrehung vorgenommen zu haben. Gerade für genaue Maschinen wie beispielsweise 3-D-Drucker ist dieser Umstand von großem Nutzen.

5.17.1 Steampunk

Sir Isaac Fuller legt etwas Kohle in die Mikrodampfmaschine ein, die seinen bronzefarbenen Ersatzarm bewegt. Im Krieg hatte er seinen natürlichen verloren – auf dem Schlachtfeld in den letzten Minuten vor der Kapitulation der Slowaken und dem Ende des 18-Tage-Kriegs bei Gibraltar. Ein Meisterwerk der Technik, Zahnräder und Ketten an den Gelenken, pneumatische Zylinder ersetzen die Muskeln. Er kann ihn fast genauso bewegen wie seinen natürlichen Arm, Brustgurte aus schwarzem Leder arretieren ihn am Körper.

Ein kurzer Blick auf seine Uhr – er muss los, will er den Zeppelin nach Paris noch erreichen. Den Zylinder auf dem Kopf, tritt er durch die Tür auf die Straße heraus. Die Luft ist von Kohlestaub, Dung und Lärm erfüllt, zwischen den Pferden und Fuhrwerken bewegen sich selbstfahrende Kutschen, lautstark zischend, weißen Dampf ausstoßend. Die Turmuhr der ehrwürdigen St.-Christopherus-Kirche zeigt 12:87 Uhr – nur noch 1.300 Miniticks!

5.17.2 Aufgabenstellung

Es soll eine Uhr gebaut werden, die pro Minute 100 Miniticks anfährt und diese durch einen Zeiger auf einem entsprechenden Ziffernblatt angibt.

Bild 5.71: Die Einzelteile unser Steampunk-Uhr.

5.17.3 Hintergrundwissen

Um die Funktionsweise eines Schrittmotors zu verstehen, muss man sich dessen schematischen Aufbau einmal näher betrachten.

Wie funktioniert ein Schrittmotor?

Ein Schrittmotor hat im einfachsten Fall vier Anschlüsse. Zwischen je zweien befindet sich eine Spule, die ein magnetisches Feld erzeugen kann. In der Mitte befindet sich die Achse des Motors mit einem starken Permanentmagneten, der bekanntlich einen Nord- und einen Südpol besitzt. Legt man nun an die Spule eine Spannung an, werden auch im Eisenkern, den diese Spule umschlingt, ein Nord- und ein Südpol generiert. Diese sind natürlich abhängig davon, an welchem Ende man den Plus- bzw. den Minuspol der Stromquelle anlegt. Sobald das Magnetfeld durch die Spule aufgebaut ist, dreht sich der Permanentmagnet des Schrittmotors so, dass sein Nordpol zum Südpol des elektrisch generierten Magnetfelds zeigt.

Wenn man nun in diese Ansteuerung auch die andere Spule einbindet, ist man auf diese einfache Weise schon in der Lage, den Motor eine volle Umdrehung machen zu lassen:

5.17 Analoge Uhr

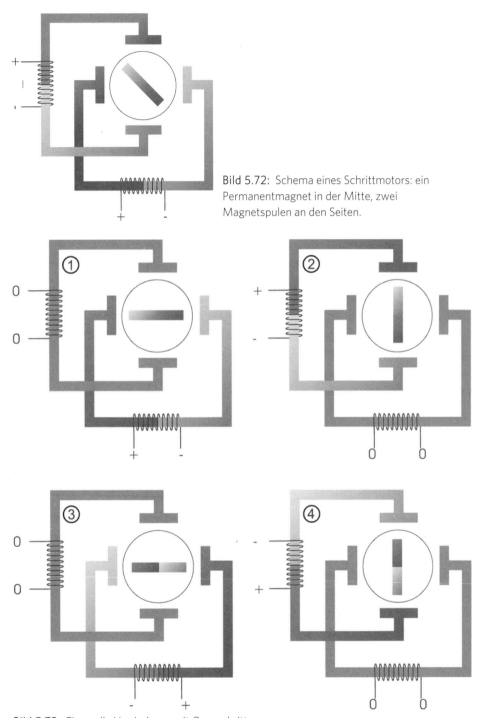

Bild 5.72: Schema eines Schrittmotors: ein Permanentmagnet in der Mitte, zwei Magnetspulen an den Seiten.

Bild 5.73: Eine volle Umdrehung mit Ganzschritten.

Halbschritte

Nun hat in der Grafik unser Schrittmotor gerade einmal vier Schritte und ist dementsprechend einfach gestrickt. Industriell gefertigte Schrittmotoren haben aber durch eine geschickte Anordnung der Spulen – auf die wir aber in diesem Buch nicht näher eingehen werden – üblicherweise 200 Schritte pro Umdrehung, es können weniger oder sogar deutlich mehr sein. Auch wenn 200 Schritte zunächst viel erscheinen mögen, wäre allein diese Anzahl von Schritten für einige Geräte wie z. B. 3-D-Drucker oder Scanner nicht ausreichend, vielmehr möchte man noch mehr Genauigkeit erreichen.

Das kann man durch die Einführung von sogenannten Halbschritten ermöglichen. Sieht man sich unser vereinfachtes Beispiel noch einmal genauer an, erkennt man, dass der Permanentmagnet in 90-Grad-Schritten bewegt werden kann, wenn immer nur eine Spule in Betrieb ist. Um 45-Grad-Schritte zu erzeugen, müssen beide Spulen gleichzeitig aktiv sein:

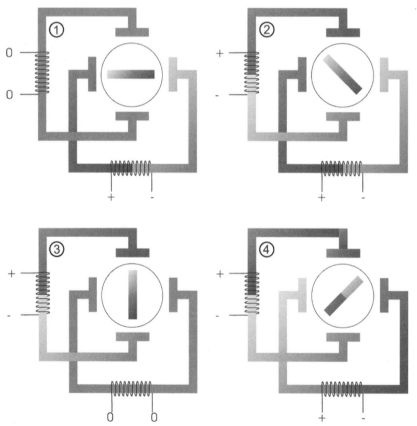

Bild 5.74: Bei Halbschritten sind beide Spulen aktiv.

Im zweiten Bild sind beispielsweise beide Spulen so aktiv, dass die eine Spule den Magneten nach links und die andere ihn nach oben zieht. In der Folge versucht der Permanentmagnet, in der Mitte den Weg des geringsten Widerstands zu gehen, und fährt in eine Position, die möglichst weit links und möglichst weit oben ist, also in der Summe diagonal nach links oben zeigt.

Diese Form der Ansteuerung nennt man Halbschritte, und mit ihr ist es möglich, aus 200 Vollschritten 400 Schritte insgesamt zu erzeugen. Nun ist also der Motor schon in der Lage, 0,9-Grad-Schritte zu vollziehen. Doch auch das kann durchaus noch verbessert werden.

Viertel-, Achtel- und Sechzehntelschritte

Bislang haben wir an die Spulen immer die volle Spannung angelegt, die unsere Stromquelle zu bieten hatte. Wenn wir aber beispielsweise nur die halbe Spannung anlegen, wird auch das Magnetfeld der jeweiligen Spule schwächer und zieht den Permanentmagneten weniger an als eine Spule unter voller Last. Und schon haben wir aus 400 Halbschritten 800 Viertelschritte gemacht und die Genauigkeit des Schrittmotors bereits vervierfacht.

Sicherlich können Sie eins und eins zusammenrechnen und sehen, dass man bei einer Spule nicht nur die Hälfte der Spannung anlegen kann. Erlaubt man 25 %-Schritte in der Spannung der Spulen, erreicht man logischerweise 1.600 Schritte, bei Spannungsabstufungen von 12,5 % sind es 3.200 Schritte etc.

Natürlich wird die elektronische Ansteuerung mit jeder Spannungsstufe komplizierter. Daher werden für die Steuerung von Schrittmotoren häufig sogenannte Schrittmotortreiber verwendet. Diese elektronischen Bausteine übernehmen die komplette Steuerung des Schrittmotors, sodass der daran angeschlossene steuernde Mikrocontroller nur noch angeben muss, wie viele Teilschritte sich der Motor in welche Richtung bewegen soll – der Treiber erledigt dann den Rest.

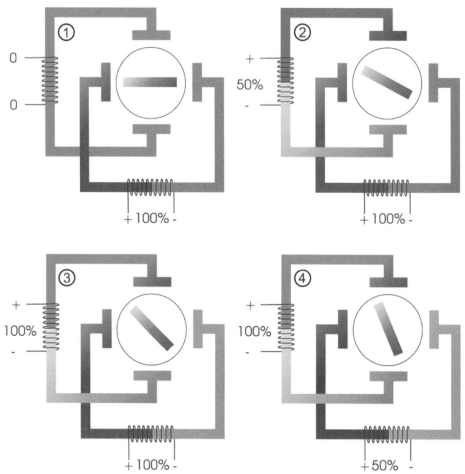

Bild 5.75: Viertelschritte werden mit unterschiedlicher Spannung in den Spulen erreicht.

Bild 5.76: Schrittmotortreiber wie dieser werden häufig bei 3-D-Druckern eingesetzt.

Noch ein Wort zu den Anschlüssen der Motoren: Neben den einfachsten bipolaren Motoren gibt es auch solche, die unipolar aufgebaut sind. Der Unterschied zum bipolaren Motor ist nicht sehr groß und besteht im Wesentlichen nur darin, dass jede

Spule noch einmal in der Mitte einen Anschluss nach außen bekommt, sodass sie zweigeteilt ist.

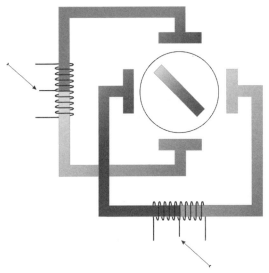

Bild 5.77: Bei einem unipolaren Schrittmotor gibt es sechs Anschlüsse, je drei pro Spule.

Diese Art der Beschaltung bietet weitere Vorteile, auf die wir aber an dieser Stelle nicht eingehen werden. Wie Sie aber sehen, können unipolare Motoren sehr einfach wie bipolare angesteuert werden, indem die neue, mittige Abzweigung der Spulen einfach ignoriert wird.

Neben den bipolaren Motoren mit vier Anschlüssen und den unipolaren Motoren mit sechs Anschlüssen gibt es auch noch Schrittmotoren, aus denen fünf Kabel ragen. Diese Motoren sind ebenso unipolar, wobei die beiden mittleren Ausgänge der Spulen in ein Kabel zusammengefasst werden. Solche Schrittmotoren können ausschließlich unipolar angesteuert werden. Für unser Projekt sind sie daher nicht geeignet.

Das Motor-Shield

Leider ist das Arduino-Motor-Shield nicht in der Lage, Viertelschritte auszuführen, da es nur über einen relativ einfachen L298-Chip verfügt. Dieser kann den Strom zu den Motoren nur ein- und ausschalten, die Stromstärke oder die Spannung kann er nicht beeinflussen.

Unter Verwendung der Stepper-Library von Arduino ist er damit lediglich in der Lage, Ganzschritte auszuführen. Grundsätzlich ist es aber möglich, auch Halbschritte auszuführen, da hierfür ebenfalls nur die volle Spannung angelegt werden muss. Leider unterstützt das aber die schon im Arduino vorhandene Stepper-Library nicht, sodass ein höherer Programmieraufwand notwendig ist.

Benötigte Bauteile
- 1 Schrittmotor (200 Schritte, z. B. NEMA 17)
- 1 Arduino Uno, Leonardo oder Mega
- 1 Motor-Shield
- 1 Steampunk-Zeiger
- 1 Steampunk-Ziffernblatt
- 1 optischer Sensor TCRT1000
- 1 Widerstand 120 Ω
- 1 Widerstand 10 kΩ

5.17.4 Schaltplan

Die analoge Stoppuhr soll mithilfe eines Schrittmotors aufgebaut werden. Dieser ist in der Lage, sich schrittweise in beide Richtungen zu bewegen, und damit für diesen Zweck ideal geeignet. Aber woher weiß die Uhr, an welcher Position sich der Zeiger momentan befindet? Da der Schrittmotor nicht in der Lage ist, uns diese Information zu liefern, müssen wir einen zusätzlichen Sensor einsetzen. In dieser Schaltung wird dafür ein optischer Schalter benutzt, der auslöst, wenn der Zeiger sich vor ihm befindet. Zudem wird noch ein einfacher Taster verwendet, um die Uhr zu starten und zu stoppen.

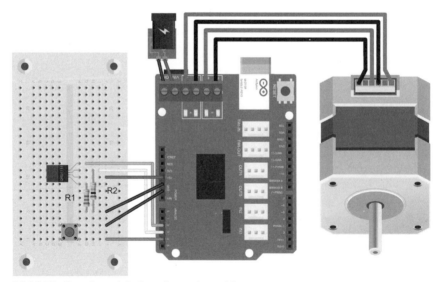

Bild 5.78: Breadboard-Aufbau der analogen Uhr.

5.17 Analoge Uhr

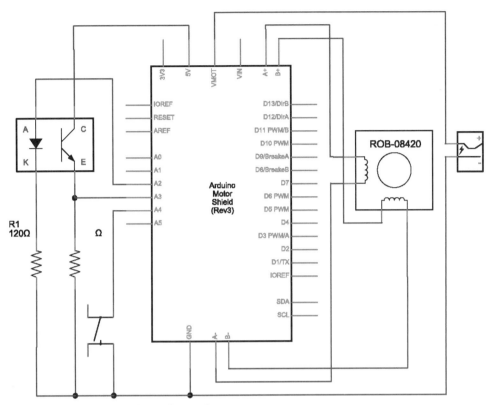

Bild 5.79: Schaltplan der analogen Uhr.

Da der Schrittmotor mehr Strom benötigt, als die USB-Verbindung zum Computer liefert, muss ein externes Netzteil eingesetzt werden, und weil die Spannung des Netzteils auch direkt am Schrittmotor anliegt, muss diese auf die Spezifikationen des Motors abgestimmt sein. Sie finden sie entweder im Datenblatt des Motors oder direkt auf ihm aufgedruckt. Dort erhält man auch oft die maximale Stromstärke, die eine Spule des Motors verträgt. Da ein Schrittmotor aus zwei unabhängigen Spulen besteht, muss das Netzteil mindestens die doppelte Stromstärke plus eine gewisse Reserve liefern können. Wenn ein Schrittmotor beispielsweise die Aufschrift 5 V, 1 A trägt, muss ein 5-V-Netzteil verwendet werden, das mindestens 2,5 A bereitstellen kann.

Anschließen des Schrittmotors

Ein bipolarer Schrittmotor besteht aus zwei unabhängigen Spulen, die in der Mitte einen zusätzlichen Mittelabgriff besitzen können. Er hat damit vier oder sechs Kabel, die aus ihm herausgeführt werden. Um zu überprüfen, welche Kabel zueinander gehören, wird ein Multimeter benötigt, mit dem der Widerstand zwischen zwei Kabeln gemessen werden kann. Wenn Sie einen Schrittmotor mit vier Anschlüssen vor sich haben, müssen Sie nur messen, zwischen welchen Kabelpaaren ein Widerstand von 1 Ω bis 50 Ω vorliegt. Diese Kabelpaare führen dann zu jeweils einer Spule.

Bei einem Schrittmotor mit sechs Kabeln führen jeweils drei Kabel zu einer Spule. Da der Mittelabgriff in der Mitte der Spule liegt, werden Sie von ihm aus auch den halben Widerstand der Gesamtspule messen. Wenn Sie beispielsweise drei Kabel haben und von Kabel eins nach Kabel zwei einen Widerstand von 10 Ω und zwischen Kabel eins und Kabel drei 5 Ω messen, dann ist Kabel drei der Mittelabgriff der Spule und kann ignoriert werden. Kabel eins und Kabel zwei können jetzt an die Anschlüsse A1 und A2 des Motor-Shields angeschlossen werden.

Mit den restlichen drei Kabeln wird genauso verfahren, und die zwei äußeren Spulenanschlüsse werden an B1 und B2 angeschlossen. In welcher Richtung die Spulen angeschlossen werden, also ob Kabel eins an A1 oder an A2 angeschlossen wird, und welche Spule an Kanal A und welche an B angeschlossen wird, ist egal, die einzige Folge ist, dass der Motor sich vielleicht in die falsche Richtung dreht, das kann aber leicht per Software korrigiert werden.

Wenn Ihr Schrittmotor kein Anschlusskabel, sondern nur eine Stiftleiste hat, müssen Sie aus einer Buchsenleiste und vier Kabeln ein eigenes Anschlusskabel zusammenlöten. Beachten Sie hierbei, dass die Stiftleisten einiger Motoren nicht im üblichen Rastermaß von 2,54 mm vorliegen, sondern die Stifte nur 2 mm weit auseinanderliegen.

Anschließen des optischen Schalters

Der optische Schalter besteht aus einer Infrarotleuchtdiode und einem Fototransistor, die in einem Gehäuse zusammen verbaut sind. Wenn sich der Zeiger vor dem Sensor befindet, wird er von der LED beleuchtet, und das reflektierte Licht wird vom Fototransistor gemessen. Das bedeutet natürlich, dass sich der Sensor später im Ziffernblatt befinden muss, am besten an der Zwölf-Uhr-Position, und deshalb mit längeren Kabeln versehen werden sollte.

Der Minuspol (Kathode) der LED wird über den Vorwiderstand R1 mit der Masse verbunden und der Pluspol (Anode) mit Pin A2 des Arduino. R1 kann mithilfe des Strombedarfs und der Vorwärtsspannung der LED aus dem Datenblatt des Sensors über das Ohm'sche Gesetz berechnet werden. Bei der LED des Sensors TCRT1000, die bei einem Strom von 30 mA eine Spannung von ungefähr 2 V benötigt und an einen 5-V-Arduino angeschlossen wird, beträgt R1 somit 100 Ω.

Der Fototransistor im Sensor hat keinen nach außen geführten Basisanschluss, der Basisstrom wird allein durch das auf den Transistor treffende Licht erzeugt und durch den Transistor verstärkt. Dieser verstärkte Strom kann dann indirekt ermittelt werden, indem die Spannung gemessen wird, die über den Widerstand R2 abfällt. R2 kann auch wieder mithilfe des Ohm'schen Gesetzes berechnet werden:

Der verstärkte Strom durch den Transistor beträgt ungefähr 0,5 mA, wenn sich ein reflektierendes Objekt vor ihm befindet. Bei diesem Strom soll eine möglichst hohe

Spannung gemessen werden, beispielsweise 4 V. Der Widerstandswert von R2 muss deshalb 4 V / 0,0005 A = 8 kΩ betragen. Da unser Uhrzeiger aus keinem stark reflektierenden Material besteht, können wir, um den Sensor sensibler zu gestalten, den Widerstandswert noch weiter erhöhen, beispielsweise auf 10 kΩ. Um den Sensor robuster zu gestalten, kann auch ein infrarotes Licht reflektierendes Material, wie beispielsweise weißes Papier, an der Rückseite des Zeigers befestigt werden.

Zusammenbau der Uhr

Bild 5.80: Die aufgebaute Steampunk-Uhr.

Zusätzlich zu den elektrischen Komponenten benötigen Sie noch ein Ziffernblatt und einen Zeiger, um die Uhr aufbauen zu können. Das Ziffernblatt können Sie selbst gestalten und auf einem großen Stück Papier ausdrucken, das Sie auf eine kreisförmige Holzplatte kleben. Für den Zeiger kann ein kleiner Stab aus dem nächsten Baumarkt verwendet werden, in den Sie ein Loch für die Motorwelle bohren – oder Sie gestalten ihn mit einem 3-D-Drucker selbst. Sollten Sie das Ziffernblatt auf einem runden Holzbrett aufbauen wollen, könnte der Vorgang folgendermaßen aussehen:

- Ausmessen der Mitte des Holzbretts, Bohren eines Lochs für die Motorwelle und die Motorbefestigungsschrauben und Befestigen des Motors von hinten an das Holzbrett.
- Bohren einer Vertiefung für den optischen Sensor und eines Lochs für die Durchführung seiner Kabel auf die Rückseite.
- Befestigen des optischen Sensors auf der Rückseite des Papierziffernblatts und Freischneiden eines passenden Sichtfensters.
- Ankleben des Papierziffernblatts auf die Holzscheibe.
- Befestigen des Zeigers auf der Motorwelle.
- Befestigen des Tasters zur Bedienung der Uhr.

> **Download Source Code**
> analogeUhr.ino
> - buch.cd
> - arduino-handbuch.visual-design.com

5.17.5 Source Code

Um eine Uhr mit einem Schrittmotor zu bauen, muss unser Arduino-Programm zu Folgendem imstande sein:

- Ansteuerung eines Schrittmotors: Da die schon in Arduino vorhandene Schrittmotor-Bibliothek den Motor leider nicht mit Halbschritten steuern kann, müssen wir das selbst erledigen.
- Auslesen des optischen Sensors: An der Zwölf-Uhr-Position der Uhr befindet sich ein optischer Sensor, der detektieren soll, ob sich der Zeiger dort positioniert hat.
- Reagieren auf Tastendruck: Mit einer Taste soll die Uhr gestartet, gestoppt und auf die Zwölf-Uhr-Position gesetzt werden.

Da wir das Arduino-Motor-Shield benutzen, sind die Pins zum Ansteuern der Motoren vorgegeben. Das Shield hat vier Anschlüsse zum Anschließen des Schrittmotors. Jeweils zwei davon steuern eine Spule des Motors. Da das Motor-Shield in erster Linie zum Betreiben von einfachen Elektromotoren entworfen wurde, ist das Ansteuern von Schrittmotoren nicht direkt möglich. Für jede Spule gibt es Pins zum Einschalten der Steuerung und zum Festlegen der Richtung, in der die Spule vom Strom durchflossen werden soll, und einen Pin, um den Motor aktiv zu bremsen.

```
001 const int Pin_Apwm = 3;   //Einschalten Kanal A
002 const int Pin_Bpwm = 11;  //Einschalten Kanal B
003 const int Pin_Adir = 12;  //Richtung Kanal A
004 const int Pin_Bdir = 13;  //Richtung Kanal B
005 const int Pin_Abrk = 9;   //Bremse Kanal A
006 const int Pin_Bbrk = 8;   //Bremse Kanal B
007 const int Pin_Taster = 7;//Taster
008 const int Pin_Masse = 5;  //Masse für den Taster
009 const int Pin_LED = A4;   //IR-LED-Sensor
010 const int Pin_FotoTransistor = A3; //Sensor
011
012 void setup() {
013   //Initialisiere die Pins
014   pinMode(Pin_Apwm, OUTPUT);
015   pinMode(Pin_Bpwm, OUTPUT);
016   pinMode(Pin_Adir, OUTPUT);
017   pinMode(Pin_Bdir, OUTPUT);
018   pinMode(Pin_Abrk, OUTPUT);
019   pinMode(Pin_Bbrk, OUTPUT);
020   pinMode(Pin_Taster, INPUT);
```

```
021    pinMode(Pin_Masse, OUTPUT);
022    pinMode(Pin_LED, OUTPUT);
023    pinMode(Pin_FotoTransistor, INPUT);
024
025    digitalWrite(Pin_Apwm, LOW);
026    digitalWrite(Pin_Bpwm, LOW);
027    digitalWrite(Pin_Adir, LOW);
028    digitalWrite(Pin_Bdir, LOW);
029    digitalWrite(Pin_Abrk, LOW);
030    digitalWrite(Pin_Bbrk, LOW);
031    digitalWrite(Pin_Taster, HIGH);
032    digitalWrite(Pin_Masse, LOW);
033    digitalWrite(Pin_LED, LOW);
034    digitalWrite(Pin_FotoTransistor, LOW);
035  }
```

Ansteuern des Schrittmotors

Um einen Schrittmotor mit Ganzschritten in eine Richtung laufen zu lassen, müssen die zwei Spulen in vier verschiedenen Schritten angesprochen werden. Bei der Verwendung von Halbschritten liegt zwischen jedem Schritt noch ein zusätzlicher Halbschritt, es gibt also insgesamt acht Schritte.

	Spule A		Spule B	
Schritt 1	+	–	+	–
Schritt 2	+	–	0	0
Schritt 3	+	–	–	+
Schritt 4	0	0	–	+
Schritt 5	–	+	–	+
Schritt 6	–	+	0	0
Schritt 7	–	+	+	–
Schritt 8	0	0	+	–

Diese Schritte können gut in einem zweidimensionalen Array gespeichert werden. In der ersten Dimension werden die einzelnen Schritte gespeichert, in der zweiten, welche Pins eingeschaltet sein müssen. Da wir den Schrittmotortreiber nicht direkt, sondern über das Motor-Shield ansprechen, verändert sich der Aufbau des Arrays. In der ersten Spalte wird gespeichert, ob Spule A von links nach rechts durchflossen wird, in der zweiten, ob die Spule überhaupt durchflossen werden soll. In der dritten und vierten Spalte wird das Gleiche für Spule B gespeichert.

Um einen Schritt in eine Richtung zu gehen, muss dann nur noch berechnet werden, welcher Schritt als Nächstes an der Reihe ist, und die Pins müssen dementsprechend geschaltet werden.

Um nicht unnötig Energie zu verschwenden und die Elektronikkomponenten nicht zu überlasten, kann der Motor auch vollständig ausgeschaltet werden, sodass durch beide Spulen kein Strom fließt. Wenn der Schrittmotor in einem Halbschritt abgeschaltet wird, wird er sich von sich aus auf den nächsten Ganzschritt bewegen. Insofern sollte der Motor nur dann ausgeschaltet werden, wenn dieses Verhalten nicht stört.

```
//Array, in dem gespeichert ist, welche Pins
//bei welchem Schritt angeschaltet sein müssen.
//Reihenfolge: Apwm, Abrk, Bpwm, Bbrk
const boolean Schrittfolge[8][4] =
{ {1, 1, 1, 1}, //+- +-
  {1, 1, 0, 0}, //+- 00
  {1, 1, 0, 1}, //+- -+
  {0, 0, 0, 1}, //00 -+
  {0, 1, 0, 1}, //-+ -+
  {0, 1, 0, 0}, //-+ 00
  {0, 1, 1, 1}, //-+ +-
  {0, 0, 1, 1}  //00 +-
};
byte Zustand = 0;

void schritt(boolean forwaerts) {
  //Berechne, welcher Schritt als Nächstes an der Reihe ist.
  if (forwaerts) {
    Zustand = ++Zustand % 8;
  } else {
    Zustand = --Zustand % 8;
  }

  //Schalte die Pins je nach Schrittposition.
  digitalWrite(Pin_Adir, Schrittfolge[Zustand][0]);
  digitalWrite(Pin_Abrk, !Schrittfolge[Zustand][1]);
  digitalWrite(Pin_Bdir, Schrittfolge[Zustand][2]);
  digitalWrite(Pin_Bbrk, !Schrittfolge[Zustand][3]);
}
boolean Motor_ist_an = false;

void schalte_Motor(boolean anschalten) {
  digitalWrite(Pin_Apwm, anschalten);
  digitalWrite(Pin_Bpwm, anschalten);
  Motor_ist_an = anschalten;
}
```

Auslesen des Sensors

Mithilfe eines optischen Sensors soll herausgefunden werden, ob sich ein Objekt, in unserem Fall der Uhrzeiger, an einer bestimmten Position befindet. Der Sensor besteht hierbei aus einem Fototransistor, der auf Lichteinfall reagiert, und einer Leuchtdiode. Wenn sich ein reflektierendes Objekt vor dem Sensor befindet, wird es durch die LED beleuchtet, und das reflektierte Licht kann vom Fototransistor detektiert werden. Auch Umgebungslicht kann auf den Sensor fallen, deshalb werden zwei Messungen ausgeführt, einmal mit eingeschalteter und einmal mit ausgeschalteter Leuchtdiode. Der Unterschied zwischen diesen beiden Messungen ist dann unser Ergebnis.

Wenn Umgebungslicht auf den Sensor fällt und sich kein Objekt vor ihm befindet, ist der Unterschied minimal. Befindet sich ein Objekt vor dem Sensor, wird zwischen den Messungen ein deutlich größerer Unterschied bestehen. Auf diese Weise ist die Sensorauslesung robuster, und so kann auch die Reichweite des Sensors erhöht werden.

Wenn sich der Sensor der Uhr an der Zwölf-Uhr-Position befindet, kann diese damit auf einfache Weise auf 00:00 zurückgestellt werden: Der Zeiger muss nur so lange gedreht werden, bis der Sensor ihn detektiert.

```
001  int Messe_Sensor() {
002    //Messe den Sensorwert ohne LED.
003    int ohne_Licht = analogRead(Pin_FotoTransistor);
004    digitalWrite(Pin_LED, HIGH);
005    //Messe den Sensorwert mit LED.
006    int mit_Licht = analogRead(Pin_FotoTransistor);
007    digitalWrite(Pin_LED, LOW);
008    //Wenn sich die Werte stark unterscheiden,
009    //befindet sich der Zeiger vor dem Sensor.
010    return (mit_Licht - ohne_Licht);
011  }
012
013  void zuruecksetzen() {
014    //Lasse die Uhr so lange rotieren, bis
015    //der Sensor gefunden wurde.
016    while(Messe_Sensor() < 30) {
017      schritt(false);
018      delay(5);
019    }
020    schalte_Motor(false);
021  }
```

Reagieren auf Tastendruck

Natürlich wollen wir unsere Uhr starten, stoppen und auf 00:00 zurücksetzen können. Dafür steht uns ein Taster zur Verfügung. Um die Uhr zu starten oder zu stoppen, wird der Taster kurz gedrückt, bei einem längeren Tastendruck wird sie zurückgesetzt. Zu dem Zweck müssen wir messen, wie lange der Taster gedrückt wurde. Dazu speichern wir zuerst, wann der Taster gedrückt wurde, und berechnen dann beim Loslassen des Tasters, wie lange er betätigt wurde.

Um die Uhr zu starten oder zu stoppen, wird noch eine Variable benötigt, die Auskunft darüber gibt, ob sich die Uhr gerade im gestoppten oder im laufenden Zustand befindet. Bei einem kurzen Tastendruck wird dann der Zustand gewechselt. Zudem wird gespeichert, wann die Uhr gestartet oder gestoppt wurde.

Bei einem langen Tastendruck muss hingegen die Uhr zurückgesetzt werden, indem der Motor eingeschaltet, die Rücksetzprozedur aufgerufen und der Motor wieder eingeschaltet wird. Danach soll die Uhr stehen bleiben.

Die Uhr soll natürlich auch ticken – bei einem üblichen Schrittmotor mit 200 Ganzschritten 400-mal pro Umdrehung. Da eine Umdrehung eine Minute, also 60 Sekunden oder 60.000 Millisekunden, benötigen soll, muss sich die Uhr alle 150 Millisekunden um einen Halbschritt bewegen.

```
001 const int langer_Tastendruck = 1000;//ms
002 const int kurzer_Tastendruck = 100;//ms
003 unsigned int Taster_Startzeit = 0;
004 boolean Taster_gedrueckt = false;
005
006 void loop() {
007   if (!digitalRead(Pin_Taster)) { //Taster gedrückt?
008     if (!Taster_gedrueckt) {
009       Taster_gedrueckt = true;
010       Taster_Startzeit = millis();
011     }
012   } else if (Taster_gedrueckt) { //Taster losgelassen?
013     Taster_gedrueckt = false;
014     //Wie lange wurde der Schalter gedrückt?
015     int Tastendauer = millis() - Taster_Startzeit;
016     if (Tastendauer > langer_Tastendruck) {
017       //Setze die Uhr hier zurück
018       langer_Tastendruck();
019     } else if(Tastendauer > Tastendruck) {
020       //Stoppe oder lasse die Uhr hier laufen.
021       kurzer_Tastendruck();
022     }
023   }
024
025   //Bewege die Uhr hier.
026   Uhr_Tick();
027 }
028 boolean Uhr_laeuft = false;
029 unsigned long Zeit = 0;//ms
030
031 void kurzer_Tastendruck() {
032   Uhr_laeuft = !Uhr_laeuft;
```

```
033    schalte_Motor(Uhr_laeuft);
034    Zeit = millis();
035  }
036  void langer_Tastendruck() {
037    schalte_Motor(true);
038    zuruecksetzen();
039    schalte_Motor(false);
040    Uhr_laeuft = false;
041  }
042  unsigned long Zeit_pro_Tick = 150;//ms
043  void Uhr_Tick() {
044    if (Uhr_laeuft) {
045      //Ist es Zeit, einen Schritt voranzuschreiten?
046      if (millis() > (Zeit + Zeit_pro_Tick)) {
047        schritt(true);
048        Zeit += Zeit_pro_Tick;
049      }
050    }
051  }
```

5.17.6 Tipps und Tricks

Mein Schrittmotor dreht sich in die falsche Richtung.

- Dieses Problem kann leicht softwareseitig behoben werden: Indem `schritt(false)` statt `schritt(true)` verwendet wird, kehrt sich die Drehrichtung des Motors um.

Der optische Sensor löst nicht aus, beim Zurücksetzen dreht sich meine Uhr dauerhaft.

- Ist der Schwellenwert in `zuruecksetzen()` zu hoch? Durch einen niedrigeren Schwellenwert wird der Zeiger besser erkannt, bei einem zu niedrigen Wert können aber auch andere Störungen als Zeiger erkannt werden.

- Ist der Zeiger zu weit vom Sensor entfernt? Der Sensor ist für eine Messdistanz von 1 mm ausgelegt. Ein weiter entfernter Zeiger kann meist noch erkannt werden, mit zunehmender Distanz sinkt aber die Zuverlässigkeit.

- Reflektiert der Zeiger infrarotes Licht? Da der Sensor mit nahem infrarotem Licht funktioniert, muss der Zeiger dieses auch reflektieren können. Ein Stück Papier, das mit Klebeband auf der Rückseite des Zeigers befestigt wird, kann die Reflexion verstärken.

Ich habe keine Lust, ein Ziffernblatt und einen Zeiger zu bauen.

- Tja, da kann man halt nichts machen! Ausnahmsweise können Sie Ihren Schrittmotor auch mit einem Klebebandstreifen betreiben, der um die Achse gewickelt wird und so anzeigt, ob sich der Motor bewegt oder nicht.

5.18 Der Arduino™ Yún

5.18.1 Der Kollege im Nachbarabteil

»Ich glaube, der ist tot!« Jürgen spickt über die Sichtschutzwand seines Arbeitsplatzes im Großraumbüro und zwinkert Franz grinsend zu. »Nee, ich glaube, er atmet.« Schweigend blicken sie beide zum Kollegen, der in seinem ergonomisch geformten Sessel zurückgelehnt ist, seinen Kopf gen Decke gerichtet, mit geschlossenen Augen, bewegungslos. Und das schon seit Stunden. »Kennst du den eigentlich?« »Nee, nicht wirklich. Hab ihn mal beim Kaffeeautomaten gesehen. Sah müde aus.« »Der arbeitet schon zwei Jahre hier.« »Na, arbeiten kann man das kaum nennen.« Ein Moment der Stille schleicht sich in die Unterhaltung. »Tja, wir müssen aber wohl mal wieder ...« »Ja, muss wohl ... Ich könnte ja nicht so schlafen.«

Die Stunden verrinnen, Akten werden gewälzt, Telefonate geführt – und immer wieder schauen Jürgen und Franz zum Kollegen rüber – der sich nicht bewegt. Und ganz allmählich wird der Scherz über das Ableben des Kollegen immer mehr zu einem schrecklichen Verdacht. Sie werfen sich besorgte Blicke zu, und nach einer Weile halten sie es nicht mehr aus und stürmen in die Kabine des Kollegen. Noch auf dem kurzen Weg ertönt der Gong, der den Feierabend einleitet, doch Jürgen und Franz haben schreckliche Bilder im Kopf, der entsetzte Chef, die Polizei, der Bestatter – und die weinende Witwe. Warum haben sie nicht früher reagiert! Doch als sie um die Ecke biegen, ist der Stuhl plötzlich leer, dreht sich sogar noch leicht ...

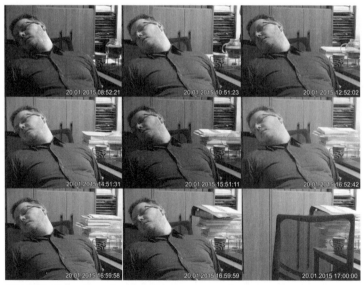

Bild 5.81: Zeitrafferaufnahmen können extrem langsame Bewegungen zuverlässig visualisieren.

5.18.2 Aufgabenstellung

Wir wollen eine Apparatur bauen, die die Beobachtung von sehr langsamen Vorgängen in der Natur ermöglicht, wie beispielsweise das Wachsen von Pflanzen, die Bewegungen von Schnecken oder die des Homo buerolanus inactivus.

5.18.3 Hintergrundwissen

Hauptbestandteil dieses Kapitels ist der Arduino Yún, auf dessen Platine ein leistungsstarker Prozessor mit einer Taktfrequenz von 400 MHz verbaut ist. Damit dieser Prozessor überhaupt richtig genutzt werden kann, ist auf dem Yún ab Werk ein umfangreiches Betriebssystem installiert, das uns sehr viele Aufgaben abnimmt, wie beispielsweise die Verwaltung von USB-Geräten, das Anlegen von Dateien und eine Netzwerkkommunikation. Das installierte System *OpenWrt-Yun* gehört zur weitverbreiteten Linux-Familie und hat keine grafische Benutzeroberfläche, wie man sie beispielsweise von Microsoft Windows gewohnt ist.

Stattdessen findet die Bedienung des Arduino Yún meist auf Kommandozeilenebene statt, also nur durch Eingabe von Befehlen über die Tastatur. Gerade für Neueinsteiger ist das natürlich ungewohnt und erschwert den Einstieg in das Linux von OpenWrt-Yun etwas.

Auf den folgenden Seiten zeigen wir Ihnen, wie Sie Ihren Arduino Yún einrichten und wie Sie sich anhand einiger Linux-Befehle in der Kommandozeile zurechtfinden können.

Benötigte Bauteile
- 1 Arduino Yún
- 1 Webcam
- 1 microSD-Karte

5.18.4 Inbetriebnahme des Arduino™ Yún

Um den Arduino Yún in Betrieb zu nehmen, müssen Sie ihn zuerst einmal über die Mikro-USB-Buchse mit Strom versorgen. Das auf dem Prozessor vorinstallierte Betriebssystem ist dann nach wenigen Sekunden hochgefahren und bereit.

Konfigurieren des Yún

Um eine Verbindung mit dem Yún aufzunehmen, müssen Sie sich noch mit dem von ihm erstellten WLAN-Netzwerk verbinden. Hierfür benötigen Sie einen Computer, der selbst über WLAN verfügt – ein Laptop hat das meist eingebaut, bei einem Desktop-PC ist das eher selten der Fall. Der Name des Yún-eigenen WLAN-Netzwerks fängt dabei mit »Arduino Yun-« an, gefolgt von einer längeren Nummer. Da das Netzwerk ungesichert ist, müssen Sie beim Beitritt kein Passwort eingeben.

Wollen Sie Ihren Yún lieber mit einem LAN-Kabel an Ihr Netzwerk anschließen, brauchen Sie dem WLAN natürlich nicht beizutreten.

In beiden Fällen sollten Sie, falls Sie Windows benutzen, das Programm *Bonjour* von Apple von *www.apple.com/de/support/bonjour/* herunterladen und installieren. Dieses Programm bewirkt, dass Sie unter *http://arduino.local* auf Ihren Yún zugreifen können.

Als Nächstes geben Sie in den Webbrowser Ihrer Wahl die Standard-IP-Adresse des Yún ein, *192.168.240.1*, und loggen sich mit dem Passwort *arduino* ein.

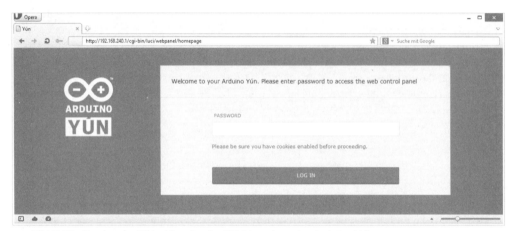

Bild 5.82: Der Log-in-Bildschirm für das Webinterface des Arduino Yún.

Nach einem Klick auf die Schaltfläche *CONFIGURE* können Sie Ihren Yún in verschiedenster Weise konfigurieren.

- *YÚN NAME*: Hier können Sie den Yún umbenennen.
- *PASSWORD*: Wenn Sie das Standardpasswort ändern wollen, können Sie das hier tun. Um sicherzustellen, dass Sie sich dabei nicht vertippt haben, müssen Sie dasselbe Passwort noch mal in *CONFIRM PASSWORD* eingeben.
- *TIMEZONE*: Damit der Yún die richtige Uhrzeit weiß, sollten Sie in dem Auswahlfeld *Europe/Berlin* auswählen.
- *CONFIGURE A WIRELESS NETWORK*: Wenn Sie dieses Kästchen deaktivieren, wird der Yún nicht versuchen, sich mit einem drahtlosen Netzwerk zu verbinden.
- *DETECT WIRELESS NETWORK*: Sie können Ihr heimisches WLAN hier auswählen. Sollte es nicht angezeigt werden, müssen Sie seinen Namen unter *WIRELESS NAME* eintragen.
- *SECURITY*: Wenn Ihr Netzwerk mit einem zeitgemäßen Verfahren verschlüsselt ist – was immer der Fall sein sollte –, wählen Sie hier den Eintrag *WPA2* aus.
- *PASSWORD*: Hier geben Sie das Passwort Ihres heimischen WLAN an.

5.18 Der Arduino™ Yún

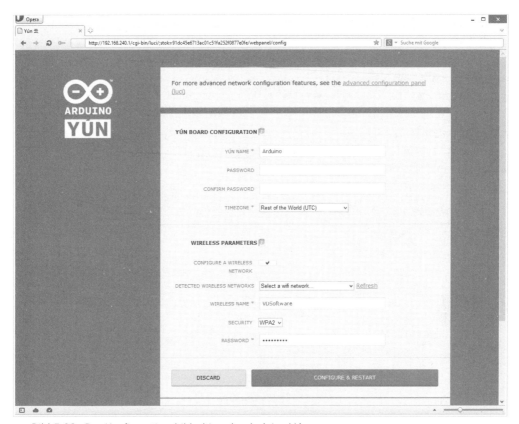

Bild 5.83: Der Konfigurationsbildschirm des Arduino Yún.

Nach einem Klick auf CONFIGURE & RESTART startet der Arduino Yún neu und versucht, sich in das von Ihnen angegebene WLAN einzuwählen. Falls Sie den Dienst Bonjour installiert haben, können Sie nun Ihren Browser öffnen und http://arduino.local eingeben, es sollte die schon bekannte Passwortabfrage erscheinen. Wollen Sie Bonjour nicht installieren, müssen Sie die IP-Adresse des Yún herausfinden, beispielsweise indem Sie sich in Ihrem Router einloggen und dort die Liste der verbundenen Geräte durchsuchen. Geben Sie dann die gefundene IP-Adresse in Ihren Browser ein.

Übertragung von Quellcode an den Arduino Yún

Der Arduino Yún verfügt sowohl über einen schnellen Prozessor mit Linux als Betriebssystem als auch über einen kleinen ATmega328P, wie er auch auf dem Arduino Uno verbaut ist. Dieser kleine Mikroprozessor steuert die Pins der auf dem Yún verbauten Buchsenleisten, genau wie bei jedem anderen Arduino-Modell. Er kann wie gewohnt über die USB-Verbindung programmiert werden – vielleicht ist Ihnen im Menü *Werkzeuge/Port* aber auch schon der neue Eintrag *Arduino at*

192.168.xxx.xxx (Arduino Yún) aufgefallen. Wenn Sie ihn auswählen, können Sie drahtlos Quellcode auf den kleinen Mikrocontroller übertragen.

Um den seriellen Monitor der Arduino-Entwicklungsumgebung per WLAN benutzen zu können, muss in Ihrem Sketch `Console` anstelle von `Serial` verwendet werden. Die Ausgabe und das Empfangen von Daten über den seriellen Monitor verändern sich ansonsten aber nicht, wie man in folgendem Beispiel sehen kann:

```
#include <Console.h>
void setup() {
  Bridge.begin();
  Console.begin();
  while(!Console) {}; //Warte auf eine Verbindung.
  Console.println("Verbindung hergestellt!");
}

void loop() {
  if(Console.available() > 0) //Wurde etwas empfangen?
    if(Console.read() == 'H') //Wurde ein 'H' empfangen?
      digitalWrite(13, HIGH); //Dann schalte die LED an.
  delay(1000);                //Warte dann eine Sekunde
  digitalWrite(13, LOW);      //und schalte die LED aus.
}
```

Ansprechen des Yún über SSH

Damit Sie den Yún als sichere Kommandozeile (Secure Shell, SSH) ansprechen können, müssen Sie zuerst einen SSH-Dienst installieren. In diesem Buch wird dafür das Programm *PuTTY* verwendet, das Sie von *www.chiark.greenend.org.uk/~sgtatham/putty/download.html* herunterladen können.

Wählen Sie dabei die Datei `putty.exe` für Windows aus. Haben Sie sie heruntergeladen, führen Sie sie anschließend per Doppelklick aus. Geben Sie unter *Host Name* den Namen *arduino.local* oder die IP-Adresse des Yún ein.

Wenn Sie weiter unten im Fenster *Default Settings* auswählen und dann auf *Save* klicken, wird der Host-Name in Zukunft automatisch angezeigt.

Nach einem Klick auf *Open* wird die Verbindung zum Yún aufgebaut. Wenn Sie sich zum ersten Mal verbinden, werden Sie gefragt, ob Sie dem Yún vertrauen wollen, was Sie getrost mit *Ja* beantworten können.

5.18 Der Arduino™ Yún   335

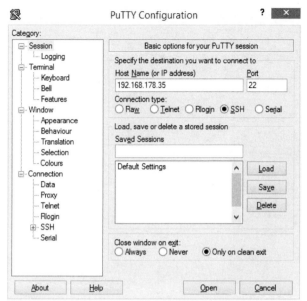

Bild 5.84: Der Konfigurationsbildschirm des SSH-Diensts PuTTY.

Bild 5.85: Diese Warnung wird Ihnen jedes Mal angezeigt, wenn Sie sich mit einem unbekannten Rechner verbinden.

Einloggen unter Linux

Sobald die Eingabeaufforderung `login as:` auf Ihrem Bildschirm erscheint, können Sie sich als Benutzer `root` einloggen. Sie werden dann zur Eingabe Ihres Passworts aufgefordert. Das Standardpasswort beim Arduino Yún lautet `arduino`. Lassen Sie sich nicht davon irritieren, dass während der Eingabe des Passworts nichts angezeigt wird, Ihre Tastatureingaben werden trotzdem verarbeitet. Wenige Sekunden nach der korrekten Eingabe des Passworts sehen Sie dann die Kommandozeile, das wichtigste Werkzeug während Ihrer Arbeit mit dem Yún.

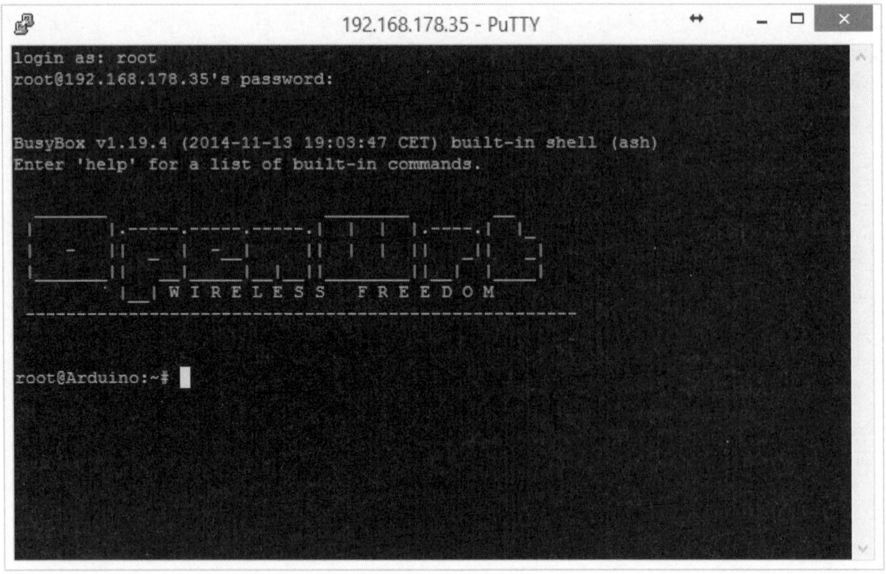

Bild 5.86: Hat alles funktioniert, sollten Sie diesen Bildschirm sehen.

Die Kommandozeile

Nach dem Einloggen können Sie auf der Kommandozeile Befehle eingeben. Um Ihnen die Arbeit zu erleichtern, beherrscht diese einige Tricks, von denen Sie profitieren können. Das wohl nützlichste Feature ist die Vervollständigung von Befehlen und Ordnernamen. Wenn Sie beispielsweise einen langen Ordnernamen eingeben müssen, genügt es, die ersten paar Buchstaben einzutippen, nach Drücken der [Tab]-Taste versucht die Kommandozeile, den begonnenen Ordnernamen so weit wie möglich zu vervollständigen.

Das funktioniert natürlich nicht komplett, wenn es zwei Ordner gibt, die mit den gleichen Buchstaben anfangen. Wenn es in einem Verzeichnis beispielsweise die Ordner `der_eine_Ordner` und `der_andere_Ordner` gibt und Sie `der` eingeben, wird die Konsole dies zu `der_` ergänzen. Mit einem zweifachen Drücken der [Tab]-Taste wird Ihnen dann gezeigt, welche Ordner zur Verfügung stehen. Ergänzen Sie jetzt die Anzeige zu `der_e`, wird mit einem weiteren [Tab]-Tastendruck die Eingabe zu `der_eine_Ordner` ergänzt.

Zudem können Sie mit der Pfeiltaste nach unten auch Ihre zuletzt eingetippten Befehle wieder aufrufen.

Damit Sie auch Befehle zum Eintippen haben, folgt hier eine kleine Auswahl der nützlichsten Befehle:

- `cd` dient zum Wechseln zwischen verschiedenen Ordnern des Betriebssystems. Mit der Eingabe von `cd ..` wechseln Sie dabei in den übergeordneten Ordner. Zu Beginn Ihrer Reise starten Sie in dem leeren Ordner `/root`, von dem aus Sie mit

- cd .. in den Hauptordner des Betriebssystems wechseln können. Mit cd tmp beispielsweise können Sie dann in den Ordner tmp wechseln. Durch die Eingabe von cd /tmp kommen Sie auch zu diesem Ordner, egal wo Sie sich im Moment gerade befinden. Wenn Sie in einen weiteren Unterordner wie log wechseln wollen, hängen Sie dies einfach an Ihren Befehl in der Form cd tmp/log an.

- Mit ls können Sie sehen, was sich im derzeitigen Ordner befindet. Sie können auch ls -l eingeben – durch den zusätzlichen Parameter werden weitere Informationen über die Dateien und Ordner angezeigt. Um die verschiedenen Typen von Dateien und Ordnern auseinanderzuhalten, werden Farben verwendet: Ein weißer Eintrag ist eine normale Datei, ein blauer Eintrag ein Ordner, und grüne Einträge sind ausführbare Programme. Es gibt noch weitere Farben, diese sind für uns aber erst einmal nicht von Interesse.

- Dateien und Ordner können mit cp kopiert werden. Dafür schreiben Sie nach dem Befehl zuerst die zu kopierende Datei und dann den neuen Dateinamen. Mit cp datei /tmp/datei_backup kopieren Sie beispielsweise datei in den Ordner tmp und legen sie dort unter dem Namen datei_backup ab. Wenn Sie einen Ordner inklusive seines Inhalts kopieren wollen, müssen Sie zusätzlich den Parameter -r direkt hinter dem Befehl angeben.

- mv funktioniert genau so wie cp, außer dass hierbei die Ursprungsdatei gelöscht wird, also die Datei verschoben statt kopiert wird.

- Wenn Sie eine oder mehrere Dateien oder Ordner löschen wollen, ist rm der richtige Befehl. Mit dem zusätzlichen Parameter -r werden auch Unterordner und Dateien in einem zu löschenden Ordner entfernt. Sie können hierbei ebenfalls – wie in fast jedem anderen Befehl – das Zeichen * verwenden, um mehrere Dateien auszuwählen. Wenn Sie beispielsweise die Dateien datei1 und datei2 löschen wollen, kann das mit der Eingabe von rm datei* erledigt werden. Achtung: Sie werden nicht gefragt, ob Sie etwas wirklich löschen wollen – einmal ausgeführt, ist die Datei weg. rm -r * im Hauptverzeichnis des Betriebssystems einzugeben, ist deshalb keine gute Idee!

- mkdir und rmdir sind in der Lage, Ordner zu erzeugen und zu löschen. Mit mkdir testordner erstellen Sie beispielsweise einen neuen Ordner mit dem Namen testordner, mit rmdir testordner können Sie diesen wieder löschen. Wenn der zu löschende Ordner nicht leer ist, muss stattdessen rm -r testordner benutzt werden, sodass auch alle im Ordner enthaltenen Dateien gelöscht werden.

- opkg ist ein Programm, mit dem neue Linux-Software auf den Yún heruntergeladen oder aktualisiert werden kann. Dieser muss dafür natürlich mit dem Internet verbunden sein. Als Erstes muss mit dem Befehl opkg update die Datenbank mit der verfügbaren Software aktualisiert werden, was einige Sekunden in Anspruch nimmt. Danach können neue Programme installiert werden, beispielsweise der Texteditor nano. Zum Installieren kann der Befehl opkg install nano gegeben werden. Nachdem das Programm heruntergeladen und installiert wurde, kann es von der Kommandozeile aus mit nano aufgerufen werden.

- nano ist ein kleiner Texteditor, der in diesem Buch verwendet wird. Der Arduino hat zwar schon den Editor vi installiert, der Umgang mit diesem ist aber nach Meinung der Autoren um einiges schwieriger zu erlernen als der mit nano. Sie können entweder mit dem Befehl nano den Editor direkt öffnen und mit dem Schreiben beginnen, oder aber Sie benutzen ihn zum Lesen und Verändern von schon bestehenden Dateien, indem Sie die zu öffnende Datei hinter den Befehl schreiben. Leider ist auch nano kein direktes Äquivalent zu Microsoft Word oder dem Windows-Texteditor, unter anderem werden vollkommen andere Tastenkürzel zur Bedienung verwendet:

Aktion	Tastenkürzel
nano schließen	Strg + X
Datei speichern	Strg + O
Text suchen	Strg + R
Zeile ausschneiden	Strg + K
Zeile einfügen	Strg + U
Text kopieren	Text mit linker Maustaste markieren
Text an Cursorposition einfügen	Rechte Maustaste

- passwd dient – wie der Name schon vermuten lässt – zum Ändern des Passworts. Damit nicht jeder auf Ihren Yún zugreifen kann, empfehlen wir, das Passwort möglichst bald zu ändern. Dafür müssen Sie nach Eingabe des Befehls ein neues Passwort eingeben und es danach noch einmal bestätigen. Genauso wie beim Log-in werden auch hier keine Zeichen oder Sternchen bei der Eingabe angezeigt.

- Mit halt wird das Betriebssystem ordnungsgemäß heruntergefahren, sodass garantiert keine Probleme beim nächsten Hochfahren auftreten. Einfach so den Stecker zu ziehen, ist nicht die beste Methode, denn so wird das Dateisystem nicht ordnungsgemäß heruntergefahren, und es kann – theoretisch – zu Datenverlust kommen. Solange keine wichtigen Programme arbeiten, gibt es aber im Allgemeinen auch keine Probleme dabei.

Upgrade der Linux-Firmware

Leider können mit alten Versionen des OpenWrt-Betriebssystems noch nicht alle benötigten Softwarepakete installiert werden. Aus diesem Grund – und weil mit jeder Version neue Features hinzukommen und Fehler behoben werden – bietet es sich an, es zu aktualisieren. Dafür müssen Sie sich zuerst die neueste Version herunterladen, die Sie auf *www.arduino.cc/en/Main/Software* unter dem Unterpunkt *Other Software* finden.

Entpacken Sie das heruntergeladene Archiv, kopieren Sie die extrahierte Datei auf eine microSD-Karte und stecken Sie diese in Ihren Yún ein. Unter dem Yún ist der Inhalt der SD-Karte in dem Ordner /mnt/sda1/ zu finden. Falls Sie dort nicht fündig werden, probieren Sie die restlichen Ordner in /mnt/ aus. Mit dem Befehl sysupgrade kann jetzt das Betriebssystem aktualisiert werden, was einige wenige Minuten dauern kann.

```
root@Arduino:/mnt# sysupgrade /mnt/sda1/openwrt-ar71xx-generic-yun-16M-
            squashfs-sysupgrade.bin
```

Anschließen einer Webcam

Vielleicht haben Sie sich bei früheren Projekten schon gedacht, dass es doch schön wäre, eine Kamera an einen Arduino anschließen zu können und damit Ihre Wohnung zu überwachen oder Zeitrafferaufnahmen automatisch aufzunehmen. Mit dem Arduino Yún ist das alles kein Problem – Full-HD-Aufnahmen mit 60 Bildern pro Sekunde können Sie bei dem 400 MHz schnellen Prozessor aber leider nicht erwarten, selbst bei niedrigeren Auflösungen hat er schon zu kämpfen.

Natürlich benötigen Sie als Erstes eine geeignete Webcam, die Sie an den Arduino anschließen können. Webcams lassen sich dabei in drei Gruppen unterteilen:

- UVC-Geräte (USB Video Class) werden problemlos erkannt und unterstützt. Die meisten modernen Webcams fallen unter diese Kategorie und können deshalb schnell und einfach an den Yún abgeschlossen werden.

- GSPCA-Geräte können ebenfalls mit dem Yún betrieben werden, allerdings muss zur Inbetriebnahme der für die Webcam passende Treiber gesucht und installiert werden. Ohne ein Upgrade auf die neueste OpenWrt-Version des Arduino Yún sind die Treiber auch nicht verfügbar. Falls Sie eine ältere Webcam verwenden wollen, ist diese vermutlich ein GSPCA-Gerät.

- Nicht unterstützte Geräte können nicht mit dem Yún bzw. generell nicht mit Linux angesprochen werden. Vor dem Kauf einer neuen Webcam sollten Sie daher zur Sicherheit recherchieren, ob die Webcam unterstützt wird und problemlos funktioniert.

Um neue Treiber und Software zu installieren, wird das Programm opkg genutzt. Damit alles problemlos funktioniert, werden vor der Treiberinstallation noch die Softwarebezugsquellen aktualisiert.

```
root@Arduino:/# opkg update
```

Dann kann die Webcam eingesteckt und mit der Treiberinstallation begonnen werden. Als Erstes wird hierzu überprüft, ob die Webcam überhaupt als USB-Gerät erkannt wird.

```
root@Arduino:/# lsusb
```

Sollte die Kamera hier nicht erkannt werden, ist sie entweder nicht richtig eingesteckt, defekt, oder es liegt ein anderes Problem vor. Leider können wir in diesem Buch nicht auf jeden Kameratyp eingehen, sondern können Ihnen nur eine Internetrecherche zu Ihrem Problem empfehlen.

Bild 5.87: Die Ausgabe des Befehls `lsusb`. Zu sehen sind zwei USB-Hubs, ein Kartenleser und eine angeschlossene Webcam.

Da die meisten modernen Kameras mit UVC-Treibern angesprochen werden, empfehlen wir, diesen zuerst einmal zu installieren und dann zu überprüfen, ob die Kamera funktioniert. Sollte das nicht der Fall sein, können immer noch GSPCA-Treiber installiert werden, die einzelnen Treiber kommen sich dabei gegenseitig nicht in die Quere.

```
root@Arduino:/# opkg install kmod-video-uvc
root@Arduino:/# ls /dev/
```

Falls Ihre Webcam ein UVC-Gerät ist, befindet sich im Ordner /dev/ ein neues Gerät mit dem Namen video0. Sollte das bei Ihnen nicht der Fall sein, müssen Sie für Ihre Kamera den passenden GSPCA-Treiber installieren. Um den richtigen Treiber herauszufinden, führen Sie den Befehl `lsusb` aus und kopieren sich die achtstellige Identifikationsnummer mit einem Doppelpunkt in der Mitte, die bei dem Webcam-Eintrag angezeigt wird. Suchen Sie jetzt in einer Liste aller bekannten GSPCA-Kameras, beispielsweise unter *www.kernel.org/doc/Documentation/video4linux/gspca.txt*, welches Treibermodul geladen werden muss. Für die Kamera-ID `041e:401c` ist das beispielsweise das Modul `zc3xx`. Jetzt können Sie den Treiber installieren. Setzen Sie dafür im folgenden Befehl den von Ihnen ermittelten Modulnamen anstelle von `zc3xx` ein.

```
root@Arduino:/# opkg install kmod-video-gspca-zc3xx
root@Arduino:/# ls /dev/
```

5.18 Der Arduino™ Yún

Um Ihre Webcam zu testen, können Sie jetzt mithilfe des Programms `fswebcam` einen Schnappschuss auf einem eingesteckten USB-Stick oder einer SD-Karte speichern.

```
root@Arduino:/# opkg install fswebcam
root@Arduino:/# fswebcam /mnt/sda1/test.png
```

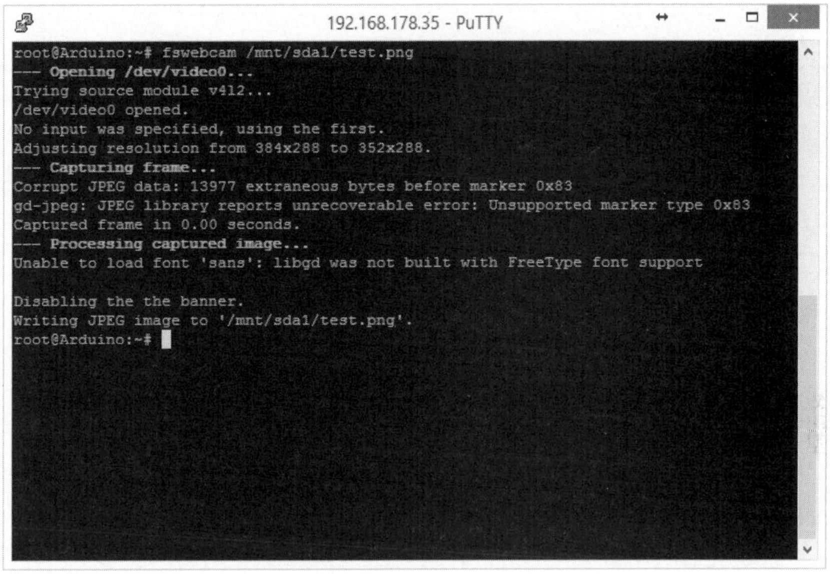

Bild 5.88: Speichern eines Schnappschusses.

Das Programm `fswebcam` kann aber noch mehr tun, als nur ein Webcam-Bild unter einem bestimmten Dateinamen zu speichern. Durch Angabe weiterer Parameter können die Eigenschaften des Bilds verändert und optimiert werden.

Parameter	Auswirkung	Beispiel
-r	Nimmt ein Bild mit einer bestimmten Auflösung auf.	-r 352x288
-F	Nimmt mehrere Bilder auf, um die Bildqualität zu verbessern. Bewegte Objekte werden unscharf.	-F 2
-S	Nimmt vor der eigentlichen Aufnahme noch Bilder auf, die nicht gespeichert werden. Kann Fehler mit überschneidenden Bildern beheben.	-S 2
--jpeg	Speichert das aufgenommene Bild im JPEG-Format ab. Der Parameter gibt den Grad der Komprimierung an, -1 ist der Standardwert	--jpeg -1

Zudem können mit -s auch Kameraparameter wie beispielsweise der Kontrast eingestellt werden. Will man beispielsweise den Kontrast auf den Wert 60% setzen, kann dies mit dem Befehl `fswebcam -s Contrast=60%` festgelegt werden. Mit dem Parameter `--list-controls` können alle Kameraeinstellungen, die dazugehörigen Werte und die passenden Wertebereiche angezeigt werden.

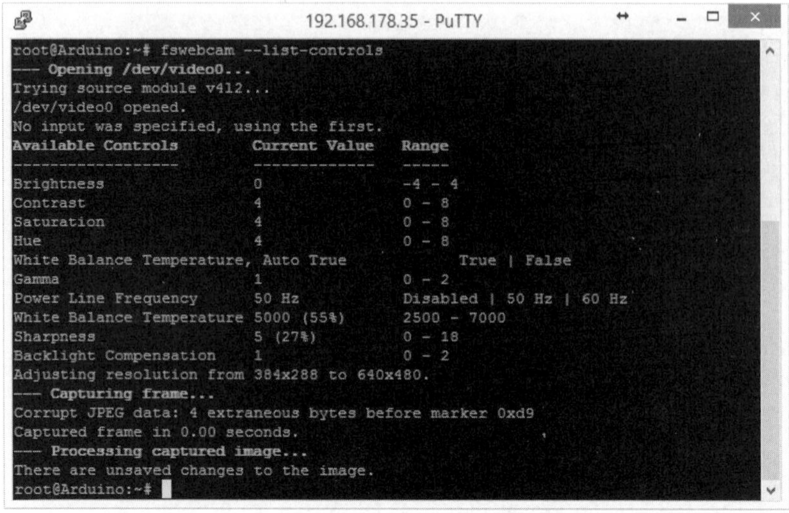

Bild 5.89: Der `fswebcam`-Befehl `--list-controls` listet die möglichen Parameter der Kamera auf.

> **Download Source Code**
> zeitraffer.ino
> - buch.cd
> - arduino-handbuch.visual-design.com

5.18.5 Source Code

Um einen Zeitrafferfilm zu erstellen, müssen periodisch Bilder aufgenommen werden. Da der Arduino Yún zwei Prozessoren hat, gibt es auch zwei Möglichkeiten, dies zu bewerkstelligen: entweder indem in der Linux-Umgebung ein Skript geschrieben wird – das ist ein kleines Programm, das in einer einfachen Programmiersprache geschrieben wird – oder indem der uns bekanntere Mikroprozessor Befehle an den größeren Prozessor übermittelt. Wir werden hier den Mikroprozessor benutzen, um Bilder aufzunehmen. Ermöglicht wird das durch die Arduino-Bibliothek Process, die es uns ermöglicht, direkt Kommandozeilenergebnisse einzugeben und auch zurückgegebene Informationen zu lesen.

```
001  #include <Process.h>
002
```

```
003  Process p;
004  int bildnummer = 1;   //Welche Nummer hat das zu machende Bild?
005  const long abstand_zwischen_bildern = 10; //Mache alle zehn Sekunden
                                                        ein Bild.
006
007  void setup() {
008    Bridge.begin();     //Übertragung der Daten zu Linux
009    Serial.begin(9600); //Übertragung (über USB) zum PC
010    //Erstelle ein Verzeichnis für die Bilder.
011    p.runShellCommand("mkdir /mnt/sda1/Zeitraffer");
012    bildnummer = hoechste_Bildnummer() + 1;
013    Serial.print("Starte bei Bildnummer ");
014    Serial.println(bildnummer);
015  }
016
017  void loop() {
018    delay(abstand_zwischen_bildern * 1000L);
019    bild_machen();
020  }
021  void bild_machen() {
022    String kommando = "fswebcam -r 352x288  -F 2"
023       " -S 3 --jpeg -1 --no-banner  /mnt/sda1/Zeitraffer/";
024    kommando += bildname_generieren();
025    Serial.println(kommando);
026    p.runShellCommand(kommando);
027    bildnummer++;
028  }
029
030  String bildname_generieren() {
031    String bildname = "img";
032
033    //Damit alle Bildnummer 4 Stellen haben,
034    //werden noch führende Nullen eingefügt.
035    if (bildnummer < 1000) bildname += "0";
036    if (bildnummer <  100) bildname += "0";
037    if (bildnummer <   10) bildname += "0";
038
039    bildname += String(bildnummer);
040    bildname += ".jpg";
041    return bildname;
042  }
043
044  int hoechste_Bildnummer() {
045    p.runShellCommand("ls /mnt/sda1/Zeitraffer/");
046    String dateiname = "";
047    int hoechste_nummer = 0;
048
049    while (p.available()) {
```

```
050      char c = p.read(); //Lese ein einzelnes Zeichen
051      if (c == '\0' || c == '\n') { //Analysiere den Dateinamen
052        if (dateiname.startsWith("img")) {
053          //Extrahiere die Nummer im Dateinamen.
054          int nummer = dateiname.substring(3, 7).toInt();
055          //Ist die gefundene Nummer die bisher höchste?
056          hoechste_nummer = max(hoechste_nummer, nummer);
057        }
058        dateiname = "";
059      } else {
060        //Füge das Zeichen zum Dateinamen hinzu.
061        dateiname += c;
062      }
063    }
064    return hoechste_nummer;
065  }
```

Um aus den aufgenommenen Einzelbildern ein zusammenhängendes Video zu erzeugen, wird das Programm `ffmpeg` verwendet, das ebenfalls noch installiert werden muss.

```
root@Arduino:/mnt/sda1/Zeitraffer# opkg install ffmpeg
root@Arduino:/mnt/sda1/Zeitraffer# ffmpeg -framerate 1/2 -i img%04d.jpg -r
          30 -pix_fmt yuv420p out.mp4
```

Mit dem Parameter `-framerate 1/2` wird hierbei festgelegt, dass ein halbes Bild pro Sekunde angezeigt wird und somit alle zwei Sekunden ein neues Bild erscheint. Da der Arduino Yún trotz seiner 400 MHz mit Videobearbeitung ziemlich zu kämpfen hat, dauert das Zusammenfügen der Bilder einige Zeit.

Nachdem die Bearbeitung abgeschlossen ist, kann die SD-Karte in einen mit einem Kartenleser ausgestatteten Computer gesteckt werden, und der Film kann angesehen werden.

5.18.6 Tipps und Tricks

Meine Kamera funktioniert nicht nach der Installation der UVC-Treiber und ist auch nicht in der Liste der GSPCA-Webcams aufgelistet.

In diesem Fall können Sie noch einige weitere Treiber installieren, die vielleicht zum Erfolg führen, und danach Ihre Kamera aus- und wieder einstecken.

```
root@Arduino:/# opkg install kmod-video-pwc
root@Arduino:/# opkg install kmod-video-sn9c102
root@Arduino:/# opkg install kmod-video-cpia2
root@Arduino:/# ls /dev/
```

Sollten Sie noch immer kein Gerät mit dem Namen `video0` sehen, kann Ihre Kamera vermutlich generell nicht mit dem Arduino Yún bzw. Linux betrieben werden.

5.19 Blauer Herzschlag

In diesem Kapitel werden wir den Arduino LilyPad besprechen, der darauf ausgelegt ist, an Kleidungsstücken befestigt und so möglichst nah am Körper getragen zu werden.

5.19.1 Schöne neue Welt

Gregor Volzböck freute sich schon auf seinen neuen Anzug. Er hatte sich kürzlich im Internet einen hochmodernen IntelliSmart-Anzug bestellt, weit den normalen iSmart-Anzügen voraus und erst recht den gänzlich funktionslosen Stofffetzen, mit denen andere wie aus dem letzten Jahrhundert herumliefen. Sein neuer Anzug würde Hunderte von Sensoren haben, die jede Bewegung von ihm vermessen und seine Position bestimmen würden – gut für Notfälle. Er würde diverse haptische Feedbacks und Displays haben, würde sogar seine Farbe wechseln können – sehr praktisch, wenn man direkt vom Geschäftsmeeting in die iOper muss. Gesteuert wurde alles von einer neuartigen künstlichen Intelligenz mit Sprachausgabe und Emotionssimulation, die eine ganz natürliche verbale Kommunikation erlauben würde.

Als ein dezentes Summen die Ankunft der Lieferdrohne ankündigte, sprang Gregor wie ein Kind auf und stürzte sich auf den Briefkasten. Nur Minuten später stand er angezogen vor dem Spiegel und drückte zitternd vor Aufregung den Startknopf. Nach nur zwei Sekunden war der Bootvorgang abgeschlossen – traumhaft –, und der Anzug meldete sich zum ersten Mal mit einer wunderbar ruhigen und geschmeidigen Stimme zu Wort: »Gestatten, ich bin Ihr neuer IntelliSmart-Anzug und stehe Ihnen ab sofort rund um die Uhr zur Verfügung. Es ist Sonntag, der 2.5.2045, 9:45 Uhr, das Wetter ist sonnig, Sie kommen zu spät zur Arbeit, haben gestern zu viel Alkohol getrunken, eine starke Transpiration, einen zu hohen Blutdruck und einen so großen Bauchumfang, dass ich auf meine Garantiebedingungen hinweisen muss. Ihre Körperdaten wurden automatisch Ihrer Krankenkasse, Ihrem Arzt und Ihrem Arbeitgeber zugesandt. Kann ich noch etwas für Sie tun?«

Der IntelliSmart lag lange Zeit wie Blei in den Verkaufsregalen, und Gregor entdeckte seine Freude an – funktionsloser – Retrokleidung.

5.19.2 Aufgabenstellung

Leider sind die technischen Möglichkeiten der heutigen Zeit begrenzt. Daher werden wir einen Arduino LilyPad mit 20 Leuchtdioden ausstatten und daraus ein Modeaccessoire herstellen, das einen blauen Ring im Rhythmus eines Herzschlags aufleuchten lässt. Nachdem eine einzelne LED eingeschaltet wird, soll sie in den folgenden Millisekunden langsam wieder ausgehen. Nach einer gewissen Zeit soll dann zu einer Animation mit einem wandernden Punkt gewechselt werden.

5.19.3 Hintergrundwissen

Der Arduino LilyPad ist eine Platine, die speziell für die Entwicklung sogenannter Wearables entworfen wurde, also Elektronik, die man nahe am Körper trägt. Er ist daher nur mit Bauteilen bestückt, die nicht sehr hoch stehen, sodass die Platine mit allen Elementen nur wenige Millimeter hoch ist.

Wearables

Die runde Form lässt die Platine aus anderen Elektronikprodukten herausstechen. Die vielen Löcher am Rand erleichtern es, sie an einem Kleidungsstück festzunähen, und auch ihr Gewicht ist kaum der Rede wert. Auf der Homepage von Arduino wird zudem zwar ausdrücklich gesagt, dass man die Platine nur auf eigenes Risiko mit der Kleidung mitwaschen kann, gleichzeitig aber sagen die Entwickler, dass sie das selbst tun, empfehlen mildes Handwaschmittel, Lufttrocknung (keinen Trockner) und die vorherige Entfernung der Batterie. Wir geben dazu mal sicherheitshalber keinen Kommentar ab.

Geschwindigkeit und Stromversorgung

Im Gegensatz zu den anderen Arduinos arbeiten LilyPads meist nur mit 8 MHz. Das ist zwar nur halb so schnell, spart aber zum einen Strom, und zum anderen muss kein externer Quarz verbaut werden, der den Takt des Systems vorgibt. So wird der in den ATmegas enthaltene Taktgeber verwendet, und wieder gibt es ein großes Bauteil weniger auf der Platine.

Der LilyPad arbeitet mit Spannungen von 2,7 bis 5,5 V. Er ist damit zwar wählerischer als die meisten anderen Arduinos und sollte auch keinesfalls mit mehr als 5,5 V gespeist werden, will man ihn nicht beschädigen – gleichzeitig ist er aber auch recht flexibel für Spannungsquellen, die man ebenso am Körper mit sich tragen kann. So ist es z. B. möglich, zwei normale AA- oder AAA-Batterien zu verwenden, die zusammen 3 V ergeben und recht viel Energie speichern können.

Auch eine Verwendung von 3,7-V-Lithium-Polymer-Akkus ist möglich, wobei z. B. der LilyPad Simple bereits eine Ladeschaltung mit an Bord hat und der LilyPad SimpleSnap gleich einen solchen Akku mitbringt. Ebenso denkbar ist es, eine 3-V-Knopfzelle, beispielsweise die CR2032, zu verwenden, die eine sehr geringe Bauhöhe hat.

Programmierung des LilyPad

Bis auf den LilyPad USB müssen alle LilyPads mit einem Adapter programmiert werden, der USB auf eine serielle Schnittstelle umwandelt. Das geht am besten mit dem USB-Serial-Light-Adapter von Arduino, aber so mancher Bastler verwendet hierfür auch einen anderen Arduino, z. B. den Uno.

Ebenso geht das Programmieren natürlich auch über den ISP-Port, der ja auf fast allen Arduinos vorhanden ist. Beim LilyPad sind allerdings nur die Lötpunkte für den Port vorhanden, sodass man gezwungen ist, die entsprechenden Anschlüsse anzulöten – und diese ragen dann zentimeterweit aus der Platine heraus.

Benötigte Bauteile
- 20 blaue LEDs
- 20 Widerstände 120 Ω
- 1 Spannungswandler LM7805
- 4 AA-Batterien
- Batteriekiste für 4 AA-Batterien

5.19.4 Schaltplan

Verwendet wird eine externe Spannungsquelle, die optimalerweise zwischen 7 V und 12 V liegt. Ein Spannungswandler sorgt dafür, dass die Schaltung (und vor allem der Prozessor) nicht mehr als 5 V Spannung erhält. Das ist wichtig, denn der LilyPad ist in Bezug auf Versorgungsspannung recht empfindlich – mehr als 5,5 V sollte man ihm auf keinen Fall zumuten.

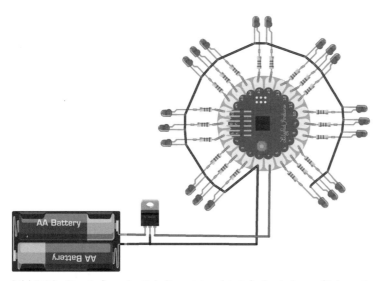

Bild 5.90: Der Aufbau der Schaltung ist recht einfach – jeder verfügbare Ausgang des LilyPad ist über einen 120-Ω-Widerstand mit einer blauen Leuchtdiode verbunden. Der Minuspol bzw. die Masse des LilyPad wird mit allen Kathoden der Leuchtdioden verbunden.

Manchmal reicht es aber auch, wenn die Spannung einen niedrigeren Wert hat, denn der LilyPad kann schon ab 2,7 V korrekt arbeiten. Bei Verwendung eines Lithium-Polymer-Akkus, der üblicherweise um die 3,7 V Spannung abgibt, oder einer anderen Spannungsquelle, die sicher nicht über 5 V liefert, kann auf den Spannungswandler auch verzichtet werden.

Allerdings stimmen dann die Widerstandswerte nicht mehr für eine optimale Helligkeit der Leuchtdioden und müssen angepasst werden – in dem Fall muss man aber aufpassen, wenn man den LilyPad programmiert, denn sobald der Arduino an den Computer angeschlossen wird, wird er auch mit 5 V Spannung versorgt – während dieser Zeit sollten also die Leuchtdioden nicht arbeiten.

Wir haben ganz gute Erfahrungen damit gemacht, zwei 1,5-V-Batterien ohne Spannungswandler anzuschließen und die LEDs über 120 Ω zu betreiben. Zwar strahlen die LEDs dann nicht mehr so stark wie bei 5 V Spannung, aber da die von uns verwendeten LEDs für unseren Geschmack ohnehin zu hell leuchteten, war das ein einfacher Kompromiss, denn so kann man die Schaltung gefahrlos sowohl an 5 V anschließen – z. B. während der Programmierung – als auch im Dauerbetrieb an 3 V.

Download Source Code
Herzschlag.ino
- *buch.cd*
- *arduino-handbuch.visual-design.com*

5.19.5 Source Code

```
001 byte Led[20];              //Helligkeitswerte der LEDs
002
003 #define WECHSEL (60*1000L) //Animationswechsel alle 60 Sekunden
004 #define HERZSCHLAG (1250)  //Ein Herzschlag dauert 1250 ms.
005 #define MAXHELLIGKEIT 255  //Maximale Helligkeit (0-255)
006 #define GLUEHEFFEKT 6      //Ausblendgeschwindigkeit
007
008 void setup()
009 {
010   for (int i = 0; i <= 19; i++) {
011     pinMode(i, OUTPUT);
012   }
013   LedsAktualisieren(MAXHELLIGKEIT);
014 }
015
016 void LedsAktualisieren(byte wert)
017 {
018   for (int i = 0; i <= 19; i++) {
019     Led[i] = wert;
020   }
021 }
022
023 void loop()
024 {
025   long Millisekunden = millis();
026
027   //Animationswechsel
028   if (Millisekunden % WECHSEL <= WECHSEL / 2) {
029     //Herzschlag - Animation
```

```
030      if (Millisekunden % HERZSCHLAG <= 20 ) {
031        LedsAktualisieren(MAXHELLIGKEIT);
032      }
033      if ((Millisekunden % HERZSCHLAG >= HERZSCHLAG / 3 ) &&
034         (Millisekunden % HERZSCHLAG <= HERZSCHLAG / 3 + 20)) {
035        LedsAktualisieren(MAXHELLIGKEIT / 4 * 3);
036      }
037    } else {
038      //Wandernder Punkt - Animation
039      int aktuelleLed = (Millisekunden % 1000) / 50;
040      Led[aktuelleLed] = MAXHELLIGKEIT;
041    }
042
043    //Software-PWM: Alles an
044    for (int i = 0; i <= 19; i++) {
045      if (Led[i] != 0 ) {
046        digitalWrite(i, HIGH);
047      }
048    }
049    //Software-PWM: Abschalten nach Ablauf der Zeit
050    for (int z = 0; z <= 255; z++) {
051      for (int i = 0; i <= 19; i++) {
052        if (z == Led[i] ) {
053          digitalWrite(i, LOW);
054        }
055      }
056      delayMicroseconds(10);
057    }
058
059    //Helligkeit der einzelnen LEDs reduzieren.
060    for (int i = 0; i <= 19; i++) {
061      Led[i] = max(0, Led[i] - GLUEHEFFEKT);
062    }
063 }
```

Der Source Code zu diesem Projekt ist diesmal etwas trickreicher, denn zum einen müssen wir auf einfache Weise sowohl digitale als auch analoge Ausgänge des Arduino ansprechen, zum anderen müssen wir - da nicht jeder Pin des Arduino mit Pulsweitenmodulation ausgestattet ist - eine Pulsweitenmodulation über die Software realisieren.

Dazu wird im Programm in der ersten Zeile ein Array mit 20 Einträgen definiert. Jedes Element dieses Arrays beherbergt den Helligkeitswert einer einzelnen LED, angegeben mit einem Wert, der zwischen 0 und 255 liegen kann. Unsere LEDs können also unterschiedliche Helligkeitswerte in 256 verschiedenen Abstufungen annehmen, wobei 0 aus bedeutet und 255 volle Leuchtintensität.

Nun folgen einige Platzhalterdefinitionen: Zuerst wird WECHSEL definiert, der angibt, in welcher Zeit die beiden Animationen zusammen abgespielt werden - hier sind es 60

Sekunden für beide Animationen, also wird jede Animation 30 Sekunden abgespielt, bevor der Wechsel erfolgt.

Bitte beachten Sie das große L, das hinter der 1000 steht. Üblicherweise werden normale Zahlenangaben innerhalb des Quellcodes als Integer interpretiert, der beim Arduino ja einen Zahlenraum von -32.768 bis 32.767 abdecken kann. Wir möchten aber größere Zahlen angeben (in unserem Beispiel 60.000), was außerhalb des Bereichs ist, den ein Integer darstellen kann.

Das große 1000L gibt in unserem Fall an, dass die Zahl 1000 durch einen Long-Wert angegeben wird, dessen Zahlenraum sich von -2.147.483.648 bis 2.147.483.647 erstreckt. Auch wenn die Long-Zahl 1000 nochmals mit der Integer-Zahl multipliziert wird, verwendet der Compiler den jeweils größten Zahlenspeicher, also Long. Im Ergebnis erhalten wir also die konkrete Zahl 60.000, die in einer Long-Zahl abgespeichert wird.

Nun folgt die Definition von HERZSCHLAG, die die Frequenz des Herzschlags angibt, in unserem Fall 1250 ms, was einem ausgesprochen ruhigen Herzschlag von 48 Schlägen pro Minute entspricht. Über MAXHELLIGKEIT kann man die maximale Helligkeit der LEDs angeben, wobei Werte zwischen 0 und 255 erlaubt sind. Der Platzhalter GLUEHEFFEKT gibt die Geschwindigkeit an, mit der eine LED an Helligkeit verliert, nachdem sie einmal eingeschaltet wurde.

In der setup-Funktion werden nun in der ersten Schleife sämtliche Pins des Arduino als Ausgänge definiert. Vielleicht wundern Sie sich an dieser Stelle, warum die Schleife von 0 bis 19 geht, wo der Arduino doch nur 13 digitale (Pin 0–13) und 6 analoge Pins (Pin A0–A6) hat. Um es gleich vorwegzunehmen: Man kann tatsächlich sämtliche digitalen und analogen Eingänge in einer Schleife ansprechen, weil die analogen Pins direkt auf die digitalen folgen und so auch über `pinMode()` angesprochen werden können. Pin 14 steht also für A0, Pin 15 für A1 etc.

Da aber in der großen Arduino-Familie verschiedene Prozessoren verwendet werden und diese über eine unterschiedliche Anzahl von digitalen Pins verfügen (so hat z. B. der Uno 13 digitale Pins, der Mega aber 54), entspricht Pin 14 beim Uno also A0, beim Mega aber nur dem digitalen Pin 14. Aus diesem Grund wurden in der Arduino-Oberfläche die Platzhalter A0, A1, A2, ... geschaffen, die dann beim Uno mit 14, 15, 16 befüllt werden, beim Mega aber mit 55, 56, 57.

Doch zurück zum Code: Nach der Initialisierung der Ausgänge wird `LedsAktualisieren` aufgerufen. Diese Funktion, die gleich im Anschluss an die setup-Funktion definiert ist, dient lediglich dazu, das gesamte Array mit den Helligkeitswerten der LEDs auf einen Wert zu setzen, der der Funktion beim Aufruf übergeben wird.

Im loop-Bereich wird in der ersten Zeile die Variable Millisekunden definiert und mit dem Rückgabewert des Befehls `millis()` gefüllt. Dieser gibt die Anzahl der Millisekunden zurück, die seit dem Start des Programms vergangen sind. Da hierbei eine Long-Variable verwendet wird, kann trotz der gemessenen kleinen Sekundenbruchteile ein Zeitraum von ca. 50 Tagen in der Variablen abgebildet werden, bevor diese überläuft und wieder bei 0 beginnt.

Der Befehl `if (Millisekunden % WECHSEL <= WECHSEL / 2)` soll dafür sorgen, dass es nach 30 Sekunden zu einem Wechsel der Animation kommt. Der Platzhalter `WECHSEL` steht für die Zahl 60000, sodass sich unser Befehl auch so schreiben lässt: `if (Millisekunden % 60000 <= 30000)`. Das Prozentzeichen in dieser Anweisung steht für einen Operator, vergleichbar mit +, -, * oder /.

Er führt eine Division mit Rest durch, bei der das normalerweise interessante Ergebnis fallengelassen und lediglich der Rest der Division angegeben wird. An einem Beispiel erklärt sich das leichter: Wird die Zahl 64124 durch 60000 geteilt, ist das ganzzahlige Ergebnis der Division 1, und der Rest ist 4124. 64124 % 60000 ergibt also 4124. 125090 % 60000 ergibt 5090 und 151758 % 60000 die Zahl 31758.

Wenn also der ganzzahlige Rest einer Division einer Millisekundenzeitangabe durch 60000 ms (oder 60 Sekunden) durchgeführt wird, erhält man die Millisekunden der aktuellen Minute – egal welche Minute des 50-Tage-Zeitraums das auch immer ist. Vergleicht man die aktuelle Anzahl der Millisekunden der aktuellen Minute mit dem Wert 30000 (oder auch 30 Sekunden), kann man unterscheiden, ob man sich in der ersten oder der zweiten Hälfte der aktuellen Minute befindet. Entsprechend wird der erste Teil des `if`-Befehls ausgeführt, der die Herzschlaganimation ausführt, oder aber der zweite Teil mit dem wandernden Punkt.

Die Herzschlaganimation besteht aus zwei Teilen, genau wie auch der Herzschlag sich in zwei Phasen aufteilen lässt. Die erste Phase lässt die LEDs voll aufleuchten (die LEDs werden später im Programm wieder langsam abgedimmt – dazu gleich mehr), die zweite Phase kommt etwa 1/3 der Herzschlaglänge später und leuchtet etwas weniger hell (3/4 der maximalen Helligkeit). Dementsprechend haben wir zwei `if`-Anweisungen. Die erste lautet `if (Millisekunden % HERZSCHLAG <= 20)` und prüft, ob der Rest der Division der aktuellen Systemlaufzeit durch das Herzschlagintervall zwischen 0 und 20 liegt. Ist das der Fall, werden die LEDs alle voll angeschaltet.

Wenn Sie sich fragen, warum der Rest nicht einfach nur auf 0 geprüft wird: Die Abarbeitung des gesamten Programms benötigt einige Millisekunden, und so kann es sein, dass der Rest der Division zwar klein ist, aber eben nicht ganz 0. Dann würde es einen Aussetzer in unserem Herzschlag geben, und wir möchten doch unserem Schmuckstück keine Herzrhythmusstörung programmieren.

Wenn wir die zweite Phase des Herzschlags einleiten möchten, muss der Rest der Division der aktuellen Millisekunde durch die Herzschlaglänge im Bereich zwischen 1/3 Herzschlag und 1/3 Herzschlag + 20 ms liegen, damit wir auch keinen Aussetzer der zweiten Phase haben. Das geht mit der etwas komplizierteren Zeile `if ((Millisekunden % HERZSCHLAG >= HERZSCHLAG / 3) && (Millisekunden % HERZSCHLAG <= HERZSCHLAG / 3 + 20))`. Ist sie erfüllt, werden alle LEDs auf ¾ der Maximalhelligkeit geschaltet.

Nun folgt im Code die zweite Animation, die wir in Ermangelung größerer Kreativität `Wandernder Punkt` genannt haben. Im `else`-Abschnitt der ersten `if`-Anweisung wird die Variable `aktuelleLed` definiert, und zwar wie folgt: Die aktuelle Millisekunden-Zeitangabe wird durch 1000 mit Rest dividiert. Heraus kommen also die Millisekunden der aktuellen Sekunde (0–999). Diese werden durch 50 dividiert, wodurch nur Werte zwischen 0 und 19 herauskommen können.

Die Reste der Division entfallen durch die Verwendung eines Integer-Werts für die Variable `aktuelleLed`. Da die Millisekundenangabe stetig größer wird, durchläuft also `aktuelleLED` nach und nach die Werte von 0 bis 19, und in der darauffolgenden Zeile wird die entsprechende LED auf die maximale Helligkeit eingestellt. So erhalten wir einen Punkt, der durch alle LEDs wandert.

Kommen wir nun zur Software-PWM. Die hardwareseitige Pulsweitenmodulation des ATmega-Prozessors des Arduino LilyPad ist leider nur an wenigen Pins verfügbar. Wir möchten aber, dass sich alle angeschlossenen LEDs stufenlos dimmen lassen, und das lässt sich am einfachsten durch eine Softwarepulsweitenmodulation realisieren.

Dazu schalten wir in einer ersten Schleife alle LEDs an. Einzig die LED, deren Helligkeitswert im `Led`-Array mit `0` angegeben ist, sparen wir aus, damit eine solche LED nie angeschaltet ist und absolut dunkel bleibt.

Nun folgt im zweiten Abschnitt der Software-PWM das Abschalten der LEDs. Je nachdem, wie groß der Wert im Array `Led` ist, bleibt die entsprechende LED eingeschaltet. Dazu gibt es zwei ineinander verschachtelte `for`-Schleifen. Die erste zählt die Variable `z` von 0 bis 255 hoch, wobei jeder Schleifendurchgang mindestens 10 Mikrosekunden (μs) dauert. Die Verzögerung wird durch die Verwendung des Befehls `delayMicroseconds(10)` erreicht, der die Ausführung des Programms um 10 Mikrosekunden verzögert. Eine Mikrosekunde ist übrigens ein Millionstel einer Sekunde.

Die innere Schleife lässt die Variable `i` von 0 bis 19 laufen und prüft den Wert des Arrays `Led` der jeweils aktuellen LED. Ist er gleich dem Wert, den die Variable `z` gerade innehat, wird die LED abgeschaltet. An einem Beispiel erklärt sich das anschaulicher: Nehmen wir an, der Wert des Arrays `Led` hat an der Stelle `0` den Wert `12`, also `Led[0]` = `12`. Dann startet die äußere Schleife mit dem Wert `0` für `z`. Die innere Schleife prüft, ob der Wert des Arrays an der Stelle `0` gleich dem Wert für `z` ist. Dies ist nicht der Fall, denn `z` ist `0`, und `Led[0]` ist `12`, also bleibt die LED eingeschaltet.

Jetzt werden die anderen LEDs bearbeitet, es wird 10 μs gewartet, und dann geht die äußere Schleife in die zweite Runde. Hier ist `z` = `1`, aber `Led[0]` bleibt ja auf dem Wert `12` stehen, die LED bleibt also weiterhin abgeschaltet. Wieder werden die anderen LEDs abgearbeitet, und wieder wird 10 μs gewartet. Mittlerweile sind 20 μs vergangen. Das wiederholt sich jetzt mit steigendem `z`-Wert immer wieder, bis `z` den Wert `12` erreicht. Jetzt vergleicht die innere Schleife die Variable `Led[0]`, die immer noch `12` ist, mit `z`, die jetzt ebenso auf `12` steht. Nun wird die LED abgeschaltet, und es sind 120 μs seit dem Einschalten vergangen.

Nach dieser Methode werden alle 20 LEDs unserer Schaltung abgearbeitet und je nach dem entsprechenden Helligkeitswert im Array Led angesteuert.

Nun wollen wir aber noch, dass die LEDs nach und nach wieder an Leuchtkraft verlieren. Das erreichen wir, indem wir die im Array Led gespeicherten Helligkeitswerte jeder einzelnen LED nach und nach verringern. Das erledigt der letzte Abschnitt unseres Programms, der wieder mit einer Schleife beginnt, die die Variable i von 0 bis 19 durchlaufen lässt. Innerhalb der Schleife wird der Helligkeitswert der jeweiligen LED im Array Led um den Wert GLUEHEFFEKT reduziert. Da es dabei vorkommen kann, dass ungültige negative Zahlen entstehen, wird dabei das Maximum aus dem Wert 0 und dem berechneten Ergebnis verwendet, Ergebnisse kleiner als 0 werden also verworfen.

So werden alle Werte im Array Led nach und nach verringert und damit auch die Helligkeit der LEDs selbst. Wie schnell die LEDs an Helligkeit verlieren, kann man über den Platzhalter GLUEHEFFEKT angeben. Puuuh, das war jetzt mal wirklich ein schweres Kapitel und ein ebenso schwerer Source Code.

5.19.6 Tipps und Tricks

Wie kann ich eine solche Schaltung tragen, ohne mir die Haut aufzureißen?

Bei fliegenden Schaltungen, wenn die Drähte der einzelnen Bauelemente nicht in einer Lochrasterplatine oder einem Breadboard stecken, hat man immer das Problem, dass es nichts gibt, was die Form der Schaltung vorgibt. Die Drähte haben zudem scharfe Kanten, die Lötstellen sind ebenso oft spitz. Hier lohnt sich der von uns bis zum Exzess betriebene Einsatz von Schrumpfschlauch, der die scharfen Stellen der Schaltung ummantelt und dabei gleichzeitig dafür sorgt, dass keine ungewollten Kurzschlüsse entstehen.

Fliegende Schaltungen sind nicht schön anzusehen. Gibt es nichts Besseres?

Man kann versuchen, die Schaltung in ein Gehäuse einzubauen. Wir haben hierzu einen unserer 3-D-Drucker verwendet und eine kreisrunde Scheibe von 7 cm Durchmesser und 7 mm Höhe hergestellt. (Sie können die Druckdaten für das Gehäuse unter arduino-handbuch.visual-design.com herunterladen.)

Bild 5.91: Ein Gehäuse aus einem 3-D-Drucker, speziell für unsere Schaltung hergestellt.

Die Schaltung haben wir dann in das Gehäuse verfrachtet und mit viel Geschiebe, Gedrücke und Gefluche den Deckel geschlossen. Das Ergebnis kann sich sehen lassen und verdeckt die Scheußlichkeiten in seinem Inneren gut und effizient.

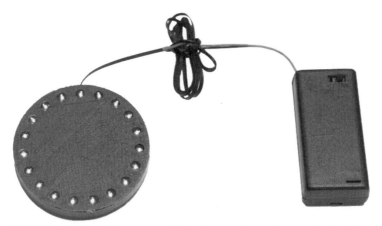

Bild 5.92: Ein geschlossener Deckel wirkt Wunder und vertuscht das Chaos, das darunter herrscht ...

Bild 5.93: ... das wir Ihnen aber nicht vorenthalten möchten.

Wie kann ich einen LilyPad an meiner Kleidung befestigen?

- Hierzu gibt es verschiedene Möglichkeiten. Der LilyPad SimpleSnap bringt gleich von Haus aus Druckknöpfe mit, die man an der Kleidung anbringen und an denen man den LilyPad befestigen kann.

- Es ist auch recht einfach, einen LilyPad mittels Nadel und Faden an einem Kleidungsstück zu befestigen – allerdings lässt sich diese Verbindung dann nicht mehr so leicht trennen.

- Klettband ist eine einfache und gute Möglichkeit – mit Klebstoff am LilyPad befestigt und mit einigen Stichen an der Kleidung, schon lässt sich beides leicht voneinander trennen.

- Wir haben ab und an Magneten verwendet, die wir auf dem LilyPad verklebt haben. Besonders die starken Neodym-Magneten sind so kräftig, dass sie kaum auf der Kleidung verrutschen. Diese Methode hat den Vorteil, dass man die Kleidungsstücke überhaupt nicht vorbehandeln muss und man die Schaltung problemlos auf andere Stücke portieren kann.
- Im Handel sind auch spezielle Metallfäden verfügbar, mit denen das LilyPad und weitere Komponenten an die Kleidung angenäht werden können und die als biegsame elektrische Leiterbahnen agieren.

5.20 Mobiler Temperaturlogger

Energiesparen ist in aller Munde – sei es bei der Heizungstechnik, im Verkehr oder bei der industriellen Produktion. Vornehmlich will man die Umwelt schonen, aber Energiesparen kann auch andere Vorteile haben.

5.20.1 Klobige Allzweckwaffe

»Ich habe ein Präparat, das eine bestimmte Temperatur nicht unterschreiten darf, und muss später nachweisen, dass das auch nicht passiert ist. Haben Sie da ein passendes Überwachungsgerät?« Der Verkäufer des Spezial-Elektronikgeschäfts schaut Herrn Dr. Schmitt wissend an. »Da habe ich tatsächlich für Sie das optimale Gerät! Es misst pausenlos Luftdruck, Luftfeuchtigkeit, Lichteinfall, Magnetfeld – und natürlich auch die Temperatur! Die Messdaten werden zusammen mit der jeweiligen GPS-Position in den 16 GByte großen Festspeicher geschrieben und können von dort über WLAN oder Bluetooth ausgelesen werden. Natürlich können Sie jederzeit auch ohne Computer auf die Daten zugreifen, wenn Sie das eingebaute TFT-Display verwenden.« Dr. Schmitt ist begeistert. »Prima, das Gerät nehme ich mit auf die Forschungsreise in die Antarktis. Die wird ungefähr sechs Monate dauern – welche Stromversorgung benötige ich denn dafür?« Einige stille Momente vergehen, während der Verkäufer angestrengt nachdenkt. »Oh, da kann ich Ihnen diesen handlichen 9-kg-Bleiakku empfehlen, der Ihnen sicherlich einige Tage Strom liefern wird. Den gibt's auch in der praktischen Umhängetasche mit den verkehrssicheren Reflexionsstreifen ...«

5.20.2 Aufgabenstellung

Wir wollen zeigen, dass es auch deutlich leichter geht. Es soll ein kleiner Datenlogger gebaut werden, der Temperaturdaten aufnimmt, diese in seinem EEPROM zwischenspeichert und per Infrarot-LED an einen Empfänger senden kann. Hierfür wird kein fertiger Arduino verwendet, sondern lediglich ein ATmega328P, der über ISP programmiert wird. Als Versorgungsspannung dient eine 3-V-Knopfzelle, die einige Monate durchhalten müsste. Dies ist ein Kapitel für echte Profis, es wird Wissen aus den Kapiteln 5.3 »Infrarotfernbedienung« und 5.2 »Analoger Temperatursensor«

benötigt, außerdem wird weitgehend auf die Verwendung von Bibliotheken verzichtet, alle relevanten Funktionen werden selbst geschrieben. Zu einem Sender gehört natürlich immer auch eine Empfangsstation, die aber nicht Bestandteil dieses Kapitels ist. Stattdessen können Sie das Gerät aus dem Projekt »Infrarotfernbedienung« verwenden.

5.20.3 Hintergrundwissen

Die Arduino-Entwicklungsumgebung stellt viele Befehle bereit, mit denen ein Arduino schnell und einfach programmiert werden kann. Aber nicht alle Features, die die Arduino-Mikrocontroller bieten, werden mit diesen Befehlen abgedeckt. Für solche Funktionalitäten bleibt einem dann oft nichts anderes übrig, als sich selbst mit der grundlegenden Funktionsweise eines Mikrocontrollers auseinanderzusetzen. Dabei spielen Register eine wichtige Rolle.

Register

Register sind kleine Speicherzellen, die bei den üblichen Arduinos 8 Bit abspeichern können. Ein Mikrocontroller beinhaltet Dutzende solcher Speicherzellen, die Auskunft über den Zustand des Prozessors geben – oder auf ihn einwirken können.

Da man so etwas am einfachsten anhand eines Beispiels versteht, soll hier mithilfe eines Register die LED an Pin 13 eines Arduino Uno geschaltet werden – eine Aufgabe, die normalerweise mit dem Arduino-Befehl `digitalWrite(13, LOW/HIGH)` erledigt wird. Mithilfe des Schaltplans des Arduino Uno, der unter *http://arduino.cc/en/uploads/Main/Arduino_Uno_Rev3-schematic.pdf* zu finden ist, lässt sich herausfinden, dass der Arduino-Pin 13 dem Pin PB5 des ATmega328P entspricht – also der fünfte Pin des Ports B.

Die Pins des Mikrocontrollers sind nämlich in mehrere sogenannte Ports unterteilt, die jeweils maximal acht Pins beinhalten – und damit über ein Register angesprochen werden können. In unserem Fall interessiert uns das Register `PORTB`, das ohne Weiteres im Quellcode gelesen und beschrieben werden kann. Um den fünften Pin dieses Ports anzuschalten, kann also Folgendes geschrieben werden (das B bedeutet hierbei, dass die angegebene Zahl als Binärwert gelesen wird und damit jede 0 oder 1 ein einzelnes Bit darstellt):

```
001 pinMode(13, OUTPUT);
002 PORTB = B00010000;
```

Wenn dieser Code in die `setup()`-Prozedur geschrieben und hochgeladen wird, sollte die LED an Pin 13 angeschaltet sein – und alle anderen Pins von Port B ausgeschaltet. Meistens will man aber nur genau einen Pin ein- oder ausschalten. Das ist am einfachsten mithilfe der logischen Operationen UND und ODER möglich.

Register	B11110000
ODER	B00011000
=	B11111000

Register	B11110000
UND	B11100111
=	B11100111

Das Setzen des 4. und 5. Bits mithilfe des ODER-Befehls und das Löschen derselben Bits mithilfe des UND-Befehls.

Wenn man beispielsweise nur Pin 13, also den fünften Pin von PORTB, einschalten will, kann der Befehl PORTB = PORTB | B00010000 benutzt werden. Das Symbol |, das Sie auf Ihrer Tastatur links neben dem Y finden, steht für die bitweise ODER-Verknüpfung – wenn zwei Bits verglichen werden und eines *oder* das andere (oder beide) eine Eins ist, ist das Ergebnis eine Eins. Das Schöne an dieser Operation ist, dass ein Vergleich mit einer Null am Ergebnis nichts ändert. Alle Bits, die nicht verändert werden sollen, können so mithilfe von Nullen verdeckt werden, während eine Eins dazu führt, dass das Ergebnis immer eine Eins ist. Wenn man stattdessen ein Bit auf null setzen will, kann der Befehl PORTB = PORTB & B11101111 benutzt werden. Das Zeichen & steht hierbei für die bitweise UND-Verknüpfung, das Ergebnis ist hierbei nur genau dann eine Eins, wenn beide zu vergleichenden Werte eine Eins sind. Ein Vergleich mit einer Eins verändert deswegen den Wert nicht, während bei einem Vergleich mit einer Null das Ergebnis immer eine Null ist – ideal, um ein Bit zu löschen. Wenn beispielsweise Pin 13 jede Sekunde ein- oder ausgeschaltet werden soll, ohne die restlichen Pins zu stören, kann dies mit folgendem Code erledigt werden. Die logischen UND- und ODER-Operationen können hierbei genauso wie andere Rechenoperationen abgekürzt aufgeschrieben werden.

```
001  setup() {
002    pinMode(13, OUTPUT);
003  }
004
005  loop() {
006    PORTB |= B00010000; //Pin 13 / PB5 einschalten
007    delay(1000);
008    PORTB &= B11101111; //Pin 13 / PB5 ausschalten
009    delay(1000);
010  }
```

Dieser Code kann natürlich mit dem Befehl digitalWrite() auch um einiges einfacher geschrieben werden. Hierbei wird aber weit mehr getan, als nur ein Register zu beschreiben, was dazu führt, dass bei Benutzung des Arduino-Befehls mehrere Dutzend Taktzyklen vergehen, bis das Programm fortgesetzt wird, während der manuelle Eingriff in das Register nur wenige Zyklen benötigt.

Die Ruhezustände des ATmega328P/Arduino Uno

Eine handelsübliche 3-V-Knopfzelle hat eine Kapazität von ungefähr 200 mAh. Ein Breadboard-Arduino ohne weitere Komponenten wie beispielsweise LEDs verbraucht ungefähr 6 mA Strom und kann somit 33 Stunden mit einer Knopfzelle versorgt werden. Wenn man ihn länger laufen lassen will, muss man dafür täglich eine neue Knopfzelle einlegen – ein teures und aufwendiges Unterfangen.

In vielen Anwendungsfällen ist der Mikrocontroller nicht dauerhaft aktiv, sondern berechnet nur kurz etwas und ist danach für Sekunden, Minuten oder gar Stunden im Wartezustand. Wenn man die Laufzeit verbessern will, muss deshalb vor allem diese Wartezeit möglichst energiesparend verbracht werden. Der ATmega328P bietet genau dafür verschiedenste Energiesparmodi an, die genutzt werden können, um die Batterielebensdauer signifikant zu erhöhen.

- Idle
  In diesem Modus wird die Hauptrecheneinheit (Central Processing Unit, CPU) ausgeschaltet, alle anderen Komponenten bleiben aktiv. Dieser Modus ist ideal, wenn man zwar noch auf Signale reagieren oder ein PWM-Signal ausgeben muss, aber derzeit nichts aktiv berechnet.

- ADC-Rauschunterdrückung
  Dieser Modus unterscheidet sich fast nicht vom Idle-Modus: Auch hier wird die CPU deaktiviert – wenn auch nicht aus Energiespargründen, sondern um das damit verbundene elektrische Rauschen zu unterbinden, das empfindliche Komponenten, vor allem den Analog-Digital-Converter (ADC), beeinträchtigt. Wenn besonders gründlich und genau gemessen werden soll, kann dieser Modus dafür benutzt werden.

- Stand-by
  Hier werden zusätzlich zur CPU noch der ADC und die Timer ausgeschaltet, deren PWM-Funktionalität deshalb dann nicht mehr zur Verfügung steht. Da ebenso wie im Idle- und im Rauschunterdrückungsmodus ein – falls vorhanden – externer Quarz zur Taktgenerierung weiter betrieben wird, dauert das Aufwachen aus diesen drei Modi nur sechs Taktzyklen, dieser Modus ist deshalb ideal, wenn schnell auf ein Signal reagiert werden soll.

- Power-Save
  In diesem Modus wird auch der Taktgenerator ausgeschaltet. Wenn ein externer Quarz verwendet wird, benötigt dieser deshalb erst einmal 16.000 Taktzyklen, bis er sich eingeschwungen hat und eine stabile Taktfrequenz liefert – wenn der interne Oszillator verwendet wird, werden hier auch nur sechs Taktzyklen benötigt.

- Power-Down
  Dies ist der ultimative Energiesparmodus. Fast alles ist hier abgeschaltet, und es wird am wenigsten Energie verbraucht.

Um den Chip in einen dieser Energiesparmodi zu bringen, muss zuerst eine zusätzliche Datei in den Code eingebunden werden.

```
#include <avr/sleep.h>
```

Dann braucht nur noch mit `set_sleep_mode()` der richtige Modus ausgewählt zu werden, und der Mikrocontroller kann mit drei weiteren Befehlen schlafen gelegt werden.

Idle	SLEEP_MODE_IDLE
ADC-Rauschunterdrückung	SLEEP_MODE_ADC
Stand-by	SLEEP_MODE_STANDBY
Power-Save	SLEEP_MODE_PWR_SAVE
Power-Down	SLEEP_MODE_PWR_DOWN

```
void schlafe() {
  set_sleep_mode(SLEEP_MODE_PWR_DOWN);

  sleep_enable();
  sleep_mode();
  //Hier wird das Programm fortgesetzt, wenn der Arduino
  //wieder aufwacht.
  sleep_disable();
}
```

Wenn der Mikrocontroller mit dieser Methode in den Schlafmodus versetzt wird, verbraucht er noch ungefähr 350 µA, das ist gerade mal 6 % des Strombedarfs eines durchlaufenden Prozessors, wie es beispielsweise der Fall wäre, wenn man die Zeit per `delay()` überbrückte. Mit zwei weiteren kleinen Handgriffen lässt sich das aber noch weiter verbessern.

Vollständiges Ausschalten des Analog-Digital-Converters

Leider ist der Analog-Digital-Converter (ADC) auch im Power-Down-Modus nicht automatisch vollständig ausgeschaltet, weshalb dies von Hand getan werden muss. Dafür muss im Register ADCSRA das letzte Bit gelöscht werden. Damit die interne Referenzspannung auch ausgeschaltet wird, muss zusätzlich im Register ADMUX ein Bit gelöscht werden. Nach dem Schlaf muss der ADC erneut eingeschaltet werden, indem dieselben Bits wieder gesetzt werden.

```
ADCSRA &= B01111111;  //schalte den ADC aus
ADMUX  &= B10111111;  //schalte die interne Spannungsreferenz aus

//sleep

ADCSRA |= B10000000;  //schalte den ADC ein
ADMUX  |= B01000000;  //schalte die interne Spannungsreferenz ein
```

Brown-out-Detektor ausschalten

Von einem Black-out spricht man, wenn ein Gerät oder ein Stromnetz nicht mehr mit Energie versorgt wird. Ein Brown-out ist die abgeschwächte Form davon: Der Mikrocontroller wird zwar mit einer Spannung versorgt, allerdings ist diese so gering, dass es zu Fehlern in der Bearbeitung der Befehle kommen kann, was meistens unerwünschte Abstürze oder Fehler verursacht. Aus diesem Grund gibt es den Brown-out-Detektor (BOD), der per Fuse-Bit aktiviert werden kann, sodass er bei einem gefährlichen Spannungsabfall den Chip neu startet. Bei Arduinos ist dieser Detektor standardmäßig eingeschaltet, bei einem ATmega328P im Werkszustand ist er deaktiviert.

Im Ruhezustand ist der BOD allerdings störend, da er viel Leistung benötigt. Aus diesem Grund kann er auch per Software ausgeschaltet werden – zumindest für eine gewisse Zeit: Nach vier Taktzyklen startet er sich selbstständig wieder, deshalb muss der `sleep_mode()`-Befehl auch direkt nach dem Ausschalten des BOD aufgerufen werden. Und damit das Ganze ja nicht zu einfach wird, ist der Ausschaltvorgang zudem noch eine mehrstufige Prozedur, bei der zuerst ein spezielles Sicherungsbit auf eins gesetzt werden muss, dann wird der BOD deaktiviert, und schlussendlich muss das Sicherungsbit wieder gelöscht werden. Im Code sieht das dann folgendermaßen aus:

```
001   MCUCR |= B01100000;  //Setze das BOD-Disable-Bit und Sicherungsbit
002   MCUCR |= B01000000;  //Setze das BOD-Disable-Bit erneut
003   MCUCR &= B11011111;  //Lösche das Sicherungsbit
```

Der Watchdogtimer

Einen Mikrocontroller in den Schlafzustand zu versetzen, ist eine Sache – aber was passiert dann? Er führt keine Anweisungen mehr aus, wie also wird er aufgeweckt? Im Power-Down-Modus sind selbst die Timer ausgeschaltet, die ansonsten benutzt werden, um beispielsweise per `delay()` nach einer gewissen Zeit eine Aktion auszuführen. Natürlich ist aber nicht alles vollkommen abgeschaltet, sodass der Prozessor aus seinem Dornröschenschlaf wieder erwachen kann. Eine Möglichkeit hierzu ist der Watchdog, den man mit »Wachhund« übersetzen kann. Dieser Watchdog hat einen eigenen, unabhängigen Timer, der zwar nicht besonders präzise ist, aber selbst im Power-Down-Modus noch läuft und damit den Prozessor wieder aufwecken kann.

Um den Watchdog einzuschalten, müssen im Register WDTCSR (Watchdog Timer Control Register – Watchdog-Timer-Kontroll-Register) zuerst die Bits WDCE (Watchdog Control Enabled – Watchdog-Änderung möglich) und WDE (Watchdog Enabled – Watchdog eingeschaltet) gesetzt werden. Direkt danach kann dann das Register beschrieben werden. Mithilfe der Bits WDE und WDIE (Watchdog Interrupt Enabled – Watchdog-Interrupt eingeschaltet) kann hierbei festgelegt werden, was genau der Watchdog machen soll, und mithilfe der Bits WDP0 (Watchdog Timer Prescaler – Watchdog-Timer-Zyklenanzahl), WDP1, WDP2 und WDP3, wann er ausgelöst wird.

Bit	7	6	5	4	3	2	1	0
WDTCSR	WDIF	WDIE	WDP3	WDCE	WDE	WDP2	WDP1	WDP0

Aufbau des Registers WDTCSR (Watchdog-Timer-Kontroll-Register).

WDE	WDIE	Verhalten
0	0	WDT ist ausgeschaltet.
0	1	WDT weckt den Prozessor auf und löst einen Interrupt aus.
1	0	WDT startet den Mikrocontroller neu.
1	1	WDT weckt den Prozessor auf, löst einen Interrupt aus und startet dann den Mikrocontroller neu.

Auswirkungen der Bits WDE und WDIE im Register WDTCSR.

WDP3	WDP2	WDP1	WDP0	Zeit zwischen zwei WDT-Aufrufen
0	0	0	0	16 ms
0	0	0	1	32 ms
0	0	1	0	64 ms
0	0	1	1	125 ms
0	1	0	0	250 ms
0	1	0	1	500 ms
0	1	1	0	1 s
0	1	1	1	2 s
1	0	0	0	4 s
1	0	0	1	8 s

Einstellung der Watchdog-Timer-Frequenz.

Wenn der WDT beispielsweise alle acht Sekunden den Prozessor nur aufwecken, aber nicht neu starten soll, muss der Quellcode folgendermaßen aussehen:

```
001 WDTCSR |= B00011000;
002 WDTCSR = B01100001;
```

Das EEPROM

Der dynamische Speicher des Arduino wird immer dann gelöscht, wenn die Stromversorgung getrennt wird. Soll beispielsweise ein Sensorwert längerfristig abgespeichert werden, reicht es deshalb nicht, im Quellcode die Anweisung `byte sensor = analogRead(A0);` zu schreiben.

Stattdessen kann der »elektronisch löschbare programmierbare Nur-Lese-Speicher« – kurz EEPROM – benutzt werden. Dieser Speicher behält seinen Inhalt auch dann, wenn der Arduino von der Stromversorgung getrennt oder ein neuer Sketch hochgeladen wird. Leider kann er nicht unendlich oft beschrieben werden, nach mindestens 100.000 Schreibzugriffen ist er erschöpft.

Um das EEPROM zu benutzen, muss als Erstes die dazu passende Arduino-Bibliothek in den Quellcode eingebunden werden. Dann kann mit den Befehlen `EEPROM.write(adresse, wert)` und `EEPROM.read(adresse)` ein Byte geschrieben oder gelesen werden. Mit dem Parameter `adresse` kann hierbei angegeben werden, welche Speicherzelle gelesen oder beschrieben werden soll.

Der ATmega328P besitzt 1 KByte EEPROM-Speicher, `adresse` kann deshalb ein Wert zwischen 0 und 1023 sein. Um einen größeren Wert als ein Byte abzuspeichern, muss man diesen von Hand in mehrere Bytes untergliedern. Ein `int` besteht beispielsweise aus 16 Bit, also aus 2 Byte. Um ihn im EEPROM zu speichern, muss er deshalb in der Mitte geteilt und in zwei Speicherzellen geschrieben werden.

Schreiben

```
001 int adresse = 25;
002 int wert = 10425;
003 int lower = wert & 0xFF;
004 int higher = wert >> 8;
005 EEPROM.write(adresse, lower);
006 EEPROM.write(adresse + 1, higher);
```

Lesen

```
001 int adresse = 25;
002 int wert2 = EEPROM.read(adresse);
003 wert2 |= EEPROM.read(adresse + 1) << 8;
```

Einstellen der PWM-Frequenz

Um mithilfe der Infrarotleuchtdiode eine Nachricht senden zu können, die von den üblichen IR-Empfangsmodulen gelesen werden kann, müssen wir sie mit einem pulsweitenmodulierten Signal (PWM-Signal) ansteuern. Ein PWM-Signal ist dabei ein digitales Signal, das schnell zwischen eins und null wechselt, Dutzende bis Tausende Male in der Sekunde. Um ein PWM-Signal zu beschreiben, werden zwei Maßeinheiten benötigt: Frequenz und Duty-Cycle. Die Frequenz gibt dabei an, wie oft in der Sekunde eine Null und eine Eins aufeinanderfolgen. Mit dem Duty-Cycle wird die Signalstärke beschrieben, ein Wert von 75 % bedeutet beispielsweise, dass in drei Vierteln der Zeit eine Eins anliegt und im restlichen Viertel eine Null. Für unsere Infrarotdiode benötigen wir eine Frequenz von 36 kHz und einen Duty-Cycle von 30 %.

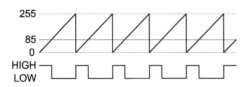

Bild 5.94: Verlauf eines PWM-Signals mit dem Fast-PWM-Verfahren. Der obere Teil der Zeichnung gibt den Zählerstand an, der untere den Zustand des Ausgabepins, am Pin liegt bei einem Zählerstand unter 85 eine Eins an.

Technisch realisiert wird ein PWM-Signal durch einen Zähler, der im einfachsten Fall immer wieder von 0 bis 255 hochzählt. Bei einer 0 wird eine logische Eins an den Ausgangspin gelegt, bei einer festlegbaren Zahl zwischen 1 und 255 wird eine logische Null angelegt. Die Geschwindigkeit, mit der der Zähler hochzählt, ist dabei entweder die Betriebsfrequenz des Arduino oder ein Achtel, ein Zweiunddreißigstel oder ein noch kleinerer Bruchteil davon. Beim Arduino Uno werden die Pins 5 und 6 mit diesem sogenannten Fast-PWM-Verfahren betrieben. Da auch Arduino-Funktionen wie beispielsweise `delay` davon abhängen, sollte die Frequenz dieser Pins aber nicht geändert werden.

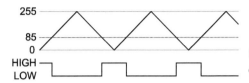

Bild 5.95: Verlauf eines PWM-Signals mit dem phasenkorrekten PWM-Verfahren.

Ein anderes Verfahren, das bei den Pins 9, 10, 3 und 11 des Arduino Uno standardmäßig angewendet wird, ist das phasenkorrekte PWM-Verfahren. Hierbei zählt der Zähler, nachdem er die 255 erreicht hat, wieder rückwärts bis 0 und beginnt dann, erneut hochzuzählen.

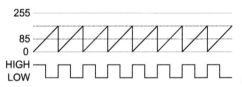

Bild 5.96: Verlauf eines PWM-Signals mit selbst wählbarer oberer Zählgrenze.

Will man eine noch genauere Frequenz des PWM-Signals, kann man den Zähler anweisen, statt bis 255 nur bis zu einem festgelegten Wert zu zählen. Um absolute Genauigkeit zu erreichen, muss noch beachtet werden, dass der Zähler von 0 bis einschließlich dem festgelegten Wert zählt, bei einem Wert von beispielsweise 4 besteht jeder Zyklus aus 5 verschiedenen Zählerständen.

Technische Umsetzung

Jeweils zwei PWM-Pins werden von einem gemeinsamen Zähler gesteuert, die PWM-Frequenz kann deshalb nicht für jeden Pin einzeln eingestellt werden, der Duty-Cycle allerdings schon.

Pins	Zähler
5, 6	Timer0
9, 10	Timer1
3, 11	Timer2

Die Kontrolle über die PWM-Eigenschaften geschieht über vier verschiedene Register, im Fall von Timer2 sind das die Register TCCR2A, TCCR2B, OCR2A und OCR2B. Da die Beschreibung der Funktionsweise der einzelnen Bits von TCCR2A und TCCR2B den Umfang dieses Kapitels sprengen würde, wird im Folgenden nur beschrieben, zu welchen Werten sie gesetzt werden müssen, um den gewünschten Modus einzustellen. Einzige Ausnahme bilden die ersten drei Bits von TCCR2B, mit deren Hilfe die Zählgeschwindigkeit des Zählers eingestellt werden kann. In die Register OCR2A und OCR2B wird der Duty-Cycle für die beiden mit Timer2 verbundenen Pins eingetragen.

Modus	TCCR2A	TCCR2B
Fast-PWM	10100011	00000---
Phasenkorrektes PWM	10100001	00000---
PWM mit variablem Zähler	01100011	00001---

Zählfrequenz	TCCR2B	Frequenz Fast-PWM 1 MHz	Frequenz Phasenkorrekt 1 MHz
Kein PWM/Zähler gestoppt	-----000		
Betriebsfrequenz des ATmega328P	-----001	3,9 kHz	1,9 kHz
Betriebsfrequenz / 8	-----010	488 Hz	244 Hz
Betriebsfrequenz / 32	-----011	121 Hz	60 Hz
Betriebsfrequenz / 64	-----100	60 Hz	30 Hz
Betriebsfrequenz / 128	-----101	30 Hz	15 Hz
Betriebsfrequenz / 256	-----110	15 Hz	12 Hz
Betriebsfrequenz / 1024	-----111	12 Hz	6 Hz

Die von uns verwendete Schaltung beinhaltet einen Mikrocontroller mit einer Betriebsfrequenz von 1 MHz. Um eine Frequenz von 36 kHz zu generieren, muss deshalb die PWM-Variante mit variablem Zähler verwendet werden. Der Zähler muss hierbei jeden Zyklus 1 MHz / 36 kHz = 28 mal erhöht werden, also von 0 bis 27 zählen. Um einen Duty-Cycle von 30 % zu gewährleisten, muss das Signal bei Zählerstand 8 auf eine logische Null gesetzt werden. Das Signal liegt dann an Pin PD3 an, und der entsprechende Quellcode lautet:

```
001  TCCR2A = B01100011;
002  TCCR2B = B00001001;
003  OCR2A = 27;
004  OCR2B = 8;
```

Mithilfe von pinMode(3, OUTPUT) kann dann das PWM-Signal ausgegeben werden, pinMode(3, INPUT) stoppt es wieder.

Benötigte Bauteile
- 1 Arduino ISP oder Arduino Uno, Leonardo oder Mega
- 1 Mikrocontroller ATmega328P
- 11 Steckbrücken
- 1 Temperatursensor NTCLE100E3202JB0
- 1 Widerstand 2 kΩ
- 1 IR-LED CQY99
- 1 Widerstand 60 Ω
- 1 3-V-Knopfzelle CR2032
- 1 Batteriehalter für die Knopfzelle

5.20.4 Schaltplan

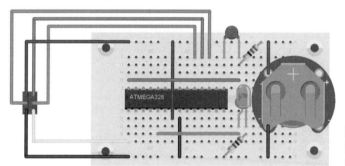

Bild 5.97: Der Breadboard-Aufbau des Miniatursenders.

Der Temperaturlogger soll im späteren Betrieb mit einer 3-V-Knopfzelle betrieben werden, während beim Aufbauen und Testen der Schaltung die 5-V-Spannungsversorgung des Arduino ISP verwendet wird. Batterie und ISP dürfen dabei aber nicht gleichzeitig angeschlossen sein, da in diesem Fall ansonsten die 5-V-Spannung an die Batterie angelegt würde, was diese beschädigen oder sogar zerstören kann.

Um die Temperatur messen zu können, wird ein Spannungsteiler aus einem Thermistor und einem Widerstand aufgebaut. Der von uns verwendete Thermistor hat einen Widerstandswert von 2 kΩ bei 25 °C, dazu passend hat auch der Widerstand einen Wert von 2 kΩ. Würde dieser Spannungsteiler direkt zwischen Masse und Batteriespannung von 3 V geschaltet, so würde ihn dauerhaft ein Strom von 750 µA durchfließen, was mehrere Hundert Mal mehr ist, als der Mikrocontroller im Stand-by-Modus verbraucht. Aus diesem Grund wird der Spannungsteiler mit einem Ende an den Pin PD7 des ATmega328P angeschlossen und nur bei Bedarf für eine kurze Zeit eingeschaltet. Die Mitte des Spannungsteilers wird an Pin PC5 angeschlossen, was dem Arduino-Pin A5 entspricht. Damit die Daten auch zu einer Basisstation übermittelt werden können, wird eine Infrarotleuchtdiode mit der Kathode (Minuspol) an Pin PD3 angeschlossen. Anstelle einer größeren Verstärkerschaltung wie im Kapitel 5.3 »Infrarotfernbedienung« wird hier nur ein einfacher Vorwiderstand verwendet. Da über der IR-LED eine Spannung von ungefähr 1,2 V abfällt und wir den durchfließenden

Strom auf 30 mA begrenzen wollen, muss laut dem Ohm'schen Gesetz der Vorwiderstand einen Wert von (3 V − 1,2 V)/30 mA = 62 Ω haben. Wird die Schaltung mit 5 V betrieben, wird andererseits ein Widerstandswert von 120 Ω benötigt, worauf während des Experimentierens mit dem angeschlossenen Arduino ISP geachtet werden muss.

> **Download Source Code**
> miniSender.ino
> - *buch.cd*
> - *arduino-handbuch.visual-design.com*

5.20.5 Source Code

Nachdem einige Bibliotheken eingebunden und Pins definiert wurden, muss in der `setup()`-Prozedur noch die PWM-Frequenz, mit der die IR-LED angesprochen wird, festgelegt werden, und der Watchdog-Timer muss gestartet werden.

```
001 #include <EEPROM.h>
002 #include <avr/sleep.h>
003 #include <avr/power.h>
004 #include <avr/wdt.h>
005
006 const int PIN_IRLED = 3;
007 const int PIN_NTC_VERSORGUNG = 9;
008 const int PIN_NTC_MESSUNG = A5;
009
010 const int messung_alle = 16; //Messe alle 16 Sekunden
011
012 void setup() {
013
014   pinMode(PIN_IRLED, INPUT);
015   digitalWrite(PIN_IRLED, HIGH);
016   digitalWrite(PIN_NTC_VERSORGUNG, LOW);
017   pinMode(PIN_NTC_VERSORGUNG, INPUT);
018   pinMode(PIN_NTC_MESSUNG, INPUT);
019
020   //Stelle Timer2 auf eine Frequenz von ~36KHz
021   TCCR2A = B01100011;
022   TCCR2B = B00001001;
023   OCR2A = 27;
024   OCR2B = 8;
025
026   //Bereite den Watchdog-Timer vor
027   MCUSR &= ~(1 << WDRF);
028   WDTCSR |= (1 << WDCE) | (1 << WDE);
029   WDTCSR = B01100001;
030 }
```

5.20 Mobiler Temperaturlogger

Um die Temperatur zu messen, wird zuerst der zur Messung benutzte Spannungsteiler mit Spannung versorgt. Dann werden einige Millisekunden abgewartet, damit der Analog-Digital-Converter genug Zeit zum Einschwingen hat. Für die Messung und Berechnung der Temperatur werden die schon aus dem Kapitel »Analoger Temperatursensor« bekannten Methoden `berechne_Widerstand` und `berechne_Temperatur` benutzt. Nach der Messung muss dann noch der Spannungsteiler wieder ausgeschaltet werden.

```
int messe_Temperatur() {
  //Versorge den Thermistor mit Spannung
  pinMode(PIN_NTC_VERSORGUNG, OUTPUT);
  delay(50);
  double temperatur = berechne_Temperatur(berechne_Widerstand());
  //Versorge den Thermistor nicht mehr mit Spannung
  pinMode(PIN_NTC_VERSORGUNG, INPUT);
  return (int)(temperatur * 10);
}

//Aus dem Kapitel "Analoger Temperatursensor"
const double R2 = 2000;

double berechne_Widerstand() {
  //Spannung, die über R1 abfällt
  double U1 = analogRead(A5) / 1024.0 * 5.0;

  //Berechnung von R1 über Umformung der Spannungsteiler-Formel
  double R1 = (R2 * U1) / (5.0 - U1);
  return R1;
}

//Aus dem Kapitel "Analoger Temperatursensor"
const double R_ref = 2000;

double berechne_Temperatur(double R1) {
  //Parameter des Thermistors aus dem Datenblatt
  double A, B, C, D;

  //Um welchen Faktor unterscheidet sich der gemessene Wert
  //vom Referenzwert von 2 kOhm?
  double R = R1 / R_ref;

  //Fallunterscheidung: Die Berechnung variiert
  // je nach betrachtetem Temperaturbereich
  if (R > 1.0) {
    //Fall 1: Temperatur < 25°C
    A = 3.354016e-3;
    B = 2.90967e-4;
    C = 1.632136e-6;
```

```
041       D = 7.1922e-8;
042     } else {
043       //Fall 2: Temperatur >= 25°C
044       A = 3.354016e-3;
045       B = 2.933908e-4;
046       C = 3.494314e-6;
047       D = -7.71269e-7;
048     }
049
050     //Einsetzen der Werte in die Formel und Berechnung
051     //der Temperatur
052     double T = 1.0 / (A
053                     + B * log(R)
054                     + C * (log(R) * log(R))
055                     + D * (log(R) * log(R) * log(R)));
056     return T - 273.15;
057 }
```

Damit im Fall mehrerer Sender die Messungen richtig zugeordnet werden, wird zusätzlich zur gemessenen Temperatur noch eine Sender-Identifikationsnummer gesendet. Die Nachricht wird dann bitweise in dem weitverbreiteten RC-5-Format gesendet, das im Kapitel 5.3 »Infrarotfernbedienung« vorgestellt wurde. Bei einer zu übertragenden Null wird hierbei zuerst 880 μs ein PWM-Signal übertragen, und dann 880 μs gewartet, bei einer zu übertragenden Eins wird zuerst gewartet und dann gesendet.

```
001 const int sensor_ID = 1;
002 void uebertrage_Messwert(int messwert) {
003   long nachricht = 0;
004   nachricht |= messwert & 0xffff;
005   nachricht |= (long)sensor_ID << 16;
006
007   for (int i = 0; i < 3; i++) {
008     sende_IR_Code(nachricht, 24);
009     delay(114);
010   }
011 }
012
013 const int tHalfBit = 90;
014 void sende_IR_Code(unsigned long value, byte bitLength) {
015
016   //Übertrage B11, um die Übertragung zu initialisieren
017   for (int i = 0; i < 2; i++) {
018     pinMode(PIN_IRLED, INPUT); //IR ausschalten
019     delayMicroseconds(tHalfBit);
020     pinMode(PIN_IRLED, OUTPUT); //IR einschalten
021     delayMicroseconds(tHalfBit);
022   }
023
024   //Übertrage jedes Bit der Nachricht
```

```
025    for (int i = bitLength - 1; i >= 0; i--) {
026      if ((value >> i) % 2 == 1) { //Soll 1 übertragen werden?
027        pinMode(PIN_IRLED, INPUT);    //IR ausschalten
028        delayMicroseconds(tHalfBit);
029        pinMode(PIN_IRLED, OUTPUT);   //IR einschalten
030        delayMicroseconds(tHalfBit);
031      } else {                        //Soll 0 übertragen werden?
032        pinMode(PIN_IRLED, OUTPUT);   //IR einschalten
033        delayMicroseconds(tHalfBit);
034        pinMode(PIN_IRLED, INPUT);    //IR ausschalten
035        delayMicroseconds(tHalfBit);
036      }
037    }
038    pinMode(PIN_IRLED, INPUT); //IR ausschalten
039  }
```

Zudem wird das Ergebnis noch in das EEPROM geschrieben. Damit das EEPROM möglichst viele Ergebnisse umfasst, wird das Ergebnis der ersten Messung an Adresse 0 geschrieben, das der zweiten an Adresse 2, das der dritten an Adresse 4 und so weiter. Sobald die Adresse 1022 geschrieben wurde, wird wieder bei Adresse 0 angefangen. Um beim Auslesen der Ergebnisse aus dem EEPROM auch zu wissen, welches Ergebnis am aktuellsten ist, wird die nächsthöhere Adresse jedes Mal mit einer Null beschrieben.

```
001  int adresse = 0;
002  void schreibe_in_EEPROM(int wert) {
003    int lower = wert & 0xFF;
004    int higher = wert >> 8;
005    EEPROM.write(adresse, lower);
006    EEPROM.write(adresse + 1, higher);
007    EEPROM.write(adresse + 2, 0);
008    EEPROM.write(adresse + 3, 0);
009    adresse += 2;
010    if (adresse > 1024 - 4)
011      adresse = 0;
012  }
```

Mit folgendem Programmcode kann der Arduino schlafen gelegt werden. Für den Fall, dass der Brown-out-Detektor eingeschaltet ist, wird dieser für die Dauer des Schlafens ausgeschaltet.

```
001  void schlafe() {
002    set_sleep_mode(SLEEP_MODE_PWR_DOWN);
003
004    ADCSRA &= B01111111;//Schalte den ADC aus
005    ADMUX &= B10111111;//Schalte die interne Spannungsreferenz aus
006
007    MCUCR |= B01100000; //Setze das Sicherungsbit
008    MCUCR |= B01000000; //Setze das BOD-Disable-Bit
```

```
009    MCUCR &= B11011111; //Lösche das Sicherungsbit
010    sleep_enable();
011    sleep_mode();
012    sleep_disable();
013
014    ADCSRA |= B10000000;//Schalte den ADC ein
015    ADMUX  |= B01000000;//Schalte die interne Spannungsreferenz ein
016  }
```

In der `loop`-Prozedur muss als Erstes die Temperatur gemessen werden. Danach kann diese per IR-LED übertragen und in das EEPROM geschrieben werden. Danach wird der Mikroprozessor schlafen gelegt. Da der Watchdog-Timer höchstens alle acht Sekunden ein Wecksignal auslösen kann, muss für eine längere Wartezeit der Prozessor alle acht Sekunden erneut schlafen gelegt werden.

```
001  void loop() {
002    int temperatur = messe_Temperatur();
003    uebertrage_Messwert(temperatur);
004    //schreibe_in_EEPROM(temperatur);
005
006    for (int i = 0; i < messung_alle / 8; i++) {
007      schlafe();
008    }
009  }
```

5.21 Breadboard-Arduino™

Kommen wir zu den hohen Weihen der Arduino-Kunst: Arduino ohne Arduino.

5.21.1 Meister Suns weise Worte

Als Schüler Dujon Wu ehrfürchtig die Zelle des altehrwürdigen Mönchs Sun betrat, spürte er sogleich die meisterliche Ruhe in sich aufsteigen. Auf dem kargen Steinboden sitzend, empfing ihn Sun mit gütigen, wachen Augen und lud ihn mit einer weichen Geste ein, sich zu ihm zu setzen und die raue Steinwand als Lehne zu verwenden – ein Luxus, den er selbst sich nicht gönnte.

Nach einem aufmunternden Blick des alten Meisters trug der schüchterne Wu sein Anliegen vor: »Meister, ich möchte mit meinem Arduino Due eine LED ansteuern, aber Meister Son war mit dem Resultat nicht zufrieden. Ich soll von dir eine Lektion in Bescheidenheit lernen. Mir ist nicht klar, warum.« Nach einigen Minuten des bedeutungsschweren Schweigens und milden Lächelns verkündete Sun seine Weisheit: »Sohn, keinen Due du brauchst, um zu verrichten solch einfache Werke. Unterfordert selbst ein Uno wäre – und respektlos das ihm gegenüber wäre. Auch Powermanagement du keines brauchst, wenn eine Stromversorgung von 5 V du verwendest. Einen USB-Anschluss du nicht benötigst, wenn du hast ISP. Steckerbuchsen und

Resetschalter nichts anderes sind als unnötiger Tand, wenn du nicht willst sie benutzen.« Mit weiten Augen stottert Wu: »Aber ... aber ... dann bleibt ja kaum etwas übrig, gerade mal der Prozessor selbst!« Die Falten um die blauen Augen des Meisters vertiefen sich nochmals. »Einen Schritt weiter auf dem Weg der Weisheit du nun bist – gehe und erforsche den nächsten.«

5.21.2 Aufgabenstellung

Wir lösen Wus Aufgabe und bauen einen Arduino, der nur aus dem Nötigsten besteht. Der Prozessor ATmega328P wird über die ISP-Schnittstelle programmiert, wobei ein Arduino ISP zum Einsatz kommt.

5.21.3 Hintergrundwissen

Ein normaler Arduino lässt sich sofort nach dem Auspacken bequem und einfach über ein USB-Kabel programmieren. Die Bereitstellung der USB-Verbindung übernimmt dabei der Bootloader, eine Software, die sich auf einem Mikrocontroller an Bord des Arduino befindet.

ISP (In-System-Programmierung)

Auf einem einzeln gekauften Mikrocontroller befindet sich noch kein Bootloader, folglich kann auch nicht per USB mit ihm kommuniziert werden. Stattdessen kann ein ISP (In-System-Programmer) benutzt werden, um Arduino-Code zu übertragen. In-System bedeutet dabei, dass der Mikrocontroller programmiert werden kann, während er schon in einer Schaltung verbaut ist.

Bei den in Arduinos verbauten ATmega-Chips verwendet der ISP hierbei ein Übertragungsprotokoll, das ähnlich wie SPI aufgebaut ist. Zur Übertragung werden folgende Verbindungen zwischen ISP und dem zu programmierenden Prozessor hergestellt:

- *GND*: Die Massen von ISP und Zielprozessor.
- *Vcc*: Die Versorgungsspannung, die der ISP für die zu programmierende Schaltung bereitstellt.
- *MOSI*: Die Datenleitung, die Daten vom ISP zum Zielprozessor transportiert.
- *MISO*: Die Datenleitung, die Daten vom Zielprozessor zum ISP transportiert.
- *SCK*: Der ISP stellt auf dieser Leitung einen gemeinsamen Takt bereit, der zur Kommunikation benötigt wird.
- *RST*: Diese Leitung versetzt den Zielprozessor bei Bedarf in den Reset-Modus, in dem dieser programmiert werden kann.

Damit man einen Mikrocontroller schnell programmieren kann, sind diese sechs Leitungen auf einer genormten Stecker-/Buchsenleiste angeordnet.

Bild 5.98: Die Anschlussbelegung der ISP-Stiftleiste. Der Pin mit quadratischer Lötfläche ist dabei immer der MISO-Pin.

Inbetriebnahme des Arduino ISP

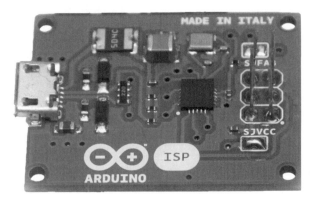

Bild 5.99: Der Arduino ISP ermöglicht die direkte Programmierung.

Um den Arduino ISP zu verwenden, muss eine Arduino-Entwicklungsumgebung ab Version 1.5.7 verwendet werden. Da auch hier leider keine Treiber beiliegen, müssen diese noch von *www.arduino.cc/en/uploads/Main/ArduinoISP_WindowsDrivers.zip* heruntergeladen und in einen Ordner Ihrer Wahl entpackt werden. Dann können Sie Ihren Arduino ISP per Mikro-USB-Kabel mit dem Computer verbinden. Nicht verzagen, wenn Sie anders als erwartet keine LEDs aufleuchten sehen – auf der Platine sind keine verbaut.

Wenn Sie jetzt den Geräte-Manager öffnen, sehen Sie ein neues Gerät namens `ArduinoISP`, das auf seine Treiberinstallation wartet.

Dafür müssen Sie nach einem Rechtsklick auf das Gerät den Menüpunkt *Treibersoftware aktualisieren* wählen. Weisen Sie den Setup-Assistenten an, auf dem Computer nach Treibersoftware zu suchen, und wählen Sie den Ordner aus, in den Sie die heruntergeladenen Dateien entpackt haben.

Nach einer wenige Sekunden dauernden Installation ist das Gerät jetzt betriebsbereit und kann in der Arduino-Entwicklungsumgebung verwendet werden.

5.21 Breadboard-Arduino™   373

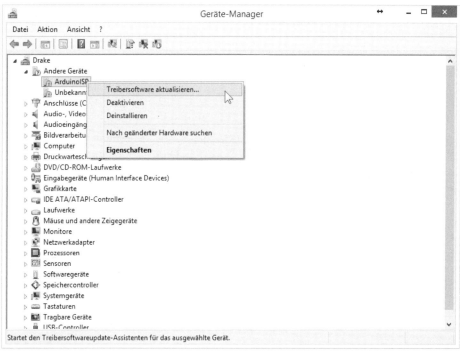

Bild 5.100: Auch wenn er noch nicht installiert ist, wird der Arduino ISP schon mit korrektem Namen im Geräte-Manager angezeigt.

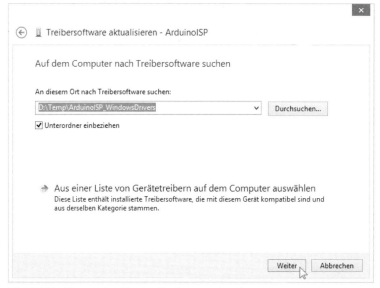

Bild 5.101: Verwenden Sie den Treiber aus dem Internet.

Die Jumper des Arduino ISP

Auf dem Arduino ISP sind zudem zwei Lötverbindungen angebracht, die bei Bedarf mit einem Lötkolben getrennt – und wieder geschlossen – werden können. Die Lötstelle SJVCC stellt im geschlossenen Zustand eine Versorgungsspannung von 5 V für den zu programmierenden Mikrocontroller bereit. In dem Fall sollte dieser an keiner anderen Versorgungsspannung wie beispielsweise einer Batterie angeschlossen sein, da sonst auch dort 5 V anliegen.

Wenn die Firmware des Arduino ISP aktualisiert werden soll, kann die Lötstelle SJFAB geöffnet und der Arduino ISP mithilfe eines anderen ISP beschrieben werden.

Verwendung eines Arduino Uno als ISP

Wenn Sie einen anderen Arduino besitzen, können Sie diesen ebenfalls als ISP nutzen. Dafür müssen Sie den Sketch ArduinoISP unter *Datei/Beispiele* auf den Arduino laden, der als ISP fungieren soll. Dann müssen die ISP-Verbindungen zwischen dem Arduino Uno und dem zu programmierenden Mikrocontroller verlegt werden. Um jetzt Quellcode auf den Mikrocontroller hochzuladen, muss unter *Werkzeuge/Board* das richtige Arduino-Board ausgewählt werden, für den Prozessor ATmega328P muss beispielsweise *Arduino Uno* gewählt werden.

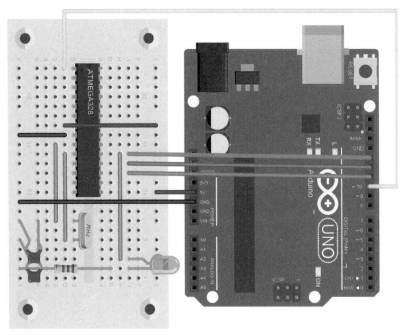

Bild 5.102: Auch ein Arduino Uno kann als Programmiergerät verwendet werden.

Nachdem unter *Werkzeuge/Programmer* noch *Arduino as ISP* selektiert wurde, kann per Menüpunkt *Datei/Hochladen mit Programmer* oder mit der Tastenkombination Strg + Umschalt + U der Quellcode hochgeladen werden.

Benötigte Bauteile
- 1 Arduino ISP oder Arduino Uno, Leonardo oder Mega
- 1 Mikrocontroller ATmega328P-PU
- 8 Steckbrücken
- 1 grüne LED
- 1 Widerstand 120 Ω
- (optional) 2 Kondensatoren 22 pF
- (optional) 1 Quartzoszillator 8 MHz QM016

5.21.4 Schaltplan

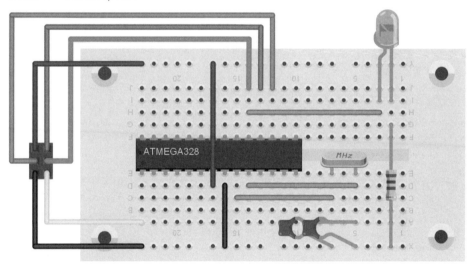

Bild 5.103: Falls der ATmega328P nur mit 1 MHz betrieben werden soll, kann auf den Quarz und die zwei Kondensatoren verzichtet werden.

Da wir auf einem Breadboard keinen ISP-Anschluss zur Verfügung haben, müssen die Verbindungen zwischen ISP und Mikrocontroller mit Kabeln verlegt werden, indem jeder Pin des ISP mit dem gleichnamigen Pin des ATmega328P verbunden wird.

Zudem wird noch eine LED an Pin PB5 des Mikrocontrollers angeschlossen – dieser Pin entspricht Pin 13 in der Arduino-Entwicklungsumgebung. Der Minuspol der LED wird wie gewohnt über einen 120-Ω-Vorwiderstand an die Masse gelegt.

Nachdem alle Kabel nochmals überprüft wurden – hierbei ist besonders darauf zu achten, dass GND und Vcc nicht vertauscht sind –, kann der Arduino ISP mit einem Mikro-USB-Kabel mit dem Computer verbunden werden.

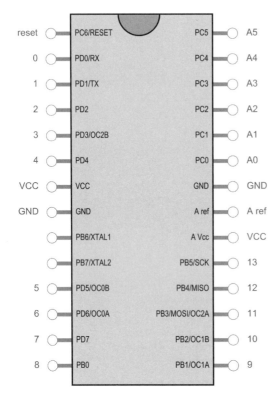

Bild 5.104: Die Pinbelegung des ATmega328P (innen) und die dazugehörigen Arduino-Pins (außen).

Programmierung des ATmega328P

Um einen Mikrocontroller mithilfe des Arduino ISP zu programmieren, muss dieser in der Arduino-Entwicklungsumgebung unter dem Menüpunkt *Werkzeuge/Programmer* ausgewählt werden. Zudem muss unter *Werkzeuge/Board* der Arduino Uno ausgewählt werden, der ja ebenfalls mit einem ATmega328P bestückt ist. Um zu testen, ob alles funktioniert, kann mit *Datei/Beispiele/01. Basics* der Arduino-Sketch Blink geladen werden.

Dieser kann dann unter *Datei/Hochladen mit Programmer* hochgeladen werden. Alternativ kann die Tastenkombination [Strg]+[Umschalt]+[U] zum Hochladen benutzt werden. Die in der Schaltung verbaute LED sollte aufleuchten, nachdem der Code übertragen wurde.

Laut Quellcode des Beispielsketchs sollte die LED abwechselnd eine Sekunde leuchten und eine Sekunde dunkel sein – in der Schaltung leuchtet sie aber für jeweils 16 Sekunden. Das liegt daran, dass ein frischer ATmega328P nicht mit der für den Arduino Uno typischen Taktfrequenz von 16 MHz arbeitet, sondern nur mit 1 MHz. Die Frequenz von 1 MHz wird auch nicht mithilfe des angeschlossenen Quarzes erzeugt, sondern im Chip des Mikrocontrollers selbst.

Das hat den Vorteil, dass für einfache Projekte, die mit wenig Rechenleistung auskommen, keine weiteren externen Komponenten benötigt werden. Damit trotzdem die Arduino-Befehle problemlos verwendet werden können, muss eine neue Board-Definition angelegt werden. Dafür müssen Sie in der Datei hardware/arduino/avr/boards.txt den unten stehenden Text einfügen. Den Ordner hardware finden Sie im Installationsverzeichnis von Arduino.

```
bareUno.name=ATmega328P 1MHz
bareUno.vid.0=0x2341
bareUno.pid.0=0x0043
bareUno.vid.1=0x2341
bareUno.pid.1=0x0001

bareUno.upload.tool=avrdude
bareUno.upload.protocol=arduino
bareUno.upload.maximum_size=32256
bareUno.upload.maximum_data_size=2048
bareUno.upload.speed=115200

bareUno.bootloader.tool=avrdude
bareUno.bootloader.low_fuses=0xFF
bareUno.bootloader.high_fuses=0xDE
bareUno.bootloader.extended_fuses=0x07
bareUno.bootloader.unlock_bits=0x3F
bareUno.bootloader.lock_bits=0x0F
bareUno.bootloader.file=optiboot/optiboot_atmega328.hex

bareUno.build.mcu=atmega328p
bareUno.build.f_cpu=1000000L
bareUno.build.board=AVR_UNO
bareUno.build.core=arduino
bareUno.build.variant=standard
```

Nach dem nächsten Neustart von Arduino erscheint jetzt unter *Werkzeuge/Boards* ein neuer Eintrag mit dem Namen *ATmega328P 1MHz*. Wenn Sie diesen auswählen und dann das Blink-Beispiel mithilfe des ISP hochladen, geht die LED wie gewünscht jede Sekunde einmal an oder aus.

Mit einer Taktfrequenz von 1 MHz steht Ihnen natürlich nur ein Sechzehntel der Rechenleistung des Mikrocontrollers zur Verfügung, und auch einige Arduino-Features wie beispielsweise Serial.println() funktionieren nicht. Falls Sie also den vollen Funktionsumfang nutzen wollen, müssen die sogenannten Fuse-Bits des ATmega328P verändert werden. Mithilfe dieser Bits, die nur mit einem ISP verändert werden können, werden einige grundlegende Eigenschaften des Mikrocontrollers, wie beispielsweise die Betriebsfrequenz, festgelegt.

Die einfachste Möglichkeit, den Wert dieser Fuse-Bits zu verändern, besteht darin, einen neuen Bootloader hochzuladen. Das geschieht einfach durch einen Klick auf den

Menüpunkt *Werkzeuge/Bootloader brennen*, nachdem Sie unter *Werkzeuge/Boards* den *Arduino Uno* ausgewählt haben. Da der ATmega328P nicht ohne weitere Komponenten eine Frequenz von 16 MHz erzeugen kann, muss ein 16-MHz-Quarz zwischen die Pins 9 und 10 des Mikrocontrollers platziert werden. Zusätzlich werden diese beiden Pins mit jeweils einem 22-pF-Kondensator an die Masse angeschlossen.

Ohne diesen Quarz kann der Mikrocontroller nicht mit einer Taktfrequenz von 16 MHz angesprochen werden, weshalb auch keine Neuprogrammierung mit einer niedrigeren Taktfrequenz möglich ist. Das Hochladen eines Bootloaders sollte deshalb nicht unüberlegt erfolgen. Falls der Prozessor wieder auf 1 MHz zurückgesetzt werden soll, kann das Board *ATmega328P* unter *Werkzeuge/Board* ausgewählt und der Bootloader hochgeladen werden.

Wird nach dem Upload des Bootloaders ein anderer Sketch mit dem ISP hochgeladen, wird der Bootloader mit dem neuen Sketch überschrieben – USB-Kommunikation ist dann nicht mehr möglich. Allerdings steht zusätzlicher Speicherplatz für den Sketch zur Verfügung, der ansonsten vom Bootloader belegt werden würde.

5.21.5 Tipps und Tricks

Nachdem ich den Arduino-Uno-Bootloader hochgeladen habe, lässt sich der Mikrocontroller nicht mehr ansprechen.

Der ATmega328P wurde jetzt mithilfe seiner Fuse-Bits so eingestellt, dass er einen externen Quarzkristall zur Frequenzerzeugung benutzt. Ohne einen angeschlossenen 16-MHz-Kristall wird keine Taktfrequenz generiert, und der Chip kann deshalb nicht mehr angesprochen werden. Wenn Sie einen Kristall und die zwei dazugehörigen Kondensatoren angeschlossen haben, überprüfen Sie nochmals die Verbindungen. Ansonsten müssen Sie einen solchen Kristall zur Schaltung hinzufügen.

Wie kann ich Energie sparen?

Je schneller ein Prozessor arbeitet, desto mehr Energie verbraucht er. Das kann sich negativ auf die Laufzeit auswirken, wenn man nur eine begrenzte Energiemenge mitführt, wie es bei Batterien oder Akkus der Fall ist.

Für viele Aktionen, die ein Prozessor durchführen soll, reichen niedrige Taktfrequenzen völlig aus. Beispielsweise macht es im Ergebnis kaum einen Unterschied, ob ein Prozessor, der pro Minute einmal einen Temperatursensor abfragt, dies mit 16 MHz oder mit 1 MHz erledigt – allerdings wird die Laufzeit der Batterie dramatisch verlängert.

5.22 Arduino™ und Windows

Es gibt kaum etwas Gegensätzlicheres als Arduino und Windows. Das eine ist eine Entwicklungsumgebung, klein, puristisch und selbst auf kleinsten Mikrocontrollern lauffähig, das andere ein Betriebssystem, GByte-schwer, Milliarden von Funktionen und lange Zeit nur auf Prozessoren der x86-Baureihe lauffähig. Wie soll das jemals zusammenpassen?

Der Intel Galileo schafft dieses Kunststück. Er hat einen x86-Prozessor, der mit 400 MHz arbeitet und so einen Kompromiss eingeht zwischen den gehobenen Ansprüchen der Windows-Umgebung und den bescheidenen Ansprüchen der Arduino-Welt. Der Weg zu Windows birgt zwar so manchen Stolperstein, am Ende winkt aber neben einem vollwertigen Betriebssystem auch Visual Studio als neue Entwicklungsumgebung – sogar mit Remote Debugging.

5.22.1 Schwarz-Weiß

Als in der 1980er-Jahren der Amiga und der Atari ST auf den Markt kamen, gab es bald zwei Lager überzeugter Anhänger, die sich meist erst locker über ihre jeweiligen Geräte und Betriebssysteme unterhielten, die Vorzüge priesen, sich dann über Details erregten, um schließlich in teils theologisch anmutenden, ausufernden Monologen hochemotional über ihr Gerät und das damit fest verbundene persönliche Selbstverständnis lamentierten. Auch beim Aufkommen von Linux als quelloffenem, nicht proprietärem Betriebssystem wurde die Welt des Öfteren in Gut und Böse eingeteilt – mit Microsoft als Hölle und Bill Gates als dem personifizierten Übel. Und selbst in der heutigen Zeit, da Android und iOS die Welt der Handys fest im Griff haben, gibt es noch Zeitgenossen, die »ihr« Betriebssystem nicht nur mögen, sondern lieben.

Eines verbindet aber die Personen aller Lager: Abends im stillen Kämmerlein, allein vor dem Bildschirm, wenn niemand zuhört und es keine Zeugen gibt, wird manchmal gemurmelt, gezischt, gestöhnt, geflucht und geschrien über die Unzulänglichkeiten der einzig großen Liebe.

5.22.2 Aufgabenstellung

Wir wollen Windows auf dem Intel Galileo installieren, anschließend über Visual Studio ein kleines Programm schreiben und es per Remote Debugging testen.

Benötigte Elemente
- 1 Intel Galileo
- 1 microSD-Karte
- 1 passendes Netzteil
- 1 passendes USB-Kabel
- 1 Windows-PC

5.22.3 Installation des Windows-PCs

Die meisten Schritte dieses Projekts müssen am PC durchgeführt werden, und dieser benötigt dazu eine ganze Reihe von Programmen. Das Schöne dabei ist, dass alle kostenfrei sind und dennoch eine hohe Qualität aufweisen – kein Wunder, denn es stehen ausschließlich große Unternehmen wie Microsoft oder Intel hinter den Programmen. Der Nachteil ist, dass sich dieses Projekt nur auf einem Windows-PC realisieren lässt – Apple Macintosh oder Linux-Computer sind hierfür leider nicht geeignet.

Visual Studio installieren

Beginnen wir zuerst einmal damit, Visual Studio auf dem Rechner zu installieren. Wenn Sie bereits im Besitz der Entwicklungsumgebung von Microsoft sind, können Sie diesen Schritt überspringen, ansonsten empfiehlt sich die Installation der Community Edition von Visual Studio, die man unter *www.visualstudio.com/downloads/download-visual-studio-vs* herunterladen kann.

Bild 5.105: Die Installation von Visual Studio ist unkompliziert, dauert aber aufgrund ihrer Größe einige Zeit.

Die Community Edition von Visual Studio ist seit Ende 2014 komplett kostenfrei, zeitlich nicht beschränkt und befindet sich vom Leistungsspektrum ungefähr auf Höhe der Visual-Studio-Professional-Reihe, also ein ganzes Stück höher als die vorangegangenen Visual-Studio-Express-Versionen. Sie bietet – im direkten Vergleich mit der Arduino-Oberfläche – ungleich mehr Funktionen, beherrscht mehrere Programmiersprachen, hat einen leistungsfähigen Editor, bietet Analysetools, kontextsensitive Hilfe und – für uns besonders interessant – einen Remote-Debugger, der auch Programme schrittweise abarbeiten kann, die auf einem anderen Computer installiert sind.

Damit ist Visual Studio der Arduino-Entwicklungsumgebung unbestritten haushoch überlegen – allerdings muss man sich auch mit einer deutlich komplexeren Entwicklungsumgebung herumschlagen und die für das eigene Projekt wichtigen Funktionen erst einmal im Gewimmel der anderen Funktionen finden.

Nach der Installation von Visual Studio selbst muss nun ein Paket mit dem umständlichen Namen *Windows Developer Program for IoT* installiert werden, das Sie unter *https://connect.microsoft.com/windowsembeddedIoT/Downloads/DownloadDetails.aspx?DownloadID=56121* herunterladen können.

Für Visual Studio benötigen Sie ein Microsoft-Konto, das Sie sich unter *https://signup.live.com/signup.aspx* einrichten können.

Bild 5.106: Das Windows Developer Program for IoT ist schnell installiert.

Die Installation der Toolsammlung gestaltet sich denkbar einfach, es gibt nicht einmal Optionen, zwischen denen man wählen müsste. Mitinstalliert wird auch der Galileo Watcher, der feststellt, ob ein Galileo über ein Netzwerkkabel an den Computer angeschlossen ist, und der im Anschluss an die Installation gestartet wird. Wir werden später darauf zurückkommen.

microSD-Karte besorgen, anschließen und vorbereiten

Im nächsten Schritt müssen wir eine microSD-Karte so vorbereiten, dass das Windows-Betriebssystem darauf abgespeichert ist. Der Intel Galileo wird dann das Betriebssystem nicht aus dem internen Flash-Speicher laden, sondern stattdessen von der SD-Karte booten.

Hierfür benötigen Sie logischerweise eine microSD-Karte. Da das Betriebssystem direkt von dieser gestartet wird und doch eine ganz erhebliche Menge an Daten geladen werden müssen, lohnt es sich, beim Kauf der microSD-Karte nicht allzu sehr auf Euro und Cent zu schauen, sondern sich eins der schnelleren Modelle zu besorgen. Die SD-Karten sind in Geschwindigkeitsklassen eingeteilt, die derzeit höchste Stufe ist Class 10, was bedeutet, dass die microSD-Karte in der Lage ist, mindestens 10 MByte/s zu schreiben. Wichtiger als die Schreibrate ist für uns allerdings die Geschwindigkeit, mit der von der Karte gelesen werden kann. Diese Angabe wird häufig bei etwas höherpreisigen Karten als Verkaufsargument angegeben, und schon für einige Euro mehr bekommt man akzeptable Lesewerte um die 40 MByte/s und mehr.

Um nun die SD-Karte mit dem Windows-Betriebssystem zu beschreiben, benötigen Sie natürlich auch einen SD-Kartenleser und gegebenenfalls einen Adapter, der aus der microSD-Karte eine SD-Karte von normaler Größe macht. Die SD-Kartenleser werden normalerweise über USB angeschlossen oder sind bereits fest in den Computer integriert – vor allem Laptops besitzen häufig schon einen unscheinbaren kleinen Schlitz für diesen Typ von Karten. Nachdem Sie die SD-Karte an den Computer angeschlossen haben, sollten Sie überprüfen, ob sie im FAT32-Format formatiert wurde. Das erreichen Sie am einfachsten, indem Sie im Windows Explorer die Speicherkarte suchen und mit der rechten Maustaste das Eigenschaftsfenster aufrufen. Dort sollte dann *FAT32* hinter dem Stichwort *Dateisystem* stehen.

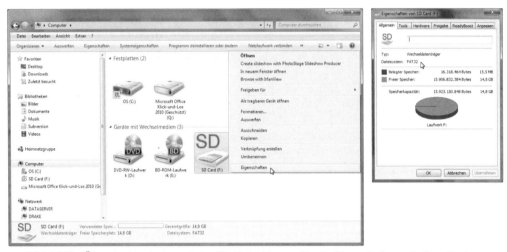

Bild 5.107: Über das Kontextmenü der SD-Karte können Sie die *Eigenschaften* aufrufen, die das Dateisystem der Karte beinhalten.

Ist dem nicht so, sollten Sie die SD-Karte neu formatieren – den entsprechenden Befehl finden Sie ebenso im Kontextmenü der SD-Karte im Windows Explorer. Die Standardeinstellungen, die Windows im *Formatieren*-Fenster anbietet, sind für unsere Zwecke genau richtig. Natürlich gehen dabei sämtliche Daten auf Ihrer Karte verloren, denken Sie also daran, die wichtigsten Daten vorher zu sichern.

Bild 5.108: Falls die SD-Karte im falschen Dateiformat vorliegt oder schnell gelöscht werden muss, können Sie sie mit den Standardeinstellungen von Windows formatieren.

microSD-Karte mit Windows versehen

Um nun die microSD-Karte mit dem Windows-Betriebssystem zu beschreiben, müssen Sie dieses zuerst einmal aus dem Internet herunterladen. Das geschieht über den Link *https://connect.microsoft.com/windowsembeddedIoT/Downloads/DownloadDetails.aspx?DownloadID=56120* und benötigt wiederum ein Microsoft-Konto. Außerdem wird ein Skript benötigt, das Sie unter *https://connect.microsoft.com/windowsembeddedIoT/feedback/details/1048405/when-using-the-command-script-to-image-under-windows-seven-more-things-need-to-be-done* herunterladen können.

Am einfachsten ist es, wenn Sie die beiden Dateien in ein Verzeichnis herunterladen, das Ihnen bekannt ist oder das Sie sich speziell für diesen Zweck angelegt haben – wir haben auf unserer Festplatte *c:* direkt im Stammverzeichnis einen neuen Ordner *Galileo* angelegt. Die nun folgenden Schritte können unter Windows 8 bzw. 8.1 direkt ausgeführt werden – Windows 7-Nutzer müssen leider ein paar Anpassungen vornehmen, die unter *https://connect.microsoft.com/windowsembeddedIoT/feedback/details/1048405/when-using-the-command-script-to-image-under-windows-seven-more-things-need-to-be-done* beschrieben sind. Gehen Sie in das Startmenü von Windows 8, indem Sie die [Win]-Taste drücken. Geben Sie **cmd** ein und wählen Sie im daraufhin erscheinenden Suchergebnis den Eintrag *Eingabeaufforderung* mit der rechten Maustaste aus. Wählen Sie dann im Kontextmenü den Punkt *Als Administrator ausführen*.

Bild 5.109: Die Eingabeaufforderung muss als Administrator ausgeführt werden, damit die notwendigen Zugriffsrechte bereitgestellt werden.

Nach der Bestätigung der Benutzerkontensteuerung haben Sie nun die Eingabeaufforderung als kleines schwarzes Fenster vor sich. Geben Sie jetzt den Befehl zum Wechseln des Verzeichnisses, **cd**, ein, gefolgt vom Pfadnamen Ihres Downloadverzeichnisses – in unserem Fall also:

```
cd c:\Galileo
```

Der Computer sollte das quittieren, indem er das neue Verzeichnis vor dem >-Zeichen und dem blinkenden Cursor angibt. Nun müssen Sie das gerade heruntergeladene Skript mit einigen zusätzlichen Parametern starten. Zum einen müssen Sie den Windows-Laufwerknamen Ihrer SD-Karte angeben, zum anderen den genauen Dateinamen der vorhin ebenfalls heruntergeladenen WIM-Datei.

```
apply-bootmedia.cmd -destination {SD-Laufwerkname} -image {.wim-Datei}-
  hostname mygalileo -password admin
```

In unserem Fall bedeutet das:

```
apply-bootmedia.cmd -destination g: -image 9600.16384.x86fre.
  winblue_rtm_iotbuild.141114-1440_galileo_v2.wim -hostname mygalileo
  -password admin
```

Der genaue Name der WIM-Datei kann sich von Zeit zu Zeit natürlich ändern, je nachdem, wann Microsoft eine neue Version herausgegeben hat. Wenn Sie sich die Arbeit sparen möchten, den genauen Dateinamen abzutippen, können Sie auch einfach die ersten Buchstaben des Dateinamens eintragen und dann die [Tab]-Taste drücken – Windows wird die restlichen Zeichen des Dateinamens einfügen. Der Host-Name und das Passwort sollten übrigens genau so wie hier abgedruckt verwendet werden – es handelt sich dabei um Standardnamen des Galileo.

Bild 5.110: So wird die SD-Karte mit Windows beschrieben.

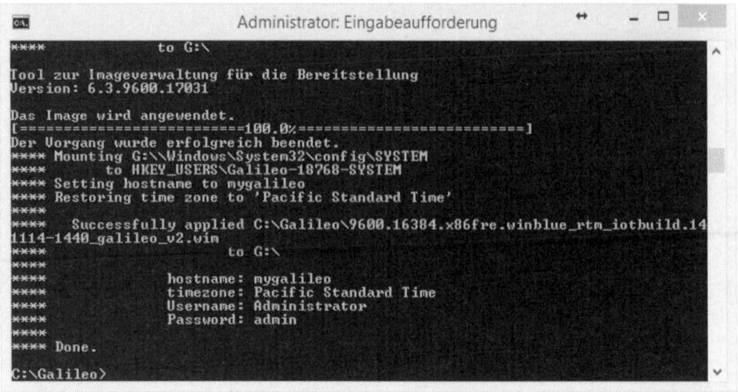

Bild 5.111: Nach einigen Minuten ist das Image auf die SD-Karte geschrieben.

Sobald Sie die [Enter]-Taste ([Return]) gedrückt haben, beginnt das Skript, das Betriebssystem auf die SD-Karte zu schreiben. Das dauert – je nach SD-Kartengeschwindigkeit und den Möglichkeiten Ihres Lesegeräts – einige wenige bis etliche Minuten. Dankenswerterweise zeigt das Skript aber mit verschiedenen Fortschrittsbalken an, dass es noch aktiv ist.

Nun sind wir eigentlich so weit, dass wir Windows auf dem Galileo starten können. Allerdings kann es sein, dass das Board Ihres Galileo noch nicht mit der neuesten Firmware (Version 1.0.3 oder größer wird benötigt) ausgestattet ist.

Firmware des Galileo prüfen und gegebenenfalls updaten

Um zu überprüfen, ob Ihr Galileo ein Update benötigt (ein Galileo der Generation 2 benötigt keines), müssen Sie zuerst eine speziell an den Galileo angepasste Arduino-IDE (Version Nummer 1.5.3) installieren. Sie finden sie unter dem Link *https://communities.intel.com/docs/DOC-22226*.

Da diese Version nur mit dem Intel Galileo und ansonsten mit keinem anderen Arduino-Board zusammenarbeitet, sollten Sie das Programm in einem separaten Verzeichnis installieren, wenn Sie auch mit anderen Arduinos arbeiten.

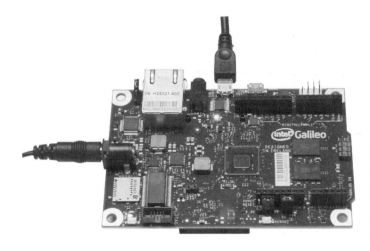

Bild 5.112: Über USB an den Computer angeschlossen, verhält sich der Galileo wie ein ganz normaler Arduino.

Nach der Installation schließen Sie den Galileo zum einen an den Stromanschluss, zum anderen über die Slave-USB-Buchse an Ihren Computer an.

Prüfen Sie dann in der Arduino-IDE unter *Werkzeuge/Board*, ob Sie das passende Gerät ausgewählt haben, und unter *Werkzeuge/Serieller Port*, ob der richtige Anschluss ausgewählt wurde.

Anschließend können Sie über *Hilfe/Galileo Firmware Update* das Programm überprüfen lassen, ob Ihr Board ein neues Update benötigt. Gegebenenfalls wird dieses auch gleich installiert.

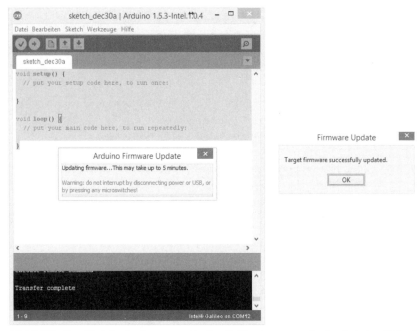

Bild 5.113: Das Update der Firmware für den Galileo kann man in der Arduino-IDE erledigen.

Showdown: Start von Windows!

Kommen wir endlich zum lang ersehnten Showdown und starten wir Windows auf unserem Intel Galileo. Legen Sie dazu die zuvor beschriebene microSD-Karte in den SD-Kartenslot Ihres Galileo ein. Dann schließen Sie das Gerät über ein normales LAN-Kabel an Ihren PC an. Auch der Anschluss des Netzteils ist notwendig, da in den meisten Fällen kein Strom über das Netzwerkkabel übertragen wird, allerdings unterstützt der Galileo in der Version 2 Power over Ethernet (PoE).

Nun müssen Sie noch ein wenig Geduld haben, denn der Galileo bootet jetzt von der SD-Karte, was einige Sekunden in Anspruch nimmt.

In der Zwischenzeit können Sie schon einmal den Galileo Watcher in den Vordergrund holen. Das kleine Programm wurde bei der Installation der IoT-Tools mit auf dem Rechner installiert und steht jetzt in der Taskleiste zur Verfügung. Ein Doppelklick darauf startet den Galileo Watcher.

Nach einigen Sekunden – es kann bis zu zwei Minuten dauern, bis der Galileo Windows gebootet hat – erscheint dann im Galileo Watcher ein Eintrag, der anzeigt, dass der Galileo von Windows erkannt wird.

Wenn Sie jetzt mit der rechten Maustaste auf diesen Eintrag klicken, offenbart sich auch der praktische Nutzen des Galileo Watcher, denn Sie können hiermit recht einfach eine Telnet-Verbindung herstellen, ganz ohne umständliche Adressen in die Eingabeaufforderung eintragen zu müssen.

Probieren wir das doch gleich einmal aus: Rufen Sie im Galileo Watcher den Punkt *Telnet Here* auf.

Bild 5.114: Der Galileo Watcher vereinfacht den Umgang mit dem Minicomputer.

Schon öffnet sich ein schwarzes Fenster, das Sie nach Ihrem Usernamen und Ihrem Passwort fragt. Geben Sie als Benutzername `Administrator` und als Passwort `admin` ein, und schon sehen Sie ein ganz normales Eingabeaufforderungsfenster, das Ihnen anzeigt, dass Sie sich derzeit im Verzeichnis `c:\windows\system32` befinden, und mit einem blinkenden Cursor auf Ihre Eingabe wartet.

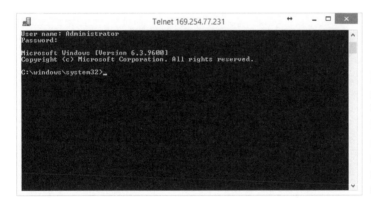

Bild 5.115: Nur noch schnell Username und Passwort eintragen, schon kann man auf dem Galileo unter Windows arbeiten.

Der große Unterschied zu den Eingabeaufforderungsfenstern, die Sie üblicherweise auf Ihrem PC starten können, liegt darin, dass Sie nun nicht auf Ihrem eigenen Computer arbeiten, sondern auf dem Galileo. Das wird schnell deutlich, wenn Sie die beiden Befehle

```
cd \
dir
```

eingeben und sich damit den Inhalt des Hauptverzeichnisses der Festplatte C anzeigen lassen:

Bild 5.116: Das Hauptverzeichnis des Galileo erscheint bekannt, ist aber recht karg.

Zwar erkennen Sie die von Windows bekannten Verzeichnisse Windows, Program Files und Users, im Vergleich zur Festplatte Ihres PCs ist aber die des Galileo mit deutlich weniger Verzeichnissen und Dateien bestückt.

Dennoch können Sie jetzt sämtliche Befehle der Eingabeaufforderung an dieser Stelle auf dem Galileo verwenden. Sie können sich mit dem Befehl mkdir neue Verzeichnisse anlegen, mit netstat -a -n die Netzwerkverbindungen anzeigen lassen oder mit echo %date% das – vermutlich falsche – Datum des Galileo aufrufen.

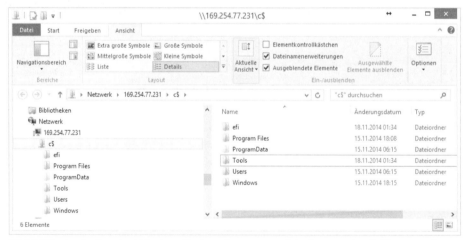

Bild 5.117: Auch über den Windows Explorer kann man auf die Dateien des Galileo zugreifen.

Nun ist die Eingabeaufforderung nicht jedermanns bevorzugte Umgebung. Deutlich komfortabler ist der Aufbau einer Netzwerkfreigabe. Auch hier müssen Sie lediglich im Galileo Watcher mit der rechten Maustaste auf den Eintrag Ihres Galileo gehen und dort den Menüpunkt *Open Network Share* aufrufen. Im daraufhin erscheinenden Anmeldefenster geben Sie als Benutzernamen wiederum `Administrator` und als Passwort `admin` ein. Schon öffnet sich ein Windows-Explorer-Fenster, mit dem Sie ganz bequem per Maus durch die Verzeichnisstruktur des Galileo navigieren können. Komfortabler geht's kaum noch.

Erste Schritte in Visual Studio

Kommen wir endlich zum wahren Highlight: zur Nutzung von Visual Studio und dem Remote Debugging. Starten Sie dazu Ihr Visual Studio und legen Sie unter *Datei/Neu/Projekt* ein neues Projekt an.

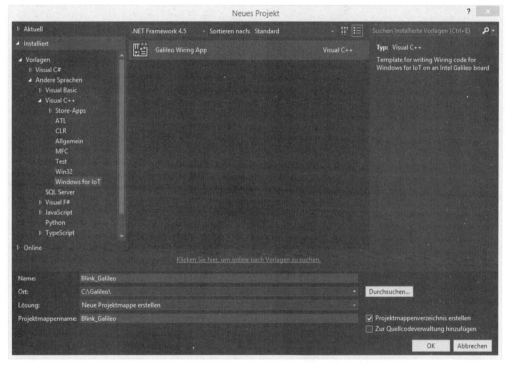

Bild 5.118: Anlage eines neuen Galileo-Projekts in Visual Studio.

Suchen Sie dazu in den Vorlagen unter *Andere Sprachen/Visual C++/Windows for IoT* den Punkt *Galileo Wiring App* heraus, legen Sie unter *Ort* einen Speicherort auf Ihrem Computer für das Projekt fest und vergeben Sie unter *Namen* einen geeigneten Namen für das Projekt. Anschließend können Sie auf *OK* klicken. Jetzt erstellt Visual Studio für Sie das Projekt mit seinen diversen Dateien und wartet dann auf Ihre Aktionen. Das sieht leider recht unspektakulär aus, denn der Bildschirm bleibt größtenteils leer.

Das lässt sich aber recht schnell ändern, indem Sie die einzige für Sie wirklich interessante Datei namens `Main.cpp` aufrufen. Dazu müssen Sie im Projektmappen-Explorer von Visual Studio das Verzeichnis Source Files öffnen und darin die Datei Main.cpp anklicken.

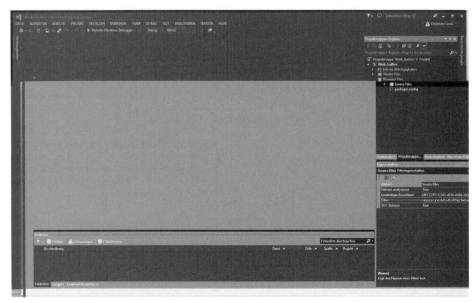

Bild 5.119: Der Bildschirm von Visual Studio ist direkt nach der Anlage des neuen Projekts irritierend leer.

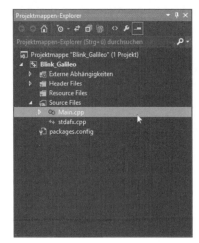

Bild 5.120: Im Projektmappen-Explorer können Sie alle Dateien des Projekts aufrufen – auch die für uns wichtige Main.cpp.

Sofort wird Ihnen diese Datei angezeigt, die auch schon mit einem Beispielprogramm versehen ist. Sie dürfte Ihnen in weiten Teilen bekannt vorkommen, es ist die Galileo-Windows-Version des Programms Blink aus der Original-Arduino-Entwicklungsumgebung.

```
001  #include "stdafx.h"
002  #include "arduino.h"
003
004  int _tmain(int argc, _TCHAR* argv[])
005  {
006      return RunArduinoSketch();   // Initialisierung
007  }
008
009  int led = 13;                    // Pin der angeschlossenen LED
010  void setup()
011  {
012      pinMode(led, OUTPUT);        // Den Pin als Ausgang definieren
013  }
014
015  void loop()
016  {
017      digitalWrite(led, LOW);      // LED ausschalten
018      Log(L"LED aus\n");           // Meldung ausgeben
019      delay(1000);                 // Eine Sekunde warten
020      digitalWrite(led, HIGH);     // LED anschalten
021      Log(L"LED ON\n");            // Meldung ausgeben
022      delay(1000);                 // Eine Sekunde warten
023  }
```

Wie Sie sehen, können Sie unter Windows dieselben Befehle `digitalWrite`, `pinMode` und `delay` verwenden wie auch schon in der Arduino-GUI. Das liegt vor allem daran, dass Microsoft und Intel sich Mühe gegeben haben, eine möglichst große Kompatibilität zur Arduino-Entwicklungsumgebung herzustellen.

Hierzu wurde ein Framework entwickelt, das viele der Arduino-typischen Befehle auf dem Galileo bzw. unter Windows umsetzt. Ganz fertig ist es noch nicht, aber es ist jetzt schon möglich, viele der bereits bestehenden Arduino-Projekte zu übernehmen.

Die auffälligste Änderung sehen Sie gleich zu Beginn: Die beiden Include-Dateien `stdafx.h` und `arduino.h` in den ersten zwei Zeilen werden benötigt, um Arduino-Programme unter Visual Studio kompilieren zu können. Die erste Datei sorgt dafür, dass dieser Kompilierungsvorgang zügig abläuft, die zweite stellt die typischen Arduino-Befehle zur Verfügung. Sie werden also diese beiden Zeilen in fast jedem Galileo-Programm finden. Daran angeschlossen befindet sich die Funktion `_tmain`, die die Arduino-Erweiterungen für den Galileo initialisiert – auch diese Funktion werden Sie in fast jedem Galileo-Programm finden.

Dem schließt sich das fast unverändert übernommene Blink-Programm der Arduino-Entwicklungsumgebung an, das lediglich noch einen neuen Befehl beinhaltet. Mit der Funktion `Log()` kann man Texte in der Standardausgabe von Windows ausgeben lassen.

Um das Programm auf dem Galileo starten zu können, müssen wir aber noch eine Schwierigkeit meistern, denn einige der Befehle sind in Visual Studio mit einer roten

Schlangenlinie unterstrichen. Das liegt daran, dass uns noch ein NuGet-Paket in unserem Visual Studio fehlt, das wir installieren müssen. Gehen Sie dazu auf den Menüpunkt *Extras/NuGet-Paket-Manager/NuGet-Pakete für Projektmappe verwalten* und suchen Sie unter *Online/Alle* nach dem Wort *Galileo*. Sie sollten dann das Paket *Galileo C++ SDK* als Suchergebnis erhalten, das Sie über den nebenstehenden Schalter installieren können.

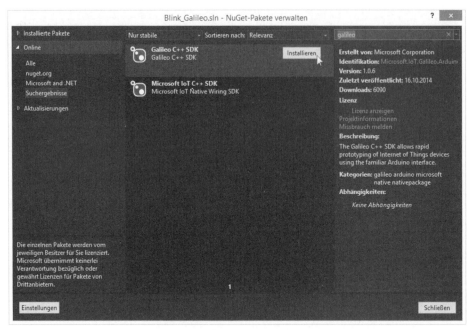

Bild 5.121: Es wird noch das NuGet-Paket *Galileo C++ SDK* benötigt.

Im darauffolgenden Fenster können Sie angeben, in welches Projekt das Galileo C++ SDK installiert werden soll – die Voreinstellungen stimmen für unseren Fall aber, und Sie können direkt auf *OK* klicken. Schließen Sie anschließend den Paketmanager wieder.

Nun sollten in Ihrem Source Code keine rot unterschlängelten Befehle mehr auftauchen, und wir können endlich damit beginnen, das Programm auf dem Galileo zu starten.

Der Start des Programms geht ganz einfach: Drücken Sie die Taste F5. Sofort wird Ihre Festplatte hektische Aktivität entwickeln, wenn Visual Studio darangeht, das Programm zu kompilieren. Dieser Vorgang dauert – vor allem beim ersten Mal – erstaunlich lange. Das liegt vor allem daran, dass das Programm nun unter Windows deutlich umfangreicher als normal sein muss, da nicht nur die eigentliche Funktionalität mit in das Programm geschrieben werden muss, sondern auch die Anforderungen erfüllt werden müssen, die Windows an ein Programm hat. Das sind nicht wenige, sie werden aber freundlicherweise von Visual Studio ohne weitere Arbeit mit in unser Programm eingearbeitet – was aber eben seine Zeit braucht.

Ist das geschehen, wird das Programm auf den Galileo hochgeladen und dort gestartet – ganz einfach und vollautomatisch, genau so, wie Sie es von der Arduino-Oberfläche und dem Schalter *Hochladen* kennen.

Wenn Sie jetzt allerdings auf dem Galileo-Board nach einer blinkenden LED suchen, werden Sie vermutlich enttäuscht werden. Offensichtlich ist es so, dass der Galileo den Pin 13 nicht wie bei anderen Arduino-Boards direkt mit einer LED auf der Platine verbunden hat. Vielmehr müssen Sie selbst Hand anlegen und eine LED installieren (siehe beispielsweise Bild 5.122).

Bild 5.122: Der Anschluss einer LED an den Galileo ist sehr leicht.

Der Funktionstest geht auch sehr einfach mit dem Blinkenlight-Shield oder einem Multimeter, bei dem Sie die Spannung zwischen Pin 13 und GND von Hand messen.

Bild 5.123: Galileo mit dem Blinkenlight-Shield.

Noch einfacher geht es aber, wenn Sie in Visual Studio den Menüpunkt *Ansicht/ Ausgabe* aufrufen. Dann wird nämlich ein Fenster geöffnet, in dem der Text angezeigt wird, den wir im Programm mit dem `Log`-Befehl ausgeben.

Bild 5.124: Im Ausgabefenster werden die Texte des `Log`-Befehls angezeigt.

Das ist im Ergebnis vergleichbar mit dem seriellen Monitor der Arduino-Entwicklungsumgebung, wenn auch eine ganz andere Technik dahintersteckt. Sie können also auch auf dem Galileo unter Windows sehr einfach Texte zu Analysezwecken ausgeben.

Remote Debugging

Eine Funktion, die die Arduino-Entwicklungsumgebung noch nicht hat, ist das Remote Debugging. Es ermöglicht Ihnen, das Programm Schritt für Schritt ganz langsam abarbeiten zu lassen und dabei dem Prozessor bei der Arbeit zuzusehen. Dazu beenden wir das Programm zuerst einmal mit der Tastenkombination `Umschalt`+`F5` oder dem Aufruf des Menüpunkts *Debuggen/Debugging beenden*.

Anschließend klicken Sie neben der ersten Programmzeile der `loop`-Funktion in den hellgrauen Bereich.

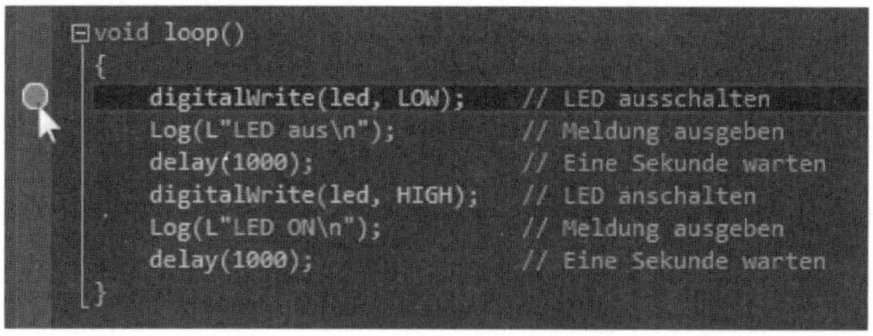

```
void loop()
{
    digitalWrite(led, LOW);      // LED ausschalten
    Log(L"LED aus\n");           // Meldung ausgeben
    delay(1000);                 // Eine Sekunde warten
    digitalWrite(led, HIGH);     // LED anschalten
    Log(L"LED ON\n");            // Meldung ausgeben
    delay(1000);                 // Eine Sekunde warten
}
```

Bild 5.125: Durch einen Klick auf den grauen Bereich werden Haltepunkte erstellt.

Sofort entsteht an dieser Stelle ein roter Punkt, der einen Haltepunkt markiert. Solche Haltepunkte werden beim Debuggen sehr häufig eingesetzt, sie dienen dazu, den Prozessor vor der Ausführung der so markierten Zeile anzuhalten und auf die Aktion des Benutzers zu warten. In der Praxis erklärt sich das am besten: Drücken Sie jetzt nochmals die Taste [F5], um das Programm zu starten. Nachdem das Programm neu kompiliert und auf den Galileo geschickt wurde, werden Sie merken, dass nun vor der so markierten Zeile auch noch ein kleiner Pfeil erscheint. Er markiert die Position, an der sich der Mikroprozessor bei der Ausführung des Programms derzeit befindet – im Moment ist das kurz vor dem Ausschalten der LED.

Drücken Sie nun die Taste [F10]. Sie werden sehen, dass sich der Pfeil um eine Zeile weiter nach unten bewegt hat und das Programm zum einen die LED abgeschaltet hat und zum anderen kurz davor ist, den Log-Befehl auszuführen. Drücken Sie noch einmal [F10], werden Sie im Ausgabefenster diesen Text sehen:

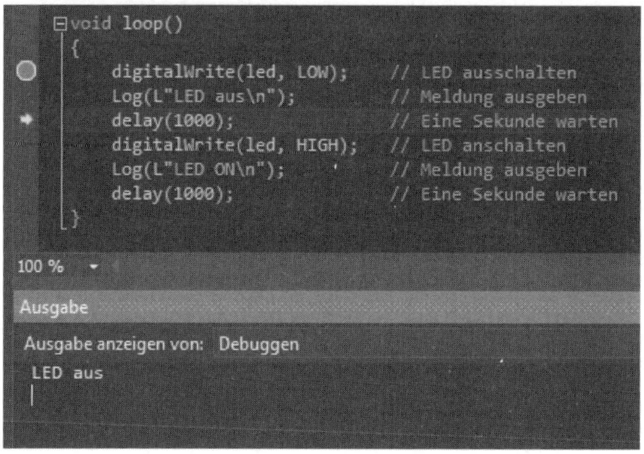

```
void loop()
{
    digitalWrite(led, LOW);      // LED ausschalten
    Log(L"LED aus\n");           // Meldung ausgeben
    delay(1000);                 // Eine Sekunde warten
    digitalWrite(led, HIGH);     // LED anschalten
    Log(L"LED ON\n");            // Meldung ausgeben
    delay(1000);                 // Eine Sekunde warten
}
100 %

Ausgabe
Ausgabe anzeigen von: Debuggen
LED aus
```

Bild 5.126: Mit Remote Debugging können Sie dem Prozessor bei der Arbeit zusehen.

So können Sie mit der Taste [F10] nach und nach das gesamte Programm abarbeiten und sehen, was der Prozessor in dem Moment gerade tut. Es ist aber auch möglich, den Prozessor wieder »von der Leine« zu lassen und seine Arbeit in voller Geschwindigkeit ausüben zu lassen. Das geschieht über die Taste [F5], und zwar genau so lange, bis der Prozessor einen weiteren Haltepunkt erreicht. Wenn Sie das jetzt einmal probieren, werden Sie merken, dass nach kurzer Zeit der kleine Pfeil wieder im roten Kreis des Haltepunkts erscheint, nachdem er alle noch verbliebenen Befehle in der loop-Funktion ausgeführt hat.

Remote Debugging ist ein sehr mächtiges Werkzeug, wenn es darum geht, Fehler im Programm aufzufinden. Nicht nur das schrittweise Abarbeiten von Befehlen, auch die Ausgabe des aktuellen Werts von Variablen ist möglich – hierzu müssen Sie lediglich mit der Maus im Source Code auf die entsprechende Variable gehen und darüber bewegungslos ruhen, bis Ihnen der aktuelle Wert der Variablen angezeigt wird.

Es gibt noch viele weitere Möglichkeiten, das Remote Debugging von Visual Studio zu nutzen, für die aber in diesem Buch leider kein Platz mehr ist, und daher werden wir an dieser Stelle unseren Ausflug in die Windows-Welt beenden. Da sich das IoT-Projekt von Microsoft noch immer in der Entstehungsphase befindet, kann man aber gespannt sein, was die Zukunft in diesem Bereich noch bringen wird.

Shutdown

Kommen wir noch zu einem letzten, aber nicht ganz unwichtigen Schritt: Da der Galileo ein vollwertiges Betriebssystem hat, ist es empfehlenswert, dieses ordnungsgemäß herunterzufahren, bevor der Rechner ausgeschaltet wird. Das verkürzt auch die Zeit, die der Computer zum Booten braucht, denn wird der Rechner einfach nur so abgeschaltet bzw. vom Strom getrennt, muss die Festplatte (in unserem Fall die SD-Karte) beim erneuten Hochfahren auf Fehler überprüft werden, was einige Minuten in Anspruch nimmt.

Das Herunterfahren selbst ist recht schnell erledigt, hierzu muss lediglich eine Telnet-Verbindung eröffnet und der Befehl

```
shutdown /s /t 0
```

eingegeben werden. Schon kurz nach Drücken der [Enter]-Taste ist das Kleinrechnerchen auch schon abgeschaltet.

Stichwortverzeichnis

Symbole
#define 96
3-D-Drucker 146, 154

A
ADC-
  Rauschunterdrückung 358
Addition 88
ADK-Version 24
Akku 254
Alkaline-Batterie 256
Ampere 104
Analoge Uhr 312
Anode 111
Arduino
  Elektronik 101
  Entwicklungsumgebung 57
  Geschichte 5
  Hardware 19, 45
  Programmierung 57
  Projekte 161
Arduino Due 27
Arduino Esplora 25, 168
Arduino Ethernet 41
Arduino Fio 38
Arduino ISP 53
Arduino Leonardo 22
Arduino LilyPad 31, 42
Arduino Mega 2560 23
Arduino Mega ADK 41
Arduino Micro 37
Arduino Mini 41
Arduino Nano 41
Arduino Pro 42
Arduino Pro Mini 43
Arduino Robot 29, 305
Arduino Uno 7, 19
Arduino Yún 35
Arduino Zero 39
Arduino-Befehle 98
Arduino-Entwicklungsumgebung 59
Arduino-Software
  Apple Mac-Installation 63
  Download 59
  Windows-Installation 59
Arduino-Supportseite 67
Arduino-Websites 98
Array 91
ASCII 89
Atheros AR9331 35
AT-Kommandos 197
ATmega 53
ATmega16U2 21
ATmega328 20
ATmega32U4 22, 35
Ausgang 71
Automatische Gießanlage 296

B
Banzi, Massimo 5
Barragán, Hernando 5
BASIC Stamp 5
Basis 114
Batterie 254
Bauteile besorgen 9
Befehle 68
Beschleunigungssensor 209
Betriebssystem 59
Bewegungssensor 200, 206
Bibliothek 96
Blei 127
Bleifreies Löten 145
bool 81
Booleans 81
Breadboard 124
Breakout auf TFT-Display 273
Bridge-Bibliothek 35
Brown-out-Detektor 359
Bug 96
byte 77

C
C 57, 93
C# 57
C++ 93
Chip 115
Compiler 58, 66
C-Programmierung 67
Creative Commons 6

D
Datenblätter lesen 158
Debugger 92
Debugging 96, 394
delay 73
delayMicroseconds() 77
digitalWrite 72
DIL 116
Diode 110
double 77
Download
  Arduino-Software 59
  Source Code 8
Dünnschichttransistor 274
Durchgangsmessung 148

E

EEPROM 361
Elektrischer Leiter 104
Elektrolytkondensatoren 112
Elektromotor 48, 299
Elektroniklötzinn 127
Emitter 114
Energiesparen 378
Entlötlitze 143
Entlötsaugpumpe 143
Entwicklungsumgebung 57, 59
  einrichten 64
Erweiterungen 7
Erweiterungsplatinen 45
Ethernet-Shield 47

F

FabLabs 154
FALSCH 81
false 81
Farad 113
Farbcode, Widerstand 106
Farbraum 229, 248
Feld 91
Feldeffekttransistor 231
Fernbedienung 178
Feuchtigkeitssensor 302
Firmware 288
Fliegende Schaltung 353
float 77
Flüssigkristallanzeige 265
Flussmittel 145
for 78, 79
Formatieren 382
for-Schleife 79
Freilaufdiode 300
Funktion 71, 85
Funktionsaufrufe 85
Fuse-Bits 377

G

Gleichstrommotor 49

Gleitkommazahl 76
GSM 197

H

Hackerspaces 154
Halbschritt 316
HD G 104-Prozessor 51
Heißleiter 171
Helligkeitssensor 302
HIGH 72
Hohe Stromstärken 230
HSV 248

I

I^2C 290
IC 115
ICSP-Anschluss 20
Idle 358
if 81
if-Abfrage 81
Infrarot 180, 181
Infrarotleuchtdiode 183
Infrarotsensor 308
Initialisierung 79
Initialisierungsprozess 70
Inkrementierung 79
int Siehe Integer
Integer 76, 79
Integrierter Schaltkreis 115, 118
Intel Galileo 33, 378
int-Zahl 77
IRremote-Bibliothek 184
Isolierung 131
ISP 371

K

Kabel 131
Kalte Lötstelle 145
Kaltleiter 171
Kameraauslöser 219
Kathode 111
Kleidung 354
Kollektor 114

Kommandos 68
Kommandozeile 336
Kommentare 68
Kompilierung 58
Kondensator 111
  Parallelschaltung 121
  Reihenschaltung 120
Kupferlitze 131, 143

L

Lasercutter 154
Lautsprecher 172
LCD-Textdisplay 264
LED 19
Leonardo 161
Leuchtdioden 220
Lichtdetektor 193
Lichterkette 227
Lichtschranke 189, 191
LiIon-Akkus 256
LilyPad 345
LilyPad Arduino Simple 42
LilyPad Arduino SimpleSnap 42
LilyPad Arduino USB 42
Linux 59
Liquid Crystal Display 265
Lithium-Polymer-Akku 347
Litze 131
Lochrasterplatine 125, 136, 211
long 77
loop 71
loop-Bereich 86
Lötbrücke SJVCC 54
Löten 125
  Vorsichtsmaßnahmen 133
Lötfett 145
Löthilfe, helfende Hand 130
Lötkolben 126
Lötschwamm 129

Lötstation 126
Lötwasser 145
Lötzange 144
Lötzinn 127
LOW 72
Luftdruck 101, 290
Luftfeuchtigkeit 289
Lufttemperatur 289

M
Master 276
Memory-Effekt 256
Messwandler 171
Milliampere 104
MISO 276
Mobiler Temperaturlogger 355
MOSI 276
Motor-Shield 48, 319
Multimeter 148
Multiplexing 237

N
New Line 94
NiMH-Akkus 256
NPN-Transistor 115
NTC-Widerstand 171

O
Objektorientiertes Programmieren 93
ODER 81
Ohm 106
Ohm'sches Gesetz 109
Omega 106
Open-Source-Bewegung 5
Open-Source-Lizenz 6
OpenWrt-Yun 331
OS X 59
OUTPUT 72

P
Parallelschaltung 121
Physical Computing 5

Pin 13 19, 71
pinMode 72
PNP-Transistor 115
Potenzialausgleich 103
Potenziale 102
Potenziometer 124, 266
Power-Down 358
Power-Save 358
Präprozessor 96
Processing 5
Programm
 hochladen 66
 installieren 73
 kompilieren 66
Programmiersprache C 57, 68, 93
Programmierung 67
 Befehle 68
 Funktion 71
 Initialisierungsprozess 70
 Kommandos 68
 Kommentare 68
Projekte
 Analoge Uhr 312
 Analoger Temperatursensor 169
 Arduino Robot 305
 Arduino und Windows 378
 Automatische Gießanlage 296
 Blauer Herzschlag 345
 Breakout auf TFT-Display 273
 Infrarotfernbedienung 178
 Kameraauslöser 219
 LCD-Textdisplay 264
 LED-Lichterkette 227
 Leonardo 161
 Lichtschranke 189

Mobiler Temperaturlogger 355
Rotationsmonitor 253
Serielle LED-Lichterkette 246
SMS-Alarmanlage 196
Stoppuhr 236
Wedelstab 205
Wetterstation 287
Proto-Shield 45
Prozessor 67
PTC-Widerstand 171
Pull-down-Widerstand 165
Pull-up-Widerstand 165
Pulsweitenmodulation 75
PVC 309
PWM 362
PWM (Software) 352

Q
Quelltext 58

R
Rechnen
 Ohm'sches Gesetz 109
 Spannung 108
 Stromstärke 108
Register 356
Reihenschaltung 120
Reset-Schalter 19
RGB 229
RoHS 127, 145
Rotationsmonitor 253
RS232-Protokoll 163
RS232-Schnittstelle 92, 163
Rückgabeparameter 85
Rückschlagventil 110
Ruhezustand 357

S
Schaltplan lesen 156

Schieberegister 207, 217
Schleife 78
Schrittmotor 49, 314, 316, 319, 325
Schrittmotortreiber 317, 318
Schrumpfschlauch 132
SCLK 276
Seitenschneider 129
Sensor 289, 290, 326
Serial.print() 93
Serielle LED-Lichterkette 246
Serielle Schnittstelle 93
Serieller Monitor 92
Servomotor 48
Setup-Bereich 70
Shields 7, 45
Shutdown 396
Sieben-Segment-Anzeige 236
Silberdraht 132
SIM-Karte 199
Slave 276
SMD-Gehäuse 21
SMS-Alarmanlage 196
Source Code 58
Spannung 101
　einstellen 150
　messen 150
Spannungsteiler 123, 177
SPI-Protokoll 275
Spule 299
SSH 334

Stahlwolle 131
Stand-by 358
Stoppuhr 236
String 89
Strom 101
Stromkreis 105
Strommessung 151

T
Temperatursensor 169
Test 79
Texteditor 58
TFT 274
TFT-Display 307
TFT-Display-Shield 26
Thermistor 171, 174
Transistor 114, 221
TVZapPro 179

U
Überdruck 111
UND 81
Unterdruck 111
Ur-Arduino 7
USB-Schnittstelle 92
USB-Serial-Light-Adapter 52, 346
UVC 340

V
Variable 74
Variablentypen 76
Verstärker 115
Visual Studio 380

Vorwärtsspannung 207
Vorwiderstand 207, 220

W
WAHR 81
wartezeit 76
Wasserpumpe 302
Watchdog 360
Wearables 346
Webcam 339
Webserver 288
Wedelstab 205
WEP 51
Wetterstation 287
Widerstand 105
　Farbcode 106
　Parallelschaltung 122
　Reihenschaltung 120
Widerstandsmessung 149
Wi-Fi-Shield 50
Windows 59, 386
Wiznet-W5100-Chip 48
WLAN 50, 288
WPA2 51

X
XBee-Modul 38

Y
Yún 330

Z
Zange 129
Zeichenkette 91